普通高等教育“十一五”国家级规划教材 修订版
高职高专系列教材

现代企业管理

第3版

主　编　于卫东
参　编　张　岩　安立军　王小志
　　　　郝建林　武瑞营　晋江涛

机械工业出版社

本书是“普通高等教育‘十一五’国家级规划教材”《现代企业管理》的修订版，紧扣高等职业教育的特点，根据高职高专学生到工作岗位所需的管理技能来选择教学内容。全书共设 12 章，介绍了企业管理总论、经营决策与经营计划、企业文化管理、市场营销管理、生产管理、质量管理、设备管理、企业物流管理、财务管理、人力资源管理、班组管理和企业管理信息化。每章均设置了学习目标、典型案例、本章小结及复习思考题，努力探索一种“讲、读、研、练”一体化的新型教材模式，以尽可能满足高职高专教师精讲、学生多练、“能力本位”的新型教学方式的需要。

本书内容全面、体系清晰，也不乏管理学的新进展，具有知识容量大、有一定理论深度、突出管理方法的应用、有较强的针对性和可操作性等特点。

本书主要为满足非管理类专业企业管理课程的教学需要而编写，亦可供有关科研、工程技术人员参考。

图书在版编目（CIP）数据

现代企业管理/于卫东主编．—3 版．—北京：机械工业出版社，2018.1（2023.8 重印）
高职高专系列教材
ISBN 978-7-111-58939-6

Ⅰ．①现…　Ⅱ．①于…　Ⅲ．①企业管理—高等职业教育—教材　Ⅳ．①F272

中国版本图书馆 CIP 数据核字（2018）第 006672 号

机械工业出版社（北京市百万庄大街 22 号　邮政编码 100037）
策划编辑：孔文梅　　　　责任编辑：孔文梅　陈　洁　杨　璇
责任校对：朱继文　陈　越　　封面设计：鞠　杨
责任印制：郜　敏

北京富资园科技发展有限公司印刷

2023 年 8 月第 3 版第 11 次印刷
184mm×260mm・18.25 印张・445 千字
标准书号：ISBN 978-7-111-58939-6
定价：49.00 元

电话服务	网络服务
客服电话：010-88361066	机　工　官　网：www.cmpbook.com
010-88379833	机　工　官　博：weibo.com/cmp1952
010-68326294	金　　书　　网：www.golden-book.com
封底无防伪标均为盗版	机工教育服务网：www.cmpedu.com

前　言

随着市场对人才的要求由单一化走向多元化，高等院校对大学生的培养也从过去单一的专业教育转向复合型、素质型教育。在这种情况下，自然要求工科专业的学生也必须具备一定的管理知识，为其今后的发展奠定基础。为此，各大专院校非管理类专业纷纷开设“企业管理”课程。为满足非管理类专业企业管理课程教学改革的需要，机械工业出版社于2004年出版了适用于高职高专非管理类专业的《现代企业管理》，并于2010年进行了修订，出版了《现代企业管理》（第2版）。经过几年的使用，根据教学中反映出的问题，我们对其进行了第二次修订。本次修订依然把充分体现高职高专教材特色作为出发点与追求的目标，在内容取舍上坚持实用性、针对性原则，根据高职高专学生在工作岗位所需的管理技能来选择教学内容，注意知识更新，尽可能地引入最新的管理成果，努力从内容到形式上有所突破或创新。

1．修订的内容。为了紧跟时代发展，更好地满足教学需要，我们对《现代企业管理》（第2版）各章中的绝大部分案例进行了更新；自2014年3月1日起，我国正式实施新版《中华人民共和国公司法》（以下简称《公司法》），为此我们对第1章中公司的特点及组建的要求按新版《公司法》进行了修订；针对2015新版的ISO 9000标准修订了6.5节关于ISO 9000的内容；本着够用和实用的原则，对第9章的内容进行了删减，去掉一些实际工作中使用相对较少的内容，更突出其应用性和实用性。

2．增加的内容。信息技术在企业管理中的广泛应用，引发了企业在战略规划、运作模式、组织结构及环境等方面的深刻变化。为了使读者能够以崭新的视角探寻和解决问题，从而能够从容应对信息时代知识经济的挑战，本书增加了“企业管理信息化”内容（第12章），介绍企业管理信息化的基本思想和方法，并在第8章增加了供应链管理和物流信息技术的内容；互联网媒体正以新的方式、方法和理念推动营销模式的变革，网络营销已成为实现企业营销目标的重要手段。为此，第4章增加了“网络营销”一节。

3．在教材编写方式上，为了使学生更好地掌握和应用本书内容，同时为学生自主学习提供便利，在每章的前面都设有“学习目标”，每章后面有“本章小结”并配有适量的复习思考题。此外，书中还引入典型案例。本书努力探索一种“讲、读、研、练”一体化的新型教材模式，以尽可能满足高职高专教师精讲、学生多练、“能力本位”的新型教学方式的需要。

本书由承德石油高等专科学校于卫东教授主编，范黎光教授审阅。各章编写分工如下：第1、11、12章由于卫东编写，第2、5章由张岩编写，第3、10章由安立军编写，第4、8章由王小志编写，第6章由郝建林编写，第7章由武瑞营编写，第9章由晋江涛编写。

为方便教学，本书配备电子课件等教学资源。凡选用本书作为教材的教师均可索取，请致电：010-88379375，联系QQ：945379158。

由于编者水平有限，书中疏漏在所难免，敬请广大读者批评指正。

编　者

目　录

第1章　企业管理总论

学习目标

1. 掌握现代企业制度的特点和现代企业的概念及其类型。
2. 掌握管理的含义与职能。
3. 熟悉虚拟企业的含义、特点及其运作模式。
4. 熟悉管理者的职责与技能。
5. 了解企业管理组织的构成及其作用。
6. 了解管理科学不同发展阶段管理理论的内容并熟练应用。

企业管理是一门综合性学科。它涵盖了社会学科与技术学科两大领域，内容涉及企业生产经营管理的各个方面。研究企业管理学和企业的管理问题，首先必须对企业本身及企业管理的基本理论有一个全面、概括的了解和认识。本章着重介绍企业管理的基本理论与基本方法，现代企业的特征、制度及其组织形态，企业管理理论的发展史，企业管理的职能，以及现代企业管理者等内容。

1.1　企业与现代企业制度

1.1.1　企业的概念与类型

1．企业的概念

企业是从事生产、流通、服务等经济活动，以产品或劳务满足社会需要，以营利为目的，自主经营、自负盈亏、依法设立的经济组织，是现代社会经济的基本单位。

上述企业的概念主要包括以下几个方面的内容：

1）企业必须拥有一定的资源（人、财、物、信息等），是一个以营利为目的的经济实体，是从事生产、流通、服务等经济活动的组织。

2）企业是依法设立、自主经营、自负盈亏、独立核算的经济组织，具有独立的经济权益。为了自身的发展，企业可以自主决策，谋求更大的效益。

3）企业的生产经营成果（产品或劳务）是通过交换与消费者或其他生产单位发生经济联系，在满足社会需要的同时获得盈利。

4）企业是国家的基本经济单位，是社会经济力量的基础。企业生产力的高低、经济效益的好坏，对国民经济的发展有着重要的影响。

2．企业的类型

按照财产的组织形式和所承担的法律责任不同，企业通常分为三类：

（1）独资企业（又叫单个业主制企业） 独资企业是由业主个人投资，自己经营，收入归己，风险也由自己承担的企业。企业如果经营不善，出现资不抵债的情况，就要用自己的全部家庭财产来抵债。

这类企业的优点是：所有权和经营权归于一体，经营灵活，决策迅速，开业与停业手续简单，产权可以自由转让。缺点主要有两个方面：一是企业没有独立的生命力，如果业主死亡或在未转让的情况下放弃经营，企业的生命就终止；二是企业规模小，一般财力都不大，由于受偿债能力的限制，贷款的能力也较低，难以投资规模较大的产业，一般适合于零售商业、服务业、手工业等。

（2）合伙企业（又叫合伙制企业） 合伙企业是由两个以上的个人或业主对企业出资，通过签订合伙协议联合经营的组织。经营所得归全体合伙人分享，经营亏损也由全体合伙人共同承担。如果经营失败，合伙企业倒闭破产、资不抵债时，每个合伙人都要以自己的家庭财产首先按照入股比例清偿，若有的合伙人家庭财产不够清偿，其他合伙人要代为清偿，负无限连带责任。

这类企业的优点是：企业资金量较大，能从事一些资产规模需求较大的生产和经营活动；合伙人对企业的经营活动十分关心，企业的信誉也较高。缺点是：合伙企业的生产规模一般达不到社会化大生产的要求，生产经营活动有一定的局限性；企业经营决策需经全体合伙人一致同意，因而决策缓慢、协调困难；企业稳定程度有局限性，当合伙人中有一人死亡或撤出，原来的合伙协议就要进行修改，甚至会影响合伙企业能否继续存在；合伙企业实行无限连带责任，增加了投资风险。此类型一般适合于生产规模较小、管理不太复杂、不需要设立管理机构的生产经营行业。

（3）公司制企业 公司制企业的财产组织形式不同于前述两种企业类型。它以“合资”为特征，特别在负有限责任方面与前两种自然人企业有显著的不同。公司是法人企业，有独立的法人财产，享有法人财产权，公司以其全部财产对公司的债务承担责任。

公司可以设立分公司。设立分公司时，应当向公司登记机关申请登记，领取营业执照。分公司不具有法人资格，其民事责任由公司承担。公司可以设立子公司，子公司具有法人资格，依法独立承担民事责任。

需要注意的是：企业财产构成的三种形式不是互相取代的，而是共存的。时至今日，即使在发达的市场经济国家，独资企业和合伙企业仍然占大多数；公司制企业主要是大中型企业，数目只占企业总数的20%～30%，而销售额则占到销售总额的70%～80%。

从上面分析可见，不同类型的企业，它们最根本的区别是财产组织形式不同。按财产组织形式来划分企业类型是符合市场经济发展要求的。

1.1.2 公司制企业

我国《公司法》将公司分为有限责任公司和股份有限公司。两者的共同特点是负有限责任，但是又有不同的特点。2014 年新修订的《公司法》对两者的特点及组建的要求如下：

1．有限责任公司

1）有限责任公司由 50 个以下股东出资设立。根据我国《公司法》的规定，也可成立只有一个自然人股东或一个法人股东的一人有限责任公司。一个自然人只能投资设立一个一人有限责任公司，并且该一人有限责任公司不能投资设立新的一人有限责任公司。一人有限责任公司不设股东会，当股东做出应由股东会所做的决定时，应当采用书面形式，并由股东签名后置备于公司。根据我国的具体情况，《公司法》还规定，可以由国家单独出资成立由国务院或地方人民政府授权本级人民政府国有资产监督管理机构履行出资人职责的有限责任公司，即国有独资公司。国有独资公司不设股东会，由国有资产监督管理机构行使股东会职权。

2）有限责任公司是一种“封闭公司”，不能发行股票。股东之间可以相互转让其全部或部分股权。股东向股东以外的人转让股权，应当经其他股东过半数同意。

3）有限责任公司应当依照公司章程规定的期限将财务会计报告送交各股东，无须公告和备查。公司只在内部向股东汇报工作，接受股东监督，无须向社会公开内部运作情况，财务状况相对保密。

2．股份有限公司

1）股份有限公司一般以发行股票的方式筹集资金组成公司，股东人数多。按《公司法》的规定，设立股份有限公司，应当有 2 人以上、200 人以下的发起人，发起人可以是自然人或法人，可以是中国公民或外国公民，其中必须有半数以上的发起人在中国境内有住所。股份有限公司的设立，可以采取发起设立或募集设立的方式。发起设立是指由发起人认购公司应发行的全部股份而设立公司。募集设立是指由发起人认购公司应发行股份的一部分（《公司法》规定，发起人认购的股份不得少于公司股份总数的 35%，法律、行政法规另有规定的，从其规定），其余股份向社会公开募集或向特定对象募集而设立公司。

2）股份有限公司可以向社会公开发行股票。

3）股份有限公司的财务会计报告应当在召开股东大会年会的二十日前置备于本公司，供股东查阅；公开发行股票的股份有限公司必须公告其财务会计报告。

3．2014 版《公司法》修改的几大特点

1）放宽注册资本登记条件。除法律、行政法规及国务院决定对有限责任公司或股份有限公司的注册资本最低限额另有规定外，取消了有限责任公司、一人有限责任公司、股份有限公司最低注册资本分别应达 3 万元、10 万元、500 万元的限制。这意味着，“1 元”设立有限责任公司或股份有限公司成为可能。

2）将注册资本实缴登记制改为认缴登记制。也就是，除法律、行政法规及国务院决定对公司注册资本实缴有另行规定的以外，取消了关于公司股东（发起人）应自公司成立之日起两年内缴足出资，投资公司在五年内缴足出资的规定；取消了一人有限责任公司股东应一次足额缴纳出资的规定。转而采取公司股东（发起人）自主约定认缴出资额、出资方式、出资期限等，并记载于公司章程的方式。

3）取消对公司货币出资的比例限制。有限责任公司的股东或股份有限公司的发起人可以用货币、实物、知识产权、土地使用权等可以用货币估价并可以依法转让的非货币财产的

一种或几种出资，出资方式不再做任何限制，公司注册资本可以不用货币出资。

4）取消公司登记时提交验资证明的要求，公司营业执照不再记载“实收资本”事项。

1.1.3 现代企业制度

公司制企业之所以能称为现代企业，是因为公司制是一种比独资企业和合伙企业更适合现代社会化大生产方式、更有利于企业资源有效整合的制度形式。

1．现代企业制度的特点

（1）产权关系明晰化　现代企业制度的基本特征是企业的资产所有权与企业的资产控制权、经营决策权、经济活动的组织管理权相分离。现代企业制度中的这种权利结构客观上要求必须有一系列的制度规范予以保障，使之符合企业资产的所有者和经营者各自的利益要求。在现代企业制度中，企业资产的所有者与经营者之间是委托代理关系，即企业资产的所有者或出资者（委托人）委托企业经营者（代理人）根据出资者的利益从事经济活动，并相应授予经营者享有除出资者所有权之外的其他权利的契约关系。

（2）企业地位法人化　现代企业制度必须是真正的法人制度，企业应是人格化的经济组织，成为独立的商品生产者和经营者。企业法人以其法人财产权，依法自主经营、自负盈亏、照章纳税，对出资者承担财产保值、增值的责任。只有这样，企业才能成为市场经济主体，从而形成正当、有效的市场竞争，合法经营，并依法保护出资者的权益。

（3）出资者责任有限化　出资者按投入企业的资本额享有所有者的权益，如资产受益、重大决策和选择管理者等权利。企业破产时，出资者只以投入企业的资本额对企业债务负有限责任，出资者可免除承担无限责任。

（4）政企关系合理化　企业按照市场需求组织生产经营，以提高劳动生产率和经济效益为目的，政府不直接干预企业的生产经营活动，而是为企业的生产经营创造良好的外部环境。企业在市场竞争中优胜劣汰，长期亏损、资不抵债的企业应依法破产。

（5）管理体制科学化　企业实行股东大会—监事会—董事会—总经理的治理结构，达到保障所有者的权益、赋予经营者经营管理权、调动生产者积极性的目的，充分保证企业的有效经营。

2．现代企业制度的内容

现代企业制度是一种制度体系，这个体系主要包括以下三部分内容：

（1）法人财产制度　现代企业制度的核心是建立法人财产制度。法人财产制度是以企业法人作为企业资产控制主体的一项法律制度，它是以企业出资者不直接控制企业的资产为特征的。法人财产制度的建立，使企业的财产权利被分解为财产终极所有权和法人财产权。在这种制度中，财产终极所有权即出资者所有权，在一定条件下表现为出资者拥有股权，并只能运用股东权利影响企业行为，而不能对法人财产中属于自己的部分进行支配，也不能直接干预企业的经济活动。由出资者投入企业的资本金形成企业的法人财产，企业对法人财产依法拥有独立支配的权利，具体表现为企业对法人财产的占有、使用、收益和处分的权利。由于法人财产制度割断了出资者与企业法人财产的直接联系，从而保证了企业资产的相对独立性和完整性，使企业的经营者能够对企业资产进行统一支配和运营。

（2）有限责任制度　所谓有限责任，一是企业以出资者出资构成的法人财产为限对债务承担有限责任。当企业出现资不抵债时，以其全部财产进行清偿，不牵涉出资者以外的其他个人和法人的财产；二是出资者以其投入企业的资本额为限对企业的债务承担有限责任。实行有限责任制度，既划清了各个主体的责任，又能够降低出资者的风险。这种有限财产责任制度不仅能够使出资者的责任与权利相对等，而且对企业的经营者也构成了一种财产约束，强化了企业经营者的财产责任。

（3）组织管理制度　在现代企业中，由于企业财产权利的分解及委托代理关系的存在，要求保护企业出资者的权益，同时对代理人损害委托人利益的行为进行有效的控制，这在客观上就需要对企业内部的权力进行适当的安排，形成科学的法人治理结构。建立法人治理结构的核心是在企业内部形成激励机制和约束机制，使企业的股东大会（权力机构）、董事会（决策机构）、监事会（监督机构）和总经理（执行机构）之间相互独立，并且权、责、利明确，从而使各方的积极性得到调动，行为受到约束，利益得以保证。

对于公司治理结构，我国《公司法》的规定和国际惯例是一致的，主要由四类机构构成，如图 1-1 所示。

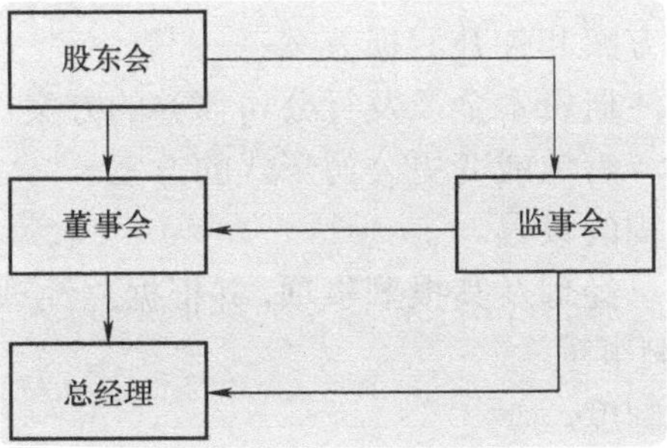

图 1-1　公司治理结构

1）股东会。股东会是公司的最高权力机构。股东会行使下列职权：

① 决定公司的经营方针和投资计划。

② 选举和更换由非职工代表担任的董事、监事，决定有关董事、监事的报酬事项。

③ 审议批准董事会的报告。

④ 审议批准监事会或监事的报告。

⑤ 审议批准公司的年度财务预算方案和决算方案。

⑥ 审议批准公司的利润分配方案和弥补亏损方案。

⑦ 对公司增加或减少注册资本金做出决议。

⑧ 对发行公司债券做出决议。

⑨ 对公司合并、分立、解散、清算或变更公司形式做出决议。

⑩ 修改公司章程。

⑪ 公司章程规定的其他职权。

国有独资公司不设股东会，由国有资产监督管理机构行使股东会职权。国有资产监督管理机构可以授权公司董事会行使股东会的部分职权，决定公司的重大事项，但公司的合并、分立、解散、增加或减少注册资本金和发行公司债券，必须由国有资产监督管理机构决定；

其中，重要的国有独资公司合并、分立、解散、申请破产的，应当由国有资产监督管理机构审核后，报本级人民政府批准。

股东会从资产关系上对公司的董事会形成必要的制约。

2）董事会。董事会是公司的经营决策机构。董事会对外代表公司，由公司董事组成。按照我国《公司法》的规定，有限责任公司的董事会由3～13人组成，股份有限公司的董事会由5～19人组成。董事人选通常由股东推荐，经股东会选举产生。国有独资公司设董事会，董事会成员由国有资产监督管理机构委派。我国《公司法》还特别规定，国有独资公司、两个以上的国有企业或其他两个以上国有投资主体投资设立的有限责任公司，其董事会成员应当包括公司职工代表。职工代表由公司职工民主选举产生。董事会设董事长1人，副董事长若干人。

董事会对股东会负责，行使下列职权：

① 召集股东会会议，并向股东会报告工作。

② 执行股东会的决议。

③ 决定公司的经营计划和投资方案。

④ 制订公司的年度财务预算方案和决算方案。

⑤ 制订公司的利润分配方案和弥补亏损方案。

⑥ 制订公司增加或减少注册资本金及发行公司债券的方案。

⑦ 制订公司合并、分立、解散或变更公司形式的方案。

⑧ 决定公司内部管理机构的设置。

⑨ 决定聘任或解聘公司总经理及其报酬事项，并根据总经理的提名决定聘任或解聘公司副经理、财务负责人及其报酬事项。

⑩ 制定公司的基本管理制度。

⑪ 公司章程规定的其他职权。

董事会实行集体决策，一般采取每人一票和简单多数通过的原则。每个董事会成员对其投票要签字在案并承担责任。董事会决议违反法律、法规或公司章程，致使公司遭受严重损失的，参与决策的董事对公司负赔偿责任。但在表决时曾表明异议并有记录在案的，可免除责任。

3）总经理。总经理依照公司章程和董事会授权，统一负责公司的日常生产经营和管理工作。总经理由董事会聘任或解聘，对董事会负责。总经理的职责是：

① 主持公司的生产经营管理工作，组织实施董事会决议。

② 组织实施公司年度经营计划和投资方案。

③ 拟订公司内部管理机构设置方案。

④ 拟订公司的基本管理制度。

⑤ 制定公司的具体规章。

⑥ 提请聘任或解聘公司副经理、财务负责人。

⑦ 决定聘任或解聘除应由董事会决定聘任或解聘以外的管理人员。

⑧ 董事会授予的其他职权。

公司章程对总经理职权另有规定的，从其规定。总经理列席董事会会议。

4）监事会。监事会是公司的监督机构，成员一般不少于3人。监事会成员可由股东代表和一定比例的职工代表组成，职工代表由工会或职工民主选举产生。监事会的主要职责是：

① 检查公司财务。

② 对董事、高级管理人员执行公司职务的行为进行监督，对违反法律、行政法规、公司章程或股东会决议的董事、高级管理人员提出罢免的建议。

③ 当董事、高级管理人员的行为损害公司的利益时，要求董事、高级管理人员予以纠正。

④ 提议召开临时股东会会议，在董事会不履行《公司法》规定的召集和主持股东会会议职责时召集和主持股东会会议。

⑤ 向股东会会议提出提案。

⑥ 对董事、高级管理人员提起诉讼。

⑦ 公司章程规定的其他职权。

监事可以列席董事会会议，并对董事会决议事项提出质询或建议。

以上四类机构构成公司治理结构的主要内容。这种治理结构，从产权关系方面看，股东会对董事会是委托经营关系，董事会对总经理是授权经营管理关系，总的来说是一种纵向的财产负责关系。从职权关系方面看，它们有各自不同的职权范围，谁都不能越权行事，形成了彼此间的互相制约。这种纵向的财产负责关系和横向的职权限定关系，构成了整个公司内部的约束机制，并将所有者、经营者、生产者各方面利益统一在一个整体的公司利益机制之下，这就是公司治理结构的科学性所在。

1.1.4 虚拟企业

随着经济的国际化，市场竞争日益激烈，企业要加速发展，取得尽可能多的利润，就要探索使外部、内部交易费用趋向最小化的管理策略，对传统企业“大而全”“小而全”的模式加以变革。虚拟企业就是在消费需求多样化、市场竞争白热化、信息技术突飞猛进的背景下产生的一种全新的企业组织和运行模式。

1. 虚拟企业的含义

“虚拟”（Virtual）一词原为计算机术语，指的是“虚拟技术”，后被应用到企业管理中，实际上是一种借用外部力量、整合外部资源以达到内部效果的策略模式。1991 年，美国国会和国防部委托里海（Lehigh）大学的艾科卡（Iacocca）研究所进行一项旨在建立较长期的制造技术规划基础结构的课题研究，该所的三位学者普瑞斯、戈德曼和内格尔提交了一份名为《21 世纪制造企业战略研究：一个工业主导的观点》的报告。在这篇报告中，他们在总结当今世界成功企业经验的基础上提出了一种新的生产模式—— 以动态联盟为基础的敏捷制造（Agile Manufacturing），并创造性地概括出一种称为“虚拟组织”（Virtual Organization）的新型企业模式。这一理论一经提出，就引起了广泛关注。可以说，虚拟企业理论是对 20 世纪末期企业实践的理论概括，是企业理论的最新发展。

所谓虚拟企业，是当市场出现新机遇时，具有不同资源与优势的企业为了共同开拓市场、共同对付其他的竞争者而组织的，建立在信息网络基础之上的共享技术与信息、分担费用、联合开发、互利的企业联盟体。虚拟企业的出现常常使参与联盟的企业追求一个完全靠自身能力达不到的超常目标，即这个目标要高于企业运用自身资源可以达到的限度。因而，企业自发地要求突破自身的组织界限，与其他对此目标有共识的企业实现全方位的战略联盟，共建虚拟企业，这样才有可能实现这一目标。

用“虚拟”二字是因为企业在这样的组织形式下运作，虽然仍有设计、生产、财务、供销等功能，但不一定完全具备相应功能的组织，即有实、有虚。企业仅保留最关键的功能组织，其他功能组织则以各种方式借用外力将其虚拟化，管理决策的重点在于进行整合聚变，创造出超过企业自身力量的竞争优势。

案例 1–1

无锡高科的外包模式

只有 8 名员工和几间租用的办公室的无锡高科设计制造公司，无厂房、无设备，半个月下来已经接下几十万元订单，各种模具和零部件产品源源不断地下线，年销售收入 1000 万元。一家企业发出一批零件订单，无锡高科设计制造公司负责设计，委托模具厂生产模具，再由零部件加工厂生产产品，最后将成品交给客户，这些加工盟友中居然包括了 IBM、UGS 等国际知名公司和上海交通大学、南开大学等著名研究院所及一批设备先进的厂家。

2. 虚拟企业的特点

1）虚拟企业使传统的企业界限模糊化。虚拟企业不是法律意义上的完整的经济实体，不具备独立的法人资格。一些具有不同资源及优势的企业为了共同的利益或目标走到一起，进行策略联盟，组成虚拟企业。它们可能是供应商，可能是顾客，也可能是同行业中的竞争对手。这种新型的企业组织模式打破了传统的企业组织界限，使企业界限变得模糊。

2）虚拟企业具有流动性、灵活性。诸企业出于共同的需要、共同的目标走到一起结盟，一旦合作目的达到，这种联盟便可能宣告结束，虚拟企业便可能消失。因此，虚拟企业可能是临时的，也可能是长期的，虚拟企业的参与者也是具有流动性的。虚拟企业正是以这种动态的结构、灵活的方式来适应市场的快速变化。

3）虚拟企业是建立在当今发达的信息网络基础之上的企业合作。在虚拟企业的运行中，信息共享是关键，而现代信息技术和通信手段使得沟通更为便利。采用通用数据进行信息交换，使所有参与联盟的企业都能共享设计、生产及营销的有关信息，从而能够真正协调步调，保证合作各方能够较好合作，从而使虚拟企业集成出较强的竞争优势。

4）虚拟企业在运行过程中运用并行工程而不是串行工程来分解和安排各个参与企业要做的工作。虚拟企业在完成某一项目或任务时，项目或任务按照并行工程的思想被分解为相对独立的工作模块，促使承担分解任务的各方能够充分调动和使用它们的资源而不必担心核心技术或核心知识被泄露，并且各个合作模块可以并行作业，项目或任务的主持者可以利用先进的信息通信手段在其间不断地沟通与协调，从而保证各个工作模块最终的互相衔接。这样既缩短了时间，又节约了成本，同时还促进了各参与企业有效地配置自己的资源，以及虚拟企业整体资源的充分利用。

5）虚拟企业一般在技术上占有优势。由于虚拟企业是集合了各参与方的优势，尤其是技术上的优势而形成的，因此在产品的技术开发或服务上更容易形成强大的竞争优势，使其开发的产品或服务在市场上处于领先水平，这一点是任何单个实体企业很难相比的。

6）虚拟企业可以看作是一个企业网络。该企业网络中的每个成员都要贡献一定的资源供大家共享，而且这个企业网络运行的集合竞争优势和竞争力水平大于各个参与者的竞争优势和竞争力水平的简单相加。

虚拟企业的上述特点决定了虚拟企业具有较强的适应市场的柔性与灵敏性，各方优势资源集中催生出极强的竞争优势与竞争力。

3．虚拟企业的运作模式

（1）虚拟生产　虚拟生产是虚拟经营的最初形式，它以外包加工为特点，是指企业将其产品的直接生产功能弱化，把生产功能用外包的办法转移到其他企业去完成，而自己只留下最具优势且附加值最高的开发和营销功能，并强化这些部门的组织管理。国外著名的电器制造商近年来也采用了虚拟生产的模式，如日本的索尼、松下等电器公司，其在中国市场上销售的产品基本上都是由马来西亚、印度尼西亚、泰国等劳动力成本较低的国家生产的，而公司总部则集中进行新产品的开发和营销战略的实施。

案例 1–2

耐克公司的虚拟生产

美国生产运动鞋的耐克（Nike）公司本身没有一条生产线，而是集中企业的所有资源专攻设计和营销两个环节，运动鞋的生产则采用订单的方式放到人工成本低的发展中国家进行。耐克公司以虚拟生产的方式成为世界上最大的运动鞋制造商之一。

（2）虚拟开发　虚拟开发是指几个企业通过联合开发高技术产品，取得共同的市场优势，谋求更大的发展。例如，几家各自拥有关键技术并在市场上拥有不同优势的企业为了彼此的利益，进行策略联盟，开发更先进的技术。

案例 1–3

IBM 和 AMD 公司的虚拟开发

为了跟上英特尔（Intel）公司的发展速度，IBM 和 AMD 公司联合开发了下一代微处理器技术。它们正在共同开发的特别微小的晶体管技术，能够提高芯片的效率，降低芯片的生产成本。合作对于双方都很重要，因为这能改善与英特尔公司竞争的形势。AMD 公司缺乏英特尔公司所具有的研发资金，没有合作伙伴很难迅速推出新产品。IBM 公司自身掌握的微处理器技术有限，很难保证其在与英特尔公司的竞争中领先。这种合作促进了双方获得在芯片制造方面的垄断优势。

（3）虚拟销售　虚拟销售是指企业或公司总部与下属销售网络之间的“产权”关系相互分离，销售虚拟化，促使企业的销售网络成为拥有独立法人资格的销售公司。此类虚拟化的销售方式，不仅可以节省公司总部的管理成本与市场推广费用，充分利用独立的销售公司的分销渠道来广泛推广企业的产品，促使本企业致力于产品与技术的创新，不断提升企业品牌产品的竞争优势，还可以推动销售公司的快速成长，网罗大批优秀的营销人才，不断扩展企业产品的营销网络。

案例 1-4

美特斯·邦威公司的虚拟销售

服装加工行业的美特斯·邦威公司是实行虚拟销售最为典型的企业之一。公司采取特许经营的方式，通过契约将特许权转让给加盟店。加盟店在使用美特斯·邦威公司统一的商标、商号、服务方式的同时，根据区域的不同情况分别向美特斯·邦威公司缴纳5万～35万元的特许费。由此，公司不但节省了1亿多元的投资，而且通过特许费的方式筹集到一大笔无息发展资金。公司总部把精力主要用在产品设计、市场管理和品牌经营方面，其与香港、上海等地的著名设计师合作，每年推出约1000个新款式，取得了良好的经济效益。

（4）虚拟管理　虚拟管理是指在虚拟企业中，把某些管理部门虚拟化，虽然保留了这些管理部门的功能，但其行政组织并不真正存在于企业内部，而是委托其他专业化公司承担这些管理部门的责任。例如，企业可以不设人力资源部门，对员工的培训可以委托专门的培训机构完成。再如，许多外资企业将人力资源交给专业的人才管理中心管理，由中心负责调动、职称评定及党团关系接转等工作。虚拟管理可为新组建的、缺乏管理经验和管理人才的企业提供较大的帮助。

虚拟企业从最大限度发挥和提升企业核心竞争力着眼，以“共赢”为目的，强调充分利用各企业已有的资源优势，通过组织动态联盟，快速响应市场变化，把握市场机遇。虚拟企业克服了传统企业的封闭性、局限性和设计、制造能力的不完备性，减少了资源的重复投入，缩短了生产周期，提高了产品从设计、制造到销售全过程的整体柔性和敏捷性，增强了企业（群体）的竞争能力，是一种很有前途的合作方式。它正在被越来越多的企业所认识和应用。

1.2　管理的含义与职能

1.2.1　管理与企业管理的定义

1．管理的定义

管理是一个广义的名词。它包括各种各样的管理，如政治管理、军事管理、城市管理、交通管理、经济管理、企业管理等。虽然这些领域都有自己的具体对象，但在管理的含义上却有着共性，即一般意义上的管理实质。由于考察角度不同，人们对管理的解释也不尽相同，但可以概括为以下三个方面的内容：

1）管理包括计划、组织、控制和领导四项基本活动。这四项基本活动也称为管理的四大基本职能。

2）管理是通过人力、物力和财力资源实现组织目标的活动，即围绕着组织目标使组织的各类资源的利用和谐化、同步化的活动。

3）管理是协调组织资源，使组织成员更高效地达到组织目标的过程。

根据以上三个方面的内容，管理可以定义为：管理是通过计划、组织、控制和领导等环节，协调人力、物力和财力资源，以期高效率地达到组织目标的过程。

2．企业管理的定义

企业管理是管理的一种特殊范畴，是管理的一般职能在企业生产经营活动中的应用。具体来说，企业管理是指为实现企业生产经营目标，完成企业生产经营任务，对企业生产经营过程进行计划、组织、控制和领导的工作的总称。

企业管理的对象是企业。企业管理的目标是在提高企业经济效益的基础上，保证社会效益的实现，包括社会生产目标、盈利目标、自我发展目标等。为实现这些目标，企业必须完成产品开发、资源开发、资金筹措、职工队伍建设、生产、销售等任务，这些任务的完成有赖于企业管理。

1.2.2　管理的特点与必要性

1．管理的特点

以上通过对管理定义的分析，可以概括出管理具有以下几个特点：

（1）管理是共同劳动的产物　由于共同劳动，人们结成分工和协作关系，并形成了共同的目标，从而使管理工作成为必要。如果没有管理活动，人们便如一盘散沙，各行其是，就连组织活动也难以实现，更不用说大规模复杂的社会生产经营等活动了。

（2）管理是一系列相互关联、连续进行的活动过程　管理贯穿于共同劳动的始终，在组织活动的不同阶段，管理工作有着不同的重点。但是，这些管理工作的中心只有一个，就是保证共同劳动的顺利进行和组织任务的有效完成。因此，管理的各个环节要求能够相互关联、连续一致，不能相互脱节和相互矛盾。

（3）管理具有明确的目标　一切管理活动都服从和服务于组织的既定目标，没有共同的目标，就没有共同劳动，也就不需要管理。目标不明确，管理就会无的放矢、杂乱无章。

（4）管理是各种资源要素的合理配置和有效利用　管理的对象是组织中的人力和物力资源，管理的实质就是通过计划、组织、领导和控制等手段，实现组织内部各种资源要素的合理配置和有效利用。它有别于组织为实现目标而进行的其他活动，如纯技术性、作业性等方面的非管理活动。

2．管理的必要性

管理作为实现组织目标的重要途径，其必要性主要表现在以下几个方面：

（1）管理是共同劳动的黏合剂　管理是共同劳动的客观要求和必然产物，是共同劳动的黏合剂。社会活动的规模越大，人员越多，管理就越重要。随着生产社会化程度的提高，要使生产等活动所需的各种资源要素有效配置和充分利用，需要科学地组织生产。因此，管理不仅是促成有效分工与协作的需要，而且是促成资源（包括人、财、物、技术、信息等）优化配置的需要。

（2）管理是技术进步的推进器　管理是现代科学技术发展的客观要求，是技术进步的推进器。科学技术是第一生产力，管理是生产力中的结合因素，生产力的诸因素的有机结合是通过管理实现的。特别是现代科学技术的迅猛发展，要求企业加快科学技术成果向实际应用转化，而管理则是这一转化的手段和中介。人们常说“三分技术，七分管理”，反映的就是没有科学的管理，任何先进技术都无从发挥作用的道理。

（3）管理是提高企业经济效益的金钥匙　在一定的生产技术和资源条件下，一个企业经济效益的高低，在很大程度上取决于管理水平的高低。科学的管理能帮助企业以较少的资源占用和消耗，生产出更多、更好的符合社会需要的产品。

1.2.3 管理的职能

管理活动在日常生活中随处可见。例如，政府机关的各层领导管理着城市和农村行政的运行；企业的管理者管理着工厂的生产经营活动；交通警察队的领导管理着公共交通秩序的维护；学校校长管理着学校的教育工作等。尽管这些组织的目标不同，管理的要求也不同，但是如果抛开这些管理工作的具体形式，可以看到有些管理工作所采取的基本步骤和手段是相同的。这些管理过程中的要素或基本步骤和手段称为管理职能。许多管理学者对管理职能的划分说法不一，但一般认为管理有以下四种职能：

1．计划职能

计划职能是指为适应社会需要，通过外部环境和内部条件的调研、预测，对组织目标、经营方针和战略做出决策，制订长期和短期计划，确定实现计划的措施和方法，并将计划指标层层分解落实到各个部门和各个环节。

计划是管理的首要职能，是实现组织、领导、控制职能的前提，它使企业的经营活动具有方向性、目的性和自觉性。没有计划的管理是无序的、盲目的管理。计划职能若运用得当，可以获得最大的成效；若运用不当，则导致极大的浪费和损失。计划职能有如下作用：

1）在企业管理诸职能中处于主导地位，为组织、领导、控制职能提供目标、要求和标准。

2）使企业员工明确奋斗目标，起到统一人心的作用。

3）能正确地把握未来，使企业的生产经营与整个社会的需要和发展协调一致。

4）有利于企业合理地开展经营活动。

5）编制各种计划，使企业管理有的放矢。

2．组织职能

组织职能是指为实现组织的目标，把组织活动的各个要素、各个环节和各个方面，从劳动的分工和协作上，从纵横交错的相互关系上，从时间和空间的相互衔接上，合理地组织起来，以形成一个有机整体，从而有效地实现组织目标的各项活动。

组织职能属于执行性职能，它是完成计划目标的手段，是实现计划目标的组织保证，并为领导、控制职能的实施创造条件。组织职能有如下作用：

1）根据企业的基本任务和计划目标，确定企业的管理体制，建立适合的组织结构，设置和完善相应的经营管理机构。

2）确定全体员工的职务、职责、职权及其相互间的协作关系，从而使组织群体具有较高的生产力和工作效率。

3）把企业的基本任务和各种物质要素具体落实到不同的部门和个人，利于企业目标的实现。

4）根据计划职能所形成的目标和方案建立相应的规章制度，使企业管理有章可循。

3．领导职能

领导职能又称指挥职能，是指带领和指导组织成员去实现共同目标的各种活动的整个过程。领导职能有两个要点：一是对组织的各个层次、各类人员的领导、沟通或指导；二是协调组织内部各部门、组织成员和组织同外部各利害关系集团之间的关系。领导工作的核心和难点是调动组织成员的积极性，这就需要领导者运用科学的激励理论和领导方式。

领导职能属于执行性职能，它是实现企业目标和计划的必要条件。因为计划职能为企业的经济活动确定了目标和实现目标的途径，组织职能为实现计划目标建立了有机联系的整体结构，这些都是企业生产经营管理的必要前提。但是，如果没有集中的指挥，没有一个统一的意志，即使有周密的计划、完善的组织，也不能使企业按既定目标良性运行。因此，管理必须具有领导职能，其作用在于：

（1）传递信息　领导者通过下达各种信息，有效地引导被领导者实现目标计划。

（2）提供动力　领导者运用多种领导方式，使企业上下团结一致，人际关系和谐，员工心情舒畅。

（3）排除故障　领导者对企业在生产经营过程中出现的困难、矛盾及问题予以及时的指导、处理和解决。

4．控制职能

控制职能是指检查、监督、确定组织活动的进展情况，纠正偏差，从而确保总的计划及组织目标得以实现的过程。控制工作一般涉及三个基本问题：确定目标、衡量业绩和纠正偏差。

控制职能是管理职能的组成部分，它属于保障性职能。没有计划、组织、领导，也就无从实行控制；没有控制，则无法保障计划、组织、领导职能的实施。因为实现控制的必要前提是要有明确而完整的计划，否则就没有衡量的标准；要有组织机构，即确定由哪个部门或个人来采取检查、监督和调节措施，由谁来承担产生偏差的责任，否则就没有人履行控制职能；要有关于控制对象的及时而准确的信息，否则也无从控制。另一方面，实施控制职能，可以纠正计划、组织、领导职能在实践工作中的偏差，从而确保管理的实施及其成果与预期目标一致。控制职能有如下作用：

（1）反馈信息　通过控制系统的信息反馈，不断接受企业内外部各方面的信息，使企业同经营环境相适应。

（2）纠正偏差　综合性的管理控制，可以随时发现决策与计划中存在的问题，以便采取补救措施或进行必要的调整，从而尽可能地减少损失，并为新决策与计划提供资料和依据，最终实现企业的经营目标。

（3）提高效益　通过各种专项控制，使生产经营成本降低、质量改善，从而提高企业的经济效益。

上述管理的四个方面职能是相互联系、相互制约的，其中计划是管理的首要职能，是组织、领导和控制职能的依据；组织、领导和控制职能，是有效管理的重要手段，是计划及其目标得以实现的保障。只有统一协调这四个方面，使之成为管理活动的整体过程，才可能为组织目标的实现提供完整的管理条件。

1.2.4 管理的科学性与艺术性

管理首先是一门科学。美国管理学家孔茨（Harold Koontz）认为："科学是经过整理的知识。任何科学的根本特点都是运用科学的方法去发展知识。"管理具有这个特点。管理作为进行社会生产的必要条件，它的科学性同社会生产的规律性紧密相连，社会生产的规律性要求管理具有科学性。同时，管理形成了一套系统的理论和科学的方法。它借助于现代科学技术和手段，利用系统的管理原理和科学方法，研究和探索人们为什么及如何有组织地、有效地实现既定目标，从中揭示管理活动的各种规律。管理在总结和概括反映客观规律的理论和方法的同时，也在不断通过管理实践的结果验证和丰富理论本身。因此，管理的科学性，就表现在它以反映管理客观规律的管理理论和方法为指导，有一套分析问题、解决问题的科学方法论等方面。

管理的艺术性强调管理的实践性，没有实践则无所谓艺术。艺术的含义是指能够熟练地运用知识且通过巧妙的技能来达到某种效果，而有效的管理活动正反映了此特点。在现实的管理实践中，仅仅掌握科学的管理理论和方法是不够的。因为管理作为一门科学，就像其他科学一样是不断发展的，它本身还不够完善。同时，现实生活中的管理问题千差万别，所以必须灵活运用管理理论，才能进行有效的管理。

当然，最富有创造性的"艺术"总是以它所借助的科学理论为基础的。因此，科学和艺术并不是相互排斥的，而是相互补充的。机械地搬用管理的原理，难以从实际出发有效地实现管理的目标；但是，管理人员若不掌握管理科学，只能是凭直觉或经验进行管理。因此，管理的科学性和艺术性反映了理论知识和灵活运用相结合的必要性。

1.3 管理者

1.3.1 管理者的定义与分类

1. 管理者的定义

管理者都是在组织中工作的。组织是指对完成特定目标的人们的系统性安排，组织有大有小，但都具有以下三个特征：

1）有一个明确的目的，这个目的一般是以一个或一组目标表示的。

2）由一群人组成。

3）形成一种系统性的结构，用以规范和限制成员的行为。例如，建立规章制度，以使组织成员知道应当做什么和怎样做。

根据人们在组织中的地位和作用的不同，可将他们分为操作者和管理者。

所谓操作者，是指在组织中直接从事具体的业务，并且一般不承担对他人工作进行监督的责任的组织成员，如工厂的工人、学校的教师、医院的医生、商店的营业员等。他们的任务就是做好组织分派的具体的操作性事务。

所谓管理者，是指那些在组织中指挥他人完成具体任务的人，如企业的厂长、车间主任，学校的校长、系主任，机关的局长、处长，以及公司的经理等。管理者虽然有时也承担一定的具体的事务性工作，但其主要职责是指挥下属工作。有下属向其汇报工作，是管理者区别于操作者的显著特点。

2. 管理者的分类

（1）管理者的层次分类　组织的管理人员可以按其所处的管理层次分为高层管理者、中层管理者和基层管理者。同时，整个组织层次还包括一层作业人员。

1）高层管理者。高层管理者是指那些对组织的管理负有全面责任，并侧重负责制定组织的大政方针，代表组织与外界交往联系的人，如公司的总经理、工厂的厂长、大学的校长等。高层管理者对组织发展战略、行动计划、资源安排拥有充分的权力。他们的决策是否科学、职权利用是否得当等，直接关系着组织的存亡兴衰。

2）中层管理者。中层管理者是指那些主要以贯彻高层管理者所制定的大政方针，指挥基层管理者活动为职责的人，如工厂的车间主任、公司的事业部经理、大学的系主任等。他们管理的下属规模差异很大，多则数百人，少则几十人，因此不可能去做太多的具体工作，而是根据上级的计划和部署，把具体任务分配给各基层单位，同时指导、支持和协调基层管理者的工作。中层管理者在组织中起着承上启下的作用，对上下级之间的信息沟通、政令通行等负有重要的责任。

3）基层管理者。基层管理者是指那些直接指挥和监督现场作业人员，去完成上级下达的各项计划和指令的人，即第一线管理人员，如车间的班组长、大学的课程组长、宾馆的前台领班等。他们所管辖的仅仅是作业人员而不涉及其他管理者。基层管理者的主要职责是给下属作业人员分派具体任务，保证各项任务的有效完成。

作为管理者，不论他在组织中的哪一层次上承担管理职责，其工作内容都涉及计划、组织、领导和控制几个方面，但不同层次的管理者所履行的各项管理职能的程度和重点是有所不同的，如图 1-2 和表 1-1 所示。高层管理者用在计划、组织和控制职能上的时间要比基层管理者多，而基层管理者用在领导职能上的时间要比高层管理者多。即便是同一管理职能，不同层次的管理者所从事的具体管理工作的内涵也并不完全相同。例如，就计划工作而言，高层管理者关心组织整体的长期战略规划，中层管理者偏重于中期、内部的管理性计划，基层管理者则更侧重于短期的业务和作业计划。

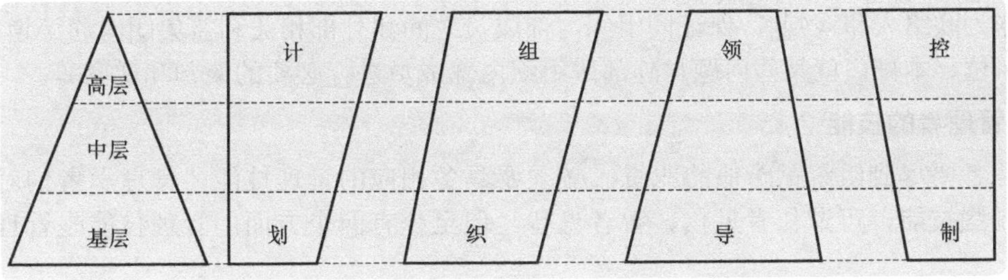

图 1-2　管理者的层次分类与管理职能的侧重

表 1-1　不同层次管理者管理职能的时间分布

管理者	不同管理职能的时间分布（%）			
	计划	组织	领导	控制
高层管理者	28	36	22	14
中层管理者	18	33	36	13
基层管理者	15	24	51	10

（2）管理者的领域分类　管理人员按其所从事管理工作的领域宽度及专业性质的不同，可划分为综合管理人员与专业管理人员两大类。

综合管理人员是指负责整个组织或组织中某个事业部全部活动的管理者。小型组织可能只有一个综合管理者，那就是总经理，他要统管该组织包括生产、营销、人事、财务等在内的全部活动。而大型组织可能会按产品类别设立几个产品分部，或者按地区设立若干个地区分部，此时，该公司的综合管理人员就包括总经理和每个产品或地区分部的经理，每个分部经理都要统管该分部包括生产、营销、人事、财务等在内的全部活动。

专业管理人员是指负责组织中某一类活动或职能的管理者，如生产部门管理者、营销部门管理者、人事部门管理者、财务部门管理者及研究开发部门管理者等。现代组织随着规模的不断扩大和环境的日益复杂多变，将需要越来越多的专业管理人员，专业管理人员的地位也变得越来越重要。

1.3.2　管理者的职责和技能

1. 管理者的职责

设计和维护一种环境，使身处环境中的组织成员在组织内协调工作，从而实现组织目标，是所有管理者需承担的基本职责。具体来说，任何层次的管理者都承担着以下职责：

1）作为领导者，保证组织活动的顺利进行，包括代表组织或组织内部某一部门与外界保持必要的接触，负责本单位、部门成员的任用、训练、评价和指导等。

2）作为信息收集和发布者，保证信息的集散和畅通，包括：通过人际交流、调查研究等方式了解情况，把握全局；向组织成员下达指令和通报有关信息；向外界和上级介绍本单位、本部门的工作情况。

3）作为决策者，保证决策的及时正确，包括：目标、战略和制度的确定；不断探索新的途径，进行组织运行的创新；随时对目标和计划的实现情况进行监控，对组织出现的问题进行妥善解决；决定权限范围内的资源在组织成员之间合理分配和利用等。

4）作为联络人和谈判者，保证同组织内部成员之间和外部相关利益集团沟通渠道的畅通；代表本单位、本部门就某些问题与外部或组织内部成员进行必要的谈判和磋商等。

2. 管理者的技能

管理者要尽到组织赋予他的职责，必须要具备相应的管理技能。管理学者们对管理者应具备哪些技能，可谓仁者见仁、智者见智。但至少有四个方面的管理技能是管理者不可缺少的。

（1）专业技能　专业技能是指在涉及方法、工艺和过程等活动中所需要的知识和水平，即要求管理者能够利用专业技术和工具。例如，机械工使用工具工作，其主管应当具备教会工人如何使用工具的能力；会计主管也需要具备处理资金核算问题（会计师的工作内容）的能力。

（2）人际交往技能　人际交往技能是指与他人一起工作的能力，即协作精神和团队精神，也就是善于创造良好的氛围，使组织成员能够自由地、无顾虑地表达个人的观点和能力。

（3）概念技能　概念技能是指能够总揽全局、沉着冷静地判断重要因素和这些因素之间关系的能力，也就是善于把握机会和处理复杂、突发事件的能力。

（4）设计技能　设计技能是指以有利于组织利益的各种方式解决问题的能力。特别是在组织的高层，管理者不仅要善于发现问题，还应具备像优秀工程师那样善于找出对某一问题切实可行的解决办法的能力。

上述管理技能，在组织不同管理层次的相对重要性是不同的。例如，高层管理者更需要概念技能、人际交往技能和设计技能，对专业技能的要求相对较低；而基层管理者则更需要专业技能，对概念技能则要求较低。

1.4　管理理论的发展史

20 世纪是真正的工业化管理产生和发展的时期。从 1903 年泰勒的科学管理理论诞生起，经历了 100 多年的沧桑巨变，如今管理已经成为一个门类齐全、全方位、多层次的科学体系，成为影响社会经济生活的不可或缺的重要因素。

1.4.1　古典管理理论阶段

西方古典管理理论阶段的主要理论指的是 19 世纪末、20 世纪初在美国、法国、德国等国家形成的科学管理理论。这是人类第一次运用科学的、系统的方法来讨论管理问题，所以又被叫作古典或经典管理理论，包括美国泰勒的科学管理理论、法国法约尔的一般管理理论和德国韦伯的行政组织体系理论。

1．科学管理理论

“所有的日常活动中不注意效率的行为都在使整个国家资源遭受巨大损失，而补救低效能的办法不在于寻求某些出众或是非凡的人，而在于科学的管理。”提出这个观念的人就是被西方管理界誉为“科学管理之父”的泰勒（Frederick Winslow Taylor）。泰勒的科学管理的根本目的是谋求最高效率，而达到最高的工作效率的重要手段就是用科学化的、标准化的管理方法代替旧的经验管理。为此，泰勒提出了一些基本的管理制度：

1）对工人提出科学的操作方法，以便有效利用工时，提高工效。

2）对工人进行科学的选择、培训和晋升。

3）制定科学的工艺规程，使工具、机器、材料标准化，并把作业环境标准化，用文件形式固定下来。

4）实行具有激励性的计件工资报酬制度。

5）管理和劳动分离。

上述这些措施虽然在现在已成为管理常识，但在当时却是重大的变革。随后，美国企业的生产率有了大幅度的提高，出现了高效率、低成本、高工资、高利润的新局面。科学管理不仅仅是将科学化、标准化引入管理，更重要的是泰勒所倡导的精神革命，这是实施科学管理的核心问题。许多人认为雇主和雇员的根本利益是对立的，而泰勒所提出的科学管理却恰恰相反，它相信双方的利益是一致的，只有雇主和雇员双方互相协作，才会达到较高的绩效水平，这种合作观念是非常重要的。

泰勒是科学管理的先锋，其追随者和同行也对科学管理做出了重要的贡献。亨利·甘特（Henry Laurence Gantt）用图表进行计划和控制的做法是当时管理思想的一次革命，甘特根据这个思想设计的甘特图现在还常用于编制进度计划。亨利·福特（Henry Ford）在泰勒的单工序动作研究基础之上，进一步对如何提高整个生产过程的效率进行了研究，创建了第一条流水生产线——福特汽车流水生产线。同时，福特进行了多方面的标准化工作，包括产品系列化、零件规格化、工厂、机器、工具专业化、作业专门化等。泰勒及其同行与追随者的理论与实践构成了泰勒制，人们称以泰勒为代表的学派为科学管理学派。

泰勒的科学管理主要有两大贡献：一是管理要走向科学；二是劳资双方的精神革命。前者是有效管理的必要条件；后者是有效管理的心理基础。当然，科学管理存在过于重视技术、强调个别作业效率、忽视了企业的整体功能等历史局限因素，但在当时是一次史无前例的革命，具有划时代的历史意义。科学管理的许多思想和做法至今仍被许多国家参照采用。

2. 一般管理理论

与泰勒同时提倡科学管理的法国人的法约尔（Henry Fayol，1884—1925）进一步发展了管理组织的理论。亨利·法约尔是欧洲最杰出的管理大师，被后人尊称为“现代经营管理之父”。法约尔早期就参与企业的管理工作，并长期担任企业高级领导职务。因此，他的管理理论是把企业作为一个整体进行研究，着眼于全局性的管理理论。他最主要的贡献在于三个方面：从经营职能中独立出管理活动，提出管理活动所需的五大职能和 14 项管理原则。这三个方面也是其一般管理理论的核心。它与泰勒的科学管理并不矛盾，只不过是从两个方面来看待和总结管理实践的。泰勒的研究是从“车床前的工人”开始的，重点内容是企业内部具体工作的效率。法约尔的研究则是从“办公桌前的总经理”出发的，以企业整体作为研究对象。他认为，管理理论是指“有关管理的、得到普遍承认的理论，是经过检验并得到论证的一套有关原则、标准、方法、程序等内容的完整体系”，有关管理的理论和方法不仅适用于各类企业，也适用于军政机关和社会团体，这正是其一般管理理论的基石。法约尔在他的代表作《一般管理与工业管理》（1916 年发表）和其他的一些著作中主要提出了下列思想：

1）管理不同于经营，这是两个不同的概念，管理包括在经营之中。通过对企业全部活动的分析，将管理活动从经营职能（包括技术、商业、业务、安全和会计五大职能）中提炼出来，成为经营的第六项职能。

2）将管理活动分为计划、组织、指挥、协调和控制五大管理职能，并进行了相应的分析和讨论。

3）提出了一般管理的 14 项原则：劳动分工、权力与责任、纪律、统一指挥、统一领导、个人利益服从整体利益、人员报酬、集中、等级制度、秩序、公平、人员稳定、首创精神和团队精神。

法约尔的一般管理理论是西方古典管理思想的重要代表，后来成为管理过程学派的理论基础（该学派将法约尔尊奉为开山祖师），也是以后各种管理理论和管理实践的重要依据，对管理理论的发展和企业管理的历程有着深刻的影响。管理之所以能够走进大学讲堂，全赖于法约尔的卓越贡献。一般管理思想的系统性和理论性强，对管理五大职能的分析为管理科学提供了一套科学的理论构架，来源于长期实践经验的管理原则给管理人员巨大的帮助，其中某些原则甚至以“公理”的形式为人们所接受和使用。因此，继泰勒的科学管理之后，一般管理被誉为管理史上的第二座丰碑。

3. 行政组织体系理论

德国的马克斯 • 韦伯（Max Weber，1864—1920）被称为“组织理论之父”，与泰勒、法约尔并称西方古典管理理论的三位先驱。韦伯认为，任何组织都必须以某种形式的权力作为基础，没有某种形式的权力，任何组织都不能达到自己的目标。

人类社会存在三种为社会所接受的权力：传统权力（Traditional Authority），由传统惯例或世袭得来；超凡权力（Charisma Authority），来源于他人的崇拜与追随；法定权力（Legal Authority），是法律规定的权力。

对于传统权力，韦伯认为：人们对其服从是因为领袖人物占据着传统所支持的权力地位，同时，领袖人物也受着传统的制约。但是，人们对传统权力的服从是在习惯义务领域内的个人忠诚。领导人的作用似乎只为了维护传统，因而效率较低，不宜作为行政组织体系的基础。而超凡权力的合法性，完全依靠人们对于领袖人物的信仰，他必须以不断的奇迹和英雄之举赢得追随者。超凡权力过于带有感情色彩且是非理性的，不是依据规章制度，而是依据神秘的启示。所以，超凡权力形式也不宜作为行政组织体系的基础。

韦伯认为，只有法定权力才能作为行政组织体系的基础，其最根本的特征在于它提供了慎重的公正。原因在于：①管理的连续性使管理活动必须有秩序地进行；②以“能”为本的择人方式提供了理性基础；③领导者的权力并非无限，应受到约束。

有了适合于行政组织体系的权力基础，韦伯勾画出理想的官僚组织模式（Bureaucratic Ideal Type），具有下列特征：

1）组织中的人员应有固定和正式的职责并依法行使职权。组织是根据合法程序制定的，应有其明确目标，并依靠一套完整的法规制度组织与规范成员的行为，以期有效地追求与达到组织的目标。

2）组织的结构是一层层控制的体系。在组织中按照地位的高低规定成员间命令与服从的关系。

3）人与工作的关系。成员间的关系只有对事的关系，而无对人的关系。

4）成员的选用与保障。每一个职位根据其资格限制（资历或学历），按自由契约原则，经公开考试合格予以使用，务求人尽其才。

5）专业分工与技术训练。对成员进行合理分工并明确每个人的工作范围及权责，然后通过技术培训来提高工作效率。

6）成员的工资及升迁。按职位支付薪金，并建立奖励与升迁制度，使成员安心工作，培养事业心。

韦伯认为，凡具有上述六项特征的组织，可使组织表现出高度的理性化，其成员的工作行为也能达到预期的效果，组织目标也能顺利达成。韦伯对理想的官僚组织模式的描绘，为行政组织指明了一条制度化的组织准则，这是他在管理思想上的最大贡献。

韦伯理论的主要创新之处源于他对有关官僚制效率争论的忽略，而把目光投向其准确性、连续性、纪律性、严整性与可靠性。韦伯这种强调规则、强调能力、强调知识的行政组织理论为社会发展提供了一种高效率、合乎理性的管理体制。现在人们普遍采用的高、中、低三层次管理就源于他的理论。

行政组织化是人类社会不可避免的进程，韦伯的理想行政组织体系自出现以来得到了广泛的应用，它已经成为各类社会组织的主要形式。

1.4.2 现代管理理论阶段

现代管理理论产生于20世纪20年代末期，它力图克服古典管理理论的弱点，重视人的因素，重视社会、心理因素对人们的影响；强调把现代科学技术新成果用于管理，做出准确的决策。于是形成两大学派：行为科学学派和管理科学学派。

1．行为科学学派

行为科学产生于20世纪20年代末30年代初。在初期，它叫作人际关系学说，着重从社会和心理方面研究企业中人们之间的相互关系，是美国管理学家埃尔顿·梅奥（George Elton Mayo，1880—1949）等人创立的。梅奥受过心理学等方面的教育，于20世纪20年代末开始主持有名的霍桑实验，并依据试验结果提出了人际关系学说。人际关系学说主要认为：①职工是“社会人”。这是针对当时流行的“经济人”的观点提出来的新观点，他认为职工是复杂的社会系统的成员，受社会和心理各方面的制约。因此，企业必须从社会和心理各方面来激励工人。②企业中除了“正式组织”之外，还存在着“非正式组织”。非正式组织成员有其特殊的共同感情、惯例和倾向，无形地左右着成员的行为，对提高生产率有很大的影响。③领导的能力在于通过对员工“满足度”的提高来激励他们的“士气”，从而达到提高生产率的目的。

之后，人际关系学说又发展成为行为科学，20世纪60年代又出现了组织行为科学的名称。行为科学从怎样认识和处理人际关系出发，形成了行为科学两大理论体系，即“人的本质理论”和“激励理论”。

（1）人的本质理论　美国的麦戈雷格（Douglas McGregor）在20世纪50年代提出了“人的本质理论”，他的主要著作为《企业的人性面》（1957年发表）等。麦戈雷格等人的理论，从哲学的角度来看，有三种观点，一种叫X理论，一种叫Y理论，一种叫权变学说。这三种理论都是研究人的本性是什么的。X理论认为人的本性是坏的。认为管理的全部问题在于一个“管”字。管理的作用就是利用各种方法强迫工人去完成工作。所以，机构的建立、制度的制定和管理人员的选择，都应按此原则进行。在机构上突出监工的作用，在制度上强调惩罚，在理论上强调管制。与X理论相反的是Y理论。Y理论认为人的本性是好的。认为人有创造性和想象力，人是愿意进步和向上的。管理的作用就是启发人的这种本性，给人创造各种机会，引导他们为实现自己的需要而努力工作，用适当的组织方法把个人的目标和集体的目标结合起来。由此可见，Y理论强调教育，认为教育是管理的重要组成部分。第三种观点就是权变学说，即X理论和Y理论的结合，又称Z学说或超Y学说。权变学说认为人与人是有区别的，参加工作的动机不一样，个人的爱好和特点不一样，不能一概而论。管理的作用就是把工作和个人的特点结合起来。显然这样思考问题要比 Y 理论全面一些。

（2）激励理论　人的行为是由动机决定的，而动机的产生又依赖于需要。为了使人达到目标，从外部给以推动力来满足人的内在需要或欲望，就可以促进人的行为。管理者的责任在于：了解下属在各个时期的各种不同需要，分析人们在各种场合产生的各种不同行为的原因，从而引起和激励人们趋向正当需要、正确的动机和积极的行为。这就是激励理论研究的内容。

1）需要层次理论。需要层次理论是由美国著名心理学家和行为科学家亚伯拉罕・马斯洛（A.H.Maslow）提出的。该理论认为，人的需要有一个从低级到高级发展的过程。每个时期都有一种需要占主导地位，而其他需要则处于从属地位。马斯洛将人类的需要分为五个层次，如图 1-3 所示。

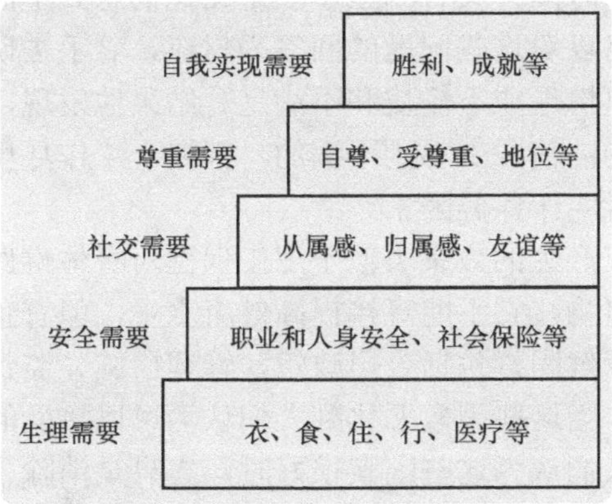

图 1-3　人的需要层次

生理需要是人类的第一层次需要，是指能满足个体生存所必需的一切需要，如食物、衣服、性欲等。

安全需要是人类的第二层次需要，是指能满足个体免于身体与心理危害恐惧的一切需要，如收入稳定、强大的治安力量、福利条件好、法制健全等。

社交需要是人类的第三层次需要，是指能满足个体与他人交往的一切需要，如友谊、爱情、归属感等。

尊重需要是人类的第四层次需要，是指能满足他人对自己的认可及自己对自己认可的一切需要，如名誉、地位、尊严、自信、自尊、自豪等。

自我实现需要是人类的最高层次需要，是指满足个体把各种潜能都发挥出来的一种需要，如不断地追求事业成功、使技术精益求精等。

其中，底部的三种需要可称为缺乏型需要，只有满足了这些需要个体才能感到基本上舒适。顶部的两种需要可称为成长型需要，因为它们主要是为了个体的成长与发展。

马斯洛认为各层次需要之间有以下关系：一般来说，这五种需要像阶梯一样，从低到高。低一层次的需要获得满足后，就会向高一层次的需要发展；这五种需要不是每个人都能满足的，越是靠近顶部的成长型需要，满足的百分比越少；同一时期，个体可能同时存在多种需要，因为人的行为往往是受多种需要支配的，每一个时期总有一种需要占支配地位。

马斯洛的需要层次理论认为人们希望得到满足，但已满足的需要就不像未满足的需要那样具有相同的激励作用。对于员工来说，得到他们所追求的事物比得到更多的他们已拥有的事物有更强的激励性。已经完全满足的需要不会成为强的激励源。

按照这种解释，马斯洛需要层次对于现代管理者具有很强的影响，它提供了一些有用的思想，以帮助管理者考虑如何激励员工。管理人员要确认员工的需要，承认不同员工会有不同的需要，满足尚未实现的特定需要比满足已得到满足的需要具有更强的激励作用，认识到提供相同的报酬（特别是用来满足低级需要的）对于激励的作用是递减的。

2）双因素理论。双因素理论是美国的行为科学家弗雷德里克·赫茨伯格（Fredrick Herzberg）提出来的，是他最主要的成就。在工作丰富化方面，他也进行了开创性的研究。

20 世纪 50 年代末期，赫茨伯格和他的助手们在美国匹兹堡地区对 200 名工程师、会计师进行了调查访问。访问主要围绕两个问题：在工作中，哪些事项是让他们感到满意的，并估计这种积极情绪持续多长时间；又有哪些事项是让他们感到不满意的，并估计这种消极情绪持续多长时间。赫茨伯格以对这些问题的回答为材料，着手去研究哪些事情使人们在工作中感到快乐和满足，哪些事情造成不愉快和不满足。结果他发现，使职工感到满意的都属于工作本身或工作内容方面的；使职工感到不满的，都属于工作环境或工作关系方面的。他把前者叫作激励因素，把后者叫作保健因素。

保健因素的满足对职工产生的效果类似于卫生保健对身体健康所起的作用。保健从人的环境中消除有害于健康的事物，它不能直接提高健康水平，但有预防疾病的效果；它不是治疗性的，而是预防性的。保健因素包括公司政策、管理措施、监督、人际关系、物质条件、工作条件、工资、福利等。当这些因素恶化到人们认为可以接受的水平以下时，就会产生对工作的不满意。但是，当人们认为这些因素很好时，它只是消除了不满意，并不会导致积极的态度，这就形成了某种既不是满意、又不是不满意的中性状态。

那些能带来积极态度、满意和激励作用的因素就叫作激励因素，是那些能满足个人自我实现需要的因素，包括成就、赏识、挑战性的工作、增加的工作责任及成长和发展的机会。如果这些因素具备了，就能对人们产生更大的激励作用。从这个意义出发，赫茨伯格认为传统的激励假设，如工资刺激、人际关系的改善、提供良好的工作条件等，能消除不满意，防止产生问题，但这些传统的激励因素即使达到最佳程度，也不会产生积极的激励。按照赫茨伯格的意见，管理者应该认识到保健因素是必需的，不过它一旦消除不满意以后，就不能产生更积极的效果。只有激励因素才能使人们有更好的工作成绩。

赫茨伯格注意到，激励因素和保健因素都有若干重叠现象。例如，赏识属于激励因素，基本上起积极作用；但当没有受到赏识时，又可能起消极作用，这时又表现为保健因素。又如，工资是保健因素，但有时也能产生使职工满意的结果。

赫茨伯格的双因素理论同马斯洛的需要层次论有相似之处。他提出的保健因素相当于马斯洛提出的生理需要、安全需要、社交需要等较低级的需要；激励因素则相当于尊重需要和自我实现需要等较高级的需要。当然，他们的具体分析和解释是不同的。但是，这两种理论都没有把“个人需要的满足”同“组织目标的达到”这两点联系起来。

双因素理论促使企业管理人员注意工作内容方面因素的重要性，特别是它们同工作丰富化和工作满足的关系，因此是有积极意义的。赫茨伯格告诉我们，满足各种需要所引起的激励深度和效果是不一样的。物质需求的满足是必要的，没有它会导致不满，但是即使获得满足，它的作用往往也是很有限的、不能持久的。要调动人的积极性，不仅要注意物质利益和工作条件等外部因素，更重要的是要注意工作的安排，量才录用，各得其所，注意对人进行精神鼓励，给予表扬和认可，注意给人以成长、发展、晋升的机会。随着温饱问题的解决，这种内在激励的重要性越来越明显。

3）期望理论。期望理论的基础是：人之所以能够从事某项工作并达成目标，是因为这些工作和组织目标会帮助他们达成自己的目标，满足自己某方面的需要。著名心理学家和行为科学家弗鲁姆（Victor H.Vroom）认为，某一项活动对某人的激励力量取决于他所能得到结果的全部预期价值乘以他认为达成该结果的期望概率。用公式可以表示为

$$M=V\times E$$

式中　M——激励力量，是指调动一个人的积极性，激发出人的潜力的强度；

V——目标效价，是指达成目标后对于满足个人需要其价值的大小；

E——期望值，是指根据以往的经验进行的主观判断，达成目标并能导致某种结果的概率。

弗鲁姆的期望理论辩证地提出了在进行激励时要处理好三个方面的关系，也是调动人们工作积极性的三个条件。第一，努力与绩效的关系。人们总是希望通过一定的努力达到预期的目标，如果个人主观认为达到目标的概率很高，就会有信心，并激发出很强的工作力量；反之，如果他认为目标太高，通过努力也不会有很好的成绩时，就失去了内在的动力，导致工作消极。第二，绩效与奖励的关系。人总是希望取得成绩后能够得到奖励，当然这个奖励也是综合的，既包括物质上的，也包括精神上的。如果取得绩效后能得到合理的奖励，就可能产生工作热情，否则就可能没有积极性。第三，奖励与满足个人需要的关系。人总是希望自己所获得的奖励能满足自己某方面的需要，然而由于人们在年龄、性别、资历、社会地位和经济条件等方面都存在着差异，对各种需要要求得到满足的程度就不同。因此，对于不同的人，采用同一种奖励办法能满足需要的程度不同，能激发出的工作动力也就不同。

对期望理论的应用主要体现在激励方面，这启示管理者不要泛泛地采用一般的激励措施，而应当采用多数组织成员认为效价最大的激励措施，而且在设置某一激励目标时应尽可能加大其效价的综合值，适当加大不同人实际所得效价的差值。在激励过程中，还要适当控制期望概率和实际概率，加强期望心理的疏导。期望概率过大容易产生挫折，期望概率过小又会减小激励力量。而实际概率应使大多数人受益，最好实际概率大于平均的个人期望概率，并与效价相适应。

4）公平理论。公平理论是美国行为科学家亚当斯（J.S.Adams）提出来的一种激励理论。该理论侧重于研究工资报酬分配的合理性、公平性及其对职工生产积极性的影响。

公平理论的基本观点是：当一个人做出成绩并取得报酬以后，他不仅关心自己所得报酬的绝对量，而且关心自己所得报酬的相对量。因此，他要进行种种比较来确定自己所获报酬是否合理，比较的结果将直接影响今后工作的积极性。

一种比较称为横向比较，即人们将自己获得的报偿（包括金钱、工作安排及获得的赏识等）与自己的“投入”（包括教育程度、付出的努力，以及用于工作的时间、精力和其他无形损耗等）的比值与组织内其他人进行比较，只有相等时，人们才认为公平。

$$O_\mathrm{p}/I_\mathrm{p}=O_\mathrm{c}/I_\mathrm{c}$$

式中　O_p——自己对所获报酬的感觉；

O_c——自己对他人所获报酬的感觉；

I_p——自己对自己所做投入的感觉；

I_c——自己对他人所做投入的感觉。

当上式为不等式时，可能出现以下两种情况：

一种情况是 $O_p/I_p<O_c/I_c$。在这种情况下，人们可能要求增加自己的收入或减小自己今后的努力程度，以便使左方增大，趋于相等；第二种办法是人们可能要求组织减少比较对象的收入或让其今后增大努力程度以便使右方减小，趋于相等。此外，人们还可能另外找人作为比较对象，以便达到心理上的平衡。

另一种情况是 $O_p/I_p>O_c/I_c$。在这种情况下，人们可能要求减少自己的报酬或在开始时自动多做些工作，但久而久之，便会重新估计自己的技术和工作情况，终于觉得自己确实应当得到那么高的待遇，于是产量便又会回到过去的水平了。

除了横向比较之外，人们也经常做纵向比较，即把自己目前的投入与目前所获得报酬的比值，同自己过去的投入与过去所获报酬的比值进行比较。只有相等时，人们才认为公平。

$$O_p/I_p=O_h/I_h$$

式中 O_p——自己对现在所获报酬的感觉；

O_h——自己对过去所获报酬的感觉；

I_p——自己对现在所做投入的感觉；

I_h——自己对过去所做投入的感觉。

当上式为不等式时，也可能出现以下两种情况：

一种情况是 $O_p/I_p<O_h/I_h$。当出现这种情况时，人们也会有不公平的感觉，这可能导致工作积极性下降。

另一种情况是 $O_p/I_p>O_h/I_h$。当出现这种情况时，人们不会因此产生不公平的感觉，但也不会觉得自己多拿了报酬，从而主动多做些工作。

调查和试验的结果表明，不公平感的产生，绝大多数是由于经过比较认为自己目前的报酬过低而产生的；但在少数情况下，也会由于经过比较认为自己的报酬过高而产生。公平理论提出的基本观点是客观存在的，但公平本身却是一个相当复杂的问题，这主要是由于下面几个原因：

第一，它与个人的主观判断有关。上面公式中无论是自己的或他人的投入和报酬都是个人感觉，而一般人总是对自己的投入估计过高，对他人的投入估计过低。

第二，它与个人所持的公平标准有关。上面的公平标准所采用的是贡献率，也有采取需要率、平均率的。例如，有人认为助学金应改为奖学金才合理，有人认为应平均分配才公平，也有人认为按经济困难程度分配才适当。

第三，它与绩效的评定有关。人们主张按绩效付报酬，并且各人之间应相对均衡。即绩效的评定，是以工作成果的数量和质量，还是按工作中的努力程度和付出的劳动量来评定；是按工作的复杂、困难程度，还是按工作能力、技能、资历和学历来评定，不同的评定办法会得到不同的结果。最好是按工作成果的数量和质量，用明确、客观、易于核实的标准来度量，但这在实际工作中往往难以做到，有时不得不采用其他的方法。

第四，它与评定人有关。绩效由谁来评定，是领导者评定还是群众评定或自我评定，不同的评定人会得出不同的结果。由于同一组织内的绩效往往不是由同一个人评定的，因此会出现松紧不一、回避矛盾、姑息迁就、抱有成见等现象。

然而，公平理论对我们有着重要的启示：首先，影响激励效果的不仅有报酬的绝对值，还有报酬的相对值；其次，激励时应力求公平，使等式在客观上成立，尽管有主观判断的误差，也不致造成严重的不公平感；再次，在激励过程中应注意对被激励者公平心理的引导，使其树立正确的公平观，一是要认识到绝对的公平是不存在的，二是不要盲目攀比，三是不要按酬付劳，按酬付劳是在公平问题上造成恶性循环的主要杀手。

为了避免职工产生不公平的感觉，企业往往采取各种手段，在企业中营造一种公平合理的气氛，使职工产生一种主观上的公平感。例如，有的企业采用保密工资的办法，使职工相互不了解彼此的收入情况，以免职工互相比较而产生不公平感。

2. 管理科学学派

现代管理科学中的另一个重要学派就是管理科学学派。该学派的理论认为：管理就是运用数学模型与程序系统，用数学符号和公式来表示计划、组织、控制、决策等合乎逻辑的程序，求出最优的解答，以达到企业的目标；管理上的很多问题可以应用系统工程、控制论、信息论及建立数学模型，以计算机作为管理手段来解决。只有进行定量分析，通过数学模拟、方案选优，才能进行正确决策和合理组织生产与控制，达到最优目标，这才是适应先进生产技术要求的现代管理方法。这套理论就本质而言，仍是泰勒制的继承和发展。

现代管理两大学派的观点不同，前者强调生产关系，后者侧重生产力研究。从管理的两重性来看，两者都不完善。所以，从 20 世纪 70 年代起，新的管理理论已经把两派进行了综合。

现代管理有以下几个主要特点：

第一，突出经营决策，面对市场用户，力求提高盈利水平，提出“管理的重心在经营，经营的重心在决策”的观点。

第二，把开发新产品、提高技术水平作为企业发展的核心问题。

第三，实行以人为中心的管理。标榜“管理民主化”，以“尊重人”为口号，采用激励手段，并进行智力开发投资，重视教育。

第四，广泛应用电子计算机等现代科技成就。

第五，实行系统管理。运用系统论，把企业管理作为一个开放系统；外部受社会系统的政治因素制约，内部又将各管理部门分为若干子系统，应用系统工程，从系统的最优化观点出发，进行经营管理的战略决策。

1.5　企业管理组织

企业的人、财、物、信息等资源，要通过组织领导才能形成现实的生产力。企业领导制度确定之后，需要建立和健全相应的管理组织来发挥管理的效能，并且保证企业预期目标的实现。企业管理组织是与企业领导制度紧密相连的。

1.5.1　企业管理组织的概念

所谓组织，是为实现既定目标，通过人与人、人与物质资料及信息的有机结合所形成的社会系统。企业组织就是指为了有效地向社会提供产品或劳务，将企业的各种资源按照一定的形式结合起来的社会系统。企业组织一般分为两个方面：一是劳动者和生产资料相结合，形成企业的生产劳动组织；二是企业管理组织，指的是根据管理的要求，将企业的生产行政系统按分工协作的原则划分，并且对各个管理层次或环节明确规定其职责、权限、义务和信息沟通方式，同时相应配置一定数量和能力的管理人员所形成的系统。企业管理组织通过整体性活动和信息传递，决定和影响着企业生产劳动组织配置的合理性和效率。这使整个企业组织浑然一体，产生良好的整体效应，为完成企业的任务服务。

1.5.2 管理组织的构成及其作用

1. 管理组织的构成

管理组织是由多种要素结合起来的整体。这些要素主要有管理人员、企业信息、管理的规章制度及管理的方法手段等。其中最根本的是管理人员、管理的规章制度和企业信息。

（1）管理人员　管理人员是管理组织中的主体，其数量、质量（素质）和结合的方式决定性地影响到整个组织的效率和其他各个方面。管理人员的主体作用主要通过三个环节来表现：第一，职务和人员素质的协调一致，通过个别管理岗位的职务和人员的优化配置，可促进组织群体素质的优化；第二，管理人员和职位、责权的统一，这是决定管理人员发挥效用的基本措施；第三，管理人员素质的培养和提高，这需要通过组织的适当激励及经常性有目的的措施来做到。以上三个方面的结合，是组织的主体作用发挥与否，进而影响整个管理组织效率的根本性保证。

（2）管理的规章制度　规章制度是组织行为的准则，是组织的凝聚力之一。整个组织系统中的层次、环节及岗位的不同，管理人员能力素质的差异，需要有共同的纪律加以约束和协调，这样才能取得组织的群体效应。这就是规章制度的作用。有了它，组织系统才能有秩序地、协调地运行。

（3）企业信息　企业信息是管理组织的媒介。管理人员在组织中的活动是通过相互传递和交流信息来进行的，整个管理组织对企业内部生产经营活动的安排和贯彻落实，也要通过信息指令进行。企业吸收有关的外部信息，采取适当决策和措施来安排自身的活动。信息是管理组织的神经系统，其完整与灵活与否同样会影响和决定管理组织的功效。

管理组织的各个要素缺一不可，必须使它们很好地结合起来，不断改进，才能发挥组织的功效，为完成企业的目标服务。

2. 管理组织的作用

管理组织的作用具体表现在以下几个方面：

1）在确定企业目标、制订决策及贯彻落实方案的过程中起着重要作用。企业领导者是确定和实现目标的组织者和指挥者，对管理组织整体有很大的影响力。但是，在现代企业管理中，企业目标及决策的制订、实施都是以组织的力量、集体的智慧来体现的，领导者的作用与组织的作用融为一体。

2）合理组织生产力，实现企业目标。为实现企业经营目标，管理组织必须运用各种管理方法对企业的人、财、物做出合理的安排和配置，在时间和空间上保持衔接和平衡，以保证企业生产经营活动的顺利进行。

3）协调企业各个部门、各个环节的工作，使组织运行处于良性循环。企业在产、供、销各个环节，以及各个部门之间有时会出现脱节和不平衡的现象，管理组织的职能就是及时发现和解决这些问题，以保证企业各部门工作的协调发展。

4）组织的凝聚作用。企业通过组织制度和激励措施，把分散的企业员工凝聚成一个整体，使全体员工都为一个共同的企业目标工作，以促进企业经济效益不断提高。

1.5.3　企业管理组织设计的内容

企业管理组织设计是实现企业管理组织职能的首要环节。要建立一个完善的企业管理组织系统，关键在于精心进行企业管理组织设计。其内容主要包括以下几个方面：

1．上层决策组织系统的设计

上层决策组织系统的设计主要是指企业领导制度和顾问或咨询组织的设置。现代企业制度要求企业实行公司制治理结构，由股东会、董事会、总经理和监事会负责企业各项事务。顾问或咨询组织在企业领导进行决策时充当顾问和提供咨询。

2．生产经营指挥系统的设计

企业的生产经营指挥系统是以厂长（经理）为首的各级生产经营单位及其行政负责人和成员所组成的垂直形态的管理组织系统。其基本任务是：在厂长（经理）的直接领导下，各级生产经营单位及其行政负责人和成员负责统一指挥企业的生产经营活动，保证企业生产经营活动顺利而有效地进行。

3．职能或参谋组织系统的设计

职能或参谋组织系统是由各级职能或参谋机构及其负责人和成员所组成的水平形态的管理组织系统。各级职能或参谋机构是同级生产经营行政负责人的参谋和助手，分别负责某一方面的管理任务。

4．管理组织实体的设计

任何组织系统都是由许多具体的组织实体（单位和部门）所构成的。因此，管理组织实体设计是企业管理组织设计的重要内容之一。每一个管理组织实体的设计，通常应按下列顺序进行：①设定该组织实体的目标；②确定为实现该目标所必须进行的活动项目；③确定为完成全部活动项目而必须配备的职务人员；④设置管辖这些职务人员的机构；⑤明确该组织实体在整个管理组织系统中的地位、作用及与其他组织实体之间的关系。

1.5.4　企业管理组织设计的原则

要建立一个完善的企业管理组织系统，在进行管理组织设计时，必须遵循以下一些基本原则：

1．目标一致原则

设置每个组织机构都要服从企业管理目标的需要，并且上下目标要一致。要让企业的每个部门、每个人了解企业的总目标，并围绕目标计划自己的行动；同时，不能为了本部门的利益，影响总目标的实现，应动员全体职工为完成总目标而努力。

2．集权与分权原则

大型企业要把重要的权力和方针、政策、制度的制定权及重要的人事任免权等集中在高层领导处，而把处置日常业务的一般权力授予下级管理人员。集权与分权的程度要根据领导与下属的素质及外部环境来决定。适当分权不仅可以使高层领导集中精力于重大决策，而且可以调动下级的积极性，发挥更多人的专长，增强企业的灵活性。

3．统一指挥原则

每一个职工只能有一个上级，只接受一个上级的命令和指挥，并对其负责。否则，多重领导、令出多门，就会造成下级无所适从，权力和纪律就会遭到严重破坏。

4．管理幅度与管理层次原则

管理幅度是指一个领导有效管理下属的人数。管理层次是指一个企业组织机构分几个层次领导。管理幅度与管理层次有内在联系。在完成同样数量工作的情况下，管理幅度和管理层次的宽窄、大小是互为倒数的。

管理幅度一方面取决于管理者职务的复杂程度，另一方面取决于组织机构中管理层次和管理人员的数量。管理层次少，管理人员就少，管理幅度就宽；管理层次多，管理人员必然多，管理幅度就窄。因此，管理幅度有一定限度。什么是最佳的管理幅度呢？这取决于管理者和下属双方的能力、管理者承担非管理职务的多少、解决问题的复杂程度、新问题的发生率及下属分散的程度等因素。一般认为中上层领导的管理幅度要狭窄一些，以 4～8 人为宜；基层领导的管理幅度要宽一些，以 10～15 人为宜。

管理层次也受到管理人员、信息沟通的制约。管理层次多，不仅管理人员多、开支大，而且信息传递路线长、环节多、容易失误。管理层次一般以少为宜。目前，关于我国企业组织机构的管理层次，大中型企业为三四个层次，小型企业为两个层次。

5．权责对等原则

企业中每一个机构都应按权责对等原则设置。有一定的职务应负担一定的责任，同时也享有相应的权力。责任是随权力而产生的，又是权力的对等物，拥有权力是为了更好地履行职责。责任与权力应该一致，每一个机构不应有权无责、有责无权或权责不相称，更要避免“因人设事”“因人设岗”。

6．专业化原则

企业组织机构的设置，必须根据专业化原则进行分工，明确每一个部门及个人的职责。但分工要适当，既要考虑分工的专业化，又要从合作的角度来考虑把各种分工组合起来，即将类似的工作组合在一个部门，这样可以减少部门与部门、人与人之间的工作矛盾，提高工作效率。一般可根据目标和活动方式来组合部门，如产品型部门、顾客型部门、地区型部门、职能型部门、生产过程型部门及混合型部门等。究竟采取何种类型，应权衡利弊，加以选择。

7．适应性原则

现代企业的组织机构必须对外部环境的变化有适应能力。由于内、外环境因素都在不断地发生变化，设计组织机构时要有一定的适应性，这样才能使组织机构适应不断变化的情况，又可达到相对的稳定性。当企业的内、外环境发生巨大变化时，则应重新设计与改革企业的组织机构。

总之，企业组织机构必须根据上述基本原则，结合企业的外界环境和内部条件加以设计，不断实践、不断总结、不断完善。

1.5.5　企业管理组织结构的形式

从管理的角度看，组织结构是指企业内的组织机构和机构之间从属、并列配置关系的组织形态。组织结构采取什么形式，其状况如何，对组织功能的发挥和管理目的的实现有着直接的影响。因此，选择适应企业的组织结构形式具有十分重要的意义。现代企业的组织结构有多种形式，各有其优缺点和具体的适用范围。这里就主要的几种形式进行介绍。

1．直线制

直线制是早期的企业组织机构形式，又称军队组织形式。其特点是从最高管理层到最低管理层，上下垂直领导，没有职能机构。以制造企业为例，直线制的组织形式表现为由厂长领导若干车间主任等中层领导，由车间主任领导所属各班组长，班组长直接领导本班组的生产工人，厂长、车间主任及班组长直接行使全部职能管理工作。

直线制组织结构的优点是：机构简化、权力集中、命令统一、决策迅速、责任明确。其缺点是：没有职能机构当领导的助手，要求企业领导人有较高的素质，通晓各种业务，成为“全能式”人物，这对现代大型企业来说是极其困难的。这种组织结构形式适合于产销单一、工艺简单的小型企业。直线制的组织结构如图 1-4 所示。

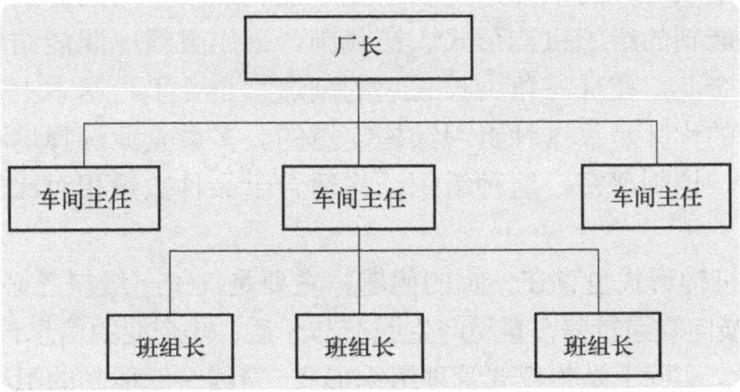

图 1-4　直线制的组织结构

2．职能制

职能制以“直线制”组织形式为基础，但否定了企业领导人的个人集权制，在企业内部各管理层次都设有职能机构，各职能机构在自己的业务范围内有权向下级发布命令和指挥。各级领导除了服从上级指挥外，还要服从上级各职能部门的指挥。

仍以制造企业为例，以直线制为基础，在厂长和车间主任之间设置职能科室，在车间主任与班组长之间增设职能班组。这种组织形式的优点是分工较细、管理深入，能充分发挥职能机构的专业管理作用；但多头领导、政出多门，妨碍了企业统一集中指挥。职能制的组织结构如图 1-5 所示。

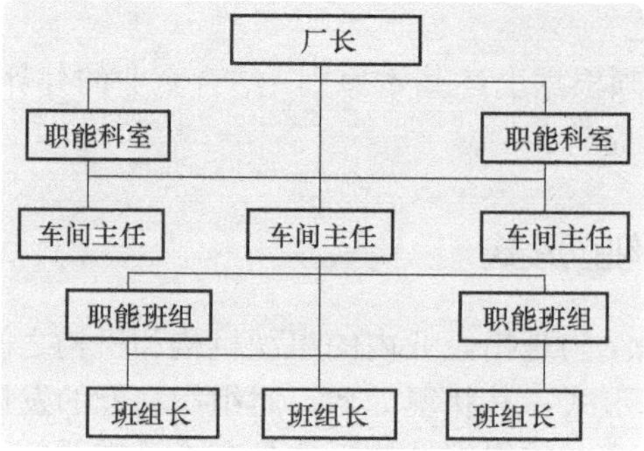

图 1-5　职能制的组织结构

3. 直线—职能制

直线—职能制是在直线制和职能制的基础上发展起来的，又称生产区域制或直线—参谋制。它以直线制为基础，在各级领导者之下设置相应的职能部门，分别从事专业管理，作为该级领导的参谋部。直线领导作为主体，同时，职能部门作为参谋。职能部门在各自范围内所做的计划、方案及有关指示，必须经各级领导批准并下达，职能部门对下级领导和下属职能部门无权直接下达命令或进行直接指挥，只起业务指导作用。其具体的做法是按照工艺特点、产品对象或区域分布来划分车间、班组，建立直接系统。同时，在各级管理层次设置生产调度、技术检验、经销等职能部门，作为同级领导的参谋机构，对下级层次进行管理和业务指导，在获得直线领导的授权后可具有一定程度的决策权、控制权和协调权。

直线—职能制的优点是：它一方面保持了直线制实行直线领导、统一指挥的优点，另一方面又克服了职能制粗放管理的缺点，可以避免职能制政出多门的弊病。我国目前大多数企业采用的是直线—职能制的组织机构形式。在我国，采用直线—职能结构的企业尤其多，多数为制造业、加工业企业，在珠三角、长三角的制造型企业里，基本上全是这种组织形式。应该说“中国制造”的称呼是靠这种组织结构支撑的。多数企业选择这种组织结构是因为它结构稳定、责任明确、控制严密。这种组织结构适合于品种数量相对比较少，但每一个单一品种数量很大的企业。

当然，这种组织机构形式也存在一定的问题，主要是：①下级缺乏必要的自主权；②各个专业职能部门之间的横向联系较差，容易产生脱节与矛盾；③企业的信息传递路线较长，反馈较慢，较难适应环境变化，实际上是集权式管理组织形式。直线—职能制的组织结构如图 1-6 所示。

4. 事业部制

事业部制又称联邦分权化，它是一种分权制的企业组织形式。事业部制首创于美国的通用汽车公司，它是把企业的生产经营活动，按产品或地区的不同建立经营事业部。这些事业部在总公司的领导下，实行独立核算，自负盈亏。每个事业部都是一个利润中心，都对公司负有完成利润计划的责任，同时，在经营管理上也拥有较大的自主权。

事业部制实行集中决策、分散管理的原则，总公司主要负责研究和制定公司的各种政策、总目标和长期计划，并对各部的经营、人事、财务等实行监督；各事业部则在总公司的政策、目标、计划的指导和控制下，发挥自己的主动性，并可以根据自己生产经营活动的需要设置组织机构。

采用事业部制，应具备以下三个条件：①各事业部应具有相对独立的经营自主权；②各事业部应是利益责任单位，具有利益生产、利益核算、利益管理的职能；③各事业部必须是产品（或市场）的责任单位，即有自己的产品和独立的市场。

事业部制的优点是：①有利于企业最高领导层摆脱日常的行政管理工作，专心致力于公司的战略决策和长远规划；②有利于发挥各事业部生产经营的主动性和积极性，根据市场变化灵活地组织生产经营活动；③有利于提高管理人员的专业能力和领导能力；④有利于提高企业的稳定性和对环境的适应性。

事业部制的缺点是：①职能机构重复设置，容易造成人、财、物的浪费；②职权下放过大，最高管理层的控制能力有所削弱，不利于全局控制；③实行独立核算，每个事业部都是一个利润中心，容易使各事业部产生本位主义，忽视企业的整体利润和长远发展。

目前，事业部制已成为世界各大公司广泛采用的一种组织形式。它适合于企业规模较大、产品种类较多、各产品之间的工艺差别较大，而市场条件变化也较快的大型企业。我国一些新兴的企业集团往往采用这种组织形式。事业部制的组织结构如图 1-7 所示。

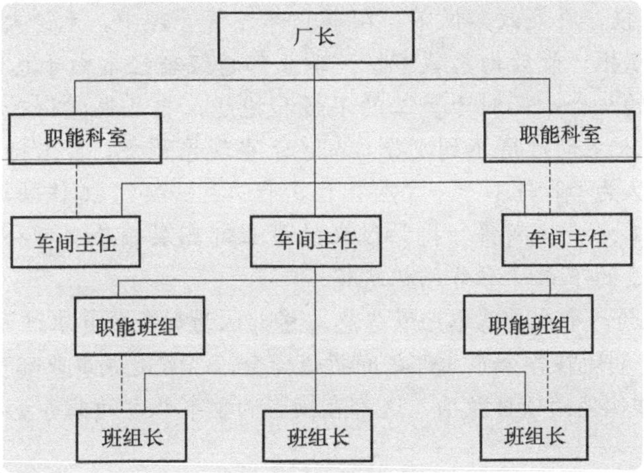

图 1-6　直线—职能制的组织结构

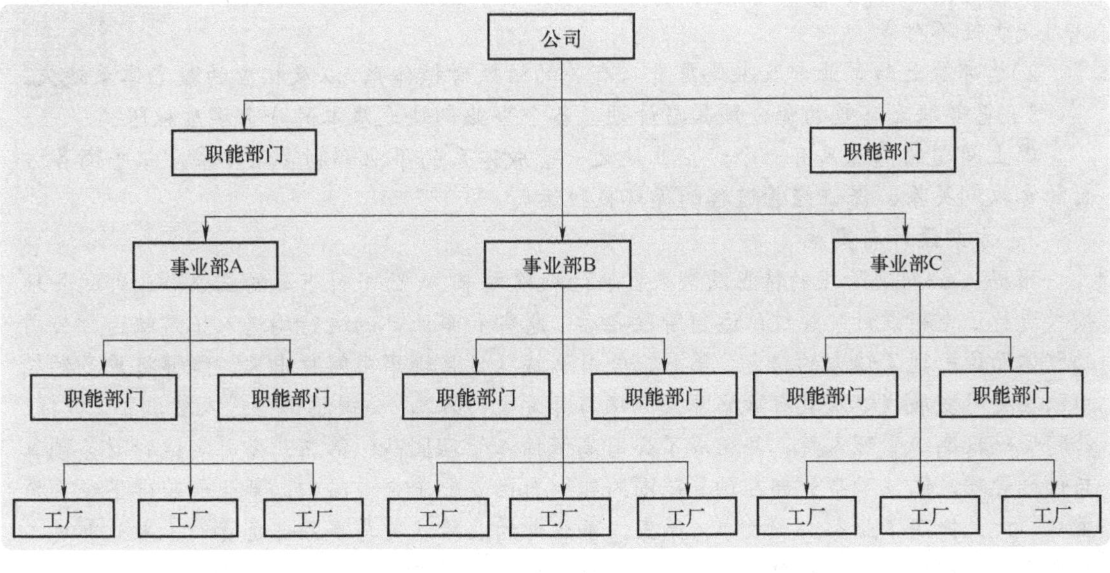

图 1-7　事业部制组织结构

案例 1–5

A公司的事业部制管理模式

1．企业背景

随着企业的不断发展壮大，A公司先后进入了三块业务领域。但从市场特点、业务流程、设施设备等方面来讲，每个业务之间很难进行资源共享。因此，A公司的领导决定对各个业务板块采用事业部制管理方式。A公司的领导层认为事业部业务发展仍不成熟，这就需要总部多方面扶持，因此，总部对各个事业部采用了集权的管理方式。这种管理方式虽然在初期提高了管理效率，但是随着各个事业部的不断成熟，总部与事业部间的矛盾日益凸现出来，主要表现在：

1）事事请示汇报，决策效率低下。在事业部经营管理中，无论大事小情都需要事业部总经理层层向上汇报，最后由总裁审批。事业部总经理经常由于总裁"签字"不及时，眼睁睁地失去到手的机会，而对于员工的不解和抱怨，自己也觉得苦恼万分。

2）事业部内个人主动性得不到发挥，人浮于事现象严重，员工持有"观望"的心态。事业部内员工普遍认为"干与不干一个样，干多干少也一样"，工作缺乏了热情和积极性，很多人开始消极怠工；一些高薪"挖"过来的事业部高层领导观望公司下一步的动态，并"积极"物色合适的下家，准备伺机跳槽。

3）资金链条脆弱，事业部基本经营告急。总部认为财务预算永远无法满足市场变化的需要，于是经常无计划地在各个事业部之间拆借资金，经常造成事业部资金短缺，甚至资金链断裂，并拖欠合作伙伴的项目款项，这都直接影响了事业部的业务量和市场信誉度。

2．问题诊断

归纳起来，A公司出现的"事业部"的管理症结有以下几点：

1）总裁事必躬亲，大权在握；事业部作为独立的责任中心，缺乏基本的经营自主权，权力与责任不对等。

2）总部缺乏与事业部及主要负责人有关的绩效考核体系，以及相应的激励体系缺失。

3）总部缺乏有效的资金预算与计划，各个事业部缺乏基本的资金调度权限。

以上问题的根源只有一个：企业缺乏一套成体系的事业部制管理体系，以平衡各方面的责权利关系、保证经营过程的循环良性运行。

3．方案设计与实施

根据A公司现阶段的特点及未来发展的战略要求，A公司对下属的三个事业部的管理模式进行了重新设计。经过试运行阶段之后，总部和事业部的运行均进入正常轨道，公司的整体面貌出现了较大的转变。第一，公司总裁从日常琐事中解脱出来，能够将更多的精力放在公司发展战略及具有战略意义的项目开发上；第二，公司总部经过人员调整，提拔、外聘了一批高级管理人员，并组成了公司高级核心管理团队；第三，公司实施的财务预算与计划管理，保证了事业部在预算范围内能够自由支配资金；第四，事业部获得了经营自主权，大大提高了业务决策效率；第五，事业部的业绩状况与事业部负责人、事业部员工的个人收入挂钩，极大地激发了员工的工作积极性，鼓舞了员工的士气。

5．矩阵制

“矩阵”一词本身是一个数学概念。矩阵制又称目标规划制。它是由纵横两套管理系统组成的组织结构。一般纵向为职能系统，横向为完成某一任务而组成的项目系统。项目小组成员均由各职能部门派人参加，任务一旦完成，便回原单位执行其他的任务。当横向为某一项任务时，纵横交叉组成一个矩阵，矩阵组织使各组织成员位于两条管理关系的调整轴的交点上，改变了一个上级一元命令的调整原则。在项目进行过程中，项目成员必须接受双重领导，既要受项目小组的领导，又要受职能部门的领导。当然，这两条轴线的调整权限是不完全对等的。

这种组织形式的优点是打破了传统的一个管理人员只受一个部门领导的管理原则，使企业管理中纵的联系和横的联系、集权化和分权化都很好地结合起来。不仅加强了各部门之间的协作，提高了中层管理和基层管理的积极性和责任感，并且可以集中专门的知识、技能和经验来执行计划和解决问题，还可以使最高管理层集中精力制订决策、目标和长期计划，以及对执行情况进行监督。

其缺点是稳定性差，小组成员易产生临时观念。同时，由于成员要接受双重领导，易产生相互牵制的矛盾，而且易混淆责任。

矩阵制结构适用于一些重大的攻关项目。企业可用来完成涉及面广的、临时性的、复杂的重大工程项目或管理改革任务。这种组织结构特别适用于以开发和实验为主的单位，如科学研究，尤其是应用性研究单位等。

矩阵制组织结构如图 1-8 所示。

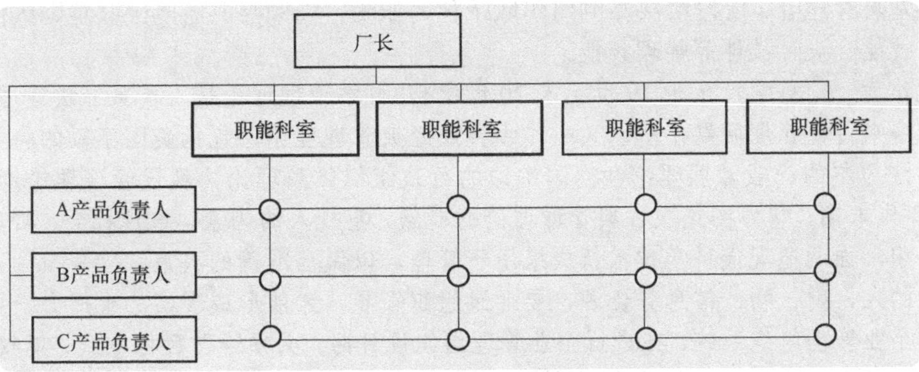

图 1-8　矩阵制组织结构

6．多维制

多维制组织又称主体组织。所谓“维”，是一个数学概念。只有纵向领导系统的管理组织称为一维结构；既有纵向又有横向领导系统的管理组织称为二维组织。二维组织只是平面结构。具有三维以上的结构，就构成了管理组织的立体结构。现实中，比较常见的是三维组织，即按产品划分事业部，成立产品利润中心；按地区划分管理机构，成立地区利润中心；按专业划分职能部门，形成参谋机构。三维结构把产品事业部经理、地区经理和总公司的参谋部门三者的管理有机地统一和协调起来了。这是系统理论在管理组织中的具体应用。这种组织形式一般适用于跨国公司或规模巨大的跨地区性公司。

综上所述，组织形式的种类多种多样，而且仍在演变发展。然而，没有一种组织能尽善尽美地适合所有的企业。选择合理的组织形式必须从企业的实际出发，考虑企业的生产性质、规模大小、产品种类、生产流程及市场环境等诸多因素。不同的企业需要不同的组织形式，即使同一企业，在其发展的不同时期，也要依据内外条件的变化，采用不同的组织形式，切不要生搬硬套。

本章小结

企业是以营利为目的，自主经营、自负盈亏、依法设立的经济组织。按照财产的组织形式和所承担的法律责任不同，企业通常分为三类：独资企业、合伙企业和公司制企业。公司是法人企业，它以“合资”为特征，特别在负有限责任方面与前两种自然人企业有显著的不同。我国《公司法》将公司分为有限责任公司和股份有限公司。现代企业制度是产权清晰、责任明确、政企分开、管理科学的企业制度。公司是现代企业制度的主要形式。

虚拟企业是一种全新的企业组织和运行模式。企业在这样的组织形式下运作，仅保留最关键的功能组织，其他功能组织则以各种方式借用外力将其虚拟化，管理决策的重点在于进行整合聚变，创造出超过企业自身力量的竞争优势。

管理是通过计划、组织、控制、激励和领导等环节，协调人力、物力和财力资源以期高效率地达到组织目标的过程。一般认为计划、组织、领导、控制是管理的四种职能。管理者是那些在组织中指挥他人完成具体任务的人。按其所处的管理层次区分为高层管理者、中层管理者和基层管理者。管理者要尽到组织赋予他的职责，必须要具备专业技能、人际交往技能、概念技能、设计技能等管理技能。

管理作为一门科学产生于19世纪末20世纪初。科学管理理论是人类第一次运用科学的、系统的方法来讨论管理问题，所以又叫作古典或经典管理理论，包括美国泰勒的科学管理理论、法国法约尔的一般管理理论和德国韦伯的行政组织体系理论。现代管理理论产生于20世纪20年代末期，它力图克服古典管理理论的弱点，重视人的因素，重视社会、心理因素对人们的影响，强调把现代科学技术新成果用于管理，以做出准确的决策。

企业的人、财、物、信息等资源，要通过组织领导，才能形成现实的生产力。要建立一个完善的企业管理组织系统，在进行企业管理组织设计时，必须遵循目标一致、集权与分权、统一指挥、权责对等、专业化原则、适应性等原则。现代企业的组织结构有多种形式，各有其优缺点和具体的适用范围，主要的几种形式有直线制、职能制、直线—职能制、事业部制和矩阵制等。

复习思考题

一、简答题

1. 什么是现代企业制度？它的基本特征是什么？
2. 什么是现代企业？它有哪些类型？各种类型分别具有哪些特点？
3. 2014版《公司法》修改的几大特点是什么？

4. 简述虚拟企业的含义、特点及其运作模式。
5. 什么是管理？它的主要职能有哪些？
6. 简述管理者的主要职责和应具备的基本技能。
7. 人际关系学说的主要观点是什么？
8. 马斯洛需要层次理论的基本内容是什么？在现实管理实践中应如何运用这种理论？
9. 期望理论的基本内容是什么？在实践中应如何运用？
10. 现代企业的管理组织结构有哪些形式？各种不同形式的主要特点是什么？

二、辨析题

“很多企业家都是从基层做起的，从基层做起对一个管理者的成长很重要，由此可见，高层管理者最需要的是技术技能，其他技能次要些。”

以上这种说法对吗？请用管理者所需的基本技能来简单回答。

三、案例分析

在一个企业管理经验交流会上，有两个厂长分别阐述了他们对如何进行有效管理的看法。

A 厂长认为，企业首要的资产是员工，只有员工们都把企业当成自己的家，都把个人的命运与企业的命运联系在一起，才能充分发挥他们的智慧和力量为企业服务。因此，管理者有什么问题，都应该与员工商量解决；平时要注重对员工需求的分析，有针对性地给员工提供学习、娱乐的机会和条件；每月的黑板报上应公布当月过生日的员工姓名，并祝愿他们生日快乐；哪位员工生儿育女，厂里派车接送，厂长亲自送上贺礼。在 A 厂，员工普遍把企业当成自己的家，全心全意为企业服务，工厂日益兴旺发达。

B 厂长则认为，只有实行严格的管理才能保证实现企业目标所必须开展的各项活动的顺利进行。因此，企业要制订严格的规章制度和岗位责任制，建立严密的控制体系；注重上岗培训；实行计件工资制等。在 B 厂，员工们都非常注意遵守规章制度，努力工作以完成任务，工厂发展迅速。

思考：

你认为哪位厂长的观点更有道理？为什么？

第2章　经营决策与经营计划

学习目标

1. 了解经营决策的原则和程序。
2. 掌握经营决策的方法，以及经营计划的制订方法。
3. 理解目标管理的作用和实施过程。
4. 能够运用确定型、风险型、不确定型等方法进行企业经营决策的分析。
5. 能够理解企业经营计划的内涵并有效执行。

现代管理理论认为，管理的重心在经营，经营的重心在决策。企业要想在竞争中取得成功，关键问题在于经营决策的正确性。经营计划是与经营决策紧密相连的一项管理职能，通过制订经营计划，能够按照经营决策所规定的方案做出具体的统筹安排。本章着重介绍企业经营决策的概念和方法、经营计划及目标管理等问题。

2.1　经营决策概述

2.1.1　经营决策的概念与类型

1．经营决策的概念

对企业来说，企业经营的各个环节、各个层次都涉及决策问题。随着社会经济和科学技术的发展，决策已成为一门科学，掌握决策技术是经营管理人员必须具备的素质。所谓决策，简单地说，就是从两个以上的备选方案中选择一个满意方案的分析判断过程。通常讲的领导“拍板”，指的就是决策，但绝不能把决策仅仅理解为一瞬间的“拍板”，它包括决策前的提出问题、收集资料、预测未来、确定目标、拟订方案、分析估计和优选及实施中的控制和反馈、必要的追踪等全过程。决策是人类社会确定方针、策略的活动。它涉及人类生活的各个领域，人和集体的各种行动都受决策的支配，它有意识地指导人们的行动走向未来预定的目标。

企业经营决策是指企业通过运用科学的分析方法，对所面临的外部环境和内部经营能力进行综合分析，在已定的多个可行的经营目标中选择一个最为满意的，并通过企业经营活动加以实施的整个过程。

案例 2–1

尼西奇公司的经营决策

日本尼西奇公司在战后初期，仅有 30 余名职工，生产雨衣、游泳帽、卫生带、尿布等橡胶制品，订货不足，经营不稳，企业有朝不保夕之感。公司董事长多川博从人口普查中得知，日本每年大约有 250 万个婴儿出生，如果每个婴儿用两条尿布，一年就需要 500 万条，这是一个相当可观的尿布市场。多川博决心放弃尿布以外的产品，把尼西奇公司变成尿布生产专业公司，集中力量，创立名牌，成了“尿布大王”。资本仅 1 亿日元，年销售额却高达 70 亿日元。

经营决策成功，还可以使企业避免倒闭的危险，转败为胜。如果企业长期只靠一种产品去打天下，势必潜藏着停产倒闭的危险，因为市场是多变的，人们的需要也是多变的，这就要求企业家经常为了适应市场的需要而决策新产品的开发。这种决策一旦成功，会使处于“山穷水尽”状况的企业顿感“柳暗花明”。

经营决策的概念包括以下几个要点：

1）决策应有明确合理的目标。这是决策的出发点和归宿。决策是理性行动的基础，行动是决策的延续，无目标或目标不合理的行动是盲目的、错误的行动，只会导致企业的损失和资源的浪费。

2）决策必须有两个或两个以上的备选方案，但只能采用其中一个。为实现企业某一特定经营目标，必须从多个可行方案中通过分析、比较和判断，进行选优。如果只有一个方案，则别无选择；或者虽有多个方案，但无限制，可随意选取，也就无须分析、判断，这都不符合决策的概念。

3）必须知道采用每种方案后，可能出现的各种结果。选择方案的标准主要是看每种方案实施后的经济效果如何。所以，必须对它们可能的结果有充分的预见，否则就无从比较。

4）最后所选取的方案只能是“令人满意的”或“足够好的”，而不可能是最优的。传统的决策理论中，是以决策标准最优化为准则的，如力图寻找最大的利润、最大的市场份额、最优的价格、最低的成本等。而现代决策理论认为，最优化决策是不可能实现的，它只是一种理想而已。

5）决策的实质是为谋求企业外部环境、内部条件和经营目标之间的动态平衡而做出的努力。从提出问题、收集资料、确定目标、拟订行动方案、评价选择，到采取行动、实施反馈等一系列活动，都是为此目标而努力的。

2. 经营决策的类型

企业经营的内容非常广泛。与之相应，企业的经营决策也相当广泛，并且层次复杂，包括了诸如企业服务方面的决策、经营方针决策、销售决策、投资决策、技术改造决策、人才开发决策等。根据不同需要，可对企业经营决策做出不同的分类。

（1）按决策主体地位的高低划分　按决策主体地位的高低划分，决策可分为高层决策、中层决策和基层决策。

1）高层决策是解决企业发展全局性问题的决策，具有长期性和战略性的特点。

2）中层决策是解决企业生产经营活动中所出现的问题的决策，具有短期性和战术性的特点。

3）基层决策是解决生产现场的某些具体情况的决策，具有技术性和执行性的特点。

（2）按决策的重要程度划分　按决策的重要程度划分，决策可分为经营决策、管理决策和业务决策。

1）经营决策又称战略决策，是关系到企业发展方向或全局性的决策，如经营方针、服务方向、产品开发等决策。

2）管理决策又称战术决策，是为了实现战略而做出的具体的战术决策，如生产计划的制订、新产品定价、资源的运用、流动资金的使用等。

3）业务决策是指企业日常活动的决策，如生产组织的局部调整、定额的制订、库存管理等。

（3）按决策的条件划分　按决策的条件划分，决策可分为确定型决策、风险型决策和不确定型决策。

1）确定型决策是指未来影响决策方案的所有因素是非常明确而又固定的，而且一个方案只有一个确定的结果。确定型决策通常可通过数学模型得到最优解，如生产批量决策、原材料采购决策、库存决策、成本—利润—销售量决策、技术改造决策等。

2）风险型决策是指各种决策方案未来的各种自然状态不能预先肯定，是随机的，而各种状态出现的概率（可能性的大小）可以从过去的统计资料中估计出来，并根据这一概率做出决策。例如，扩大企业规模能提高企业效益的可能性为70%，不能提高企业效益的可能性为30%，则是否扩大企业规模的决策问题就是一个风险型决策问题。

3）不确定型决策是指各种决策方案的自然状态不能预先估计，而且也没有客观数据（概率）可预测，完全凭决策者的经验和心理等因素来进行决策。例如，新产品开发决策就属此类决策，因为新产品开发是否成功，取决于市场的销路如何，而市场销售情况是难以事先确定的。

（4）按决策问题出现的重复程度划分　按决策问题出现的重复程度划分，决策可分为程序性决策和非程序性决策。

1）程序性决策是指对经常重复出现的问题的决策。由于问题是经常出现的，因而有必要也有可能预先把决策过程标准化、程序化。例如，确定生产方案，做出计划决策、库存决策等。

2）非程序性决策是指所要解决的问题是过去没有遇到过的新问题，因而要靠决策者的判断和信念来进行决策。例如，扩大企业规模的决策、引进新技术的决策、开发市场的决策等。

此外，决策还可以按照决策目标及方法、决策运行的时间等标准来分类。

2.1.2　经营决策的原则

企业经营决策是一项非常复杂的工作，所考虑、涉及的因素很多，既要考虑本企业的内部问题，又要考虑企业外部环境问题。因此，企业要做出合理决策，通常应遵守如下原则：

1．目标明确性原则

目标和方案是决策活动不可缺少的两个基本因素。没有目标，决策只能是盲目的，甚至是无用的。因此，在决策前，企业必须要搞清楚为什么要进行决策，是为解决什么问题进行决策的。这样，才能做到有的放矢、事半功倍。

2．社会性原则

企业是社会经济的基本单位，其经营决策的目标必须要兼顾国家、企业和个人三个方面的利益。因此，企业在做经营决策时，必须从社会整体利益出发，使企业的发展方向与社会需要相一致，而不能为了本身的发展忽视社会的发展和个人的需要。例如，为了本企业的发展，不顾子孙后代的利益，肆意污染环境等，这些都是没有考虑相关利益的决策。

3．经济性原则

企业的一切生产经营活动都是以提高经济效益为中心的。决策就是要选择一个相对最优的经营方案，使同样的投入获得最大的产出，或者以最低的投入获得尽可能多的收益。另外，经济性原则还指经营决策本身也要讲求效果和成本，即所做的经营决策既正确又经济。

4．可行性原则

经营决策必须是建立在企业人力、物力、财力、自然资源等可能的基础上的，不但要充分考虑本企业内部的实际可能，还要充分顾及社会、政治、道德等因素的可行性。

5．系统性原则

现代企业是一个复杂的、由多种相互联系且共同作用的因素所构成的，以达到一定目标的协作系统。要使这个系统有效地运行，企业在进行经营决策时，就必须以整体化最优为目标，既要以社会系统的优化为前提，又要以企业经济系统的优化为前提。

2.1.3　经营决策的程序

现代管理理论认为，决策不仅仅是选择合理的方案，而且还包括决策程序本身的合理性。经营决策是一个提出问题、分析问题、解决问题的逻辑顺序过程。合理的经营决策程序有规律可循，通常可以分为四个阶段。

1．识别问题与确定决策目标

决策目标的确定是经营决策的起点。目标确立不当，必然会影响到其后一系列措施和行动的合理性。决策目标的确定，其实就是发现和识别企业当前经营中所存在的问题，即企业在经营活动中已经达到的状况，与应达到或希望达到的状况之间的差距。为此，企业就要做深入的调查研究，开展环境分析，即通过对企业外部环境的调查和内部条件的分析，明确本企业应当达到的理想经营状况和目前的实际经营状况，并将两者进行比较，找出问题，提出经过一定努力可达到的经营目标。

企业经营决策目标必须明确、具体、可计量，在实际中是可以达到的。另外，企业还必须明确规定目标的约束条件，这是因为企业在经营过程中会遇到各种问题，因此企业的经营决策有时有多个。例如，企业的经营能力差，可能是由于产品结构不合理、工艺落后、价格不合理等因素造成的，于是，经营决策就有可能同时涉及产品更新、工艺改造、降低成本等目标，这时就应分清主次，抓住对生产经营影响最大的那些目标，以此作为经营决策的目标。

总之，企业应在深入调查的基础上发现问题，然后正确地制定经营目标。

2. 拟订备选方案

决策在于选择，没有选择就没有决策，所以，提供各种可能的方案以供评价、选择，是决策的基础。备选方案也称可行性方案，从理论上说，应符合两个要求：一是方案的整体性；二是方案的相互排斥性。前者是指所制订的全部备选方案应包括所有的可能方案，不能漏掉一个方案；后者是指不同方案之间要具有独立性，非此即彼。因此，在实践中分析各种备选方案的利弊时，要做到条理化和直观化。一方面在分析时要有逻辑性和系统性，文字简明，说理透彻；另一方面要尽可能采用形象直观的图表，直接表达各种备选方案的利弊与经济效益。

制订各种备选方案通常是从提出设想开始的。设想是一种创造性思维，它具有三个基本要素：①必须以实现决策目标为出发点；②必须充分利用外部环境提供的条件；③必须能最好地利用企业的各种资源。为了实现企业的经营目标，应大力鼓励企业的全体人员提出设想，然后加以整理、归类、补充和完善，从而得到各种不同的初步方案，在经过对这些初步方案的概括、评价和选择后，去掉那些不切实际、不能达到经营目标或不具备实施条件的方案，再补充、修改成可行的备选方案。

3. 评价与选择方案

评价与选择方案，就是对每个备选方案的效果进行充分论证，在这基础上做出选择。如果说确定目标是决策的前提，拟订备选方案是决策的基础，那么，方案的评价与选择就是决策最关键的一步，是决策的决策。在这个阶段所要解决的两个基本问题就是确定合理的选择标准和合理的选择方法。

（1）选择标准的确定　决策的目的是为了追求一定的目标，可行性方案越接近决策目标，方案就越好，这就是决策的标准要求。但在实际工作中，由于企业受到各种主客观条件的限制，如目标数量化的限制、信息搜集的限制，以及企业财力、物力、人力的限制等，企业很难把所有的备选方案和执行结果都估计得正确无误，因此，企业决策方案的评价标准通常都不可能是最优标准，只能是满意标准。当然，这并不排斥在局部具体问题上，在可能的条件下，尽量按相对最优的标准去评价各种备选方案。

（2）选择方法的确定　方案的评价与选择必须根据评价标准来进行，要从系统观念、综合观念等整体观念出发，既要考虑企业的直接利益，又要考虑国家和个人利益；既要考虑企业的近期利益，又要考虑企业的长远利益；既要技术上先进，又要经济上合理。因此，在方案选择上可综合利用如下方法：

1）经验判断法。它以人们的经验作为选择的依据。这种方法适用于经营决策问题不复杂、经营决策比较简单的情况。

2）淘汰法。当经营问题比较复杂、决策目标和决策标准比较多、方案也比较多时，就很难通过经验来判断哪个方案最令人满意，这时就要淘汰一些方案。具体的做法是根据选择标准，对全部备选方案进行筛选，把达不到要求的方案淘汰掉，缩小评选范围。几经反复直到找到比较满意的决策方案。

3）排队法。就是把各种备选方案按优势顺序排队，然后进行筛选。若方案比较多，直接进行优势排队较为困难，则可采用两两对比得分法，即将各备选方案两两对比，凡相对好的方案打 1 分，相对差的打 0 分，最后按总分的多少来确定方案的优劣。

4）归类法。当备选方案很多，并且都有吸引力时，则可采用归类法来选择可行方案。具体做法是：首先将各种备选方案划分为几大类，然后再采用自下而上分组淘汰或自上而下先归类、后选择的方法。这种方法比较简单、迅速，但有可能会漏掉最优方案。

5）数学分析法。当有些经营决策问题不能采用定性分析时，就需要应用数学方法来确定各种变量之间的非确定性的关系。这种方法能使决策更精确和更科学。

6）试验法。当进行重大决策时，尤其对那些缺乏经验的新问题及无法用数学方法选择时，则可选择少数几个典型单位作为试点，取得经验后作为决策的依据。另外，对于某些复杂的方案，尽管经过反复论证、计算，可还是没有把握选准方案时，可以采用试验法。这种方法的缺点就是成本较大。

总之，企业在进行方案的评价和选择时，一定要认真估计形势的变化，分析方案执行后的结果，确定不良后果出现的可能程度和严重程度，经过权衡利弊后再确定正式的决策方案。为此，必须要组织专人或部门确定评价标准和方法，对可能出现的问题及影响后果事先提出应变措施，并整理出评价结果，写出评价报告，呈交给企业最高领导层进行讨论。

4. 执行方案

决策的最终目的是通过执行达到预期目标。只有在执行的过程中才能发现方案的不足，才能对方案进行修正、完善。可以说，这一阶段是决策过程中最难的一步，也是最费时间的一步。没有这一步，前面三个阶段只能是纸上谈兵。

与前三个阶段相比较，执行方案阶段有着自己的特点。前三个阶段着重于分析、判断和评价，而这一阶段要解决两个问题：一是如何组织落实；二是如何加强对实施过程的管理。这样，就涉及如下几个问题：谁应该了解此项决策、应该采取什么行动、谁采取行动、如何保证执行者的行动等。为此，企业必须根据企业的经营决策目标进行组织分工，加强协调，将个人目标、局部目标与企业的战略目标相结合，制订完成战略目标的经营计划、执行人员标准及职工培训计划等。在方案的实施过程中，要保持决策目标与行为的可控性和动态性，采取“决策—执行—再决策—再执行”的步骤，即充分注意执行后的反馈信息，不断地补充完善，最终达到企业的经营目标。

上面四个阶段构成了企业经营决策的制订、实施和调整的全过程。但在实践中，决策的阶段循环过程比理论上要复杂得多。因此，在这里所介绍的理论知识，只是为实际决策者提供一个大致的思路。在实践中，决策者应根据实际情况，充分利用过去成功的经验来提高决策的效率。

案例 2-2

“协和”式民航客机

1962 年，英国和法国的航空公司开始合作研制“协和”式民航客机，其特点是快速、豪华、舒适。经过十多年的研制，耗资上亿英镑，终于在 1975 年研制成功。十几年时间的流逝，情况发生了很大变化。能源危机、生态危机威胁着西方国家，乘客和许多航空公司都因此而改变了对民航客机的要求。乘客的要求是票价不要太贵；航空公司的要求是节省能源、多载乘客和噪声小。但“协和”式民航客机却不能满足消费者和航空公司的这些要求。首先是噪声大，飞行时会产生极大的声响，有时甚至会震碎建筑物上的玻璃；再就是由于燃料价格增长快，运行费用也相应大大提高。这些情况表明，消费者对这种飞机的需求量不会很大。因此，不应大批量投入生产。但是，由于公司没有决策运行控制计划，也没有重新进行评审，而且飞机是由两国合作研制的，雇用了大量人员参加这项工作，如果中途下马，就要大量解雇人员。上述情况使得飞机的研制、生产决策不易中断，后来两国对是否要继续协作研制、生产这种飞机发生了争论，但由于缺乏决策运行控制机制，只能勉强将决策继续实施下去。结果，飞机生产出来后卖不出去，原来的宠儿变成了弃儿。

此例说明，企业对决策运行进程的控制与企业的命运息息相关。一项决策在确定后，能否最后取得成功，除了决策本身性质的优劣外，还要依靠对决策运行的控制与调整，包括在决策执行过程中的控制及在决策确定过程中各阶段的控制。

2.2 经营决策的方法

做出合理的经营决策，除需掌握必要的情报资料、遵循一定的决策程序外，还必须准确地运用科学的决策方法。现代决策已经形成了两类相互区别、相互补充的科学决策方法：“软”技术和“硬”技术。前者是指依靠专家的知识、经验、智慧，运用社会学、心理学的理论，做出科学判断的定性分析方法；后者是指借助运筹学、系统分析和信息技术，通过数理分析来进行判断的定量分析方法。领导者在决策时，应该将两种方法结合起来，即把依靠专家的经验与智慧同运用数学模型进行系统分析结合起来。

定性决策法又称主观决策法。这类方法就是决策者利用已有的知识、经验和能力，在决策的各个阶段，根据已知情况和现实资料，掌握决策问题的内在联系及运动规律，并通过主观分析，提出可行方案和参数，做出相应的评价和选择。这类方法灵活简便，但主观成分大，适用于社会经济因素影响大，所含因素错综复杂又无法量化的综合性经营决策。最好把它和定量决策法结合起来加以运用，决策效果才会更加理想。

定量决策法主要是把与决策有关的变量与变量之间、变量与目标之间的关系用数学关系表示出来，即建立数学模型，然后根据决策条件，通过定量计算，将其结果作为决策的主要依据。因此，这类方法又称为计量决策法。一般适用于重复性的程序化决策。

决策的选择是否正确，取决于对未来可能发生情况的了解程度。对未来的可能情况判断得越准确，决策时所做的选择就越有把握。但是，由于未来客观情况的不断变化和复杂性，事实上判断不可能绝对准确，而且有些未来的客观情况，由于其过程暴露得尚不充分，或者掌握情报资料的局限性，因而在一定时期内还存在着不确定性。根据决策的条件，即对未来可能的情况了解、判断的程度，决策问题可以分为确定型决策、风险型决策和不确定型决策三大类。

下面着重介绍这三类决策问题的决策方法。

2.2.1 确定型决策方法

确定型决策的特点是：事件的各种自然状态是完全肯定而明确的，经过分析和计算可以得到各方案明确的结果。所以，对于这类决策问题，可根据不同的约束条件，采用不同的数学模型，求得最优或较优方案。下面介绍两种常用的确定型决策方法：

1. 单纯选优法

单纯选优法又称为直观判断法。这种方法是根据已掌握的每一个方案的每一个确切结果，进行结果比较，直接选出最优方案的方法。例如，某企业欲购买一种原材料，有四家厂商都表示可提供这种原材料，分别报出的单价为：甲厂 30 元、乙厂 32 元、丙厂 31 元、丁厂 31 元，若这四家厂的原料质量相当，并且都同意上门送货，则该企业应购买甲厂生产的原材料，因为它的价格最便宜。单纯选优法通常适用于这种比较简单的情况。

2. 盈亏平衡分析法

盈亏平衡分析又称为损益平衡分析或保本分析，是量本利分析的重要内容。这种方法是依据与决策方案相关的产品销售量、成本、利润之间的相互关系，来分析判断方案对企业盈亏产生的影响，从而评价和选择决策方案。通过盈亏平衡分析，可以使企业明确：企业至少要销售多少产品才能保本；企业为实现一定的目标利润，需要销售多少产品；企业销售一定数量的产品，能获得多少利润；企业经营的安全状况如何等。这种方法，在实际工作中具有很大的实用价值。

（1）成本形态　成本形态又称为成本习性，是指在业务量变动的情况下，某一类成本的变化形态。或者说，成本形态是指成本总额对业务量总数的依存关系。其中，业务量是指企业的生产经营水平（产出量、投入量），可直接用产品的单位数来表示（销售量），也可以用反映工作量的直接人工小时或机器小时来表示；可使用货币计量，也可使用非货币计量。按成本的形态，可将企业全部成本最终分为两大类。

一类是变动成本。变动成本是指成本总额随业务量变动而成正比例变动的成本。例如，原材料成本、计件工资等，它们都是随着业务量的增减而成比例增减的成本。但其摊入单位产品成本中后，则是相对不变的，即单位变动成本相对稳定。

另一类是固定成本。固定成本是指业务量变化时，一定期间内的成本总额不受业务量变化影响的成本。例如，固定资产折旧、管理人员工资、广告费等。这种成本，即使在产品产量极小的情况下，也要照常开支。但其摊入单位产品成本中后，则是随着产量的变化而成反比例变化的，即单位固定成本与产品产量成反比。固定成本也叫“生产经营能力成本”，它与企业一定时期的生产经营能力相联系，生产经营能力越大，固定成本就越高；反之，就越低。

必须指出，单位变动成本和固定成本总额的稳定性是相对的，都是在一定的销售量范围内的，这个范围叫作相关范围。超过相关范围，单位变动成本和固定成本总额都会有所变动。例如，产量超过现有生产能力，就必须增加新的机器设备，固定成本总额就会增加；工人加班加点工作，计件工资就要增加，单位变动成本则因此上升。它们又是在一定期间范围内的，反映一定期间内企业的生产和经营管理水平。企业的内部条件和外部环境是不断变化的，因此，超过一定期间，无论是变动成本还是固定成本，都会有所变动。

（2）盈亏平衡点（*BEP*）　盈亏平衡点是指企业在生产经营活动中所处的一种“收支平衡、不盈不亏”的状态。它反映着企业当时所处的经营状况和今后的发展方向，为企业的经营决策提供依据。

图 2-1 为盈亏平衡分析常用的基本图形，称为盈亏临界图。该图直观地显示了量、本、

利三者之间的关系和盈亏平衡点的位置。

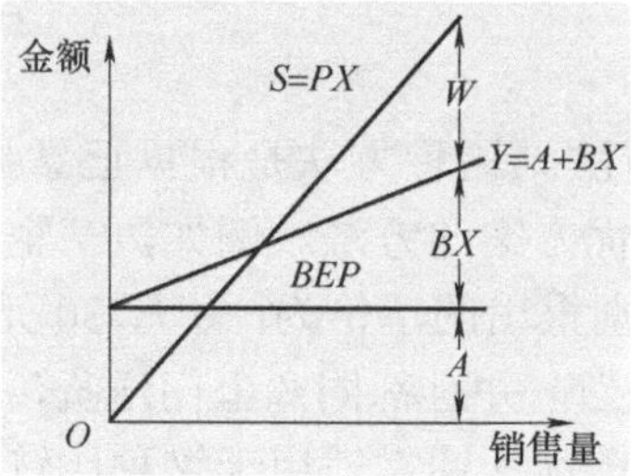

图 2-1　盈亏临界图

S—销售收入总额　P—单价　X—销售量　Y—总成本　B—单位变动成本

A—固定成本总额　W—利润　BEP—盈亏平衡点（总收入=总成本）的销售量

在盈亏平衡点，总销售收入=总成本，即销售量×单价=固定成本总额+单位变动成本×销售量，则有

盈亏平衡点的销售量=固定成本总额/（单价−单位变动成本）

用公式表示为

$$BEP=A/(P-B)$$

将公式两边同乘以单价 P，则有

$$BEP\times P=A\times P/(P-B)=A/(1-B/P)$$

式中　B/P——变动成本率，是指变动成本总额占销售收入的比重。

公式左边表示盈亏平衡点的销售额，用 $BEPd$ 表示，该式为

$$BEPd=A/(1-B/P)$$

计算利润的基本公式为

利润=收入−成本
　=收入−变动成本−固定成本总额
　=销售量×单价−销售量×单位变动成本−固定成本总额
　=（单价−单位变动成本）×销售量−固定成本总额

用字母表示，即

$$W=(P-B)X-A$$

则

$$X=(A+W)/(P-B)$$

该式表示实现目标利润 W 需要的销售量。当目标利润 $W=0$ 时，则有

$$X=A/(P-B)$$

【例 2-1】 某企业生产甲产品，全年的固定成本总额为 30000 元，该产品的单位变动成本为 60 元，单位产品售价为 100 元。要求测算：企业要想不亏本，至少要销售多少件产品？

解：根据题意得

$$BEP=A/(P-B)$$
$$=30000/(100-60)$$
$$=750（件）$$

即企业至少需要销售 750 件甲产品，才不至亏损。

【例 2-2】 某企业甲产品计划销售单价为 1000 元，年计划固定成本总额为 1600 万元，该产品单位变动成本为 500 元。要求测算：盈亏平衡点的销售量和销售额；年销售量为 48000 件时的利润；利润为 400 万元时的年产销额。

解： 盈亏平衡点的销售量和销售额分别为

$$BEP=A/(P-B)$$
$$=\frac{16000000}{1000-500}$$
$$=32000（件）$$
$$BEPd=A/(1-B/P)$$
$$=\frac{16000000}{1-\frac{500}{1000}}$$
$$=32000000（元）$$

年销售量为 48000 件时的利润为

$$W=(P-B)X-A$$
$$=(1000-500)\times 48000-16000000$$
$$=8000000（元）$$

利润为 400 万元时的年销售量为

$$X=(A+W)/(P-B)$$
$$=\frac{16000000+4000000}{1000-500}$$
$$=40000（件）$$

（3）经营安全状况分析　企业的经营安全状况，可用经营安全率来表示。经营安全率是反映企业经营安全程度的一个重要指标，是指安全边际与企业正常销量之比。安全边际是指企业正常销售量超过盈亏平衡点的部分。经营安全率的计算公式为

$$经营安全率=（安全边际/正常销量）\times 100\%$$
$$安全边际=正常销量-盈亏平衡点销量$$

【例 2-3】 在例 2-2 中，当企业销量为 48000 件时的安全边际为 48000 件-32000 件=16000 件，则

$$经营安全率=（安全边际/正常销量）\times 100\%$$
$$=（16000/48000）\times 100\%$$
$$\approx 33.3\%$$

当经营安全率接近0时，表明企业经营状况不佳。若盈亏平衡点不变，增加销售量可以增大经营安全率；若销售量不变，降低固定成本或变动成本，则可降低盈亏平衡点，这样也可增大经营安全率。一般可参考表2-1所列数值判断企业经营安全状况：

表2-1 企业经营安全状况

经营安全率	30%以上	25%～30%	15%～25%	10%～15%	10%以下
经营安全状况	安全	比较安全	不太好	要警惕	危险

2.2.2 风险型决策方法

风险型决策也称随机型决策或概率型决策，它需要具备下列条件：

1）存在着决策者企图达到的一个明确目标，如最大利润、最低成本、最短投资回收期等。

2）存在着决策者可以选择的两个以上的行动方案。

3）存在着决策者无法控制的两种以上的自然状态。

4）每种自然状态出现的概率大体可以估计出来。

5）不同方案在不同状态条件下的损益值可以计算出来。

风险型决策应用最广泛的方法是决策树法，下面就着重介绍这种方法。

1．决策树的构成

决策树是以图解方式分别计算各方案在不同自然状态下的损益值，通过综合期望值的比较，做出方案选择。这种方法直观明确，特别适用于复杂问题的多层次决策。

决策树由五个因素构成，即决策点、方案枝、状态节点、概率枝和损益值，如图2-2所示。决策树的决策点表示决策的结果，状态节点表示各种自然状态所能获得收益的机会。由决策点引出若干条方案枝，并连接状态节点，再由状态节点引出若干条概率枝，每一条概率枝代表一种自然状态，在概率枝末端列出不同自然状态的损益值。整个结构像“树”形，因此称为决策树。

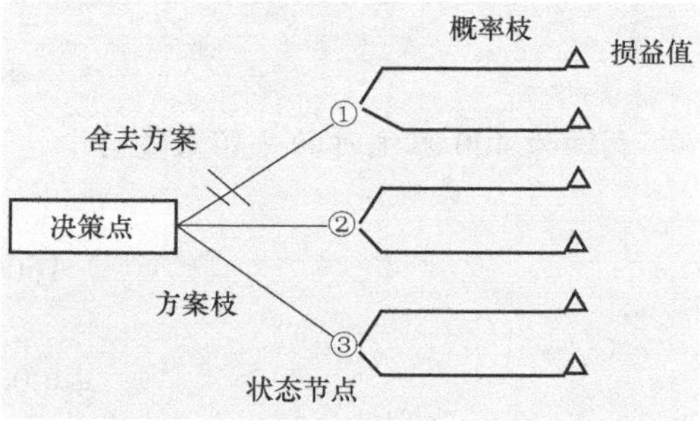

图2-2 决策树

2．决策树的分析程序

决策树的分析程序分为三个步骤：

第一步，绘制树形图。绘制程序是自左向右分层展开的。必须在对决策条件进行细致分析的基础上，确定所有可供决策选择的方案，以及这些方案在实施中会发生的所有自然状态。当遇到多级决策时，就要确定是几级决策，并逐级展开其方案枝、状态节点和概率枝。

第二步，计算损益值。损益值的计算要由右向左依次进行。先将每种自然状态的损益值分别乘以各自概率枝上的概率，再乘以决策有效期限，最后将各概率枝的值相加，标于状态节点上。

第三步，剪枝决策。比较各方案的期望值，如方案实施过程中有费用产生，则应将状态节点值减去方案费用再进行比较。凡是期望值小的方案枝一律剪掉，最终剩下一条贯穿始终的方案枝，其期望值最大。将此最大值标在决策点上，即为最佳方案。

【例 2-4】 某企业准备生产某种产品，预计该产品的销售有三种可能（见表 2-2）销路好，其概率为 0.3；销路一般，其概率为 0.5；销路差，其概率为 0.2。可采用的方案有两个：一是新建一条流水线，需投资 120 万元；二是对原有设备进行技术改造，需投资 50 万元。两个方案的使用期均为 5 年，各种自然状态下年度销售利润见表 2-2。该企业应如何决策？

表 2-2　投资方案比较（年度销售利润）

方案	投资/万元	年度销售利润/万元			使用期/年
		销路好（0.3）	销路一般（0.5）	销路差（0.2）	
新建一条流水线	120	80	40	0	5
技术改造	50	60	30	15	5

解：根据题意画出决策树，如图 2-3 所示。

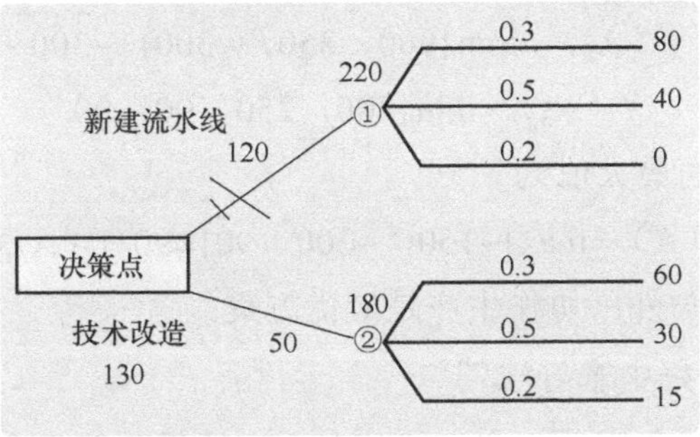

图 2-3　投资决策树

计算决策点的利润期望值：

决策点 1：（80×0.3+40×0.5+0×0.2）×5−120=100（万元）

决策点 2：（60×0.3+30×0.5+15×0.2）×5−50=130（万元）

从利润期望值来看，技术改造方案较高，所以，应将新建流水线方案的决策枝剪去，而选择进行技术改造的方案。

某些决策往往需要分阶段做出，如果初始决策做出后，还需要根据有关要求对初始决策进行修正，可再次做出决策。凡包括两项或两项以上的决策称为多级决策，原理同上。

2.2.3 不确定型决策方法

不确定型决策所面临的问题是决策目标和各种备选方案均已知，但自然状态出现的概率却无法预测。在这种决策中，决策者的主观意志和经验判断起着重要的作用。同一数据，根据不同的分析方法和原则，可以有完全不同的方案选择。

【例 2-5】 某企业为了生产一种新产品，制订了三种生产方案：A_1 方案，改建原有生产线；A_2 方案，新建一条生产线；A_3 方案，部分零件与外厂协作生产。由于缺乏有关资料，对该产品的市场需求只能估计为较高、一般和较低三种情况，而对每种情况出现的概率无法预测。每种方案在自然状态下的损益值见表 2-3。

表 2-3 生产方案损益值比较

自然状态 \ 损益值/万元 \ 方案	A_1	A_2	A_3
需求较高	600	900	400
需求一般	400	350	250
需求较低	−150	−300	90

决策者可根据不同的标准和方法进行方案选择。

1．**悲观准则**（又称“坏中求好法”）

悲观准则是按照“保守”的态度来“小中取大”，即先从每一个方案中选择一个最小的损益值，然后再从这些最小的损益值中选取一个最大值，该值对应的方案就是最优方案。例2-5中，三种方案各自的最小损益值分别为

$$f(A_1)=\min\{600, 400, -150\}=-150$$

$$f(A_2)=\min\{900, 350, -300\}=-300$$

$$f(A_3)=\min\{400, 250, 90\}=90$$

则这些最小损益值中的最大值为

$$f(A)=\max\{-150, -300, 90\}=90=f(A_3)$$

A_3方案，即部分零件与外厂协作生产是最优方案。

2．**乐观准则**（又称“好中求好法”）

乐观准则与悲观准则完全相反，它先从各个方案的损益值中取最大值，然后将各个方案的最大值进行比较，再选取其中最大值的方案为最优方案。例2-5中，三种方案各自的最大损益值分别为

$$f(A_1)=\max\{600, 400, -150\}=600$$

$$f(A_2)=\max\{900, 350, -300\}=900$$

$$f(A_3)=\max\{400, 250, 90\}=400$$

则这些最大损益值中的最大值为

$$f(A)=\max\{600, 900, 400\}=900=f(A_2)$$

A_2方案，即新建一条生产线是最优方案。

3．**中庸准则**（又称“乐观系数法”或“赫威斯准则”）

中庸准则是介乎乐观与悲观之间的一种准则，即决策者对未来的情况持较乐观的态度，但又考虑到不利形势产生的影响，所以，决策者通常根据市场情况和个人经验，预先确定一个乐观系数α作为主观概率，其值为$0\leqslant\alpha\leqslant1$，然后把每一个方案的最大损益值乘以$\alpha$，再加上该方案的最小损益值乘以$(1-\alpha)$得到一个乐观的期望值。比较各方案的期望值，大者为最佳方案。仍以例2-5为例，若$\alpha=0.7$，则

$$f(A_1)=0.7\times600+(1-0.7)\times(-150)=375$$

$$f(A_2)=0.7\times900+(1-0.7)\times(-300)=540$$

$$f(A_3)=0.7\times400+(1-0.7)\times90=307$$

这些期望值中的最大值为

$$f(A)=\max\{375,540,307\}=540=f(A_2)$$

A_2 方案，即新建一条生产线是最优方案。

4．遗憾准则（又称“大中取小法”或“最小后悔值法”）

遗憾准则以各个方案的机会损失的大小来判别方案的优劣。所谓机会损失（后悔值），是指由于决策失误而引起的机会成本。例如，当市场出现高需求时，决策者却采取了保守的生产方案，而当市场滞销时，决策者却要扩大生产规模。因而，每种自然状态的最大值与同种自然状态下的其他损益值之差就是后悔值。在决策时，首先把各方案的最大后悔值选出来，然后再选择其中最小的后悔值作为最优方案。

例如，对例 2-5 可做如下分析：

首先找出对应于各种自然状态的最大值为 900、400、90，然后，对应于各种自然状态，用最大值减去同种状态的损益值，得出后悔值，见表 2-4。

表 2-4　生产方案最大后悔值比较

自然状态＼损益值/万元＼方案	A_1	A_2	A_3
需求较高	300	0	500
需求一般	0	50	150
需求较低	240	390	0

从表 2-4 中可见，各方案的最大后悔值分别为 300、390 和 500，其中最小后悔值是 300，所以 A_1 方案，即改建原有生产线为最优方案。

2.3　经营计划

在企业经营中，企业的经营思想、经营策略、经营目标和方针，最终都要具体化为经营计划。企业的经营计划对企业的生存和发展有着重大的意义。

2.3.1　经营计划的含义

所谓计划，是人们为了实现一定目标而制订的未来行动方案。计划有时也称预算、规划等。一般把用金额表示的项目计划称为预算，把具有较长时限的计划称为规划。

计划的形式，通常是用数据加文字说明写成一种书面文件，它是通过计划编制工作制订出来的。计划的类型不同，所包含的内容会有些差别。一份完整的企业经营计划应该包括如下几方面的内容：报告期的计划执行情况，包括计划完成的结果、完成或未完成的原因；编制计划的依据，包括国家有关的方针政策、经济形势、企业的客观条件；计划期应达到的目标；实现目标的措施、手段和其他有关说明。由计划所表示的内容可以看出，一份计划实际包括了企业在计划期内要达到的目标和要完成的任务，这是计划方案的核心。

计划工作也称计划管理，是指预测未来、设立目标、决定政策、选择方案，以期经济地使用现有资源，把握未来发展，获得最大组织成效的活动。计划工作就是要解决实现组织目标的六个方面的问题：为什么要做、做什么、谁去做、在什么地方做、在什么时候做、怎样做。由于企业是在一定的外部环境中运行的，企业资源也是有限的，计划工作实际是在外部环境和内部条件的约束下，确定企业在一定时期内要达到的目标，制订实现目标的措施。它包括对企业内部的人力、物力、财力在数量上进行综合平衡，在时间上合理安排，以及使企业内部结构和企业行为与外部环境之间相互协调，从而保证目标的实现。

2.3.2 经营计划的任务

经营计划是实现企业经营目标的重要手段。总的来说，其任务就是按照社会与市场的需要，通过经营计划的制订、实施和控制，把企业的生产经营活动科学地组织起来，使其协调发展，为社会提供适销对路的产品。具体来说，经营计划的任务包括以下几个方面：

1）结合市场的需要和本身的生产条件，把市场需要同企业利益结合起来。

2）在科学预测的基础上，把企业的经营思想、经营策略和经营方针，用经营计划的形式加以具体化。

3）通过经营计划，使企业各方面、各环节的活动在数量、质量、时间、速度等方面形成一定的最优比例关系，达到综合平衡、相互协调。

4）通过经营计划，充分挖掘和利用企业内部各种潜力，取得最佳的经济效益。

2.3.3 经营计划的原则

制订科学的经营计划，必须要遵循一定的基本原则。主要有：

（1）关键性原则　在总体经营目标中，必须突出具有全面性的问题，否则主次不分，企业的资源就不能被有效利用，就会造成资源的浪费。

（2）强制性和弹性原则　一方面，企业必须严格执行所制订的经营计划，不允许轻易改变或废除，但当发现计划与现实发生偏差而影响效益时，就必须及时调整和修订；另一方面，由于企业经营的内部环境和外部环境是经常变化的，因此，就要求经营计划要有适应市场因素、经营环境变化的应变灵活性。

（3）完整性和系统性的原则　经营计划由多种不同形式的计划所组成，因而各部分计划之间就可能产生矛盾和不协调，这就要求企业要将整体目标进行分解，使各项计划之间相互协调、相互配合、相互促进，形成一个有机整体，发挥统一计划的优越性。

（4）现实性和鼓励性原则　所制订出来的经营计划必须能够保证按期完成，经过主观努力是可以达到的。另外，经营计划要有动员职工、激发职工积极性的强大力量。也就是说，经营计划必须与职工的物质利益紧密结合，从而使职工人人关心经营计划的实现，把实现企业经营计划、创造最佳经济效益变为激发职工创造性劳动的强大动力。

（5）连续性原则　企业的生产经营活动是连续不断进行的，前期计划的执行情况及对它的分析是编制当期或后期计划的依据。因此，近期计划的编制要考虑到为后期计划提供条件，短期计划的编制要成为实现长期计划目标的组成部分。任何割断过去、现在和未来的联系，不切实际的指标、高速度，或者急功近利而不顾长远利益的经营计划，都是不可取的。

2.3.4 经营计划的分类

经营计划是指导企业经营活动的综合性计划，可以从不同的角度对它进行分类。

1）按计划的期限，可以分为长期、中期和短期计划。长期计划是企业 5 年甚至 10 年的远景规划。短期计划也称年度计划，是企业职工在计划年度内的行动纲领，是以长期计划为依据而编制的。中期计划介于长期计划和短期计划之间，它使长期计划任务与短期具体业务计划更好地结合起来。

2）按计划的作用，可以分为战略性计划和实施性计划。一般来说，长期计划属于战略性计划，短期计划属于实施性计划。

3）按计划的内容，可以分为生产技术经济计划和作业计划。前者主要包括生产技术财务计划和经营结构计划，后者又称为日程计划，是生产技术经济计划的具体执行计划。

4）按计划的对象，可以分为综合经营计划和单项计划。综合经营计划是以整个企业的全部生产经营活动为对象的计划，而单项计划是为了解决某一特定问题而制订的计划。

2.3.5 长期经营计划

在经营计划中，长期经营计划具有明确方向、统率全局的重要地位。长期经营计划是指 5 年以上的长远规划，它涉及市场、销售、生产、技术改造、资金筹集和使用等各个方面的协调平衡，着眼于未来对企业具有重大影响而又难以预测的问题，如技术、经济、社会与市场等发展趋势。因此，如果长期经营计划出现错误，对企业的发展及命运的影响是极为深远的。

1. 长期经营计划的主要内容

长期经营计划主要包括企业生产经营活动的各个主要环节的发展方针、目标和战略。具体地说，长期经营计划的主要内容包括：

（1）产品的发展方向　例如，品种增加、质量提高、产品结构的调整等。

（2）生产技术的发展规划　例如，确定科学研究项目，新技术、新工艺、新材料的采用，对设备进行更新改造、技术引进、重大技改项目及更新改造资金的筹集等。

（3）企业规模的发展规划　企业规模的发展规划主要是规划设备、产品及人员的集中程度。例如，设备增长能力及其利用率，依靠技术改造、工艺改进和劳动方法改进增长生产能力的规划，产量、产值的增长速度，职工人数和机构的调整等。

（4）主要生产技术经济指标的提高　例如，生产成本逐年降低的幅度及速度，利润和利润率增长目标，劳动生产率增长速度，流动资金节约指标及资金周转速度，合理利用人力、物资的措施。

（5）物质资料的供应规划　物质资料的供应规划是指对企业生产经营所需的物质条件的规划。例如，原材料、燃料、动力、水源、外协件的数量和来源及交通运输条件等的供应计划。

（6）职工教育培训计划　职工教育培训计划包括职工的文化、技术培训、操作熟练程度、管理工作水平的提高等。

（7）环境卫生的治理规划　例如，“三废”污染的治理和综合利用、劳动保护和安全生产等方面的治理规划。

（8）生活福利规划　例如，劳动条件、居住条件的改善，生活福利设施的建设、工资增长等。

2. 长期经营计划的制订过程

制订企业长期经营计划通常可分为三个阶段十一个步骤。

第一阶段，经营分析阶段，就是在明确经营观念的基础上，调查与分析企业经营环境和企业内部条件。

（1）树立正确的经营观念　企业的决策者必须首先明确企业的经营目的、经营思想，为制订企业经营计划奠定基础。

（2）对企业的经营环境进行分析　决策者调查并分析影响企业经营环境变化的各种原因，探索今后可能出现的制约企业发展的条件和威胁因素，如需求、竞争、供应、销路、国家政策、法令及自然、经济、政治、文化等因素，通过分析其变化来预测企业的发展。

（3）对企业的现状进行分析　寻找企业本身的长处和薄弱环节，分析这些因素对企业发展的影响，如企业的产、供、销、人、财、物等因素对企业发展的影响等。

第二阶段，设定目标期望水平、明确差距及问题阶段，即通过比较期望目标和预测目标，发现问题，为下一步编制计划提供依据。

（4）假设期望目标　企业的长期经营目标是关于企业发展方面的目标，如企业的发展速度、规模、效益等方面的目标，而期望目标是企业希望达到的目标，它取决于企业所有者对企业发展、效益和利益的期望。

（5）预测计划期目标　在企业现有的经营状况下，预测企业在计划期内可能达到的目标，目的在于发现差距。

（6）寻找差距　把目标期望水平与预测水平进行比较，从中发现两者的差距。

第三阶段，计划编制阶段。对于长期经营计划，可以把它分为两大类：一类是开发新的事业；另一类是进行合理化改进。

（7）编制新开发战略　新开发战略包括新产品、新工艺、企业组织的发展模式、企业的发展方向等计划。

（8）编制合理化战略　合理化战略包括对现有产品结构的调整、现有产品设计的改进、现有生产设备的更新等计划。

（9）形成长期经营计划草案　形成战略规划草案，即把新开发战略和合理化战略的方案进行综合平衡，从而制订出长期经营计划草案。

（10）预测计划草案的实施效果　对计划草案的实施效果进行预测，从中发现差距，再进行修订，为正式确定长期经营计划奠定基础。

（11）确定长期战略规划　确定长期战略规划，即由决策层经过反复预测、平衡、协调和论证，取得满意效果后，正式把这一长期发展计划确定下来。

3．滚动计划法在企业长期经营计划编制中的应用

由于长期经营计划的计划期较长，很难准确地预测影响经济发展的所有因素，这样，在计划执行过程中会不可避免地出现一些问题。采用滚动计划法编制长期经营计划，可以根据经营环境的发展和变化，定期地对计划进行调整和修订，使企业始终有一个较为切合实际的长期经营计划，并与短期经营计划紧密衔接起来，充分发挥长期经营计划对短期经营计划的指导作用。滚动计划法是一种把长期、短期经营计划结合起来，并随着时间的推移，逐步将计划向前延伸的计划方式。它的特点是：

（1）逐步延伸　随着时间的推移，计划不断向前延伸。用这种方法制订长期经营计划，要求每年对长期经营计划修订 1 次，每执行完 1 年，就必须根据执行结果和新一年内可能出现的变化，重新修订计划，并将计划向前顺移 1 年。

（2）远近结合　由于计划期逐步推移，因此，任何时候企业都有远近结合的计划。例如，企业编制 5 年长期计划，执行 1 年后再把计划期向前滚动 1 年，一直保持 5 年，而每一年所编制的年度计划又都直接成为 5 年计划的组成部分，可见远期计划中包含着近期计划。

（3）近细远粗　应用近细远粗法来编制长期计划，一般第一、二年稍细一些，第三、四年稍粗一些。因为第一、二年计划属于近期计划，着重于活动过程、实施细节，而第三、四年属于远期计划，着重于目标、战略，因此计划可定得粗略些。这样有利于在实施计划时适时地对计划进行调整。

（4）灵活性强　应用滚动计划法，可使计划随着客观形势的变化、企业经营方针的转换和对计划执行结果的反馈得到及时调整和修正，保持计划对生产经营活动的指导作用。因此，滚动计划法具有适应市场的灵活性。

应用滚动计划法编制长期经营计划的步骤是：

1）确定滚动期，即确定长期经营计划的时间。通常企业的长期经营计划滚动期为 5 年。

2）确定滚动间隔期，即确定前后两次编制和调整计划的时间间隔。一般企业每年都要编制和调整计划，所以间隔期为 1 年。

3）确定计划量。前期的计划量通常根据订货合同来确定，后期的计划量通常根据预测数来确定。

4）要根据计划执行的情况、企业内部与外部环境的变化情况、企业生产经营方针的调整等因素，来修正及编制下一轮的 5 年计划。

采用滚动计划法编制 5 年期长期经营计划的方法如图 2-4 所示。

由图 2-4 可见，采用滚动计划法编制计划，既可以每年对长期经营计划的执行情况进行检查，又可以把每年发生变化的因素考虑进新的长期经营计划中。另外，它使企业始终有一个长远的总体规划，保证各种计划的相互衔接，从而使企业的经营目标能够顺利实现。

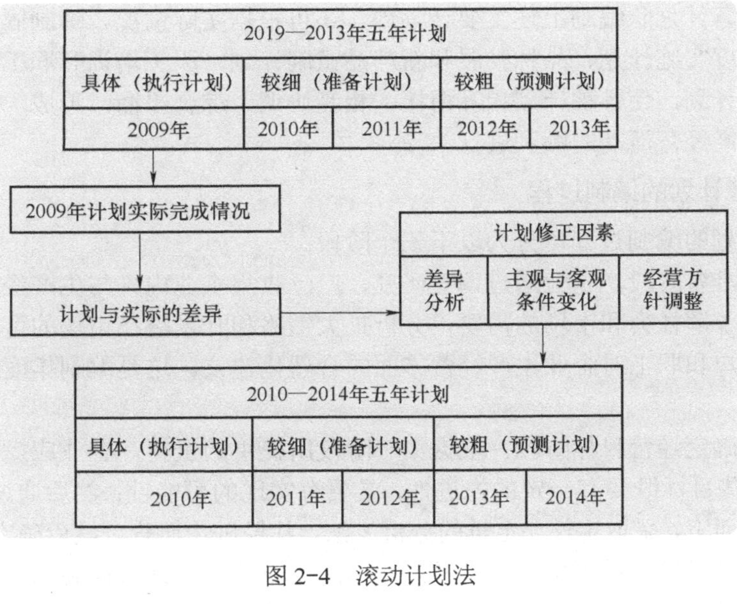

图 2-4　滚动计划法

2.3.6 年度经营计划

年度经营计划又称为年度综合计划，它是在长期计划的指导下，对年度内生产经营各环节、各方面的活动做出的计划安排，是企业组织各项生产经营活动的行动纲领。

1．年度经营计划的内容

年度经营计划由以下几种计划组成：

（1）利润计划　利润计划是一切计划的开始，没有利润，企业就不可能发展。所以，利润计划应体现年度经营计划目标的要求，根据销售计划和成本计划编制。

（2）销售计划　销售计划是企业年度经营计划的主体，是根据市场的需求和订货合同来编制的，对产品的销售额、销售渠道、销售收入及销售方针等做出明确规定。它必须与生产计划、财务计划等相关计划进行平衡。

（3）生产计划　生产计划是工业企业的一项重要计划，主要依据销售计划而制订，它又是制订其他计划的主要依据。它主要规定企业生产的产品品种、质量、数量及生产进度等。

（4）物资和能源供应计划　物资和能源供应计划是确定计划期内完成生产计划及其他计划所需要的各种物资和能源的计划，是根据生产计划、新产品开发计划、设备维修计划、基本建设计划和技术改造计划等的需要而编制的，是企业计算产品成本和流动资金需要量的依据之一。

（5）成本计划　成本计划主要是规定企业计划年度内有关生产和销售产品所花费的各种成本费用、可比产品成本降低率、单位产品成本等方面的计划，是编制财务计划的重要依据。

（6）财务计划　财务计划主要是规定企业流动资金的来源和使用、销售收入、利润、税金及银行和国家财政往来关系的计划。

（7）劳动工资计划　劳动工资计划确定计划期内劳动生产率应达到的水平、所需各类人员的数量、工资额及平均工资水平等。

企业年度经营计划除编制上述主要计划外，还可根据实际情况，编制固定资产大修理计划、企业改造年度实施计划、品种发展和新产品试制计划、职工培训和职工福利计划等。通过编制年度经营计划，使各种计划相互衔接、相互协调、综合平衡，形成一个完整的计划体系，保证企业生产经营活动的顺利进行。

2．年度经营计划的编制过程

年度经营计划的编制过程可分为以下三个阶段：

第一阶段，准备阶段。企业通过调查研究，广泛收集企业内外与生产经营活动有关的技术、经济信息，了解社会和市场的需要，分析扩大销路和开发潜在市场的可能性，并查定生产能力，了解用户和职工对企业生产经营方面的合理化建议。这是编制年度经营计划的基础工作和前提条件。

第二阶段，确定经营目标阶段。根据第一阶段所提供的资料，企业应提出几套不同水平的经营目标，这些目标既要有一定的先进性，又要有实现的可能性；然后通过充分发动职工，自下而上和自上而下，采取定性、定量的分析方法，几经讨论研究，最后确定初步经营目标。企业的经营目标是通过一系列生产技术经济指标来反映的，包括目标利润指标，目标销售量指标，以及产品品种、数量、质量、出产期限、成本等指标。

第三阶段，综合平衡，确定计划阶段。根据企业生产经营活动中的各种比例关系，对各项生产要素和各环节的活动进行统筹安排，使它们相互衔接，从而确定最佳的计划方案。

案例 2–3

××公司年度经营计划

1. 长期计划概况

（1）事业集团计划的基本观念

1）依照事业集团的规模，筹措长期资金。

2）拟订长期人才培养计划。

3）规划升迁渠道，使员工有升级的机会。

4）发布与实施。因每年元月进入本事业年度，所以 12 月需将全部计划印刷完毕，向全体员工发表，以使公司员工取得共识，增强公司的凝聚力和向心力。

（2）长期计划的修正

本年度是经济的大转变期，因此，公司要认真研究年度计划，准备大幅调整未来 5 年的长期计划。

（3）经营的基本方针

1）公司是制造名牌运动用品的，必须承担起流行指向的任务。

2）公司要维护顾客的利益，认真对顾客服务，最终达到服务社会的目的。

3）公司要重视员工的幸福，重视每个人的成长，按能力高低支付薪资。

4）公司通过对顾客服务和增加员工的福利，求得成长，以求在竞争中立于不败之地。

2. 2018 年度计划的编制

（1）2016 年度的展望

虽然经济环境由极度繁盛阶段进入到调整阶段，但仍有若干的产业在成长。公司也一样，只要所经营的商品本身具有效益，公司自然也会不断成长。我们预估的年成长率将不及以往 3 年的 50%，而只能达到 20%～30%。

（2）实施事业部利润中心制

过去 5 年来，公司规模随销售额的增加而扩大，直至现阶段。为适应多角化经营及产品多样化的要求，公司由单一制鞋公司发展为具有多种相关产品的事业集团。因此，为使公司适应环境，必须实施事业部利润中心制。

（3）方针

1）确立利润中心制。

2）经费维持现状（成本中心）。

3）库存与应收账款维持现状。

应收账款有增加的趋势。今后，应收账款的增加需配合库存量的减少。

4）设备投资的检查。

5）资金调度的健全化。具体包括两方面：

① 安定资金的流入。除增资与公积利益外，公司将从金融机构贷入长期安定资金。

② 安全准备金。储蓄安全准备金 2 亿元。

3. 制鞋事业部的方针与计划

（1）长期展望

1）中国制鞋业强大，尤以运动鞋输出为主，近年来整厂输出的模式已蔚然成风。公司也考虑于 3 年内在国外设分厂生产。

2）除了海外设厂的规划外，鉴于运动、休闲风气的普及，以及休闲人口的年轻化，公司准备全力开发 10～17 岁及 18～22 岁的运动休闲鞋市场。

（2）2018 年度的方针

1）积极开发海外工厂所在地的销售市场。

2）广告、销售网点、连锁及专卖店的可行性评估。

3）建立员工间良好的人际关系，并使内、外人士均认同本公司在同行业中的领导地位。

4）组织与作业状况（表格略）。

5）制鞋事业部损益计划书（表格略）。

4. 研究发展部（R&D）的方针与计划（略）

5. 财务部的方针与计划（略）

2.4 目标管理

2.4.1 目标管理的概念及特点

目标管理是美国纽约大学教授德鲁克于 1954 年提出来的。他在《管理的实践》一书中首先使用了“目标管理”这一概念，随后又提出“目标管理与自我控制”。他认为，企业的目的和任务必须转化为目标，目标是目的与任务的具体化。只有把目的和任务转化成具体的目标后，才能更准确地理解和实现它们。

所谓目标管理，是由企业的最高领导层根据企业面临的形势和内部条件，制定出一定时期内企业经营活动所要达到的总目标，然后上下协商将总目标层层分解落实到各部门直至每个员工，形成一个目标体系，并制订实现目标的措施和对目标完成情况的考核与奖惩办法。

从前面企业经营计划的制订过程可以看出，目标管理实际是计划管理与管理控制相结合的一种具体方法。

目标管理与一般的计划管理不同，它注重人的行为因素，是泰勒科学管理与行为科学理论的结合。相比之下，目标管理具有如下特点：

（1）系统性　目标管理无论从目标体系还是从管理过程看，都是一个完整的系统，具有系统的各种特征。一是目标明确，不仅是把企业在计划期内要完成的任务变成明确的目标，而且通过目标分解，使下属各部门、班组，甚至职工个人都有具体的目标；二是层次性强，目标分解是从上到下逐级分解的，上级目标指导下级目标，下级目标保证上级目标，相互衔接，构成层次清晰的目标体系；三是相关性和整体性。整个目标管理过程都是围绕着总目标的实现而展开的，目标之间、措施之间的相关性和整体性就不言而喻了。

（2）民主性　目标管理强调全员参与，无论是目标的分解，还是措施的落实，都必须通过上下协商确定，即充分发扬民主，使制订的行动方案有很好的群众基础。这不仅使目标具有科学合理性，更重要的是有利于激发广大职工的主人翁精神和参与意识。

（3）强调“自我控制”　德鲁克主张在目标实现的过程中实行“自我控制”。他认为，职工是愿意负责的，愿意在工作中发挥自己的聪明才智和创造性，应该用“自我控制”的管理代替“压制性的管理”。在目标实施过程中，要求各部门和职工个人随时对照目标控制自己的行为，以实现目标。考评时，也首先由职工自己进行自我评价，然后由领导考评。

（4）激励性　由于目标管理是将目标的制定和实施控制结合起来，并与执行者的利益紧密联系在一起，实现目标后的报酬和奖惩制度明确，执行者可自己估计到应得到的报酬和奖励。因此，这种方法有很好的激励性。

目标管理的不足之处主要是：容易产生上层管理者以目标下达代替管理，淡化了管理者与职工之间在目标实现过程中的沟通；目标的量化和具体化有时也难以实现，因而要使责任十分明确也是困难的；目标管理是建立在“Y 理论”基础上的，而实际并不是所有的人都具有责任感和上进心，他们会在分解目标时讨价还价或在执行过程中弄虚作假；对实施结果的评价有时也未必一定公平，从而也影响了人们的积极性。

2.4.2　目标管理的步骤与方法

目标管理分为四个步骤：制定总目标、目标分解、目标实施与检查及目标成果评价。

1．制定总目标

企业总目标主要由最高经营管理者制定，可吸收一些中下层管理者或少数职工参加。这时的目标方案是初步的，具有试探性，必须待向下分解落实为各级分目标后，才能确定正式的总目标。企业高层领导人对目标的认同和为此而承担责任是制定好总目标的关键。高层领导集体内的所有成员都应接受既定的总目标并为之实现而共同努力。

企业总目标的制定程序如图 2-5 所示。

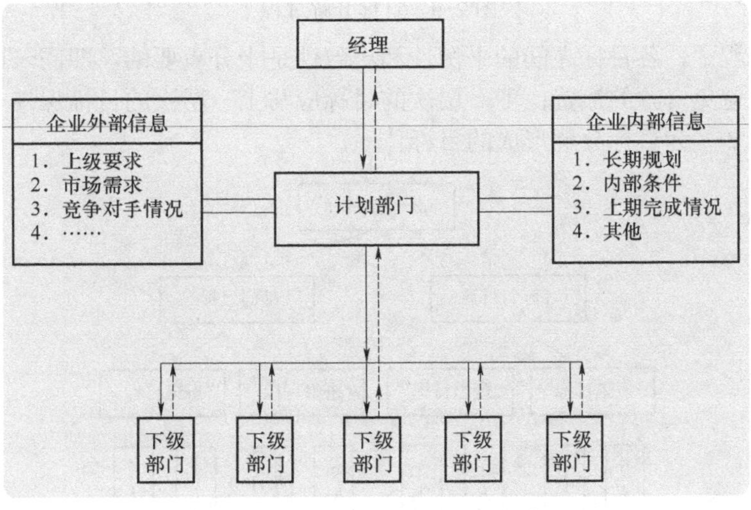

图 2-5　企业总目标的制定程序

2．目标分解

目标分解就是将总目标层层分解落实到各个部门、班组和职工个人，即制定分目标，形成目标体系。目标分解时，上级应向企业全体职工说明目标的可行性、对企业及职工的好处、目标实现的途径和方法，以增强全体职工对目标实现的信心和决心，使他们能积极主动地参与目标的分解和落实，并努力去为实现各自的分目标承担责任，保证总目标的实现。同时，上级还应为下级提供必要的实现目标的条件，也就是进行各种资源的分配。具体地讲，目标分解应做好如下几方面的工作：

1）上级管理人员应向下属说明上级目标的内容，包括数量、质量、时限和任务要求，征求下属意见。

2）上下协商，确定下属的目标和任务，必须使下属的目标和任务符合三个要求：一是具体；二是与上级目标达到协调一致；三是有明确的时间要求。这一过程是反复的，直至上级和下级都满意、认可为止。

3）在协商中，根据下属所承担的目标和任务分配资源，如人员、资金、设备等，以保证目标的实现。上级对下属合理的要求应予以满足。

4）制定相应的考核和评价办法，确定目标实现的报酬和奖惩标准。

目标分解过程如图 2-6 所示。

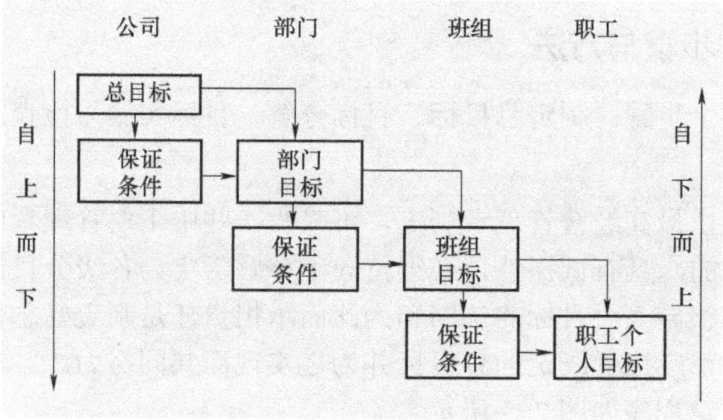

图 2-6　目标分解过程

目标分解过程中，各目标之间的平衡性和一致性是十分重要的，即同一层次目标之间的比例关系协调，避免资源的浪费；下一层次的目标应与上一层次的目标保持一致，保证上层目标的实现。图 2-7 为目标分解形成的目标体系。

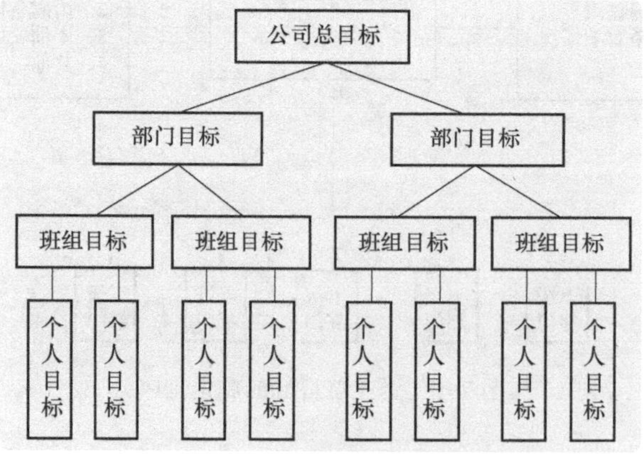

图 2-7　目标分解形成的目标体系

3．目标实施与检查

目标体系形成以后，应及时组织实施。实施应首先发动群众制定目标实施的具体措施，包括途径、方法、进度及其他具体要求。为了便于检查和进行自我控制，应将这些内容编制成任务书，以表格或卡片的形式表示。图 2-8 为某公司个人目标卡片。

<table>
<tr><td colspan="7">个人目标卡片</td></tr>
<tr><td colspan="2">企业方针：</td><td>姓名</td><td></td><td>班组</td><td>岗位</td><td></td></tr>
<tr><td colspan="3">目标</td><td colspan="2">实施措施</td><td rowspan="2">完成日期</td><td rowspan="2">自我评价：</td></tr>
<tr><td>序号</td><td>项目</td><td>目标值</td><td>序号</td><td>内容</td></tr>
<tr><td></td><td></td><td></td><td></td><td></td><td></td><td>领导评价：</td></tr>
</table>

图 2-8　某公司个人目标卡片

目标在实现过程中，各上级部门应定期进行检查，督促下属保质、保量、按期完成目标任务，发现问题，应与下属一起分析原因，寻求解决办法。根据目标管理的特点，目标实现过程中应强调责任人进行自我控制，对照任务书要求随时检查自己的任务完成情况，不断改进自己的工作方法，采取有效措施保证目标的实现。

4．目标成果评价

当目标管理的一个周期结束时，必须对目标实现的结果进行评价，并对承担者进行相应奖惩。评价与奖惩的关键是要做到公正、合理，体现多劳多得的分配原则，这是目标管理健康发展的根本。

目标成果评价应采取自评、互评和上级部门评定相结合的方式进行，首先由职工个人对照任务书或目标任务卡片中的要求进行自我评价，然后由本部门职工或部门之间以民主讨论方式互评，最后由上级部门审定。

对完成目标的奖惩，是按照事先制定的奖惩条例和标准进行的。要使奖惩做到公正、合理，必须使事先制定的条例和标准具有合理性。由于一个企业各个部门和职工，其工作的内容和性质是千差万别的，要做到完全的公平合理难度较大。在商品流通企业中，在经营一线从事销售工作的人员，他们的工作直接影响企业的经营规模和经济效益，他们完成的工作任务也容易量化，而采购、储运等部门虽属直接的经营部门，但与企业经济效益的关系显得不那么直接，因此，在制定目标和评价标准时，销售部门可能得到更多的偏向，这是目标管理中普遍存在的问题。解决的办法是要有全局观念，不能厚此薄彼。

案例 2-4

某机床厂推行目标管理

按照目标管理的原则，某机床厂把目标管理分为三个阶段进行。

第一阶段：目标制定阶段。

1. 总目标的制定

该厂通过对国内外机床市场需求的调查，结合长远规划的要求，并根据企业的具体生产能力，提出了××××年“三提高”“三突破”的总方针。所谓“三提高”，就是提高经济效益、提高管理水平和提高竞争能力；所谓“三突破”，就是指在新产品数目、销售额和增收节支方面要有较大的突破。在此基础上，该厂把总方针具体化、数量化，初步制订出总目标方案，并发动全厂职工反复讨论、不断补充，报送职工代表大会研究通过，正式制定出全厂××××年的总目标。

2. 部门目标的制定

全厂对总目标进行层层分解，层层落实。各部门的分目标由各部门和厂管理委员会共同商定。先确定项目，再制定各项目的指标标准，其制定依据是厂总目标和有关部门负责拟定、经厂部批准下达的各项计划任务，原则是各部门的工作目标值只能高于总目标中的定量目标值，同时，为了集中精力完成好目标，目标的数量不可太多。为此，各部门的目标分为必考目标和参考目标两种。必考目标包括厂部明确下达的目标和部门主要的经济技术指标；参考目标包括部门的日常工作目标或主要协作项目。其中，必考目标一般控制在2～4项，参考目标项目可以多一些。目标完成标准由各部门以目标卡片的形式填报厂部，通过协调和讨论，最后由厂部批准。

3. 目标的进一步分解和落实

部门目标确定后，接下来的工作就是目标的进一步分解和层层落实到每个人。①部门内部小组（个人）目标管理，其形式和要求与部门目标制定相类似，拟定目标也采用目标卡片，由部门自行负责实施和考核。要求各个小组（个人）努力完成各自的目标值，保证部门目标的如期完成。②该厂部门目标的分解采用流程图方式进行。具体方法是：先把部门目标分解落实到职能组，再分解落实到工段，工段再下达给个人。通过层层分解，全厂的总目标就落实到了每一个人身上。

第二阶段：目标实施阶段

该厂在目标实施过程中，主要抓以下三项工作：

1. 自我检查、自我控制和自我管理

目标卡片经主管副厂长批准后，一份留在企业管理委员会存档，一份由编制单位自存。由于每一个部门、每一个人都有了具体的、定量的明确目标，所以在目标实施过程中，每个人都会自觉地、努力地实现这些目标，并对照目标进行自我检查、自我控制和自我管理。

2. 加强经济考核

虽然该厂目标管理的循环周期为一年，但为了进一步落实经济责任制，即时纠正目标实施过程中与原目标之间的偏差，该厂打破了目标管理的一个循环周期只能考核一次、评定一次的束缚，坚持每一季度考核一次和年终总评定。这种加强经济考核的做法，有力地促进了经济责任制的落实。

3. 重视信息反馈工作

该厂采用了两种信息反馈方法：①建立“工作质量联系单”来及时反映工作质量和服务协作方面的情况。尤其当两个部门发生工作纠纷时，厂管理部门就能从“工作质量联系单”中及时了解情况，大大提高了工作效率，减少了部门之间不协调的现象。②通过“修正目标方案”来调整目标：内容包括目标项目、原定目标、修正目标及修正原因等，并规定在工作条件发生重大变化需要修改目标时，责任部门必须填写“拟修正目标方案”提交企业管理委员会，由该委员会提出意见交主管副厂长批准后方能修正目标。

第三阶段：目标成果评定阶段

该厂采用了“自我评价”和上级主管部门评价相结合的做法，即在下一个季度第一个月的 10 日之前，每一个部门必须把一份季度工作目标完成情况表报送企业管理委员会（在这份报表上，要求每一个部门对自己上一阶段的工作做出恰如其分的评价），企业管理委员会核实后，给予恰当的评分。例如，必考目标为 30 分，参考目标为 15 分。每一项目标超过指标 3%加 1 分，以后每增加 3%再加 1 分。参考目标有一项未完成而不影响其他部门目标完成的，从一般项目中扣 3 分，影响其他部门目标完成的则扣 5 分。加 1 分相当于增加该部门基本奖金的 1%，减 1 分则扣该部门奖金的 1%。如果有一项必考目标未完成，则扣至少 10%的奖金。

该厂在目标成果评定工作中深深体会到：目标管理的基础是经济责任制，目标管理只有同明确的责任划分结合起来，才能深入持久和具有生命力，从而达到最终的成功。

本章小结

现代管理理论认为，管理的重心在经营，经营的重心在决策。经营计划是与经营决策紧密相连的一项管理职能，通过制订经营计划，能够按照经营决策所规定的方案做出具体统筹安排。

企业经营决策是企业通过运用科学的分析方法，对所面临的外部环境和内部经营能力进行综合分析，在已定的多个可行的经营目标中，选择一个最为满意的方案，并通过企业经营活动加以实施的整个过程。经营决策问题可以按照确定型决策、风险型决策和不确定型决策进行定量分析与判断。经营计划是实现企业经营目标的重要手段，可采用滚动计划法编制企业的长期和年度经营计划。目标管理是计划管理与管理控制相结合的一种具体方法。其程序包括四个步骤：制定总目标、目标分解、目标实施与检查及目标成果评价。

复习思考题

一、简答题

1. 如何理解经营决策的含义？
2. 科学决策的程序包括哪些步骤？
3. 经营计划的主要任务是什么？
4. 长期经营计划包括哪些主要内容？
5. 试述长期经营计划的制订步骤。
6. 目标管理的主要步骤是什么？

二、计算题

1. 某企业生产一种产品，市场预测结果表明有三种可能：销路好，销路一般，销路差。备选方案有三个：一是扩建，二是技术改造，三是维持现状。扩建需投资 25 万元，技术改造需投资 15 万元。各方案在不同自然状态下的损益值见表 2-5。

（1）试用乐观准则、悲观准则、遗憾准则进行决策。

（2）若知销路好的概率为 0.5，销路一般的概率为 0.3，销路差的概率为 0.2，试用决策树法进行决策。

表 2-5　各方案在不同自然状态下的损益值

方案	损益值		
	销路好	销路一般	销路差
扩建	210	100	-60
技术改造	160	80	-40
维持现状	90	40	-20

2. 某一企业生产的产品销售量为 100 件，单位产品的售价为 400 元，固定成本总额为 12000 元，总变动成本为 24000 元，其保本点的产量应是多少？假定该企业的目标利润为 6000 元，产品单位售价和固定成本不变，单位变动成本下降为 100 元，销售量和销售额应为多少？

三、案例分析

目 标 管 理

星海公司的王总经理在一次职业培训中学到很多目标管理的内容。他对于这种管理理论印象非常深刻。因此，他决定在公司内部实施这种管理方法。首先他需要为公司的各部门制定工作目标。王总经理认为：由于各部门的目标决定了整个公司的业绩，因此应该由他本人为他们确定较高目标。确定了目标之后，他就把目标下发给各个部门的负责人，要求他们如期完成，并口头说明在计划完成后要按照目标的要求进行考核和奖惩。但是他没有想到的是各部门经理在收到任务书的第二天，就集体上书表示无法接受这些目标，致使目标管理方案无法顺利实施。王总经理感到很困惑。

思考：

1．什么是目标管理？目标管理的特点有哪些？

2．在目标管理实施中，王总经理的做法存在哪些问题？

第3章 企业文化管理

学习目标

1. 了解企业文化的含义、特征。
2. 知道企业文化的功能，熟悉企业文化的内容。
3. 掌握如何进行企业文化建设。
4. 掌握班组文化建设的内容与方法。

企业文化是企业员工在生产经营中共同持有的理想信念、价值观念和行为准则，是最持久、最顽强、最具激励作用的企业核心竞争力，也是企业理念和特色的集中体现。

3.1 企业文化的内容与功能

3.1.1 企业文化的含义与特征

1. 企业文化的含义

在20世纪80年代，由美国哈佛大学教授特伦斯·狄尔（Terrence E. Deal）和管理顾问艾伦·肯尼迪（Allan A. Kennedy）合著的《公司文化——企业生存的礼仪与仪式》一书出版，标志着企业文化理论的诞生。正如每个人都具有一定的个性特征一样，每个企业也具有自己的个性特征。也就是说，每个企业都有一种文化，它潜移默化地对企业的时时事事产生着重要的影响，从企业的决策、人事的升迁，到员工的行为举止和衣着爱好等都受到企业文化的影响。成功的企业必定有繁荣的企业文化。

企业文化是指在一定的历史条件下，企业及其员工在生产经营和变革的实践中逐渐形成的共同思想、作风、价值观念和行为准则，是一种具有企业个性的信念和行为方式。它包括价值观、行为规范、道德伦理、习俗习惯、规章制度、精神风貌等，而价值观处于核心的地位。

和人们通常按照为社会所接受的价值观和行为规范行事一样，企业成员的态度和行为也要受到企业文化的约束。企业文化并不是通过外部强制发挥作用的约束系统，而是首先由员工内化企业的价值观和规范，然后再以这些价值观和规范指导其决策和行动。同时，企业文化不仅影响企业一般成员的行为，还制约着管理者的决策选择。

案例 3-1

开放的微软企业文化

在微软公司里，有一个广为流传的故事：一次，一名新员工开车上班，不小心撞了比尔·盖茨停在路边的新车。当她得知自己撞到的是比尔先生的车时，惊慌得不知道该怎么办才好。情急之下，她向自己的经理求助。没想到，经理竟心平气和地对她说："不要紧，你给他发一个邮件向他道歉就是了。"结果，她怀着忐忑不安的心情发出道歉信后还不到一个小时的时间，就收到了比尔的回信。信中写道：别为撞到了车而担心，只要没伤到人就好。并且比尔还对她能加入公司表示欢迎。比尔的宽容与坦诚打动了这位新员工，她立刻明白了为什么微软公司可以吸引那么多不同个性、不同风格的杰出人才。因为，微软公司拥有开放的企业文化。

2. 企业文化的特征

企业文化作为观念形态，具有以下共同特征：

（1）整体性　现代企业管理理论都是从不同的侧面去研究企业生产经营、运行的发展规律。而企业文化是以企业作为一个整体，阐明企业多维、立体和有机的辩证关系，并对其进行整体的综合研究。它不仅研究企业价值观、企业精神、企业制度、企业经营哲学及企业道德等方面的内容，而且还研究企业环境、文化礼仪、文化网络、先进人物等方面的内容。更重要的是，它不仅研究个别事物，而且重在探索整个系统的系统效应，为企业领导和管理人员提供理论依据，为广大员工积极工作创造优良的环境和有利的条件。

（2）凝聚力　企业文化具有全体员工共识的集体意识特点。它使企业员工相互之间有更多的共同语言、共同目标和共同精神，在企业中产生强烈的向心力和凝聚力。同时，能够驱动员工的使命感和荣誉感，激励员工创造性地工作。它像一个无形的磁场，将员工吸引在同一价值目标和责任感上，使企业具有一种强大的推动力，不断创新，发展前进。

（3）稳定性　企业文化具有相对稳定的特点。企业文化的形成总是与企业的发展相联系，是一个长期渐进的过程。企业一旦形成具有自身特点的文化之后，就必然相对稳定地存在，不会轻易消失，不会因企业领导人的更换及组织制度、经营策略、产品方向的改变而发生大的变化。

（4）时代性　企业文化体现着时代性的特点。任何有用、健康、进取的优秀企业文化，都是时代精神的体现，并随着时代精神的发展而前进，以新的思想观念来不断丰富企业文化的内容，并紧跟时代的步伐，使企业文化具有明显的时代特征。

（5）人本性　企业文化强调人的理想、道德、价值观、行为规范等在企业管理中起核心作用；在生产经营管理中，关心人、尊重人、信任人，使全体员工积极参与企业管理，推动企业发展。对员工的尊重和信任会激发员工的积极性，提高员工的创新精神。大量事实证明，当企业领导者不尊重、不信任员工，把他们视为无关紧要的人员时，他们也会按无关紧要人员的心态回报给你；若你把他们看作核心人员，他们更会以核心人员的要求，尽最大的努力实现你的愿望。

（6）民族性　不同国家、不同民族的企业，其文化往往都以自己的民族文化作为根源。尽管它要吸收世界各国文化，丰富和发展自己，但是其根（作为一种传统的文化积淀）还是本民族的。一个民族的民族心理、风俗习惯、宗教信仰、道德风尚、伦理意识、价值观念、行为方式、生活准则等，往往成为企业文化发育的营养基础。

3.1.2　企业文化的内容与结构

1．企业文化的内容

企业文化的内容很丰富，其主要内容如下：

（1）企业环境　企业环境是指企业所处的外部环境和内部环境，包括企业的所有制性质、行业经营方向、市场机制的作用、集权与分权的程度、企业内部的文化设施等。不同的企业环境有不同的企业文化特色。

（2）企业精神　企业精神是指企业生产经营活动过程中逐渐形成的，建立在共同的信念和价值观念基础上，为企业员工所认可和接受的一种群体意识，是企业员工团结奋斗的凝聚剂，代表着企业员工的精神风貌。企业精神渗透在企业目标、经营方针、职业道德、人事关系中，反映在厂风、厂纪、厂容、厂誉上，是企业素质的综合性反映。

（3）价值观　企业文化中的价值观是指企业中人们共同的价值观念，它是企业文化的核心，是企业对周围客观事物的意义、重要性的总评价和总看法。如果全体员工对某个重大经营决策能达成共识，那么企业中每个员工的行动导向将会达成一致。

成功的企业都十分重视培育共同的价值观念，特别是对于诚信价值观念的建设。其内容包括：向顾客提供优质产品和服务；企业中人是主体，注重发挥员工的主动性和创造性；培养热爱国家和集体，热爱本职工作的精神；强调员工之间的相互沟通与协作。

（4）经营哲学　经营哲学是在生产经营活动过程中表现出来的观念和意识，具体包括企业的战略观念、效益观念、用人观念、开拓创新观念、风险观念、系统观念等。

案例 3-2

著名公司的经营理念

惠普公司所颂扬的“惠普之道”包括：信任员工、提供最高质量的产品和服务、对客户需求富有激情、彼此信任和遵守职业道德、重视团队合作、创建丰富而融洽的组织。

微软公司的核心理念是：诚实和守信；公开交流，尊重他人，与他人共同进步；勇于面对重大挑战；对客户、合作伙伴和技术充满热情；信守对客户、投资人、合作伙伴和雇员的承诺，对结果负责；善于自我批评和自我改进，不自满等。

（5）企业制度　企业制度是在企业生产和管理活动过程中所形成的，带有强制性的，既有权利又有义务的一系列规定，同时也是保证企业目标实现的有力措施和手段。它包括企业的一切规章制度和技术操作规程、工作标准等。企业制度作为员工行为举止的规范模式，能够保证广大员工思想行为的正确方向和企业发展的和谐与协调，使企业有秩序地组织起来，为实现企业目标产生最大的功效。

（6）企业形象　企业形象是指社会公众和企业员工对企业的整体印象和评价。它是企业文化对外界公众的直接表现，体现着企业的声誉，反映社会对企业的认可程度。例如，顾客对产品质量的认可，社会公众对企业标记、产品商标、产品包装的认识等，都可以反映社会公众对企业产生的直接感受。良好的企业形象，对内可以使员工产生强烈的凝聚力，对外可以使公众理解和体会到企业的内在精神和深层文化，使员工和社会公众对企业产生信心和依赖感。

2．企业文化的结构

企业文化可以用一个同心圆来展示它的结构，如图3-1所示。

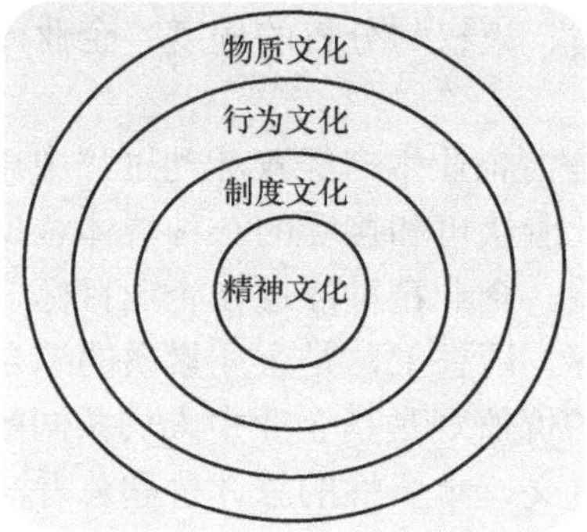

图3-1　企业文化的结构

第一个层次就是精神文化，包括企业价值观、企业精神、企业道德等。精神文化是企业的内核和本质，它指导着企业的制度文化、行为文化和物质文化。

案例3-3

恒大集团的精神文化

【企业宗旨】

质量树品牌、诚信立伟业。

“质量树品牌”：质量是企业树立品牌的基石。品牌代表着产品质量和服务质量，体现企业的知名度、美誉度和客户对企业品牌的忠诚度。在实现企业战略目标的进程中，恒大人要内铸精品，外塑形象，铸就国际品牌。

“诚信立伟业”：诚信是企业发展的保证。诚信贯穿于经营管理、客户服务、沟通合作、发展共赢等每一个环节。以诚信为核心的企业文化伴随铸造“百年恒大”全过程。

【企业精神】

艰苦创业、无私奉献、努力拼搏、开拓进取。

艰苦创业是恒大人的优良传统。集中体现在勤俭朴实、坚韧不拔、吃苦耐劳，是恒大集团实现超常规、跨越式发展的原动力。

无私奉献是恒大人的价值取向。树立主人翁意识，胸怀广阔、奉公正己、献身事业、回报社会，以实现企业和个人共同进步。

> 努力拼搏是恒大人的精神写照，是恒大人勇往直前、孜孜以求、敢于挑战、奋发有为的集中体现。
>
> 开拓进取是恒大人的制胜法宝，在工作中要光大传统、与时俱进、勇于创新、追求卓越。

第二个层次是制度文化。从企业制定制度和执行制度的情况可以看出这个企业的经营理念、企业战略，可以看出这个企业是不是以人为本、是不是依法依规从严治企。制度包括技术规程，从中可以看出这个企业在行业里的地位和技术的先进程度。反过来，企业家或企业领导班子有了一整套企业文化建设的思路，也必须通过制度来规范全体员工的行为，最终形成好的习惯、传统和舆论。

第三个层次是行为文化。行为文化是指企业全体员工（包括企业家、英雄模范人物、普通员工群体）在自己的言行中展现出来的文化，包括队伍作风、队伍纪律、执行力和团队精神。

第四个层次是物质文化。这个层次包括企业的厂房、设备、产品及办公楼、厂区的环境等。如果一个企业厂房破烂、设备陈旧，厂区环境脏、乱、差，在这样的物质条件下是不可能生产出优质产品的。而如果企业的产品是低劣的，这个企业的管理和文化层次必然是低下的。相反，厂房洁净明亮，设备和产品是国内或国际一流，这种企业的管理和文化必然是高层次的。

从企业文化结构来分析，物质文化是表层，行为文化和制度文化是中间层次，精神文化是核心层次。精神文化指导制度文化、行为文化和物质文化。

3.1.3 企业文化的功能

企业文化是一种潜在的生产力，是激励企业求生存、求发展的精神源泉。相对于其他经营管理理论和实践经验而言，企业文化具有以下功能：

1．导向功能

企业文化既然反映了广大员工共同的价值观、共同的追求目标和共同的利益，它必然对企业内部的全体员工有一种强烈的感召力，把职工的言行引导到企业所确定的目标上来。例如，IBM在长期实践中形成了自己的企业文化：“IBM意味着最佳服务。”其具体内容是尊重每一个人，提供世界上最优良的服务，在工作中追求尽善尽美。一个企业的企业文化一经确立，就相当于为企业的建设和发展树立一面旗帜，向全体职工发出一种号召，引起他们的共鸣，从而产生巨大的作用。

2．规范功能

企业文化是无形的、非正式的、非强制性的和不成文的行为准则，它是一种虽然不见诸文字却由于约定俗成而对每一位员工起着规范作用的思想观念和道德情操。它不同于强制性的法律规范和命令性的制度规范，它是一种通过培养员工的荣誉感、自豪感、归属感、责任感等感情因素而形成的自觉规范。在企业一个特定的文化氛围中，人们由于合乎企业特定准则的行为受到承认、赞扬而获得身心的满足与平衡；反之，则会产生失落感和挫折感。因此，作为组织的一员，往往会自觉服从那些根据全体成员根本意志和利益而确定的行为准则，产生“从众行为”。

3．凝聚功能

企业文化使人们改变原来只从个人角度出发的行为意识，树立一种以企业为中心的共同的群体意识，从而潜意识地对企业这个集体产生强烈的向心力。具有强烈集体精神的各位成员对企业所承担的社会职责和企业目标有深刻的理解和共识，成为一种强有力的黏合剂，把企业每个成员凝聚成一股合力。企业文化是企业全体职工共同意愿的集中反映，为大家所认可、理解和接受，因而能够协调企业内部人与人之间的关系，国家、企业与职工的关系，本企业与其他企业的关系，做到“心往一处想、劲往一处使”。因此，在企业文化实践中，共同的价值观和一致的信念目标能促成员工待人处世保持基本相同的看法和理解，因而能凝聚全体员工的意志和力量，形成一个在工作中协调和谐、配合默契的高效率的生产经营集体，使由诸多员工行为构成的企业整体协作系统产生最大功效。

4. 激励功能

激励即通过外部刺激，使职工产生一种士气高昂、奋发进取的效应。企业文化属于精神激励，比起物质刺激，它的适应性更广泛，作用更持久。在一个“人人受重视、个个受尊重”的价值观念指导下的企业文化氛围中，每个成员所做出的贡献，都会及时得到同事的青睐和领导的赞赏，从而启发、诱导、刺激人们潜在的热情、干劲、能力和智慧。激励是企业活力的“加压泵”，能把所有普普通通的职工组织起来，创造不平凡的业绩。

5. 辐射功能

企业文化能使企业的人、财、物与产、供、销诸要素环节进行优化组合，发挥企业的整体优势。企业文化也是一种“自我表现”，它向社会展示了企业的形象，包括企业员工的精神面貌、经营思想和管理风格，向外界提供可以信赖的信息，提高企业的知名度与美誉度。

3.2 企业文化建设

3.2.1 企业精神文化建设

企业精神文化是支撑企业文化体系的灵魂。企业文化作为整体是动态的，被企业外部环境所制约，时代的变化、消费模式的变化会影响企业文化的发展。在当今社会，诸如以什么样的态度和方法对待市场和顾客、以什么样的态度和方法对待效益、以什么样的态度和方法对待员工和社会，已成为塑造企业精神文化的新课题。

1. 以人为本的企业价值观

现代管理理论认为，人在管理中具有双重地位，既是管理者又是被管理者。管理过程各个环节的主体都是人，人与人的行为是管理过程的核心。因此，“以人为本”是现代管理发展的最重要趋势。

企业文化理论正是顺应这一趋势而诞生的一种崭新的管理理论，其中心思想就是“以人为本”，因而，它就自然地成为现代管理的重要组成部分。

一个企业，其物力、财力、信息资源都是有限的，而人力资源的开发则永无止境。在我国生产力水平落后，资金、原材料等资源紧缺而人力资源又极丰富的情况下，开发、管理好人力资源并使其得到更好的利用，就能使企业的效益得到提高。

2. 参与、协作、奉献的企业精神

企业精神是企业全体员工共同一致、彼此共鸣的内心态度、意志状况和思想境界。每个企业都有自己的成长历程，都有各自不同的企业个性，因此，在提炼本企业的企业精神时，不必与其他企业雷同，应有自己的特色。

在当代社会，参与、协作、奉献已成为现代企业员工值得倡导的一种意志状况和思想境界。各企业在提炼自身企业精神时可作为参考。

参与首先指的是参与管理。参与管理是企业兼顾满足员工各种需求和效率、效益要求的基本方法。员工通过参与企业管理，发挥聪明才智，得到比较高的经济报酬，改善了人际关系，实现了自我价值。而企业则由于员工的参与，改进了工作，提高了效率，从而达到更高的效益目标。在实施员工参与管理的过程中，要特别注意引导，要反复把企业当前的工作重点、市场形势和努力的主要方向传达给员工，使员工的参与具有明确的方向性。实施参与管理还要有耐心。在实施参与管理的开始阶段，由于管理者和员工都没有经验，参与管理会显得有些杂乱无章，企业没有得到明显的效益，甚至出现效益下降。管理者应及时总结经验、肯定主流，把实情告诉员工，获得员工的理解，尽快提高参与管理的效率。

协作是现代企业精神所必须强调的重要内容。促进协作精神的方法多种多样，可以通过工作后的聚餐、郊游等形式来增进同事之间的私人感情，使同事间除工作关系之外还有朋友关系。日本的企业界，很多经理几乎每天晚上都要和年轻的职员一起聚餐、聊天直到深夜，这种聚餐已成为日本各公司的普遍做法。在美国，过去有工作后社交的习惯，但一般不是同事。近年来，这种社交活动逐渐向同事关系扩展。非正式组织、团队形式是促进企业员工协作精神的有效手段和组织形式。美国管理学家哈默指出，团队是一个伟大的创造，是现代企业管理的基础，是重新构建公司的一个基本出发点，具有强大的生命力。

奉献精神是与企业社会责任相联系的一种企业精神。它是指在组织企业经济运营过程中关心整个社会的进步与发展，为社会多做贡献的境界。企业只有坚持公众利益至上，才能得到公众的好评，使自己获得更大的、更长远的利益。这就要求企业积极参加社会公益事业，支持文化、教育、社会福利、公共服务设施等事业。通过这些活动，在社会公众中树立企业注重社会责任的形象，提高企业的美誉度，强化企业的道德责任感。

3. 以市场为导向的经营哲学

市场是企业经营管理的出发点和归宿，是企业一切管理活动的依据，也是企业经营哲学的核心。

案例 3-4

及时捕捉顾客的新需求

欧美国家生产出的几乎每一种工业产品或家用大型产品，日本就能立即将其小型化、多功能化，选准市场缺口，避开欧美国家大企业的锋芒，为人所不为。日本吉田工业会社创始人吉田忠雄用一句话概括了这种新的产品策略：“与大企业反道而驰就会成功。”因为，传统的大企业的思路并没有适时地瞄准顾客的需求，而有创新精神的企业能及时捕捉顾客的新需求，从顾客的利益着想开发新产品，这不仅是一种经营智慧，而且已经成为日本企业的一种理念和规范。

3.2.2 企业制度文化建设

企业制度文化是企业为实现自身目标对员工的行为给予一定限制的文化，它具有共性和强有力的行为规范的要求。企业制度文化的“规范性”是一种来自员工自身以外的、带有强制性的约束，它规范着企业每一个人，企业工艺操作规程、厂规厂纪、经济责任制、考核奖惩制度等都是它的内容。因此，企业制度文化就是由企业的法律形态、组织形态和管理形态构成的外显文化。企业应该从以下几个方面推进企业文化的制度化建设：

1．价值观理念化

所谓价值观理念化，就是要把企业统一的价值观转变为各个部门、子公司的具体理念。在企业统一的价值观指导下，不同的职能部门和子公司要提出符合自己角色要求的经营理念，同时也要制定与本部门和子公司经营理念相对应的管理制度。例如，海尔的企业价值观是“真诚到永远”，营销部门据此提出了“先卖信誉、后卖产品”的营销理念，人力资源部门提出了“人人是人才、赛马不相马”的用人理念，销售部门则提出了“您的满意就是我们的工作标准”的服务理念等。也就是说，没有适用于整个企业每个子系统的同一理念和制度，各个子系统必须制定相应的理念和制度才能战略性地实现企业价值观或使命。

2．全面审视制度

全面审视制度是防止“知行不一”的重要方法，否则再先进的价值观和理念也不能发挥作用。在企业管理中，管理者常常犯“止于知而疏于行”的错误。例如，有些企业大张旗鼓地宣传要“以人为本”，但从具体管理制度中一点儿也看不出“人本”的迹象。这种止于“知”和“说”的做法显然不可能形成良好的企业文化氛围。必须注意的是，制度化是为了让员工更好地理解和落实企业的价值观，既保持企业核心价值观的相对稳定性，又能在具体操作上体现出不断创新是制度化必须坚持的一个原则。

3．完善制度实施机制

从制度的执行力度来看，普适性是制度充分有效的前提，企业中的任何人都要受到制度的约束。企业违背普适性原则的行为主要表现在两个方面：一是制度对决策层管理者无效；二是决策层管理者对于下属不执行制度表现出极大的宽容，以致使“老实人”吃亏。理论上讲，制度不被执行可能是因为制度本身的局限，如缺乏公正性，但从某种意义上说，制度的严格执行比制度本身更为重要。有制度不执行，表明管理者的能力不足。对员工来说，能力不及造成的失误容易理解，而态度不端正则无法谅解。

4．完善制度评估机制

制度本身的好坏也影响到制度的执行，对制度的好坏进行评估及完善的评估机制就变得非常重要。从制度本身的角度看，制度不被执行大致有以下几种情况：首先，制度的违约成本太低，以至于人们不怕违背制度后的惩罚（这又包含两种情况：一是违反制度的行为被发现和追究的可能性的大小；二是违反制度后的惩罚严厉程度）；其次，要么指导制度的价值观或理念不正确，要么制度没有完全反映价值观或理念的要求；再次，制度不被认同说明了制度本身的局限，如制度自身存在的规定性与选择性的矛盾；最后，制度不被执行也反映了制度的稳定性与变化性的矛盾。所以，制度评估机制必须根据制度的执行情况做出及时的判断，对于制度的缺陷给出正确的结论，准确地确定制度的违约成本，防止制度与价值观或理念脱钩，防止制度变化过于频繁等。

总之，企业制度文化是将文化理念转化为员工自觉行为的关键，也就是把企业倡导的价值观转化为具有可操作性的管理制度的过程。在将价值观转化为制度的同时，一定要关注制度与价值观的联系，防止二者脱节。从当前企业文化建设进程来看，只有把制度文化建设放到重中之重的位置，使企业有了应变各种环境的个性文化底蕴，企业才能真正做大做强，最终成为“百年老店”。

案例 3-5

IBM 的制度文化

IBM 的办公大楼和生产厂区的颜色是不一样的，前者是粉红色的，后者是天蓝色的。出入两个区域必须有各自颜色的标识牌。有一次，IBM 老总汤姆斯·沃森带领一位客户去生产厂区参观，由于识别牌颜色不对，当场就被保安给拦住了，不许入内。这时一旁的助理看不下去了：“你不认识这是谁吗？赶快放行。”保安不慌不忙地说：“老总我当然认识，可是公司给我的教育不是这样的，识别牌不对坚决不能入厂。”这时，汤姆斯·沃森开始说话：“对！你做得对！”于是马上回去取识别牌。我们要的就是这样遵守制度的员工。IBM 的制度文化已经深入人心。

3.2.3　企业行为文化建设

企业行为文化是指企业员工在生产经营、学习娱乐中产生的活动文化，包括企业经营、教育宣传、人际关系活动、文娱体育活动中产生的文化现象。它是企业经营作风、精神面貌、人际关系的动态体现，也是企业精神、企业价值观的折射。

企业在塑造自己的行为文化时，必须建立企业行为规范、企业人际关系规范和企业公共关系规范。从企业运作的过程看，企业行为包括企业与企业、企业与顾客、企业与政府、企业与社区之间的行为。

1．企业行为规范

在企业运营过程中，企业家的行为、企业模范人物的行为及企业全体员工的行为都应有一定的规范。在规范的制定和履行中，就会形成一定的企业行为文化。例如，在企业管理行为中会产生企业的社会责任、企业对消费者的责任、企业对内部成员的责任、企业经营者同企业所有者之间的责任、企业在各种具体经营中所必须承担的责任等。企业要承担这些责任就必须用一定的行为规范加以保证。

企业的社会责任是指企业在谋求自身利益的同时，必须采取保护和增加社会利益的行为。企业作为社会物质生产的主要部门和社会物质文化的创造者，担负着为社会公众提供物质产品和服务的责任，它通过盈利来繁荣社会的物质生活，这是企业不可推卸的责任。重视盈利是企业生存、发展的需要，也是社会经济发展的需要，但是企业毕竟是社会系统中的一个组成部分，它和社会系统中的其他要素和部分存在着千丝万缕的联系。企业的经营活动正是在同政府、顾客、股东、金融机构、协作商、新闻媒介、公众、社区的相互联系中得以实现的。因此，企业绝不能置这些联系和对象的利益于不顾，单纯追求自身的利益，片面强调利润目标最终会给企业自身的发展带来困难。

为了使利润最大化而放弃自己的社会责任或损害社会公共利益都是违背企业行为规范的，它只能导致企业失去公众的信任和支持。履行企业的社会责任，协调企业的社会责任与经济责任之间的关系，是企业行为中的一条重要规范。

2. 企业人际关系规范

企业人际关系规范的推行是一场意识革命和全新价值的创造。它分为对内关系和对外关系两大部分。

（1）对内关系　企业员工的一举一动、一言一行都体现着企业的整体素质，企业内部没有良好的员工行为，就不可能有良好的企业形象。如果员工行为不端、纪律散漫、态度不好，将给企业形象带来严重的损害。

将企业的理念、价值观贯彻在企业的日常运作中、员工行为中，最重要的就是确立和通过管理机制实施这些规范。从人际行为、语言规范到个人仪表、穿着，从工作时间到下班以后，都应严格按照这些规范行事。要做到这一点，很大程度上依赖于有效的培训，通过反复演示、反复练习，从规矩的学习演变到自觉的行为。培训的目的在于使广大员工自觉地接受这套行为规范，不折不扣地贯彻在日常行为中。

（2）对外关系　对外关系主要是指企业经营面对不同的社会阶层、市场环境、国家机关、文化传播机构、主管部门、消费者、经销商、股东、金融机构、同行竞争者等方面所形成的关系。其中，处理好与同行竞争对手的关系十分重要。

企业与竞争对手应在竞争中求联合，在竞争中共同发展。任何企业不仅要面对竞争，而且要勇于竞争。要在竞争中树立自己的良好形象。每个企业都应当争取在竞争环境中广交朋友，谋求公众的支持与合作，最终使企业获得经济与社会效益的双丰收。竞争是社会发展和进步的源泉，竞争无所不在、无所不有，竞争的表现形式也是多种多样。某些企业为了招徕顾客，对竞争对手进行攻击、拆台，甚至不择手段地使用贿赂等手段，这种破坏同行关系的做法对于双方都是有百害而无一利的，最终可能导致两败俱伤。

3. 企业公关策划及其规范

企业公共关系活动的作用是：①树立企业信誉，包括搜集信息，全面而准确地分析企业所处的人事环境和舆论环境；②协调谅解，包括及时处理组织与公众之间存在的矛盾，建立预警系统并实行科学管理，协助处理纠纷等工作；③咨询建议，包括提供企业形象、公众心理、公众对企业政策的评价咨询，提出公关工作建议；④传播沟通，通过信息传播影响舆论，争取公众，做双向沟通以达到与公众协调的目的；⑤社会交往，为企业创造和谐融洽的社会环境。

企业公关策划是一个设计行为方案的过程。在这个过程中，企业依据目前的组织形象的现状，提出组织新的形象的目标和要求，并据此设计公共关系活动主题，然后通过分析组织内外的人、财、物等具体条件，提出若干可行性行动方案，并对这些行动方案进行比较、择优，最后确定出最有效的行动方案。根据公关行为的传播特性，公关策划应当遵循以下规范：

（1）公众利益优先　要求企业在考虑自身利益与公众利益的关系时，始终坚持把公众利益放在首位。企业只有坚持公众利益至上，才能得到公众的好评，使自己获得更大的、长远的利益。

（2）独创性与连续性相统一　企业公关活动策划不仅要考虑一次活动的独创性，还要考虑本次活动与前后活动的连续性，使独创性和连续性统一起来。这样，才能更科学、有效地塑造企业的整体形象。

4. 服务行为规范

服务行为是企业行为的重要方面，是提高企业知名度的重要法宝。人人都知道服务的重要性，但在实际操作中往往存在许多问题。

一个企业要想在市场竞争中取胜，就必须努力赢得人心：一方面要赢得企业员工的心；另一方面必须赢得顾客的心。以优质高效的服务活动和服务行为不断地争取顾客、赢得顾客的心，是企业一切活动的出发点和归宿，也是竞争制胜的主要原因。所以，良好的服务形象是企业的无形资产，是企业形象附加值增加的永恒法则。

案例 3-6

海底捞的顾客服务

海底捞公司在服务差异化战略指导下，始终秉承“服务至上、顾客至上”的理念，以创新为核心，改变传统的标准化、单一化的服务，提倡个性化的特色服务，将用心服务作为基本经营理念，致力于为顾客提供“贴心、温心、舒心”的服务；在管理上，倡导双手改变命运的价值观，为员工创建公平公正的工作环境，实施人性化和亲情化的管理模式，提升员工价值。

等候的时候，服务员会给客人端上免费的水果、饮料、零食；如果是一大帮顾客在等待，服务员还会主动送上扑克牌、跳棋之类的桌面游戏供大家打发时间；如果顾客还嫌等候过程比较无聊，甚至还可以选择来个免费的美甲、擦鞋服务。在顾客进餐的过程中，海底捞也想出了很多特色服务。服务员会细心地为长发的女士递上皮筋和发夹，以免头发垂落到食物里；戴眼镜的顾客则会得到擦镜布，以免热气模糊镜片；服务员看到顾客把手机放在台面上，会不声不响地拿来小塑料袋装好，以防油滴溅上；每隔 15 分钟，就会有服务员主动更换顾客面前的热毛巾；如果顾客带了小孩子，服务员还会帮顾客喂孩子吃饭，陪他们在儿童天地做游戏；为了消除口中异味，海底捞在卫生间中准备了牙膏、牙刷，甚至还准备了护肤品供顾客使用；过生日的顾客，还会意外得到一些小礼物；如果顾客点的菜太多，服务员会善意地提醒已经够吃；随行的人数较少，服务员还会建议顾客点半份。优质的服务带来的效果就是：海底捞的顾客回头率超过了 50%，单店年销售额为火锅连锁巨头“小肥羊”的 5 倍，每天晚上的翻台率可以达到 5 次左右。

3.2.4　企业物质文化建设

企业物质文化即企业文化的物质层，是指由企业员工创造的产品和各种物质设施等构成的器物文化，是一种以物质形态为主要研究对象的表层企业文化。

企业物质文化是企业文化的重要组成部分，是整个企业文化的物质基础，也是企业生存发展的前提要素，对于企业具有举足轻重的价值和意义。

1．企业物质文化的主要内容

1）企业标识，包括企业名称、标志、标准字、标准色等，是企业物质文化最集中的外在体现。

2）企业外貌、自然环境、建筑风格、办公室和车间的设计及布置方式、绿化与美化情况、污染的治理等。

3）产品及其特色、式样、外观和包装，产品的这些要素是企业文化的具体反映。

4）技术工艺设备及其特性。

5）厂徽、厂旗、厂歌、厂服和厂花。

6）企业的文化体育生活设施。

7）企业造型和纪念性建筑，包括厂区雕塑、纪念碑、纪念墙、纪念林、英模塑像等。

8）企业纪念品。

9）企业文化传播网络，包括企业自办的报刊、有线广播、闭路电视、计算机网络、宣传栏、宣传册、广告牌、招贴画等。

案例 3-7

金利来的商标

金利来的商标是公司创始人曾宪梓先生设计的。它包括商标图案、品牌名英文“Goldlion”、中文“金利来”三者构成一个整体。

Goldlion 中文译为“金狮”，是吉祥喜庆的象征，给人们带来幸福。狮为百兽之王，暗示在服饰行业里，独占男人世界的鳌头，具有王者的风采，创出中国品牌、世界品牌。但是在粤语中“金狮”和“今输”同音，因而改用了现在的“金利来”。中文名称的改动，既不失原来金狮的王气，又含有金利滔滔的佳兆。品牌名响亮，雅俗皆宜，大受欢迎。

金利来的商标图案是 Goldlion 的缩写 G. L. 拼合而成的，其内涵还是金狮，其视觉形象会使人联想到 G 为地球，L 为金狮，地球上雄踞着一头金狮唤醒东方，预示金利来企业的产品有着无限的广阔前程，在英文名金狮的上方为（r），恰似金狮戏绣球。而且，在中国人的心目中，圆还有圆满、完美的蕴意，这是金利来公司产品的品质追求。英文标准字用毛笔书写，飘洒起伏的笔画间，描绘出丝绸之路的逶迤，闪动着东方民族的神韵，英文字的底线则起着连接的作用，商标的标准色为金黄色，象征着金元滚滚而来的好运。

2．企业在塑造物质文化的过程中应遵循的原则

（1）遵循“品质文化”原则　品质文化原则就是指强调企业产品的质量。产品的竞争首先是质量的竞争，质量是企业的生命，稳定的优质产品是维系企业商誉和品牌的根本保证。

因此，企业要遵循品质文化原则，营造靠质量取胜的文化氛围。

品质文化首先要解决的就是产品提供者的质量意识，要把消费者的权益放在首位。每一个企业领导者都有责任让员工明白，劣质产品不仅损害消费者的经济利益，而且可能危及人们的生命。企业要正确处理“利”和“义”的关系，把“优质”作为企业的生存之本。

案例 3–8

奔驰公司的“品质文化”

以产品质量驰名于天下的“奔驰”汽车，充分展现了它所代表产品的卓越品质。奔驰车号称行驶20万公里不用动螺钉旋具，跑30万公里后换个发动机可再跑30万公里。

奔驰之所以有如此高的品质，首先在于全公司范围内树立起“品质至上”的企业理念，使全体员工人人重视质量。公司把生产流水线作业改为小组作业，12人为一组，确定内部分工、协作、人力安排和质量检验，改变了重复单一劳动容易出现差错的现象，提高了效率和产品质量。奔驰公司特别注重技术培训。新招收的员工除了基本理论和外语的培训外，还有车、焊、测等技术培训。结业考试合格才能成为正式员工，不合格可以补考一次，再不合格就不被聘用。

奔驰公司要求全体员工精工细作，一丝不苟，严把质量关。奔驰车座位的纺织面料所用的羊毛是从新西兰进口的，粗细为23～25微米，细的用于高档车，柔软舒适；粗的用于中档、低档车，结实耐用。皮面座椅要选上好的公牛皮，从养牛开始就注意防止外伤和寄生虫。加工鞣制一张6平方米的牛皮，在座椅加工中能使用的不到一半。公司每年拿出100辆新车进行破坏性试验，以时速35英里[1]的车速撞击坚固的混凝土厚墙，以检验前座的安全性。奔驰公司在全世界各大洲设有专门的质量检测中心，有大批质检人员和高性能的检测设备，每年抽查上万辆奔驰车。这些措施使奔驰名冠全球，使奔驰的“品质文化”深入人心。

（2）遵循“顾客愉悦”的原则　从企业文化的角度看，产品不仅意味着一个实体，而且还意味着产品中所包含的使用价值、审美价值、心理需求等一系列利益的满足。具体地说，顾客愉悦原则包括品质满意。

品质满意是品质文化的核心规范之一。塑造良好的产品和服务形象是提升品质文化的重要方法和途径。这样做的目的：一是为了增加产品和服务的“回头客”，为企业获取更多的利润；二是以此不断激发企业员工的创新意识。因为，企业员工在生产产品的同时，企业产品的使用和消费也反过来影响员工的生产积极性。一个生产市场紧俏商品的企业和生产市场趋于饱和产品的企业，其员工的精神状态是不一样的。

企业物质文化和精神文化两个层次是相互联动的。企业的“拳头产品”是员工们创名牌、争优质的物化成果，是企业员工聪明才智和勤奋工作的结晶，是企业价值观的物质表现。一种产品一上市就立刻受到顾客的欢迎，能促使企业员工发挥更大的工作热情，如此循环，

[1] 1英里（mile）=1609.344米。

使企业充满活力。

3.3 班组文化建设

班组是企业这个系统的子系统，是承担规定责任的最基层的单位。企业和班组的关系是整体与部分的关系，就像人体与人手。班组文化建设是企业文化建设的班组化，是班组结合自身实际，将本企业的精神理念灌输到班组成员的意识中，使之外化到班组成员自觉、习惯的行为中和班组各项工作中及班组的相关设施和工作环境中的过程。班组文化建设是整个企业的文化建设的一部分，它以整个企业的文化建设为基础，又充分张扬自己多彩、鲜活的个性，进而深化整个企业的文化建设。

案例 3-9

“文化长廊”点亮“班组文化”

不足20米的文化长廊，却包含着文化、科技、环境，就在这短短的长廊里，石壕煤矿运输队19个班组200名职工却感受到“班组文化”营造的“人文精神”“管理理念”“科技创新”的先进所在。

走进运输队班组的“文化长廊”，绿色掩映的树木不时地向人们散发着清香，阅报栏里的信息吸引着过往的职工驻足，小发明“地拖拧水器”正昭示着职工的创新思维，“班组文化”用什么来引导人、教育人和凝聚人？其实，运输队“班组文化”长廊就是很好的见证，它见证了班组的发展离不开文化的熏陶，职工的发展离不开技术、思维的创新。

队长的小发明“地拖拧水器”出现在长廊文化里，引发了班组职工岗位学科学、用科学的行动，还引来了市工会张主任的关注，张主任对小发明“地拖拧水器”给予了高度评价，“这说明了基层管理者重视科技发展，把一个小小的发明拿到公众中展示，激励的是员工岗位学科学、用科学的激情，也反映了石壕煤矿各级领导把重视科技投入引向班组发展。”

阅报栏在“文化长廊”里算得上一大特色，每天过往的班组职工总要上前去瞧一瞧、看一看，从《工人日报》到《中国矿业报》，从《中国青年报》到《参考消息》，职工从中知晓世界、了解生活。许多职工提起阅报栏给自己生活、工作提供了帮助的事儿时，他们总是说：“网络媒体、电视媒体发达的今天，其实，纸媒体是最受班组职工欢迎的，因为纸媒体具有独特的亲切感，一来可以亲身触摸它，二来可以收藏它，班组许多先进管理经验都是在纸媒体上得来的。”

5年前，运输队8名管理人员一背篓、一背篓地从500米远的地方把土搬运到长廊上，种上了小树苗，在班组职工共同的呵护下，如今小树也一天天长大了，这一片片绿色便是“爱护环境就是保护家园”的真实写照。提起“文化长廊”里的那四株桂花树，每天过往的职工总是要念上几句。绿色改变生活环境，使职工体味着生活的美、环境的美，感受到管理者对环境建设的高度认识。

短短的“文化长廊”展示了“文化引导人、科技教育人、绿色熏陶人”的班组文化，印证的是一个企业用什么来凝聚人，一个班组用什么来凝聚人的先进管理经验。

3.3.1　班组精神文化建设

1．班组精神文化建设要全面贯彻企业经营理念

班组精神文化建设应将客户放在首位，树立市场发展观，认准效益是中心，以服务促营销。

此外，班组文化建设必须结合实际，依据班组的特点，确立如服务、管理、安全、质量等理念，这样才能形成具有班组特色的理念体系。

2．班组精神文化建设必须与企业发展战略目标相一致

班组精神文化建设应该与企业的总体发展战略目标保持一致，服从于企业发展战略目标。以“人本管理”思想为指导，服务是宗旨，安全是基础，管理是重点，科技创新是灵魂，经济效益是中心，建设企业一流、领先的班组。

3．班组精神文化建设应大力发扬体现行业特征的优秀班组精神

班组精神是班组成员共同价值观的集中体现，是班组在长期生产经营实践中所形成的被班组全体成员所认同和自觉遵守的群体意识，是班组生存及发展的动力源泉。因此，班组精神是班组文化建设的核心内容。

班组长应发动全体班组成员，通过开展各项班组文化建设活动，总结和提炼班组在长期生产经营实践中所形成的价值观念，并大力培养和发扬体现行业特征的优秀班组精神。

3.3.2　班组形象建设

班组形象是班组的信誉，是班组通过多种方式在社会上赢得的社会大众对班组成员的整体印象与评价，是班组参与市场竞争的一项无形资产。所以，班组应该全力树立良好的班组形象。

1．全力塑造恪尽职守、敬业守纪的员工形象

班组应认真履行关于质量与服务承诺，努力提高产品或服务质量；认真执行《班组文明规范》，切实培养班组成员良好的政治思想素质，纠正不文明之风，使班组成员具有良好的职业道德素质及技术业务素质，从而树立良好的员工形象。

2．大力创造和保持班组整洁优美的环境形象

班组要关心员工的生活，重视班组生产及生活环境的建设。坚持文明作业、文明生产，保持优良秩序，创造优美的班组环境，确保搞好优质生产。

3．积极营造班组科学文明与健康向上的文化氛围

班组应遵循寓教于文、寓教于乐的人文思想，积极组织和开展具有较高文化艺术品位、内容丰富、形式多样的班组文化活动及业余文体生活，陶冶员工的情操，培养班组成员的群体竞争意识及自我实现意识，实现班组的凝聚力。

班组应积极宣传人类一切优秀文化成果和科学技术知识，并注重班组文化活动场所建设，扎实开展班组社会主义、集体主义教育、学标兵等活动，以教育和引导班组成员形成崇尚科学、倡导文明、健康向上的生活情趣和良好的文化氛围为目的，增强班组成员爱企、爱岗的主人翁意识，自觉抵制和杜绝极端个人主义、腐朽思想及不良的生活习惯等，从而为班

组文化建设营造良好的内外部环境。

3.3.3 班组技术文化建设

任何一个生产、服务班组的工作都存在技术问题。怎样提高班组成员的技术水平、怎样搞好技术培训、遇到技术难题怎样组织开展技术攻关，这些都属于班组技术文化的范畴。抓班组的技术文化，要注意开展好以下三项活动：

1．职工合理化建议活动

班组开展合理化建议活动，是一项调动员工主人翁积极性、发挥群众智慧、实行民主管理的重要工作，不仅有利于促进各项工作（因为提建议本身也是一个酝酿、思考和不断完善的过程），也有利于提高员工的素质。因此，班组要精心安排、积极引导，使员工敢于且善于提合理化建议，积极为班组和企业的发展献计献策。同时，要抓好合理化建议的组织实施。合理化建议能不能产生效益，就看实施的效果。一般性的项目，提倡班组自己动手组织实施，班组长要尽量创造条件；较大的建议和革新项目，应由企业组织实施。

2．班组质量管理活动

质量管理（QC）是国内外都广泛流行的技术质量管理方式，通过广泛建立 QC 小组，开展 QC 活动，组织员工进行技术研究与技术攻关，提高工作质量，降低消耗，在此基础上形成 QC 活动成果，举行 QC 成果发布会，发布优秀的 QC 成果，这一整套过程对班组的综合能力都是一个很大的挑战，具有很好的锻炼价值。因此，班组要认真开展 QC 活动，将更多的职工吸引到这项活动中来。

3．劳动竞赛、技术比武和岗位练兵活动

班组既可以参加企业开展的规模较大的竞赛，也可以结合本班组的工作自行开展小型的劳动竞赛和技术比武。班组作为劳动竞赛的参赛主体，应该珍惜每一次参赛机会，通过参加竞赛，检阅班组的水平，与其他班组互相学习、互相促进，共同提高。

3.3.4 班组安全文化建设

班组是企业中最基本的生产单位，是安全管理和安全生产的最终执行者和落脚点，是企业安全生产强有力的支撑和保障，是企业谋求发展和创效的根本保证。因此，班组安全文化建设的好坏直接影响着企业各项指标的实现。

大量的基层调研表明，要想把基层班组的安全管理提升到文化创建层次，就要在具体实践过程中使基层班组掌握专业安全文化技能，将基层班组的生产任务、工作条件、人员状况与企业的发展实际相同步、相带动、相结合。

1．在基层班组中建立自觉的安全思想文化

从大量的事故分析来看，绝大部分安全事故发生在班组，其中主要又是由于违章指挥、违章作业和事故隐患未及时发现和消除造成的。安全文化是一个潜移默化的过程，它既是企业职工安全意识、安全思想和安全素质的结合，也是其行为方式的选择和行为结果的统一。在安全思想文化建设中，要着重培养班组群体的安全价值观和安全生产的主人翁意识，通过在前线基地、基层单位等地建立安全警示牌、安全标语、流动宣传栏板等方式，营造良好的安全氛围，使“安全是职工的最大福利”的思想深入人心。另外，要构筑全方位、宽领域、多层次的安全学习培训体系，通过使用培训、轮训、复训、安全报告会等系统教育和安全例会、安全知识竞赛、安全理论研讨、安全帮教等活动，树立基层班组安全管理的创新观念，使基层班组安全文化建设活动更具科学性、操作性、针对性和时代性。

2．在基层班组中建立全面的安全管理文化

（1）要着力提高班组业务素质和管理水平　要采用定期和不定期的方式建立班组长长效教育机制，从多角度、多层面入手，重点培养班组长自觉执行安全规章制度的能力，在紧急、危险、关键时刻能够正确处置的能力，在各项工作中对影响安全因素的预见能力及在规章制度无明确规定的情况下做出有利于安全生产的决策能力。

（2）要给予班组安全管理更大的自主权　尊重职工的民主权利和创新精神，最大限度地调动广大职工的积极性，是基层班组安全文化建设的不竭动力。要将安全绩效考核、安全水平监测、事故处罚权限及相关责任分解，逐步纳入班组管理的工作范畴，通过将安全管理关口前移、重心下移，充分发挥班组的主观能动性，使安全责任真正落实到人头，提高安全生产效率。

3．在基层班组中建立浓郁的安全制度文化

（1）要建立优秀的安全机制　安全机制是探索和实施班组安全文化建设措施的基础，为深化班组安全管理提供必要的组织保障。在建立安全机制的过程中，不断改进和完善基层班组安全管理的科学指标，制订和实施一系列旨在提高职工积极性的措施。

（2）要建立健全班组的安全活动制度　班组安全活动是创建安全文化的有效载体。要根据基层班组的不同工种、不同岗位、不同心理特点，从各自工作角度设计好活动载体，围绕企业安全生产开展各具特色、富有成效的活动。同时，还要为班组安全文化创建提供完备的软硬件环境，使班组安全活动逐步实现制度化、科学化和大众化。

总而言之，文化的熏陶功能是不能立竿见影的，安全文化建设在实施方法上要做到讲究科学性、普及性和可操作性，在实施途径上要立足于基层班组安全文化建设的规范化、完整性和实用性，逐步形成独具行业特色的安全文化。

本章小结

企业文化是企业员工共有的价值体系和行为规范。企业文化的特征是整体性、凝聚力、稳定性、时代性、人本性和民族性。从企业文化的结构来分析，企业文化共分为四个层次：物质文化、行为文化、制度文化和精神文化。物质文化是表层，行为文化和制度文化是中间层次，精神文化是核心层次。精神文化指导制度文化、行为文化和物质文化。企业文化具有导向功能、规范功能、凝聚功能、激励功能和辐射功能。

企业文化建设包括企业物质文化建设、企业行为文化建设、企业制度文化建设和企业精神文化建设。

班组文化建设是整个企业文化建设的一部分，它以整个企业的文化建设为基础，又充分张扬自己多彩、鲜活的个性，进而深化整个企业的文化建设。搞好班组文化建设，应重点抓好班组的精神文化建设、形象建设、技术文化建设和安全文化建设。

复习思考题

一、简答题

1. 什么是企业文化？企业文化有哪些功能？
2. 企业文化的内容有哪些？企业文化由几个层次构成？各层次之间的关系是怎样的？
3. 在建设企业行为文化中，必须建立哪些规范？
4. 在建设企业精神文化中，必须包括哪些具体的内容？
5. 班组文化与企业文化的关系是什么？如何建设班组文化？

二、案例分析

小木梳——大文化

“谭木匠”是一家集梳理用品、家具、饰品为一体的专业化公司，营销网络遍及30多个省、市、自治区，在全国建立起500多家专卖店。这样一个看起来很像“小作坊”，生产十分传统的“小商品”的“年轻”企业，是怎样在短短十几年的时间里发展成一个全国连锁、年销售额近亿元的成功企业的？谭木匠的创始人谭传华说：“企业的最大价值在于文化。我觉得文化不是很虚的东西，而是很实的东西。做‘百年老店’，文化是核心，产、供、销仅仅是外边的‘壳’。文化不是一种口号，而是企业的一种行为方式，是行为的识别系统。”

究其成功的秘诀就在于它成功地培育了以中国传统古典文化为特色的企业文化。其实，谭木匠在创立之初就非常重视企业文化的建设。“诚实、劳动、快乐”是谭木匠企业文化的精髓。从谭木匠的文化定位来看，非常符合企业的文化理念，配以木工作坊的劳作图，极具中国传统文化特色，而木匠作为中国传统木工手艺人的称呼，本身就有一股浓浓的乡土味，让人产生鲁班等一系列的联想，是勤劳与智慧的象征。“木匠”前冠以“谭”字，符合中国传统商号的取名习惯。同时，檀木在中国民间是吉利的象征物，有辟邪驱邪的功用，“谭”与“檀”谐音，正好兼取此意。

谭木匠在多年的发展中，始终秉承“诚实、劳动、快乐”的文化理念。公司始终不渝地致力于具有中国传统文化和工艺内涵的以木为本质的实用产品的研究、生产、开发和销售。在为消费者提供称心如意的产品的同时，争取为更多的人提供就业机会，提高生活品质，丰富生活内容，为所有投资者创造更大的价值。以“成为全世界以木为本质的实用工艺品的第一品牌”为发展目标，树立了“顾客是亲人”的服务理念，把产品定位为“以木为本质”，在技术上将现代制造技术与传统手工艺技术相结合，在文化上将现代流行时尚与中国传统文化工艺相结合，在个性上将产品的艺术性、工艺性、观赏性、收藏性与实用性相结合，在生产中遵循“我善治本”的质量方针。

思考：

1. 从“谭木匠”的发展之路，分析企业文化建设对企业发展的作用。
2. 结合案例谈一谈中小企业文化建设应注意哪些问题？

第 4 章　市场营销管理

学习目标

1. 了解营销理论和实践的发展过程，树立市场营销观念。
2. 认识市场营销工作的内容。
3. 熟悉市场营销工作的内容和程序。
4. 掌握市场营销的核心策略。
5. 掌握网络营销的主要方式和优势。

市场营销是企业生产经营活动中十分重要的一个环节，在市场经济日益发展和市场竞争日益激烈的今天，市场营销已成为企业的核心职能之一，对营销工作的管理是企业管理的重要组成部分。本章着重对市场营销工作的内容、市场细分、目标市场选择和市场营销策略、市场营销发展新模式等问题进行介绍。

4.1　市场与市场营销

4.1.1　营销中的“市场”

市场是生产力发展到一定阶段的产物，也是商品生产和商品交换的必然产物，市场随商品经济的发展而发展。“市场”这一概念在不同的时期和不同的场合具有不同的内涵。

1．市场的概念

在市场营销中，“市场”往往等同于“需求”。市场是指某种需求的总和。也就是说，市场是某一产品的所有现实购买者和潜在购买者需求的总和。

1）市场是对某种商品或劳务的具有支付能力的需求。

2）市场是对某项商品或劳务具有需求的所有现实和潜在的购买者。

市场的这一定义实际上是建立在对现代商品供求关系深刻认识的基础上，突出强调了参加交换的人们，不只是现在进行交易的人们，还包括有购买可能的潜在购买者，同时，还强调了人们的购买需求和购买能力。

2．市场的构成

从市场测量的角度来讲，市场由人口、购买力和购买欲望三个主要因素组成，其关系可

用公式表示为

$$市场=人口+购买力+购买欲望$$

市场的这三个因素是相互联系、相互制约，又互为条件的，缺一不可，只有把三者结合起来才能构成市场，才能决定某一商品的市场规模和需求量。例如，一个有着众多人口的国家或地域，如果收入很低，购买力有限，则不能构成容量很大的市场；又如，购买力虽然很大，但人口很少，也不可能成为很大的市场。只有人口既多，购买力又高，才能成为一个有潜力的大市场。

案例 4–1

市场在哪里

美国管理大师德鲁克的名言：优秀的公司满足需求，伟大的公司创造市场。面对家电市场的激烈竞争，海尔提出了市场创新理念，“创造需求，引导消费”“自己做个蛋糕自己吃”。今天，简单地给顾客他们需要的是不够的，必须帮助顾客学会知道他们需要的是什么，企业所面对的外部环境愈加复杂，变革性的技术随时出现，饱和的市场，客户需求的个性化等，要求企业只有不断地把握和满足潜在顾客的需求才能在市场上占据一个领先和主动的位置。

4.1.2 市场营销

市场营销是企业为满足市场需要，实现自身经营目标而开展的商务活动过程。它以满足消费者的现实和潜在需求为中心，研究开拓市场的营销战略和策略。从宏观角度来看，市场营销主要包括市场营销的组织、消费需求特征和市场竞争策略的研究及如何开拓国际市场；从微观的角度来看，市场营销主要研究企业应如何采用产品、价格、分销渠道及促销策略来开拓市场。

市场营销理论的发展是建立在市场的变化和企业经营观念相应变化的基础上的。从企业经营观念的变化过程来看，它经历了生产观念、产品观念、推销观念、营销观念、社会营销观念等有代表性的观念。从市场营销的总体发展过程来看，它可划分为传统和现代营销发展阶段。

传统营销经历了以生产为导向的营销观念、以产品为导向的营销观念、以推销为导向的营销观念三个基本阶段。在这三个阶段，企业以自己为市场的中心，把几乎所有精力都集中于生产环节，并采用单一的营销手段来经营企业和产品，忽视了市场和消费需求的存在，急功近利，忽视了企业的长远利益和发展目标。

现代营销起源于以顾客为核心的营销观念，这一营销观念抓住了顾客这个核心，使企业营销观念发生了实质性变化，为现代营销新观念的发展奠定了良好的思想基础。但它忽视了企业主动性的需要，所包含的营销手段也需要进一步拓展，而且片面注重顾客利益，忽视了其他社会整体需求和利益的存在。

由于以顾客为核心的营销观念存在局限性，因而新的服务营销、关系营销及网络营销受到越来越多的关注。

由于服务所具有的不可感知性、不可分割性、差异性及不可储存性和缺乏所有权的特征，服务营销观念认为，服务营销应注重“人”在服务营销中的作用、“时间”的重要性及分销渠道的特殊作用和对以顾客为核心的营销组合理论的发展。

关系营销观念的基本观点是，企业要在营利的基础上，建立、维持和促进与顾客和其他伙伴之间的关系，以实现参与交易各方的目标，从而形成一种兼顾各方利益的长期关系。关系营销观念的建立，使企业的营销手段和方式发生了相应的变化，传统营销组合被进一步扩大，企业的营销组合已不限于传统的 4P 组合，而增添了三个新的因素：顾客服务、进程和人员，同时市场营销的范围也被进一步扩大，涉及了顾客市场、供应商市场、劳动力市场、影响者市场及内部市场等多方面。

案例 4–2

为客户服务是华为存在的唯一理由

在华为公司内刊《华为人》上，有一篇题为“为客户服务是华为存在的理由”的文章，任正非在审稿时，将其改为“为客户服务是华为存在的唯一理由”。十几年来，这是深入每个华为人的“唯一”价值主张：以客户为中心。在竞争激烈、残酷乃至血腥的全球电信制造业，曾经的行业巨擘的衰落与华为的崛起无不印证，谁能将“以客户为中心”这样一个普世商业价值观坚持到底，谁就是赢家。

4.1.3 企业市场营销工作的内容

企业市场营销工作的内容在不断丰富和扩大，主要包括以下几点内容：

1．市场调研工作

市场调研工作包括：进行市场调查和预测，掌握市场需求状况及其变化趋势、发展动向；了解市场供给情况，掌握竞争对手动向和竞争的变化趋势；做好销售统计，积累基础资料；根据市场信息和历史统计资料进行预测预报。

2．目标市场选择工作

目标市场选择工作包括：在市场调研的基础上，进行市场态势的分析；细分市场，确定目标市场和重点市场；制定开辟、占领和扩大市场的战略和策略。

3．产品开发工作

产品开发工作包括：根据市场调查取得的需求信息，及时向技术开发部门和生产制造部门提出开发和生产适销对路的新产品的建议；参与商标和包装的设计工作，制定有关商标和包装的战略与策略。

4．产品定价工作

产品定价工作包括：配合财务部门做好产品或劳务的定价工作，提出定价战略和策略的建议；给客户报价；决定浮动价格；同客户协商定价。

5．销售渠道选择工作

销售渠道选择工作包括：根据企业营销队伍的情况和产品的特点，正确地选择营销方式和销售渠道，制定正确的渠道战略和策略。

6．产品促销工作

产品促销工作包括：根据企业产品特点和经营实力，做好产品的广告和宣传工作；做好公共关系工作、人员推销工作和营业推广工作；制定相应的广告策略、公关战略与策略。

7．产品储存和运输工作

产品储存和运输工作包括：组织好产品的入库、保管、出库和发运工作；有些产品需要在销售地点适当储备，也需要做储存和保管工作，保证各地产品的供需平衡。

8．承接订货和销售服务工作

承接订货和销售服务工作包括：承接客户订货，签订各种合同，加强对合同的管理，认真履行合同；做好售前、售中和售后的各项服务工作；制定有效的服务战略和策略。

此外，还需协调好与流通部门各个环节的关系，正确处理好产销矛盾。

4.2 目标市场营销战略

现代企业面对复杂多变、购买者众多、分布广泛、需求多样的市场，应在分析研究市场环境和消费者行为的基础上，有针对性地根据消费者的不同需求选择不同的营销战略，即在市场细分（Segmenting）的基础上选择对本企业最有吸引力、可为之提供有效服务的市场部分作为目标市场，实行目标市场营销（Targeting），并在目标市场中为产品确定适当的竞争地位（Positioning）。这是关系到企业生存和发展的重大战略决策，是实施各项具体营销策略的基本前提。

4.2.1 市场细分

市场细分是指根据众多用户或消费者的不同需求的特点，把企业某一产品的总体市场划分为若干个用户群或消费者群，即细小市场的分类过程。对市场进行细分，能使企业掌握不同用户或消费者的需求特点，正确地进行产品开发和市场开发；掌握市场分布情况，发现市场缝隙，同时能使企业确定其要进入的重点目标市场。

1．市场细分的标准

市场细分是一项区别用户或消费者需求特点，按照其不同特点进行分类的工作。企业的总体市场可以从不同的角度，采取不同的标志或标准来细分。

（1）消费者市场细分的依据　消费者市场细分的依据包括人口、地理因素、购买心理和购买行为等。

（2）用户市场细分的依据　企业用户购买的目的是将所购产品用于再生产，生产出新的产品或服务，从中获取利润，所以与普通消费者的购买目的不同、需求不同。用户市场细分的依据主要有用户的行业类别、用户的规模和用户的地理位置。

2．市场细分的原则

市场细分应符合以下原则：

（1）可衡量性　细分市场的划分标志应该是可以衡量的。例如，食品市场按年龄这个标志来细分也是可行的，婴幼儿食品与其他年龄段的消费者差别很大，老年人与中青年的关于食品的需求特性也有差别。

（2）可营利性　市场细分要考虑企业经营目标的要求，即细分市场的规模要优化，要有利于企业去占领，并达到一定的市场占有率，获得一定的经济效益。细分的市场要有一定的市场容量，一方面能保证企业获得一定的生产规模效益，另一方面，企业花了一定的销售成本也应取得较好的销售收益。

（3）可进入性　可进入性是指企业细分的市场，通过自身的营销活动，具有能够进入的可能性。衡量企业能否进入各个细分市场，一是看企业能否影响该细分市场的消费者，如果企业通过一定的广告媒介，能够把产品信息传递给该细分市场众多的消费者，则具有进入的可行性；二是企业的产品能否进入该市场，如果企业能够通过自身的努力，派员推销或经过选择的销售渠道，把产品运抵该市场，展现在消费者面前，说明这个市场是可进入的，有细分和开发的必要。

（4）可区分性　企业往往运用多个因素对市场进行复合细分，细分的程度要适度，不是分得越细越好，反对“超细分”。

案例 4–3

麦当劳的市场细分

1．根据地理要素细分市场

麦当劳刚进入中国市场时大量传播美国文化和生活理念，并以美国式产品牛肉汉堡来征服中国人。但是中国人爱吃鸡肉，与其他洋快餐相比，鸡肉产品也更加符合中国人的口味，更加容易被中国人接受。针对这一情况，麦当劳改变了原来的策略，推出了鸡肉产品。只卖牛肉产品的麦当劳也开始卖鸡肉产品了。这一改变也正是针对地理要素而做的。

2．根据人口要素细分市场

麦当劳主要从年龄及生命周期阶段对人口进行细分，其中将不到开车年龄的人群划定为少年市场，将 20～40 岁的人群界定为青年市场，还划定了老年市场。人口市场划定后，还分析不同市场的特征与定位。例如，麦当劳以孩子为中心，把孩子作为主要的消费者，十分注重培养他们的消费的忠诚度。在餐厅用餐的小朋友，经常会意外获得印有卡通标志的气球。在中国，还有麦当劳叔叔俱乐部，参加者为 3～12 岁的小朋友，定期开展活动，让小朋友更加喜欢麦当劳。这是相当成功的人口细分，抓住了该市场的特征与定位。

3．根据心理要素细分市场

根据人们生活方式的划分，快餐业通常有两个潜在的细分市场：方便型和休闲型两个方面。麦当劳在这两个方面都做到很好。

针对方便型市场，麦当劳提出 59 秒快速服务，即从顾客开始点餐到拿到食品离开柜台的标准时间为 59 秒，不得超过 1 分钟。

针对休闲型市场，麦当劳对餐厅的布置非常讲究，尽量做到让顾客觉得舒适自由。麦当劳努力使顾客把麦当劳作为一个具有文化的休闲好去处，以吸引休闲型市场的消费者群体。

4.2.2 目标市场的选择标准和营销策略

企业在进行市场细分后，通常会得到众多的子市场，这时企业还应进一步对各子市场做评估分析，从中选择出自己的目标市场。企业选择目标市场实际上是明确自己的顾客究竟是谁。

1. 目标市场的选择标准

作为目标市场，应具备以下条件：首先，该市场具有一定的购买力；其次，该市场有一定的尚未满足的需求，竞争对手不至于完全占领该市场；第三，本企业在某些方面具有一定的优势，有能力进入该市场；第四，企业进入后有一定的盈利能力。

案例 4-4

鲜橙多的目标市场选择

统一鲜橙多，选择了追求健康、美丽、个性的年轻时尚女性作为目标市场，针对这一市场，选用 500 毫升和 300 毫升等外观精制且适合随身携带的 PET 瓶，卖点直接指向消费者的心理需求——“统一鲜橙多，多喝多漂亮”。

2. 目标市场营销策略

企业通过市场细分，从众多的细分市场中选择出一个或几个具有吸引力、有利于发挥企业优势的细分市场作为自己的目标市场，这时还要考虑，应采取怎样的营销策略以取得满意的经济效益。为此，企业需要综合考虑产品特性、竞争状况和自身实力，选择不同的目标市场营销策略。

（1）无差异性营销　企业不考虑各子市场间的差异性，而只注重子市场需求的共性，决定只推出单一产品，运用单一的营销方案，力求在一定程度上适合尽可能多的顾客需求。无差异性营销的优点是由于产品单一，有利于标准化与大规模生产，从而有利于降低研究开发、生产、储存、运输、促销等成本费用，能以低成本取得市场竞争优势。其缺点是忽视了各子市场需求的差异性，企业难以长期采用。

（2）差异性营销　企业针对不同的子市场推出不同的产品，推行不同的营销方案，以最大限度地满足各个子市场的需要。

差异性营销的优点是由于企业在产品设计、推销宣传等营销策略方面能针对不同的子市场，有的放矢，从而有利于提高产品的竞争力，提高市场占有率；此外还有利于建立企业及品牌的知名度，有利于提高企业威望，树立良好的企业形象。其缺点是多品种生产，势必增加生产及营销成本，增加管理的难度。因此，该策略多为实力雄厚的大企业所采用。

（3）集中性营销　集中性营销策略是指企业集中力量进入一个或少数几个细分市场，实行专业化生产和销售。实行这一策略，企业不是追求在一个大市场角逐，而是力求在一个或几个子市场占有较大份额。

集中性营销的优点是目标市场集中，企业资源集中，能快速开发适销对路的产品，树立和强化企业和产品形象，也有利于降低生产成本，节省营销费用，增加企业盈利。其缺点是目标市场狭小，经营风险较大。一旦市场需求突然发生变化，或者出现更强的竞争对手，企业就可能陷入困境。这一策略特别适合于资源力量有限的中小企业。

（4）定制营销　定制营销是指企业在大规模生产的基础上，将每一位顾客都视为一个单独的子市场，通过与顾客进行个体的沟通，明确并把握特定顾客的需求，为其提供方式不同的服务，以便更好地为企业获得利益的活动过程。定制营销也被称为一对一营销、个性化营销。

定制营销的突出优点是：能极大地满足消费者的个性化需求，提高企业的竞争力；以需定产，有利于减少库存积压，加快企业的资金周转；有利于产品、技术上的创新，促进企业不断发展。

但定制营销有可能导致营销工作的复杂化，增大经营成本和经营风险，因此，定制营销需要建立在定制的利润高于定制的成本的基础之上。另外，生产领域的定制营销还对企业的设计、生产、供应等系统和管理的信息化程度有较高的要求。

案例 4–5

互联网时代第一家电定制品牌——海尔

在定制方面施行最早的家电品牌是海尔。2011 年，海尔推出了定位在定制品牌的“统帅”系列产品，在海尔商城上“统帅”电视分割成屏幕尺寸、屏幕材质、功能、底座和开机画面几个部分，功能上可选择流媒体、3D、USB 接口等，根据顾客自己排列组合，价格上下浮动。

4.2.3 市场定位

企业在经过市场细分、确定目标市场之后，如何进入并占领已确定的目标市场就成为至关重要的问题，这就是产品在目标市场上的定位问题。

1．市场定位的策略

产品的市场定位，是指在目标市场上针对竞争对手产品在该市场的地位和顾客对该产品的态度，有目的地树立本企业产品的形象，确立其在目标市场上的位置。根据本企业产品的竞争能力状况，有以下三种市场定位策略可供选择：

（1）避强策略　避强策略是指避开强大对手的锋芒，选择那些不为强大对手注意的目标市场投放本企业的产品，宣传和树立本企业产品的形象，站稳脚跟，扩大影响。这种定位策略风险较小，成功率高。

（2）迎头定位　迎头定位是指采取同竞争对手相同的市场定位策略。实施这种市场定位有两种情况：一是本企业实力可以同强大竞争对手较量，敢于在同一目标市场上竞争；二是目标市场的需求量很大，即使实力雄厚的竞争对手也无法满足其需要，因此，无暇顾及其他对手。

（3）重新定位　重新定位作为一种定位策略，通常是指对那些销路少、市场反应差的产品进行的二次定位，旨在摆脱困境，重新获得增长与活力。

2．市场定位的方法

（1）产品差别化　产品差别化就是从产品质量、产品款式等方面实现差别。营销人员应自问：本企业销售的产品与竞争对手相比有什么显著的差异性？

（2）服务差别化　服务差别化是向目标市场提供与竞争者不同的优异服务。服务差别化能够提高顾客总价值，保持牢固的顾客关系，从而击败竞争对手。

（3）人员差别化　人员差别化是通过聘用和培训比竞争者更为优秀的人员以获取竞争优势。

（4）形象差别化　形象差别化是在产品的核心部分与竞争者类同的情况下，塑造不同的产品形象以获取差别优势。

案例 4-6

海底捞火锅的服务差别化战略

海底捞是一家以经营川味火锅为主的直营餐饮品牌火锅店，发展至今，已成为海内外瞩目的品牌。分析海底捞成功的原因，其中非常重要的一点在于其服务差别化战略。海底捞的服务涉及：就餐前的全面考虑，就餐中的细节关怀，就餐后的小恩惠。它的服务不仅仅体现于某一个细小的环节，而是形成了从顾客进门到进餐结束并离开的一套完整的服务体系。

4.3 市场营销的核心策略

企业进行市场营销活动，需要做好一系列的营销工作。市场营销的核心策略制定包括以下几个方面：

4.3.1 产品策略

1. 产品的概念

通常人们对产品的理解仅仅局限在式样、性能、质量等物质形态上，而现代企业营销的核心是满足顾客的需要和欲望。因此，市场营销学对产品的定义是：凡是能够提供给市场以引起人们注意、获取、使用或消费，从而满足顾客某种欲望或需要的一切东西都是产品。它包括实物、服务、场所、组织和构思等。

产品就是顾客通过购买所获得的需要和满足，菲利普・科特勒（Philip Kotler）等营销学者认为，可把产品整体概念分为五个层次的表述方式能够更深刻和更准确地表述产品整体概念的含义。

（1）核心产品　核心产品是指向顾客提供的产品的基本效用或利益。核心利益是产品最基本的层次，也就是顾客真正要购买的利益和服务。

（2）形式产品　形式产品是产品在市场上出现时的具体物质外形，它是产品的形体、外壳，核心产品只有通过有形产品才能体现出来。产品的有形特征主要指质量、款式、特色、包装。例如，对于冰箱，有形产品不仅仅指冰箱的制冷功能，还包括它的质量、造型、颜色、容量等。

（3）期望产品　期望产品是指购买者在购买该产品时期望得到的与产品密切相关的一整套属性和条件。

（4）延伸产品　延伸产品是指顾客购买产品所得到的各种附加利益的总和。

（5）潜在产品　潜在产品是指现有产品包括所有附加产品在内、可能发展成为未来最终产品的潜在状态的产品。

产品整体概念的五个层次，十分清楚地体现了以顾客为中心的现代营销观念。产品概念的内涵和外延都是由顾客的需求来决定的。

2．产品生命周期理论及其应用

（1）产品生命周期的概念　一个产品在市场上的销售数量和盈利率，将随着时间的推移而变化。产品生命周期是指某产品从进入市场到被淘汰退出市场的全部过程。产品生命周期由需求与技术的生命周期决定。

（2）产品生命周期各阶段的特点和市场经营策略　产品的生命按其发生、发展的周期规律，一般可分为四个时期：市场投入期、市场成长期、市场成熟期和市场衰退期。它的基本模式如图 4-1 所示。

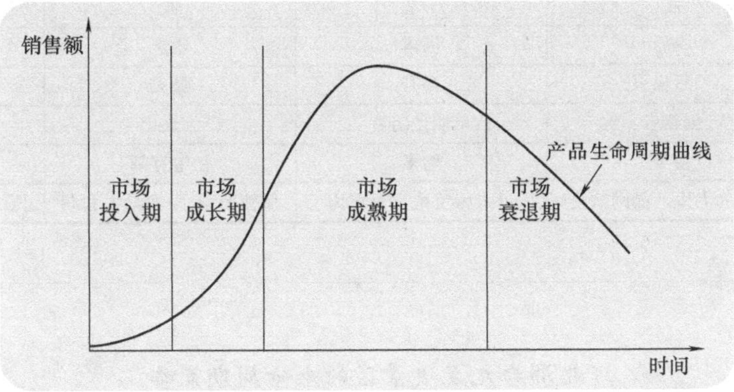

图 4-1　产品的生命周期

根据产品生命周期中各时期的特点，企业可以做出相应的经营策略。

1）市场投入期的特点：产品在设计上还没有完全定型；生产批量很小，废品率高，市场需求不大，产品成本高；顾客对这种产品不了解，需要多做广告，加强促销；企业获利很少，甚至可能亏损。

在这个时期，企业的经营策略是：设法缩短市场投入期，尽快进入市场成长期，减少损失，提高效益，迅速占领市场和扩大市场。

2）市场成长期的特点：消费者对此产品已了解并接受；销售量迅速增长，企业利润率增长很快；竞争者看到有利可图，开始仿制；竞争激烈，市场开始细分。

这个时期是产品的黄金时期，企业的经营策略是：努力提高产品的质量，增加产品的特色或改变产品的型号、款式，积极开拓新市场和经营渠道，使产品销售面更为广泛；广告宣传的目标转向建立产品形象，争创名牌，以赢得顾客；在大批量生产规模效益的基础上，根据产品的需求弹性，适当降低售价，以吸引对价格敏感的潜在顾客。

3）市场成熟期的特点：竞争者进入市场，产品的增长率逐渐下降，企业大量增加推销费用，利润开始下降。

这一时期的经营策略是：大力推销现有产品；充分展现产品的新特点或改进产品的外观，并结合产品组合策略，调整产品的引申部分（如商标、包装、保单、服务等），提高产品的用途，增加新的功能等。

4）市场衰退期的特点：产品的销售量由缓慢下降变为急剧下降；利润下降甚至亏损；促销手段失灵，企业常调低价格，处理存货；竞争者相继退出市场。

这一时期的经营策略是：对老产品，采取有计划的减产、转产措施，或者转移产品生产场地，以减少本企业的经济损失；或者有计划地淘汰老产品，以退代攻，以新代旧，使新老产品的交接班顺利进行，保持和扩大市场的占有率。

产品生命周期中各时期的特点与营销目标见表4-1。

表4-1 产品生命周期中各时期的特点与营销目标

项目＼时期	市场投入期	市场成长期	市场成熟期	市场衰退期
销售量	低	剧增	最大	衰退
销售速度	缓慢	快速	减慢	负增长
成本	高	一般	低	回升
价格	高	回落	稳定	回升
利润	亏损	提升	最大	减少
顾客	创新者	早期使用者	大众化	落伍者
竞争	很少	增多	稳中有降	减少
营销目标	建立知名度，鼓励试用	最大限度地占有市场	保护市场，争取最大利润	压缩开支，榨取最后价值

案例4-7

河北邢台九龙峡景区的生命周期策略

邢台九龙峡景区总面积达64平方公里，主峰王帽山海拔1800米。东距邢台市区62公里，宜沙国防公路和晋冀高等级公路直达景区。现开发有九龙峡景区和九龙峡水门农业生态旅游示范区，分布着上百个景点，被誉为“燕赵第一景”，享有“太行自然风光明珠”之美誉。该景区在生命周期管理的策略上，值得称道。

在初期，由于产品刚刚进入市场，还未被消费者所熟悉，要进行广告宣传，在这个时期企业一般不会盈利，甚至还有可能亏损。因此，景区的策略是缓慢渗透。邢台九龙峡作为一个旅游产品，虽然前期开发投入较多，但市场发展潜力大，同时在河北有一定的知名度，采用低价格、低宣传，前期的投入成本会在日后营业中收回，而且旅游景点后期的投入很少，可以说一次大的投入就可以无限次使用。

在成长期，产品被迅速接受，销量上升，成本下降，利润不断上升。由于销量上升、市场扩大，开始出现竞争趋势。此时，九龙峡景区改善产品质量，改变宣传重点。邢台九龙峡旅游企业努力改善产品质量，发现、增加产品特色，并且进行重点宣传，提高知名度，同时明确真正的目标市场，努力扩大市场占有率，挖掘潜在的旅游市场，如可以充分发挥九龙峡的人文景观优势。

在成熟期，产品已经被大多数潜在的购买者所接受，市场需求量趋于饱和，销售量基本稳定，竞争激烈，利润下降。此时，九龙峡景区开始进行市场调整。九龙峡旅游企业可以集中提高服务水平，并根据市场需求设计和生产能够满足消费者需求的新景点，开发新景点，在价格方面实行优惠，运用多种定价技巧以保持原有市场和吸引新的细分市场。总之，旅游企业在景点成熟期的经营重点应该在保护原有市场和开拓新市场上，用产品和价格的差异来吸引消费者。

在衰退期，由于森林旅游新产品进入市场，正在逐渐取代老产品，市场销售量逐渐下降，利润迅速减少，甚至出现亏损。此时采取的是收缩和创新策略。邢台九龙峡特色森林旅游企业一方面应把促销重点放在利润多的产品上，价格或保持原价，或降价以争取游客，阻止销售量大幅下降，并精减人员，大力降低销售费用；另一方面，积极开发新产品，有步骤地撤下老景点，使新景点顺利交接，最大限度地减少企业损失，使企业处于良性循环之中。

4.3.2　定价策略

价格是市场营销组合中最复杂的一个因素，它的变动会对市场营销组合决策的配合产生很大的影响。

1. 影响定价的因素

产品定价应有科学的依据，它需要考虑以下主要因素：

（1）竞争环境　产品价格的高低受竞争程度的影响。企业在定价时必须分析本行业的市场结构及与其他竞争者的关系。行业内竞争状况不同，对企业的定价有不同影响。

（2）成本　商品价值在货币形态上转化为价格时，主要表现为三部分：①生产成本；②流通费用；③利润。以上三个部分相互联系、相互制约，任何一个部分发生变化，都会引起价格的变动。而其中生产成本是决定价格的主要因素。在考虑成本这一因素时，不仅要依据本企业的生产成本，还要参考其他企业同类产品的生产成本。

（3）供求关系　市场需求决定产品价格。当商品的市场需求大于供给时，价格可高一些；当商品的市场需求小于供给时，价格可低一些。反过来，价格会影响市场需求。在正常情况下，市场需求与价格呈反向变动关系，但不同商品面对价格变化，其需求变化的幅度不同。因此，企业在制定价格时，必须了解价格的变动将会引起需求发生多大的变化。

（4）企业定价目标　定价目标是企业决策目标体系中的具体目标之一，它必须服从于企业决策的总体目标，同时也是与其他决策目标相配合的。

一般来说，企业的定价目标大致有五种。

1）维持企业生存。当企业遇到生产力过剩、产品积压、竞争激烈或要改变消费者需求时，往往把维持企业生存作为它们定价的主要目标。

2）市场份额领先。为争取市场份额领先，企业需要制定一个尽可能低的价格，广开销路。

3）产品质量领先。有些企业以追求产品质量领先为定价目标。为此，企业需要制定一个高的价格来保证高的产品质量，弥补高额的研究及开发费用。

4）当期利润最大化。许多企业都想制定一个能达到最大当期利润的价格。但企业定价追求当期利润最大化并不等于制定最高售价。当期利润最大化，往往更多地取决于合理价格所推动产生的需求量和销售规模。

5）企业形象最佳化。以企业形象最佳化为定价目标的企业，应该注重制定出来的价格与企业整体定位相一致，与目标市场顾客的需求相一致。

2. 定价程序

产品定价的程序一般应遵循以下步骤：

（1）确定定价目标　通过定价，企业应达到什么目标，这一点必须明确，这是制定企业价格战略和策略的前提。目标不同，价格水平也不同，即价格战略和策略也不同。如果目标是为了提高产品的市场占有率，则可选择中价或低价战略；如果目标是为了塑造和维护名牌产品声誉，则可选择高价战略。

（2）测算单位产品成本　成本是价格的基础，其水平对定价有很大影响。测算出产品成本，可判断本企业在价格上是否具有优势，也为确定价格战略和策略提供依据。

（3）了解竞争对手的产品价格和产品特点　通过掌握竞争对手的产品状况，确定本企业产品与竞争对手产品的差异程度，便于采取相应的价格对策。竞争对手产品质优价高，本企业产品不如竞争对手时，除了在提高质量上下功夫外，在价格上只能考虑选择中价或低价的战略和降价的策略。

（4）预测在不同价格水平下的需求量，了解顾客对产品不同价格的承受能力　部分顾客的购买力水平高，对高价产品具有承受能力。但多数顾客的购买力水平属中等或低下，价格高了，需求量会下降；价格适中或较低，需求量会上升。企业掌握不同顾客群的购买力水平，以便判断价高时，企业产品有多大销量；价低时，会增加多少顾客和多少销售量。

（5）选择定价战略和策略，确定定价方案　通过确定目标、分析自己、掌握竞争对手、了解顾客之后，企业应制订多种价格方案，经过分析、比较和评价，从中选择能保证实现企业经营目标的价格战略与策略，以便付诸实施。

3．定价方法

（1）成本导向定价法　成本导向定价法是以成本为基础确定产品价格的方法。在产品供不应求的市场态势下，可运用这一方法给产品定价。这种方法又可具体分为四种：

1）成本加成法。在成本的基础上，按成本利润率确定利润，然后定价。基本公式为

$$商品价格=成本\times（1+成本利润率）$$

2）目标利润定价法。以预测的销售量总成本为基础，加上企业确定的目标利润，计算出实现目标利润的销售收入，再根据销售收入计算出单位产品的价格。公式为

$$预测销售量=\frac{固定费用+目标利润}{单价-单位产品可变费用}$$

其中

$$目标利润=总投资\times投资利润率$$

3）盈亏平衡定价法。以保本为目标来确定价格的一种方法，即单价等于单位产品成本。公式为

$$保本点销售量=\frac{固定费用}{单价-单位产品可变费用}$$

$$单价=\frac{固定费用+单位产品可变费用\times保本点销售量}{保本点销售量}$$

（2）需求导向定价法　需求导向定价法是根据消费者对价格的接受程度，对产品价值的认识程度和需求程度来决定价格的方法。这种方法是以顾客为中心，以顾客所能接受的价格为依据来定价的。

（3）竞争导向定价法　竞争导向定价法是以竞争产品的价格为基础来制定本企业价格的方法。竞争产品是指竞争对手能生产的与本企业相同、相似或可替代的产品。根据竞争者产品价格的变化，相应改变本企业产品的价格。

4. 定价策略

为了实现企业的定价目标和价格战略，有以下定价策略可供选择：

（1）撇油定价策略　撇油定价策略是针对新产品的定价策略，是指企业在产品寿命周期的投入期或成长期，利用消费者的求新、求奇心理，抓住激烈竞争尚未出现的有利时机，有目的地将价格定得很高，以便在短期内获取尽可能多的利润，尽快地收回投资的一种定价策略。采用这种策略应具备以下条件：①新产品有足够的购买者且购买者愿意接受较高的价格；②新产品仿制困难使得竞争者难以迅速进入市场；③新产品与同类产品、替代产品相比具有较大的优势和不可替代的功能；④新产品采取高价策略获得的利润足以补偿因高价造成需求减少所带来的损失。

（2）销售时间差别定价　对于不同季节、不同时期甚至不同钟点的产品或服务分别制定不同的价格。

案例 4–8

每日商场的差别定价

有家每日商场，每逢节假日都要举办“一元拍卖活动”，所有拍卖商品均以一元起价，报价每次增加五元，直至最后定夺。但这种由每日商场举办的拍卖活动由于基价定得过低，最后的成交价就比市场价低得多，因此会给人们产生一种“卖得越多，赔得越多”的感觉。岂不知，该商场用的是招徕定价术。它以低廉的拍卖品活跃商场气氛，增大客流量，带动了整个商场的销售额上升。这里需要说明的是，应用此方法所选择的降价商品，必须是顾客都需要且市价为人们所熟悉的商品才行。

（3）尾数定价策略　尾数定价又称零头定价，是指企业针对消费者的求廉心理，在商品定价时有意制定一个与整数有一定差额的价格。这是一种具有强烈刺激作用的心理定价策略，多适用于中低档商品。例如，单价为 10 元的商品，定价为 9.8 元，使消费者产生一种“便宜”的感觉，因而乐于购买。

尾数定价法在欧美及我国常以奇数为尾数，如 0.99、9.95 等，这主要是因为消费者对奇数有好感，容易产生一种价格低廉、价格向下的概念。但由于“8”与“发”谐音，在定价中“8”的采用率也较高。

案例 4–9

产品定价的尾数

心理学家的研究表明，价格尾数的微小差别能够明显影响消费者的购买行为。一般认为，5 元以下的商品，末位数为“9”最受欢迎；5 元以上的商品，末位数为“9”或“5”效果最佳；百元以上的商品，末位数为“98”“99”最为畅销。尾数定价法会给消费者一种经过精心计算的，最低价格的心理感觉；有时也可以给消费者一种是原价打了折扣，商品便宜的感觉；同时，顾客在等待找零钱的期间，也可能会发现和选购其他商品。

（4）声望定价策略　声望定价就是利用商店或商品在消费者中的良好声望，制定高于市场同类商品的价格。它能有效地消除购买心理障碍，使顾客对商品或零售商形成信任感和安全感，顾客也从中得到荣誉感。

声望定价往往采用整数定价方式，其高昂的价格能使顾客产生“一分价格一分货”的感觉，从而在购买过程中得到精神的享受，达到良好效果。例如，金利来领带一上市就以优质、高价定位，有质量问题的金利来领带公司决不上市销售，更不会降价处理，因而能带给消费者这样的信息，即金利来领带绝不会有质量问题，低价销售的金利来绝非真正的金利来产品，从而极好地维护了金利来的形象和地位。

当然，采用这种定价法要慎重，一般商店和一般商品如果滥用此法，弄不好便会失去市场。

（5）招徕定价策略　招徕定价又称特价商品定价，是一种有意将少数商品降价以招徕吸引顾客的定价方式。商品的价格定得低于市价，一般都能引起消费者的注意，这种策略很符合消费者的“求廉”心理。

（6）折扣定价策略　折扣定价策略是通过减少一部分价格以争取顾客的策略，在现实生活中应用十分广泛。

案例 4-10

沃尔玛超市的“折价销售”

沃尔玛超市能够迅速发展，除了正确的战略定位以外，也得益于其首创的“折价销售”策略。每家沃尔玛商店都贴有“天天廉价”的大标语。同一种商品在沃尔玛超市比其他商店要便宜。沃尔玛提倡的是低成本、低费用结构、低价格的经营思想，主张把更多的利益让给消费者，“为消费者节省每一美元”是它们的目标。沃尔玛超市的利润通常在30%左右，而其他零售商如凯马特的利润率都在45%左右。沃尔玛每星期六早晨举行经理人员会议，如果有分店报告某商品在其他商店比沃尔玛低，可立即决定降价。低廉的价格、可靠的质量是沃尔玛的一大竞争优势，吸引了一批又一批的消费者。

4.3.3 销售渠道策略

1. 销售渠道的含义

销售渠道是指产品从生产企业向用户或消费者转移所需要经过的路线。其起点是生产厂家，终点是用户或消费者。从起点到终点所经历的路线又叫流通渠道。走完这些路线，需要经过一些中间环节，或叫中间商。它是联系生产和消费之间的桥梁，在现代经济和销售渠道中占有重要的地位。

2. 销售渠道的结构

销售渠道有两种结构形态：

（1）消费品的销售渠道结构　消费品的销售渠道结构一般分为五种形态，如图 4-2 所示。

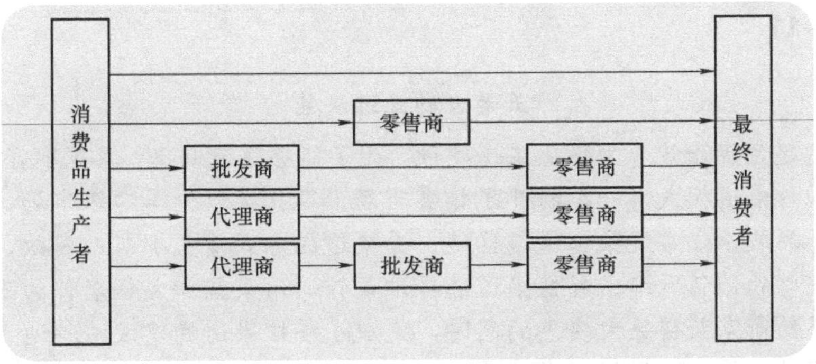

图 4-2　消费品的销售渠道结构

（2）生产资料商品销售渠道结构　生产资料商品销售渠道结构一般分为四种形态，如图 4-3 所示。

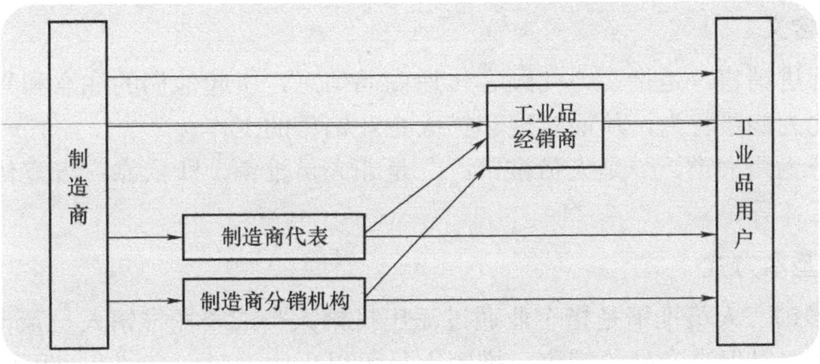

图 4-3　生产资料商品销售渠道结构

3. 销售渠道策略的选择

（1）宽渠道策略　宽渠道策略是指生产厂家尽可能通过许多批发商、零售商推销其商品，扩大市场覆盖面和快速进入新市场，使众多的消费者或用户能随时随地买到本企业生产的产品。

（2）窄渠道策略　窄渠道策略是指生产厂家在某一地区只通过一家中间商，独家经营和推销本企业的产品，以利于控制目标市场，减少各批发商、零售商相互争夺市场的矛盾。

（3）长渠道策略　生产厂家生产的商品面对广大消费者或用户，并且市场面广、地域宽阔，不可能直接销售给每个消费者，只能通过较多的中间环节使商品最终到达消费者或用户手里。

（4）短渠道策略。由生产厂家生产的产品本身的特点所决定，或者易腐、易碎，或者大型、重型、精密，需要尽可能减少中间环节，直接销售给最终用户或消费者，或只经过一个环节就能到达最终用户或消费者手里。

（5）联销渠道策略。同相关厂家或商业、外贸等企业组织联合销售。通过互通情报、联合调查，直至联合组织营销队伍，共同开发和扩大市场。

案例 4–11

王老吉的渠道决策

王老吉从起步伊始就着力强化渠道建设，为了能够快速起飞，其采取了现代、常规、餐饮和特通四种渠道模式，一举打开了销售市场。现代渠道进军超级市场、大卖场，实现了有效的产品展示；常规渠道通过区域、分渠道的方式覆盖小店、餐饮、特通等终端店，形成了完整的销售网络；餐饮渠道选择湘菜馆、川菜馆和火锅店作为王老吉的诚意合作店，在餐饮商家获得巨大实惠的同时，完成了餐饮渠道的建设；特通渠道在夜场的操作除了常规的请导购、提供品尝外，还进行了联合促销，通过有力的渠道决策，实现了王老吉的销售突破。

4.3.4 促进销售

1．促销的含义

促销，即促进销售，是指卖方向顾客传递商品信息，引起他们的注意和兴趣，激发其购买动机，并转化为购买行为，从而实现和扩大企业销售的工作。

促销一般分为两大类，一是人员推销；二是非人员推销，即依靠广告宣传、开展公共关系和营业推广工作等。

2．促销的基本方式

（1）人员推销　人员推销是指企业通过派出推销人员或委托推销人员亲自向顾客介绍、推广、宣传产品，以促进产品的销售。推销人员可以采用面对面交谈，也可以通过电话、电子邮件和信函进行交流。推销人员的任务除了完成一定的销售量以外，还必须及时发现顾客的需求，并开拓新的市场，创造新需求。

（2）广告　广告是企业以付费的形式，通过一定的媒介，直接或间接地宣传自己的产品或劳务，并说服顾客购买的信息传播活动。广告宣传是企业为了某种需要，通过一定形式的媒体，向顾客传递商品信息的一种手段。企业通过传递商品信息，以引起顾客对产品的注意和兴趣；通过广告宣传，指导消费，使顾客认识某一产品的特性和性能，判断是否符合自己的需要，便于顾客做出购买决策，把购买动机转化为购买行为。

（3）营业推广　营业推广是由一系列短期诱导性、强刺激的战术促销方式所组成的。它一般只作为人员推销和广告的补充方式。其刺激性很强、吸引力大，与人员推销和广告相比，营业推广不是连续进行的，只是一些短期性、临时性的能够使顾客迅速产生购买行为的措施。

（4）公共关系　公共关系是指企业通过与公众沟通信息，使企业与公众相互了解，以提高企业的知名度和声誉，为企业的市场营销活动创造一个良好的外部环境的活动。良好的公共关系可以达到维护和提高企业声望，获得社会信任的目的，从而间接促进产品的销售。

3．促销组合策略

促销组合是指企业根据促销的需要，对各种促销方式进行适当选择和综合编配使用，以求达到最好的促销效果。

（1）推式策略　推式策略是指利用推销人员与中间商促销，将产品推入渠道的策略。这一策略需要利用大量的推销人员推销产品，它适用于生产者和中间商对产品前景看法一致的产品。推式策略风险小，推销周期短，资金回收快，但其前提条件是必须与中间商达成共识和获得中间商的配合。

（2）拉式策略　拉式策略是企业针对最终消费者展开广告攻势，把产品信息介绍给目标市场的消费者，使消费者产生强烈的购买欲望，形成急切的市场需求，然后“拉引”中间商纷纷要求经销这种产品。

（3）推拉结合策略　在通常情况下，企业也可以把上述两种策略配合起来运用，在向中间商进行大力促销的同时，通过广告刺激市场需求。

案例 4-12

屈臣氏层出不穷的促销招数

招数 1：超值换购

在每一期的促销活动中，屈臣氏都会推出三款以上的超值商品，顾客一次性购物满 50 元，再多加 10 元即可任意选购其中一件商品，这些超值商品通常会选择屈臣氏的自有品牌，所以能在实现低价位的同时又保证利润。

招数 2：独家优惠

独家优惠是屈臣氏经常使用的一种促销手段，他们在寻找促销商品时，经常避开其他商家，别开花样，给顾客更多的新鲜感，也可以提高顾客的忠诚度。

招数 3：买就送

买一送一、买二送一、买四送二、买大送小；送商品、送赠品、送礼品、送购物券、送抽奖券，促销方式非常灵活多变。

招数 4：加量不加价

加量不加价主要是针对屈臣氏的自有品牌产品。屈臣氏经常会推出加量不加价的商品，用鲜明的标签标示，以加量 33%或加量 50%为主，面膜、橄榄油、护手霜、洗发水、护发素、化妆棉等经常使用这种方法，对顾客非常有吸引力。

招数 5：优惠券

屈臣氏经常会在促销宣传手册或报纸海报上出现剪角优惠券，在购买指定产品时，可以给予一定金额的购买优惠，省 5 元到几十元。

招数 6：套装优惠

屈臣氏自有品牌经常会推出套装优惠。例如，买屈臣氏骨胶原修护精华液一盒 69.9 元送 49.9 元的眼部保湿霜一支，促销力度很大。

招数 7：震撼低价

屈臣氏经常推出系列震撼低价商品，这些商品以非常优惠的价格销售，并且规定每个店铺必须陈列在店铺最前面、最显眼的位置，以吸引顾客。

招数 8：购买某个系列产品满一定金额送赠品

例如，购买护肤产品满 88 元，或者购买屈臣氏品牌产品满 88 元，送屈臣氏手拎袋或纸手帕等活动。

招数 9：购物 2 件，额外 9 折优惠

购买指定的同一款商品 2 件，额外享受 9 折优惠。例如，买 1 支营养水需要 60 元，如果买 2 支，一共就收 108 元。

招数 10：赠送礼品

屈臣氏经常会举行一些赠送礼品的促销活动，一种是供应商本身提供的礼品促销活动，另外一种是屈臣氏自己举行的促销活动。例如，赠送自有品牌试用装，或者购买某系列产品送礼品装，或者是当天前 30 名顾客赠送礼品一份。

招数 11：VIP 会员卡

屈臣氏会每两周推出数十件贵宾独享折扣商品，每次消费有积分。

招数 12：感谢日

例如，举行为期 3 天的感谢日小型主题促销活动，推出系列重磅特价商品，单价商品低价幅度在 10 元以上。

招数 13：销售比赛

"销售比赛"也是屈臣氏的一项非常成功的促销活动，每期指定一些比赛商品，各级别店铺（屈臣氏的店铺根据面积、地点等因素分为 A、B、C 三个级别）之间进行推销比赛，销售排名在前三名的店铺都将获得奖励。每次参加销售比赛的指定商品的销售业绩都会以奇迹般的速度增长，供货厂家非常乐意参与这样有助于销售的活动。

4.4 网络营销

世界经济全球化和新经济的兴起，正改变着营销环境，影响着市场营销的方方面面，以营销创新为主题的新营销革命风暴在国内外掀起。传统的营销已经不能适应当代市场的变化，企业基本已实现信息化、电子化、智能化、商业化，很大程度上促使着市场经济的进步与发展。

4.4.1 网络营销的定义

从营销的角度出发，网络营销可以定义为：网络营销是建立在互联网基础之上，借助于互联网来更有效地满足顾客的需求和愿望，从而实现企业营销目标的一种手段。

网络营销产生于 20 世纪 90 年代，发展至今。互联网媒体是一种以新的方式、方法和理念，通过策划并实施一系列网络营销活动，从而有效地促成交易达成的新型营销模式。

4.4.2 网络营销的主要形式

1. 搜索引擎营销

搜索引擎营销即 SEM（通常以 PPC 为代表），通过开通搜索引擎竞价，让用户搜索相关关键词，并点击搜索引擎上的关键词创意链接进入网站/网页进一步了解其所需要的信息，然后通过拨打网站上的客服电话、与在线客服沟通或直接提交页面上的表单等来达到自己的目的。

2. 搜索引擎优化

搜索引擎优化即 SEO，指的是在了解搜索引擎自然排名机制的基础上，使用网站内及网站外的优化手段，使网站在搜索引擎上的关键词排名提高，从而获得流量，进而产生直接销售或建立网络品牌。

3．电子邮件营销

电子邮件营销是以订阅的方式将行业及产品信息通过电子邮件的方式提供给所需要的用户，以此建立与用户之间的信任与信赖关系。

4．即时通信营销

即时通信营销是利用互联网的即时聊天工具进行推广宣传的营销方式。

5．病毒式营销

病毒式营销模式来自网络营销，利用用户口碑相传的原理，是通过用户之间自发进行的，并且费用低的营销手段。

6．BBS 营销

BBS 营销已经很普遍了，尤其是对于个人站长，大部分到门户站论坛灌水同时留下自己网站的链接，每天都能带来几百个 IP。

7．博客营销

博客营销是通过建立企业博客或个人博客，用于企业与用户之间的互动交流及企业文化的体现，一般以诸如行业评论、工作感想、心情随笔和专业技术等为内容，使用户更加信赖企业，深化品牌影响力。

8．微博营销

微博营销是指通过微博平台为商家、个人等创造价值而执行的一种营销方式，也是指商家或个人通过微博平台发现并满足用户的各类需求的商业行为方式。

9．微信营销

微信营销是网络经济时代企业营销模式的一种创新，是伴随着微信的火热而兴起的一种网络营销方式。微信不存在距离的限制，用户注册微信后，可与周围同样注册的“朋友”形成一种联系，用户订阅自己所需的信息，商家通过提供用户需要的信息推广自己的产品，从而实现点对点的营销，比较突出的如体验式微营销。

10．视频营销

以创意视频的方式，将产品信息移入视频短片中，被大众所接受，也不会造成太大的用户群体排斥性，也容易被用户群体所接受。

11．体验式微营销

体验式微营销以用户体验为主，以移动互联网为主要沟通平台，配合传统网络媒体和大众媒体，通过有策略、可管理、持续性的 O2O 线上线下互动沟通，建立和转化、强化顾客关系，实现客户价值的一系列过程。体验式微营销（Experience Marketing）站在消费者的感官（Sense）、情感（Feel）、思考（Think）、行动（Act）、关联（Relate）五个方面，重新定义、设计营销的思考方式。

体验式微营销采用以 SNS、微博、微电影、微信、微生活、微电子商务等为代表的新媒体形式，为企业或个人达成传统广告推广形式之外的低成本传播提供了可能。

12．O2O 立体营销

O2O 立体营销是一种基于线上、线下的全媒体深度整合的营销模式，其运用信息系统移动化，并结合大数据分析，帮助品牌企业打造全方位的营销渠道，形成以营销效果为导向的立体营销网络。

O2O 立体营销模式，全面创新地将互联网与传统行业、线上线下营销渠道进行深度有机结合，通过捕捉、分析和运用海量多样的大数据，帮助品牌企业进行科学的规划、定位、策划，以全方位视角，针对受众需求进行多层次分类，选择性地运用报纸、杂志、广播、电视、音像、电影、出版、网络、移动在内的各类传播渠道，以文字、图片、声音、视频、触碰等多元化的形式进行深度互动融合，涵盖视、听、光、形象、触觉等人们接受资讯的全部感官，对受众进行全视角、立体式的营销覆盖，帮助企业打造多渠道、多层次、多元化、多维度、全方位的立体营销网络。

13．自媒体营销

自媒体营销就是利用社会化网络、在线社区、博客、百度百科或其他互联网协作平台和媒体来传播和发布资讯，从而形成的营销、公共关系处理、客户关系维护及开拓的一种方式。自媒体营销传播的内容量大且形式多样；每时每刻都处在营销状态、与消费者的互动状态，强调内容性与互动技巧；需要对营销过程进行实时监测、分析、总结与管理；需要根据市场与消费者的实时反馈调整营销目标等。自媒体的崛起是近些年来互联网的一个发展趋势。

14．新媒体营销

新媒体营销平台主要包括但不限于：门户、搜索引擎、微博、微信、SNS、博客、播客、BBS、RSS、WIKI、手机、移动设备、APP 等。新媒体营销并不是单一地通过上面的渠道中的一种进行营销，而是需要多种渠道整合营销，甚至在营销资金充裕的情况下，可以与传统媒介营销相结合，形成全方位立体式营销。

4.4.3 网络营销的主要优势

网络媒介具有传播范围广、速度快、无时间地域限制、无时间约束、内容详尽、多媒体传送、形象生动、双向交流、反馈迅速等特点，可以有效地降低企业营销信息传播的成本。

网络销售无店面租金成本，并且有实现产品直销的功能，能帮助企业减轻库存压力，降低运营成本。

国际互联网覆盖全球市场，通过它，企业可方便快捷地进入任何一国市场。尤其是世贸组织第二次部长会议决定在下次部长会议之前不对网络贸易征收关税，网络营销更为企业架起了一座通向国际市场的绿色通道。

网络营销具有交互性和纵深性。它不同于传统媒体的信息单向传播，而是信息互动传播。通过链接，用户只需简单地点击鼠标，就可以从厂商的相关站点中得到更多、更详尽的信息。同时，网络营销可以提供进一步的产品查询需求。

成本低、速度快、更改灵活。网络营销制作周期短，即使在较短的周期进行投放，也可以根据客户的需求很快完成制作，而传统广告制作成本高，投放周期固定。

纸质媒体是二维的，而网络营销则是多维的，它能将文字、图像和声音有机地组合在一起，传递多感官的信息，让顾客如身临其境般感受商品或服务。网络营销的载体基本上是多媒体、超文本格式文件，目标顾客可以对感兴趣的产品信息进行更详细的了解，使消费者能亲身体验产品、服务与品牌。

网络营销更具有针对性，通过提供众多的免费服务，网站一般都能建立完整的用户数据库，包括用户的地域分布、年龄、性别、收入、职业、婚姻状况、爱好等。

网络营销有可重复性和可检索性。网络营销可以将文字、声音、画面完美地结合之后供用户主动检索，重复观看。而与之相比，电视广告却是让广告受众被动地接受广告内容。

网络营销缩短了媒体投放的进程。广告主在传统媒体上进行市场推广一般要经过三个阶段：市场开发期、市场巩固期和市场维持期。在这三个阶段中，厂商要首先获取注意力，创立品牌知名度；在消费者获得品牌的初步信息后，推广更为详细的产品信息。然后是建立和消费者之间较为牢固的联系，以建立品牌忠诚。而互联网将这三个阶段合并在一次广告投放中实现：消费者看到企业网络营销相关信息，点击后获得详细信息，并填写用户资料或直接参与广告主的市场活动，甚至直接在网上实施购买行为。

本章小结

企业市场营销是企业为满足市场需要，实现自身经营目标而开展的商务活动过程。它以满足消费者的现实和潜在需求为中心，研究开拓市场的营销战略和策略。

市场营销理论的发展是建立在市场的变化和企业经营观念相应变化的基础上的。从企业经营观念的变化过程来看，它经历了生产观念、产品观念、推销观念、营销观念、社会营销观念等有代表性的观念。

市场营销的工作内容包括市场调研、目标市场选择、产品开发、产品定价、销售渠道选择、产品促销、产品储存和运输、承接订货和销售服务等。

目标市场决策是关系企业生存和发展的重大战略决策，是实施各项具体营销策略的基本前提，即在市场细分的基础上选择对本企业最有吸引力、可为之提供有效服务的市场部分作为目标市场，实行目标市场营销，并在目标市场中为产品确定适当的竞争地位。

在激烈竞争的市场条件下，企业要满足顾客需要，完成经营目标，必须综合运用各种营销手段，并组合成统一的、配套的营销策略，进而形成企业最优化市场营销组合。本章所介绍的市场营销活动的核心策略有产品策略、定价策略、销售渠道策略、促进销售。

世界经济全球化和新经济的兴起，正改变着营销环境，影响着市场营销的方方面面，以营销创新为主题的新营销革命风暴在国内外掀起。网络营销产生于20世纪90年代，发展至今。互联网媒体是一种以新的方式、方法和理念，通过策划并实施一系列网络营销活动，从而有效地促成交易达成的新型营销模式。

复习思考题

一、简答题

1. 如何理解市场营销是企业的核心职能？

2. 企业市场定位考虑的因素有哪些？简述企业基本的定位策略。
3. 简述产品生命周期的含义及产品生命周期不同阶段的特点。
4. 影响企业定价的主要因素有哪些？
5. 阐述企业可采用的定价方法。
6. 可选择的销售渠道策略有哪些？
7. 什么是促销？试比较人员推销、广告、营业推广和公共关系这四种促销工具的特性。

二、案例分析

安徽三只松鼠电子商务有限公司成立于 2012 年，是中国第一家定位于纯互联网食品品牌的企业，也是当前中国销售规模最大的食品电商企业。

“三只松鼠”主要是以互联网技术为依托，利用 B2C 平台实行线上销售。凭借这种销售模式，“三只松鼠”迅速开创了一个以快速、新鲜为特点的新型食品零售模式。这种特有的商业模式缩短了商家与客户的距离，确保让客户享受到新鲜、完美的食品，开创了中国食品利用互联网进行线上销售的先河。在 2012 年天猫的“11.11”大促中，成立刚刚 4 个多月的“三只松鼠”当日成交近 800 万元，一举夺得坚果零食类目的冠军，2013 年的坚果销售额超过 3 亿元。

虽然也是从坚果切入，但“三只松鼠”定位于“森林系”，倡导“慢食快活”的生活方式。更宽泛的产品种类和抽象的品牌定位已经跨越了章燎原驾轻就熟的“坚果电商”这样细分的实物形象。独创 9OFS 用户体验，即 Origin（取料原产地：非原产地不选、非好营养不选、非好口感不选）、Fresh（全程最新鲜：温度就是新鲜、检验就是真理、环境就是安全）、Satisfaction（极致优服务：售前确定性、售中确定性、售后确定性）。

“三只松鼠”的创始人兼 CEO 章燎原在其任职业经理人期间曾 10 年打造出安徽最知名的农产品品牌，一年时间打造出网络知名坚果品牌。其较强的品牌营销理念及草根出身的背景，使他能够迅速地掌握消费心理，如称呼顾客为主人、产品配开箱器和果壳袋、每个员工都叫鼠××、办公室用大树池塘来装饰。“三只松鼠”是其组建的一个全新的创业团队，它是一批由来自全国的粉丝组成的创业团队，这个团队正在逐渐扩大，从最初的 5 名创始成员发展到 700 人的规模，平均年龄在 23 岁，是一支极具生命力和挑战力的年轻团队。“三只松鼠”本身和它的成功及它的团队都引发了媒体的狂热追捧，创始人章燎原频频现身各大媒体。“三只松鼠”正在成为一家实力雄厚的互联网电商食品领导品牌。

思考：

1. 从市场营销的角度分析“三只松鼠”快速崛起的原因。
2. 从“三只松鼠”的成功经验，分析互联网时代，企业应树立怎样的营销观念。

第5章 生产管理

学习目标

1. 了解生产过程的构成和组织形式。
2. 掌握生产计划的制订方法。
3. 了解生产现场管理的特征。
4. 熟悉企业生产过程的空间和时间组织方式及其特征。
5. 掌握5S管理、定置管理、目视管理等现场管理方法。

生产管理的对象是生产过程。生产过程是指围绕完成产品生产的一系列有组织的生产活动的运行过程。所以，生产管理就是对生产过程进行计划、组织、指挥、协调、控制和考核等一系列管理活动的总称。生产管理的任务是通过合理组织生产过程实现企业的经营目标。本章主要介绍如何合理组织生产过程；如何对企业的生产任务做出统筹安排；如何加强生产现场管理，使各生产要素得到合理配置和有效利用，以最低的投入获得最大限度的产出，从而有效实现企业的经营目标。

5.1 生产过程组织

5.1.1 生产过程的构成及组织生产过程的基本要求

1. 生产过程的构成

生产过程是指从准备生产开始，经过一系列的加工，到成品生产出来为止的全部过程。根据生产过程中各个阶段对产品所起的不同作用，可将生产过程分为以下四个部分：

（1）生产技术准备过程　生产技术准备过程是指产品在投入生产前所进行的各种准备工作的过程，如产品设计、工艺设计、工装设计与制造、材料定额与工时定额的修订、劳动组织的调整、新产品的试制与鉴定等。

（2）基本生产过程　基本生产过程是指直接把劳动对象变为企业基本产品的生产过程。例如，机械制造企业中的铸造、锻造、切割加工、热处理与表面预处理和装配等过程；纺织企业中的纺纱、织布和印染等过程。基本生产过程是企业的主要生产活动。

（3）辅助生产过程　辅助生产过程是指为保证基本生产过程的正常进行，为基本生产提供辅助产品和劳务的生产过程。所谓辅助产品，是企业为实现基本产品的生产所必须制造的日用产品，它们不构成基本产品的实体。辅助产品包括工具、夹具、量具、模具及蒸汽、电力、压缩空气等动力。劳务是指为基本生产服务的工业性劳务，如设备维修等。

（4）生产服务过程　生产服务过程是指为基本生产和辅助生产顺利进行而提供的各种服务性活动，如原材料、半成品和工具的供应工作、保管工作、运输工作及技术检验等。

上述四个部分彼此结合在一起，构成企业的整个生产过程。其中，基本生产过程是主导部分，其余各部分都是围绕着基本生产过程进行的。

基本生产过程是由若干个相互联系的工艺阶段所组成的。所谓工艺阶段，是按照使用的不同的生产手段和加工性质的差别而划分的局部生产过程。例如，机械制造企业的基本生产过程可以分为毛坯制造、金属切削加工和装配三个工艺阶段；纺织联合企业则可以将基本生产过程分为纺纱、织布、印染三个工艺阶段等。每个工艺阶段又是由若干工序所组成的。所谓工序，是指一个工人或一组工人在同一工作场所对同一劳动对象进行连续加工的生产环节，它是构成生产过程的最小单元。按照工序的性质，可分为基本工序和辅助工序两类：凡直接使劳动对象发生物理或化学变化的，属于基本工序，也叫工艺工序，如车、刨、磨、铣等工序；凡为基本工序生产活动创造条件的工序，称为辅助工序，如产品检验、运输等。

2. 合理组织生产过程的基本要求

生产过程就是要以最佳的方式将各种生产要素组合起来，正确处理生产过程中人与人、人与物、物与物之间的相互关系，对生产过程的各个阶段、环节、工序进行合理安排，使其形成一个协调的系统。生产过程组织的目标就是要使产品在生产过程中行程最短、时间最省、耗费最少，并能按市场的需要生产出适销对路的合格产品。

合理组织生产过程的基本要求如下：

（1）连续性　生产过程的连续性包括空间上的连续性和时间上的连续性。空间上的连续性是要求生产过程的各个环节在空间布置上合理紧凑，使加工对象所经历的生产流程路线短，没有迂回往返的现象；时间上的连续性是指生产对象在加工过程各工序的安排上紧密衔接，消除生产中断和不应有的停顿、等待现象。

（2）平行性　平行性是指物料在生产过程中实行平行交叉作业。平行作业是指相同的零件同时在数台相同的机床上加工；交叉作业是指一批零件在上道工序还未加工完成时，将已完成的部分零件转到下道工序加工。平行交叉作业可以大大缩短产品的生产周期。

（3）比例性　比例性是指生产过程各环节的生产能力要保持适合产品制造的比例关系。比例性是生产顺利进行的重要条件，如果比例性遭到破坏，则生产过程必将出现瓶颈，从而制约整个生产系统的产出，造成非瓶颈资源的能力浪费和物料阻塞，也破坏了生产过程的连续性。

（4）均衡性　均衡性是指产品从投料到完工能按计划均衡地进行，能够在相等的时间间隔内完成大体相同的工作量。生产不均衡会造成忙闲不均，既浪费资源又不能保证质量，还容易引起设备故障、人身事故。保持生产过程的均衡性，主要靠加强组织管理。

（5）适应性　适应性是指企业的生产组织形式要多变，能根据市场需求的变化及时调整和组织生产。提高生产过程的适应性，是市场需求快速多变的社会环境所提出的客观要求。企业要满足多变、不均衡的市场需求，保持生产过程的比例性和均衡性，就必须有一个柔性很强的生产系统。

5.1.2　生产类型

生产类型就是企业根据产品结构、生产方法、设备条件、专业化程度等方面的情况，按照一定的标志所进行的分类。不同类型的企业对工艺、生产组织、计划与控制工作等方面有不同的要求。划分生产类型的目的就是为了实行分类指导。

1．按产品需求特性划分

按产品需求特性划分，生产类型可分为订货型生产和备货型生产两种。

（1）订货型生产（Make-to-order，MTO）　订货型生产是指企业根据用户提出的订货要求进行生产，即没有订单就不生产，企业基本上没有成品库存。生产管理的重点是抓交货期，按“期”组织生产过程各阶段之间的衔接平衡，保证如期完成。造船厂是典型的订货型生产。

（2）备货型生产（Make-to-stock，MTS）　备货型生产是指企业在没有接到用户订单时按已有的标准产品或产品系列进行的生产。生产的目的是为了补充成品库存，通过成品库存来满足用户的随时需求。为防止库存积压或脱销，生产管理的重点是抓供、产、销之间的衔接，按“量”组织生产过程各环节之间的平衡，保证全面完成计划任务。汽车、紧固件、轴承、小型电机等产品一般是备货生产方式。

2．按生产的工艺特征划分

按生产的工艺特征划分，生产类型可分为流程型生产和加工装配型生产两种。

（1）流程型生产　流程型生产的工艺过程是连续进行的，并且工艺过程的顺序是固定不变的，其生产设施按工艺流程布置，原材料按照固定的工艺流程连续不断地通过一系列装置、设备加工处理成产品。这种生产方式的管理重点是要保证连续供料和确保每一环节的正常运行。化工、炼油、造纸、制糖、水泥等是流程型生产的典型。

（2）加工装配型生产　加工装配型生产的产品是由许多零部件构成的，各零部件的加工过程彼此独立，所以整个产品的生产工艺是离散的，制成的零部件通过部件装配和总装配最后成为产品。这种生产类型的管理重点是控制零部件的生产进度，保证生产的配套性。机械制造、电子设备制造的生产过程都属于这一类型。

3．按生产的重复性和稳定性划分

按生产的重复性和稳定性划分，生产类型可分为大量生产、成批生产和单件生产三种。

（1）大量生产　大量生产的特点是经常不断地重复生产同样的产品。

（2）成批生产　成批生产的特点是经常成批轮番地生产几种产品。

（3）单件生产　单件生产的特点是产品品种多，产品生产数量少，生产重复性低。

企业的生产类型主要决定于主要车间的生产类型，车间的生产类型取决于担负着产品最主要的工艺工序。在生产类型中，大量与大批生产之间，单件与小批生产之间，在经济效益和对生产组织工作的影响方面都是相接近的，所以，又可划分为大量大批、成批和单件小批生产三种类型。不同的生产类型对企业的生产经营管理工作和各项技术经济指标有着显著的影响，见表 5-1。

表 5-1 不同生产类型的生产管理特点

类型	大量大批生产	成批生产	单件小批生产
品种	单一或很少	较多	很多
产量	很大	较大	单个或很少
生产设备	大多采用专用设备	专用、通用设备并存	大多采用通用设备
设备布置原则	对象原则	对象、工艺原则并用	工艺原则
生产周期	短	中	长
应变能力	差	较好	好
产品成本	低	中	高
追求目标	连续性	均衡性	柔性

5.1.3 生产过程的组织

工业产品的生产过程是在一定的空间、一定的时间，按一定的组织形式进行的。因此，生产过程的组织形式包括空间组织和时间组织两种形式。

1．生产过程的空间组织

生产过程的空间组织就是企业生产系统的布置，是指应用科学的方法和手段对组成企业的各个部分、各种物质要素（如设施、设备等）进行合理的配置和空间及平面布置，使之形成有机的系统，以最经济的方式和较高的效率为企业的生产经营服务。任何企业的生产都是在一定的空间范围内以一定的组织方式进行的，因此，生产系统的合理布置是企业生产管理的重要内容，它对企业的生产经营有着重要而长久的影响。生产系统的布置方式通常有以下两种：

（1）工艺专业化　工艺专业化就是按照产品工艺的特点来设置生产单位，也称为工艺原则。在工艺专业化的生产单位内，集中着同种类型的生产设备和同工种的工人，对企业生产的各种产品（零件）进行相同工艺方法的加工。每个生产单位只完成企业产品生产过程中的部分工艺阶段或部分工序的加工任务。

按工艺专业化原则组织生产单位的优点有：

1）由于设备不是针对某一种产品配置的，而是根据多种产品某一工艺阶段的特点而配置的，故对品种变化有较强的适应能力。

2）由于同种设备集中在一起，故有利于组织设备维修，便于对工人进行技术指导和技术培训，从而提高设备的利用效率。

3）由于一个车间仅有一类工程的工艺，故有利于提高工艺管理的水平。

按工艺专业化原则组织生产单位的缺点有：

1）零件的加工必须经过几个车间，从而清点、验收、交接、停放、等待、运输等活动增多，导致生产周期加长，在制品占用量增多。

2）车间之间的协作关系复杂，导致诸如计划管理、质量管理、在制品管理、生产控制和经济核算等工作复杂化。

（2）对象专业化　对象专业化就是按加工对象的不同来划分生产单位，也叫对象原则。在对象专业化的生产单位里，集中了不同类型的机器设备和不同工种的工人，对同类加工对象进行不同的工艺加工，完成其所担负的加工对象的全部工艺过程或大部分工艺过程。每一个生产单位基本上能独立完成该种产品的全部或大部分工艺过程，不用跨其他的生产单位。由于产品的工艺过程是封闭在一个生产单位完成的，故这种生产单位也叫封闭工艺单位。

按对象专业化原则组成生产单位的优缺点与工艺专业化原则正好相反。

由于工艺专业化和对象专业化两种形式各有优缺点，因此，企业可以结合本单位的具体情况，灵活地将两种形式混合运用，即在一个企业中有些车间、班组采用对象专业化形式，另一些车间、班组则采用工艺专业化形式。

（3）流水生产　所谓流水生产，是指劳动对象按照一定的工艺路线和统一的生产速度连续不断地通过各个工作地，顺序地进行产品（零件）加工的一种生产组织形式。流水生产具有以下几个主要特征：

1）工作地专业化程度高。在一条流水线上只固定生产一种或几种产品（或零件），每个工作地都固定地完成一道或少数几道工序。

2）工艺过程是封闭的。劳动对象的全部或大部分工序都在流水线中完成。

3）工作地按照工艺过程的顺序依次排列。劳动对象在工序间做单向流动。

4）生产的节奏性强，即流水线按固定的节拍进行生产。

5）生产过程的连续程度高。劳动对象流水般地在工序间连续移动。

从上述特征可以看出，流水生产方式是一个具有较高连续性、节奏性和封闭性的对象化生产组织形式。

2. 生产过程的时间组织

产品从原材料投入生产到制成成品、验收入库为止整个生产过程所经过的时间，叫作生产周期。生产过程在时间上组织得好坏，表现为生产周期的长短。所以说，生产过程的时间组织，也就是生产周期的合理安排。产品在生产过程中所消耗的时间，一般包括等待、搬运、加工、检验、库存等时间。通常把各工序的加工时间叫作工艺时间，把其余所有的时间叫作工序间中断时间。要缩短生产周期，除了减少工艺时间外，产品的工序间中断时间也大有潜力可挖。

如果同时制造一批零件，它们在工序间的移动就会出现三种不同方式。移动方式不同，一批零件的工艺时间长短不同，生产周期也就不同。

（1）顺序移动方式　顺序移动方式是指一批工件在投入每一道工序加工时，都是要等上道工序全部工件加工完毕后才整批地转移到下道工序继续加工的移动方式，如图 5-1 所示。采用顺序移动方式，一批工件的加工周期为 $T_{顺序}$。

$$T_{顺序} = Q \times \sum_{i=1}^{m} t_i$$

式中　Q——工件的加工批量；

t_i——第 i 工序的单件工时，i=1，2，3，…，m；

m——加工的工序数。

注：此处为了突出三种移动方式的差异，在计算加工周期时均未计入工序间的运输、检验等时间。

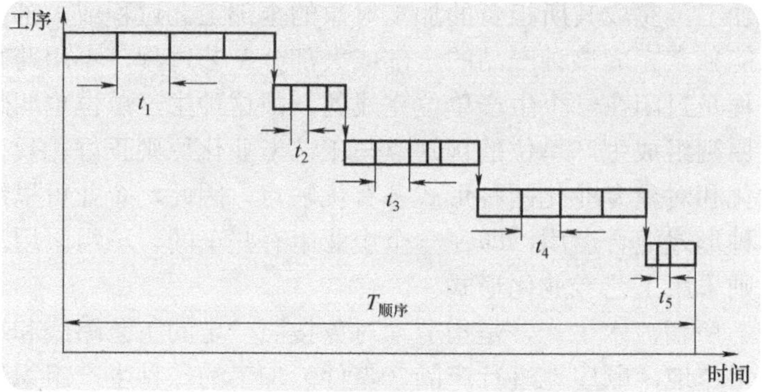

图 5-1　顺序移动方式

顺序移动方式是整批工件按工艺过程进行加工的顺序，一道道工序顺次进行加工。由于工件在工序间是整批转移的，所以每一个工件的加工是不连续的。每一个工件在每道工序上的成批等待时间是（$Q-1$）$\times t_i$。

（2）平行移动方式　平行移动方式是指一批工件投入生产后，工件在各工序间单件转移连续加工，整批工件在各工序上进行平行作业。采用平行移动方式，一批工件的加工周期为 $T_{平行}$。

$$T_{平行}=\sum_{i=1}^{m}t_i+(Q-1)\times t_L$$

式中　t_L——各工序中最长工序的单件工时。

采用平行移动方式，工件在工序间是按件转移的，进行连续加工，不发生成批等待时间，所以它的加工周期在三种移动方式中最短。但当各工序的生产率不等时，设备在加工一批工件时中间有停歇，设备经常出现等待或开关机状态，影响设备的最佳利用效果，如图 5-2 所示。

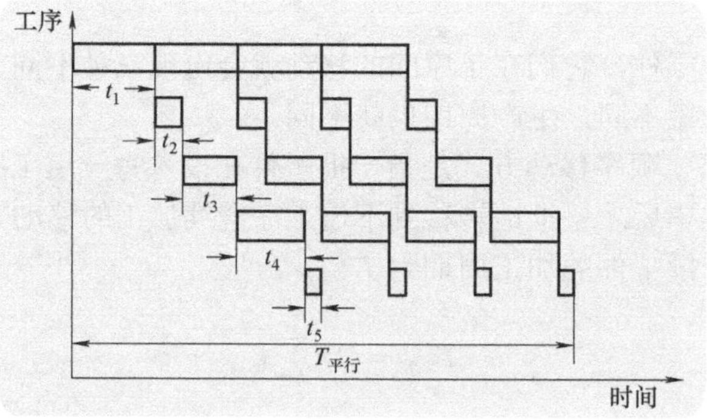

图 5-2　平行移动方式

（3）平行顺序移动方式　平行顺序移动方式是对平行移动和顺序移动这两种移动方式优点的结合。它要求一批工件在每一道工序的设备上加工时要连续进行，又不采取工件在工序间整批转移，使一批工件在各道工序上尽可能平行地加工，又使各工序的设备中间不发生停歇等待。平行顺序移动方式的具体做法是：

1）当 $t_i<t_{i+1}$ 时，该批的第一个工件在 i 工序加工完之后立即向下一工序（$i+1$ 工序）传送，以便使 $i+1$ 工序及早开工，提高前后工序生产的平行性。

2）当 $t_i \geqslant t_{i+1}$ 时，为了保证 $i+1$ 工序生产的连续性，以该批工件的最后一件由 i 工序转到 $i+1$ 工序加工的时刻为基准，往前推（$Q-1$）$\times t_{i+1}$ 时间，作为该批工件在 $i+1$ 工序开始加工的时间。

采用平行顺序移动方式，一批工件的加工周期为 $T_{平顺}$。

$$T_{平顺}=Q\sum_{t=1}^{m}t_i-(Q-1)\sum_{i=1}^{m-1}t_{is}$$

式中　t_{is}——前后相邻两工序中取单件工时较小者。

采用平行顺序移动方式可以获得较短的加工周期（$T_{平行} \leqslant T_{平顺} < T_{顺序}$），又使各工序的设备有较高的利用率，如图 5-3 所示。

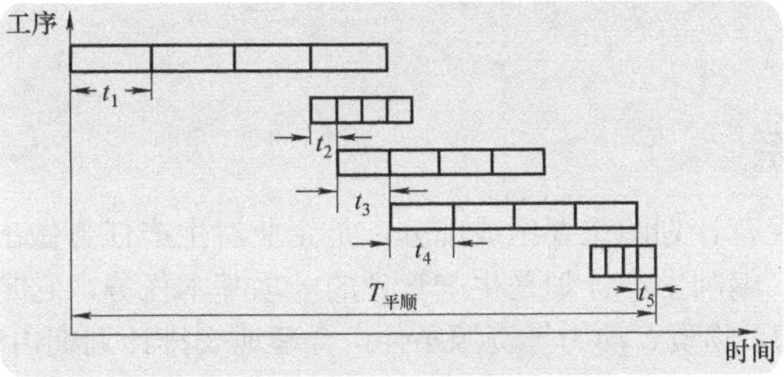

图 5-3　平行顺序移动方式

如果把 Q=4 件、t_1=15min、t_2=5min、t_3=10min、t_4=12min、t_5=3min 等数据代入上述三式，则

$$T_{顺序}=180\ \text{min}$$

$$T_{平行}=90\ \text{min}$$

$$T_{平顺}=111\ \text{min}$$

令 Φ_p 为平行性系数，用它衡量生产过程的平行性程度，则

$$\Phi_p=1-\frac{一批工件的生产周期}{Q\times\sum_{i=1}^{m-1}t_i}$$

上例中顺序移动方式的平行性系数为 0，平行移动方式的平行性系数为 0.5，平行顺序移动方式的平行性系数为 0.38。

当批量增大时，如 Q=400，则有

$$T_{顺序}=18000\ \text{min}$$

$$T_{平行}=6030\ \text{min}$$

$$T_{平顺}=8823\ \text{min}$$

此时，顺序移动方式的平行性系数仍然为零，平行移动方式的平行性系数为 0.665，平行顺序移动方式的平行性系数为 0.51。

由上可知，顺序移动方式的成批等待时间最多，生产周期也最长。平行移动方式的生产周期最短。平行顺序移动方式的生产周期居两者之间。当批量增大时，它们之间的差异也增大。平行移动和平行顺序移动方式的平行性系数也提高。

在实际生产中，这三种移动方式都在应用。它们各有自己的适用条件，选用时一般要考虑以下因素：

1）工件的大小。大工件在工序间不可能成批传送，而细小的工件不值得单件传送。

2）相邻工序工作地之间的空间距离及运输装置。相邻工序工作地在空间位置上紧密衔接或有机械化传送装置就有利于在工序间单件传送，实现平行移动。

3）尽可能使生产过程的各工序生产率相等，也称工序同期化。此时按平行移动方式组织生产不仅生产周期最短，而且整批工件在各工序上连续加工，不出现设备短暂停歇现象。

5.2 生产计划

5.2.1 生产计划体系

生产计划是企业经营计划的重要组成部分，是企业对生产任务做出的统筹安排，是企业组织生产活动的依据。编制生产计划是生产管理的一项基本任务，它是根据市场的需求和企业的技术、设备、人力、物资、动力等资源条件，合理地安排计划期内应当生产的产品品种、产量和出产进度，充分地满足社会和用户的需要。

1．生产计划的体系

生产计划可以按其在工业企业生产经营活动中所处的地位和影响的时间长度，划分为长期、中期、短期三个层次。这三个层次的生产计划相互联系、协调配合，构成了一个完整的生产计划体系，如图 5-4 所示。

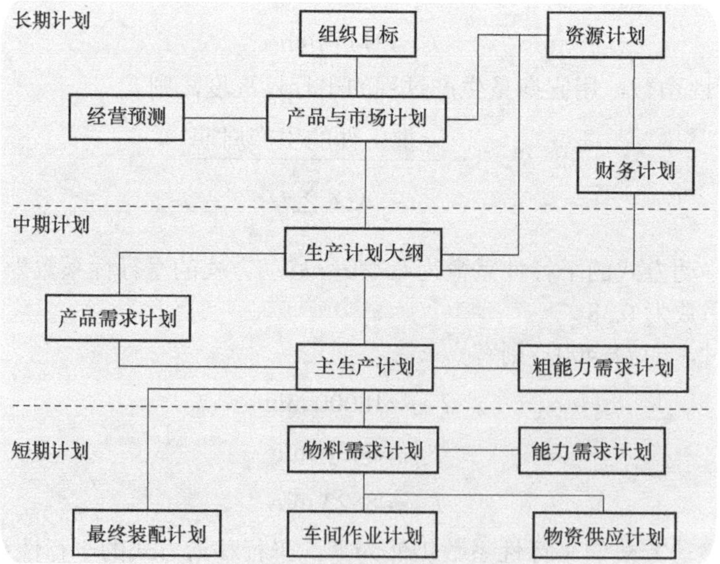

图 5-4　企业生产计划体系

（1）长期计划　长期计划是整个企业的生产指导计划，其计划长度一般为 3～5 年，或者更长的时间。它是企业在生产、技术、财务等方面重大问题的规划，提出了企业的长远发展目标及为实现目标所制订的战略计划。长期计划的主要任务是进行产品决策、生产能力决策及确立何种竞争优势的决策。

（2）中期计划　中期计划又称为综合生产计划或生产计划大纲，其计划期一般为 1 年。因此，很多企业又称之为年度生产计划。中期计划的任务是在正确预测市场需求的基础上，充分利用现有资源和生产能力，尽可能均衡地组织生产活动和合理地控制库存水平，以及尽可能满足市场需求和获得利润。中期计划是企业为了生产出符合市场需要或顾客要求的产品，所确定的在什么时候生产、在哪个车间生产及如何生产的总体计划。该计划是对企业总体生产任务的确定与进度安排。企业的中期计划是根据销售计划制订的，它又是企业制订物资供应计划、生产任务平衡、设备管理计划和生产作业计划的主要依据。

（3）短期计划　短期计划又称为生产作业计划，它的计划期在半年以下，一般为月或跨月计划。它包括物料需求计划、生产能力需求计划等。短期生产计划的任务是直接根据顾客的订单，合理地安排生产活动的每一个细节，使它们紧密衔接，以确保按顾客要求的质量、数量和交货期交货。

案例 5-1

某厂 2017 年度生产总体计划见表 5-2。

表 5-2　某厂 2017 年生产总体计划

	项目	单位	2018 年预计	2017 年计划	2017 年季度安排				2017 年计划为 2018 年预计的百分比
					一	二	三	四	
一、产值	1. 总产值	万元							
	2. 商品产值	万元							
	3. 工业净产值	万元							
二、主要产品产量	1. 甲产品	台							
	2. 乙产品	台							
	⋮	⋮							
	10. 新产品	台							
三、质量	1. 升级产品	等级 等级							
	2. 成品初检合格率	%							
	3. 加工废品率	%							
	⋮	⋮							

2．生产计划的主要指标

生产计划是企业经营计划的组成部分，是企业在经营计划期内完成生产目标的行动纲领，是企业生产管理的依据，也是企业编制物资供应、财务、劳动等其他计划的主要依据。

生产计划的主要指标包括产品品种、质量、产量与产值等。它们各有不同的经济内容，从不同的侧面反映企业计划期内生产活动的要求。

（1）品种指标　产品品种指标是企业在计划期内应该生产的产品名称和品种数量。例如，钢铁企业有各种不同牌号的钢材；机械制造厂有各种不同型号的机器；纺织企业有不同支数的棉纱和不同花色规格的布匹等。产品品种指标表明企业在花色品种方面满足社会需求的程度，反映企业的专业化协作水平、技术水平及管理水平。品种指标应根据市场需求来确定。

（2）质量指标　产品质量指标是企业在计划期内各种产品应达到的质量标准。产品质量指标一般有产品的使用寿命、效能、产品平均技术性能或有效成分的含量、产品的等级率等。产品质量是衡量产品使用价值的重要标志，也综合地反映了企业的技术水平和管理水平。

（3）产量指标　产品产量指标是企业在计划期内应该生产可供销售的工业产品的实物数量和工业性劳务的数量。它反映企业在一定时期内可向社会提供的产品数量，规定了企业在计划期内产品的构成和主要产品方向。产量指标是表示企业生产成果的重要指标，是企业进行供产销平衡和编制生产作业计划、组织日常生产的重要依据。

（4）产值指标　产值指标是用货币表示的产量指标，能综合反映企业生产经营活动成果，以便于不同行业间的比较。根据具体内容与作用不同，产值指标分为商品产值、总产值和净产值三种。

1）商品产值。商品产值是企业在计划期内应当出产的可供销售的产品和工业性劳务的价值，它表明了企业在计划期内向社会提供的商品总量，一般按现行价格计算。

2）总产值。总产值是用货币表现的企业在计划期内应该完成的工作总量，它一般按不变价格计算。总产值指标反映了一定时期内企业生产总的规模和水平，是计算企业生产发展速度及劳动生产率指标的重要依据。但是，总产值由于受转移价值的影响，往往不能正确反映企业的生产成果。

3）净产值。净产值是企业在计划期内新创造的价值，它一般按现行价格计算。净产值从工业总产值中扣除转移价值，因此，它不受原材料等转移价值的影响，能正确反映企业的生产劳动成果。

上述各项生产计划指标的关系十分密切。既定的产品品种、质量和产量指标，是计算各项产值指标的基础，而各项产值指标又是企业生产成果的综合反映。企业在编制生产计划时，应首先落实产品的品种、质量与产量指标，然后据以计算产值指标。

5.2.2　生产进度计划

在编制完生产计划，确定了全年总的产量任务之后，要进一步将全年生产任务具体安排到各个季度和各个月份，这就是安排产品的生产进度。产品生产进度安排总的原则是：保证交货期，实现均衡生产，注意和企业生产技术准备工作及各项技术组织措施的衔接。不同类型企业的生产特点不同，安排产品生产进度的方法也不同。

1. 大量大批生产企业产品生产进度的安排

对于大量大批生产企业，其产品品种单一、产量大、生产稳定，这类企业安排产品生产进度的主要内容是将全年生产任务均衡地按季、按月分配。均衡地分配，并不等于各季和各月的平均日产量绝对相等，而是可以采用以下几种分配形式：

（1）平均分配　在市场需求比较稳定的条件下，把年计划产量平均地分配到各季、各月生产中。

（2）分期递增　产量分期阶段增长，每隔一段时间，平均日产量就有所增长，某段时间的日产量基本相等。

（3）小幅度连续递增　由于企业的技术水平和工人的熟练程度不断提高，各季、各月的产量逐渐、小幅度地增长，呈梯形状态。

（4）抛物线形递增　抛物线形递增一般针对新产品。开始批量较小，以后批量逐渐加大；或者由于工人技术熟练程度提高，开始日产量提高较快，以后趋于稳定。

案例 5-2

鲍吉斯—罗易斯公司的生产进度计划

鲍吉斯—罗易斯公司（Porges—Ruiz）是阿根廷的一家泳装生产厂商。泳装是一个很受季节影响的企业，销售旺季一般在夏季的三个月期间。该公司的泳装产品有 3/4 销往海外。多年来，鲍吉斯—罗易斯公司一直采用传统方式来安排泳装生产，即聘用临时工，生产大量存货来应付需求量的大幅度上升。但这种方式带来的问题很多。一方面，由于公司提前几个月就将泳装生产出来，其款式不能适应变化的需求情况；另一方面，在这繁忙的三个月内，顾客的抱怨、产品需求告急、时间安排变动及产品出口使得管理人员大为烦恼。为此，该公司对生产工作时间进行了改革，使生产能力与需求同步，以提高适应性，不仅降低了成本，同时也增强了员工对顾客的责任心。

鲍吉斯—罗易斯公司的解决办法是在维持工人正常的每周 42 小时工作时间的同时，相应改变生产计划，从 8 月到 11 月中旬改为每周工作 52 小时（南美洲是夏季时，北半球是冬季）。等到高峰期结束，到第二年 4 月每周工作 30 小时。在时间宽松的条件下，进行款式设计和正常生产。这种灵活的调度使该公司的生产占用资金降低了 40%，同时使高峰期生产能力增加了 1 倍。由于产品质量得到保证，该公司获得了价格竞争优势，因而销路很广，在巴西、智利和乌拉圭等国十分畅销，很受消费者欢迎。

2．成批生产企业产品生产进度的安排

对于成批生产企业，由于品种多，各种产品需交替生产，所以在安排生产进度时，不仅要合理分配产品产量，而且要合理组织不同时期（季、月）各种产品搭配生产。合理组织不同时期（季、月）各产品搭配生产，是安排产品生产进度的关键。具体安排时，应充分考虑以下几个问题：

1）对于产量较大、市场需求比较稳定的产品，可采取“细水长流”的办法，在全年各季和各月做比较均衡的安排，以保证企业生产的稳定性。

2）对于产量分淡旺季或同系列的产品，可采取集中生产或集中轮番生产，这样可扩大批量，减少同期生产品种，简化组织工作。

3）新产品和老产品的生产要合理搭配。新产品的上市数量，要考虑到技术准备工作的可能。复杂产品和简单产品，劳动量大与劳动量小的产品，以及需要关键设备加工的产品，应合理搭配，均衡地分配到各个时期。这样，有利于技术力量、劳动力、设备和生产面积得到均衡负荷及合理利用。

4）要尽可能地使各季、各月的产品产值同该产品生产的批量相等或成整倍数，以便简化计划组织工作，提高工作效率。

案例 5-3

某厂成批生产的生产进度计划见表 5-3。

表 5-3　某厂成批生产的生产进度计划

序号	产品名称	单位	全年计划任务	分季、分月生产计划												说明
				一季度			二季度			三季度			四季度			
				1	2	3	4	5	6	7	8	9	10	11	12	
1	A	台	600	35	35	40	40	40	50	50	50	60	60	70	70	
2	B	台	420	30	30	30	30	35	35	35	35	40	40	40	40	
3	C1	台	60	20	20	20										
4	C2	台	60			5	15	20	20							
5	D1	台	110	15	15	15	15	15	15	15	5					
6	D2	台	80								10	15	15	20	20	
7	D3	台	160	40	40	40	40									
8	E1	台	30										10	10	10	
9	E2	台	36								12		12		12	
10	E3	台	75							25		25		25		

该厂生产 5 个品种 10 个型号的产品。A 和 B 是主流产品，采取“细水长流”的方式安排生产。C1 和 C2，D1、D2 和 D3，E1、E2 和 E3 都是同类产品。其中，C2 和 D2 是新产品，C1 和 D1 是老产品。经过合理搭配，产品品种相对减少了，从而提高了企业的生产效益。

3. 单件小批生产企业产品生产进度的安排

对于单件小批生产企业，其产品品种繁多，每种产品的产量很少甚至是一次性生产，技术准备工作量较大又复杂，许多订货来得迟、要得急、变动多。这类企业在安排产品生产进度时，应注意以下几个问题：

1）先安排已经明确的订货任务，尚未明确的生产任务，用概略的计算单位进行粗略的安排，待接到订货任务后，再按订货合同的要求进行详细的安排。

2）新产品和需要关键设备加工的产品，在满足订货要求的前提下，尽可能按季分配，交错安排，以免生产技术准备工作和关键设备忙闲不均。

3）小批生产的产品，要集中轮番生产，尽量把通用件多的产品安排在同一时期内生产，以减少同一时期内生产的品种，简化组织工作，提高经济效益。

企业在安排产品生产进度的同时，还要安排车间的生产任务。安排车间的生产任务，就是把全年的生产任务具体落实到各车间，使各车间做好技术准备工作，平衡生产任务和生产能力，使企业内部各主要环节的生产任务在产品品种、数量和时间上相互协调，确保全厂产品生产的进度按计划进行。

5.2.3　生产作业计划

生产作业计划是生产计划的具体执行计划。它把生产计划中规定的月度生产任务具体地分配到各车间、工段、班组以至每个工作地和个人，规定他们在月、旬、周、日以至轮班和小时内的具体生产任务，并按日历顺序安排生产进度，从而保证按品种、质量、数量、期限和成本完成企业的生产任务。生产作业计划是建立企业正常生产秩序和管理秩序的主要手段，是企业计划管理的重要环节。

1．作业计划标准

作业计划标准又称期量标准，是指为制造对象（产品、部件、零件等）在生产期限和生产数量方面所规定的标准数据。期量标准是编制生产作业计划的重要依据和组织均衡生产的有力工具。企业的生产类型不同，生产过程组织也就不同，因而形成了不同的期量标准。

（1）批量和生产间隔期　批量是指一次投入（出产）相同制品的数量。生产间隔期是指相邻两批同种制品投入（出产）的时间间隔。其相互间的关系为

$$批量=生产间隔期\times平均日产量$$

$$生产间隔期=\frac{批量}{平均日产量}$$

（2）生产周期　生产周期是指产品或零件从原材料投入生产起一直到成品出产为止所经历的全部日历时间。它是确定产品在各工艺阶段的投入期和出产期的主要依据。产品的生产周期由各个工艺阶段的生产周期组成。

（3）生产提前期　生产提前期是指产品（零件）在各工艺阶段出产（投入）的日期比成品出产日期提前的时间。生产提前期有投入提前期和出产提前期。提前期是编制生产作业计划、保证按期交货及履行订货合同的重要期量标准。

提前期是根据车间生产周期和生产间隔期计算的，同时要考虑一个保险期。提前期是按反工艺顺序连续计算的，其计算公式为

$$某车间投入提前期=本车间出产提前期+本车间生产周期$$

$$某车间出产提前期=后车间投入提前期+保险期$$

（4）在制品定额　在制品定额是指在一定技术组织条件下，为了保证生产连续且均衡进行所必需的最低限度的在制品数量。一定数量的在制品是保证生产正常进行的客观需要，但在制品过多，就会增加生产面积和资金占用，影响经济效益；如果在制品过少，往往导致生产脱节，设备停歇。因此，必须把在制品定额确定在适当的水平上。在制品、半成品定额的计算公式为

$$车间在制品定额=平均每日出产量\times车间生产周期+保险储备量$$

$$库存半成品定额=后车间平均每日需用量\times库存定额天数+保险储备量$$

2．生产作业计划的编制

编制生产作业计划包括编制分车间的作业计划及分工段或分小组的作业计划。编制这两步工作的方法原理是相同的，区别是计划编制的详细程度和责任单位有所不同。分车间的作业计划由厂部编制，它解决车间与车间之间生产数量及时间衔接等平衡问题。对于对象专业化车间，因各个车间平行地完成各种不同产品的生产任务，应按照车间的产品分工、生产能力和各种具体的生产条件直接分配任务给各车间。对于工艺专业化车间，因各个车间之间依次提供半成品，则应根据生产类型和其他情况采用下述方法。

（1）在制品定额法　在制品定额法适用于大量大批生产类型。这类企业生产产品的品种比较单一，产量比较大，工艺和各车间之间的分工协作关系密切稳定，只要把在制品控制在定额水平上，就可以保证生产过程协调、正常地进行。采用在制品定额法，就是运用预先制定的在制品定额，按照产品的反工艺顺序，从出产成品的最后车间开始，连续地计算各车间的出产量和投入量。其计算公式为

某车间出产量=后车间投入量+本车间半成品外售量+（库存半成品定额-期初库存半成品预计结存量）

某车间投入量=车间出产量+本车间计划废品量+（车间在制品定额-期初车间在制品预计结存量）

案例 5-4

某月份加工车间日历进度计划见表 5-4。

表 5-4　某月份加工车间日历进度计划

零件件号及名称	计划出产量/件	计划投入量/台	项目	日历进度					
				1	2	3	4	…	31
01—051 轴	10200	11500	计划投入	460	460	460	460	…	460
			计划出产	408	408	408	408	…	408
			实际出产						
			累计出产						
02—034 齿轮	42400	44900	计划投入	1796	1796	1796	1796	…	1796
			计划出产	1696	1696	1696	1696	…	1696
			实际出产						
			累计出产						
其他			计划投入						
			计划出产						
			实际出产						
			累计出产						

（2）提前期法　提前期法适用于成批生产企业。这类企业各种产品轮番生产，各个生产环节结存的在制品的品种和数量经常不一样。但是，各种主要产品的生产间隔期、批量、生产周期和提前期都比较固定，因此，可以采用提前期法来规定车间的生产任务。所谓提前期

法，就是将预先制定的提前期标准转化为提前量，来规定车间的生产任务，使车间之间由“期”的衔接变为“量”的衔接。其计算公式为

提前量=提前期×平均日产量

采用提前期法，对生产的产品应实行累计编号，所以又称为累计编号法。所谓累计编号，是指从年初或从开始生产这种产品起，依成品出产的先后顺序，为每一单位产品编上一个累计号码。最先生产的那一单位产品编为 1 号，依次累计编号。因此，在同一时间上，越是处于生产完工阶段上的产品，其累计编号越小；越是处于生产开始阶段的产品，其累计编号越大。在同一时间上，产品在某一生产环节上的累计号数，同成品出产累计号数相比，相差的号数就叫提前量。

（3）生产周期法　生产周期法适用于单件小批生产企业。这类企业的生产任务多数是根据订货合同来确定的，生产的产品品种、数量和时间都很不稳定，产品是一次性生产或不定期重复生产。因此，各车间的生产在数量上衔接比较简单，关键是合理搭配订货，调整处理如品种多变与保持车间均衡负荷之间的矛盾。

采用生产周期法规定车间生产任务，就是根据订货合同规定的交货期限，为每一批订货编制出产品生产周期进度图，然后根据各种产品的生产周期进度表，确定各车间在计划月份应该投入和出产的订货项目，以及各项订货在各车间的投入和生产时间。通过产品投入和出产进度表，就可以保证各车间的衔接，协调各种产品的生产进度和平衡车间的生产能力。

5.3　生产现场管理

生产现场管理是为了有效地实现企业的经营目标，运用科学的管理制度、标准和方法，对生产现场的各个生产要素，包括人（操作者和管理人员）、机（设备、工具、工位器具）、料（原材料、辅料）、法（加工方法、检测方法）、环（环境）、能（能源）、信（信息）等，进行合理、有效的计划、组织、协调、控制和激励，使其处于良好状态，实施优化组合，保持正常运转，以求达到优质、高效、低耗、均衡、安全生产。

近年来，在各企业中广泛应用的生产现场管理方法有 5S 活动、定置管理和目视管理等。通过这些方法的应用，各企业的生产现场管理水平能得到明显改善。

5.3.1　5S活动

1．5S 活动的起源

5S 活动源自 20 世纪 50 年代的日本，刚开始只是强调工厂的整理、整顿，后来由于管理提升的需要，又增加了清扫、清洁、素养，形成了现在的 5S 活动体系。

5S 活动以塑造一个清爽、明朗、洁净的工作场所为目的，使全体员工，尤其是现场作业员，能更安全、更轻松、更愉快、更有效地完成任务，从而提升企业形象，强化企业体制。由于 5S 活动对于工厂的安全、卫生、效率、品质、成本等方面有极强的改善力，是工厂管理的基础，因此，日本的企业与国外企业进行技术合作，或者在国外设厂时，首先必须导入 5S 活动，使 5S 活动得以遍地开花。近年来，欧美国家的企业也纷纷

导入 5S 活动。

2．5S 活动的内涵

5S 活动指的是整理（Seiri）、整顿（Seiton）、清扫（Seiso）、清洁（Seiketsu）和素养（Shitsuke）。因上述 5 个日文词汇的罗马拼音第一个字母均为“S”，故称之为 5S。

5S 活动使工厂每个员工在接受教育及活动潜移默化，提升人的行为品质，养成强健、高应变力的企业特征。在市场竞争的时代，企业除了要有独到的技术之外，还需提供低成本、高品质及价格合理的产品，而要达成这些条件，最简单的方法就是实施 5S 活动。5S 理论非常简单，完全是一门行动的科学。

（1）整理　整理是按照整治的原则，规定正确秩序，即要区分“要”与“不要”物，并将不要物清除。活动的重点包括：

1）明确定出实施整理的范围。

2）规划出不要物的暂放区，明确要与不要的标准。

3）通过教育和训练，让全员了解不要物的标准及整理的概念。

4）决定实施整理的时间，并将整理用具提前备妥。

5）明确每个成员负责的区域，依照标准及范围实施整理。

6）定期不断实施且定期巡回检查。

7）整理后，马上进行整顿的工作，二者是连续不可分的。

（2）整顿　整顿是将必要物品定位、定量放置好，便于拿取和放回，避免浪费。活动的重点包括：

1）必要品的分类。

2）依使用频率决定放置位置与放置量。

3）决定放置方式。

4）放置区定位画线。

5）决定每个放置区物品的责任管理者。

（3）清扫　清扫是彻底清理场所的垃圾、污垢和异物，使其干净及容易显现问题点。活动重点包括：

1）规划清扫责任区域。

2）管理者示范，树立样板。

3）进行例行扫除，清除脏污。

4）调查污染源及提出应对污染发生的对策。

5）建立清扫基准，规范活动。

（4）清洁　清洁是重复地做好整理、整顿和清扫，形成制度化、规范化，包含解决问题的对策及成果的维持。活动的重点包括：

1）彻底实施前面的 3S，并将清扫阶段发生的问题分类。

2）针对问题点实施解决对策，并形成问题改善对策书。

3）由专责单位改善的问题点，现场人员一起参与学习讨论。

4）制定各类标准书，尤其是安全、品质方面的作业标准应优先制定。

（5）素养　素养是努力提高员工的素养，遵守规定的事项，自觉执行各项标准，并养成习惯。活动的重点包括：

1）不定期循环检查，确保各类作业标准彻底执行。

2）整个5S活动成败的关键点在于教育是否彻底、主管是否关心。

3）全员有能力对自己应做的事自制计划表。

企业在实施5S活动时，不一定要完全按照上述5个项目实施，有的企业可依自身特性去掉其中某项，而另外加入其他项，如安全、认真、准备等配合企业文化背景的项目；或按上述的5S而另加入其他项目，如安全、服务等，成为6S、7S等。但不管是6S、7S，其实施的精神都已包含在上述的5S活动中。因此，一般以推行上述的5S活动较为普遍。

3．5S活动的推行

（1）推行5S活动成功的条件　企业成功推行5S活动的条件包括：管理者或高层管理者的支持、全员彻底了解5S活动的意义与重要性、以团队方式来推动5S活动、订立明确的活动目标、建立合理的评价考核制度、以渐进的方法来逐步推动5S活动、灵活地运用各种技巧与手法、开展有效的宣传配合活动、持续不断地进行活动等。

（2）5S活动推行的要点　5S活动推行的要点如下：

1）高层管理者的重视与支持。5S活动需要企业最高管理者给予积极的支持及制定明确的方针，因为，5S活动推行得顺利与否，取决于全员一致的行动，而员工的态度，很大程度上取决于管理者的重视程度，如果管理者不能身先士卒，甚至公司总经理在活动期间从不去现场了解情况，也不过问活动推行情况，这样的5S从活动开始即可能宣告失败。

2）推行5S活动应有的心态。5S活动容易做，却不容易持续地坚持下去。5S活动的推行切忌急功近利，有的管理者希望5S活动实施后能争取大量订单或认为5S活动只是大扫除，表面干净就一劳永逸。其实，5S活动作为工厂体质改善的重要手段，其目的就是为了建设一个能防止事故、有规律的生产现场，通过长期的潜移默化养成员工由打扫垃圾转变为不丢垃圾、保持整洁的良好工作习惯。因此，为了达成5S活动的最终目的，全员必须要有推进5S活动的决心。

3）5S活动的推行要循序渐进。针对工厂的实际与现状，明确制订5S的目的及目标、活动计划，并依计划采取阶段性推进。5S活动一开始是以防止事故发生为目的，因此首先要以3S（整理、整顿、清扫）为重点，其次才涵盖清洁及素养，当5S达到一定水准时，则通过目标管理达到长期的实施效果。

4）制定活动规则。5S活动推行时，必须先制定各部门（如车间、办公室、仓库）整理、整顿的基准。例如，不要物处理办法、物料定位规定等规则。同时，明确各部门5S责任区域及共用区域的责任人。

5）督导与评审。采取定期或随时方式，由总经理或5S推行委员会进行督导与评估，其执行方式有红牌检查、检查表等，维持5S活动新鲜的感觉，通过对优秀单位的表扬、5S赛等活动实现深入推广。

6）5S活动推行的时机。5S活动的推行时机是影响推行顺利与否的重要因素，如果在工厂的生产高峰期推行5S活动，就有可能导致基层员工抵制，因为此时员工生产任务重，根本无心去执行；或者在工厂士气低迷、人员流动较大时推行，也会遇到重重困难。最好是在生产由旺季转入淡季时开始实施，或者在工厂其他活动如ISO 9000实施时进行。

案例 5-5

某集团公司5S管理实施方案

按照我集团公司近期工作计划，为保证5S活动的顺利有效实施，结合实际，特制订本方案。

1．5S活动推行的方针及目标

（1）叫响三句话

1）把最简单做的事情做好就不简单，把最容易做的事情做好就不容易。

2）每天的事情每天做，自己的事情自己做。

3）做正确的事，正确地做事。

（2）实现一个目标　强化基础管理，提升全员品质。

2．5S活动推行的准备阶段

1）召开动员大会，表达推行5S活动的决心，统一员工思想。

2）成立5S管理活动推行领导小组，负责5S管理活动的组织、策划、实施、检查、考评等（可由ISO质量认证小组替代）。

3）宣传造势，教育训练：

① 通过网络宣传5S的基本知识，营造启动5S活动的良好氛围。

② 组织全公司员工系统学习5S的相关教材，编写《5S手册》，进一步领会推行5S活动的目的、意义和作用，营造全员参与的浓厚氛围。

4）开展网上征文、知识竞赛、“5S日”等形式多样的活动，进一步提升5S活动的影响力。

3．5S活动的实施、评价阶段

（1）整理阶段（2015年12月1日—2015年12月31日为实施阶段，以后为保持和循环改善阶段）

1）整理的推行要领为：

① 对工作场所（范围）进行全面检查，包括看得到和看不到的地方。

② 制定“要”和“不要”的判别基准。

③ 按照基准清除不要的物品。

④ 制订非必需品的处理方法，并按此方法清理非必需品。

⑤ 每日自我检查，循环整理。

2）整理的范围为：

① 办公桌椅、橱柜、文件夹柜、抽屉等的整理。

② 电子文件夹的整理。

③ 工具箱、储物间等的整理。

④ 工作流程、工作行为的整理。

（2）整顿阶段（2016年1月1日—2016年1月31日为实施阶段，以后为保持和持续改善阶段）

1）整顿的推行要领为：

① 彻底地进行整理。

② 确定放置场所。

③ 规定摆放方法。

④ 进行标示。

⑤ 大量使用“目视管理”。

2）整顿的要求为：

一目了然，取用快捷。

3）整顿的检查考核表。（略）

（3）清扫阶段（2016 年 2 月 1 日—2016 年 2 月 31 日为实施阶段，以后为保持和持续改善阶段） 清扫的推行要领为：

1）建立清扫责任区。

2）每个员工在工作岗位及责任区范围内（包括一切的物品与机器设备）进行彻底的清扫。

3）对清扫过程中发现的问题及时进行整修。

4）查明污垢的产生源，予以杜绝或隔离。

5）制定相关的清扫标准，明确清扫的对象、方法、重点、周期、使用工具等项目。

对以上 3 个方面，经过不断的实施、检查、考核、总结和改善，达到一定程度后，企业就有了样板区域，然后全面推行，达到标准化、制度化。

（4）清洁阶段 清洁的推行要领为：

1）落实前面 3S 工作。

2）制定目视管理及看板管理的标准。

3）制定 5S 实施办法及检查考评标准。

4）制定奖惩制度，加强执行。

5）领导小组成员经常巡查，带动全员重视 5S 活动。

（5）素养阶段（长期不遗余力地推行） 素养的推行要领为：

1）持续推行前面 4S 工作，直到成为全员共有的习惯。

2）制定员工行为准则及礼仪守则，帮助员工达到修养最低限度的要求。

3）推行企业视觉识别系统。

4）教育训练。

5）员工严格遵守规章制度。

6）开展各种宣传教育活动。

7）培养员工的责任感，激发工作热情，铸造团队精神。

5.3.2 定置管理

定置管理是对生产现场中的人、物、场所三者之间的关系进行科学的分析研究，使其达到最佳结合状态的一种科学管理方法。定置管理是以生产现场为研究对象，通过整理、整顿，把与生产现场无关的物品清除干净，把需要的物品放在规定的位置，以物在场所的科学定置的信息系统为媒介，使各生产要素有机结合，达到生产现场管理的科学化、规范化和标准化。

1．定置管理的基本要求

1）要进行人、物、场所的合理组合，以提高作业效率和生产效率。

2）要做到工位器具标准化、规范化，为保证生产提供有利条件。

3）现场道路通畅，环境整洁，以保障操作人员安全和身心健康。

4）严格按定置图定置，使现场图、物、场、账一致，减少多余的物品存放，做到节约、高效、控制。

2．定置管理的基本方法

定置管理最终要实现人、物、场所的有效结合，达到高效地完成预定任务的目标。其中，最基本的是人和物的结合。

（1）人与物的结合状态　在生产现场，人与物的结合状态有A、B、C三种。

1）A状态。A状态是指人与物能马上结合并发挥效能的状态。例如，操作工人在生产过程中需要某种刀具、模具、量具，他能及时拿到后立即使用，不耽搁时间，这时人与物的结合状态就是A状态。这是生产中最理想的状态，能使生产井然有序。

2）B状态。B状态是指人与物处于寻找状态或尚不能很好发挥效能的状态。例如，生产现场物品存放缺乏条理与规律，造成需用使用时因寻找而花费时间；在制品堆放不合理，当加工时每次需弯腰一个个捡起来，使准备工时增加，又增加了工人的疲劳强度。在企业内B状态是经常见到的一种不良状态。

3）C状态。C状态是指生产现场的人与物失去联系的状态。在这种状态下，物虽然在生产现场，但是人与物之间却失去了联系。例如，生产现场存放的已报废的设备与工装，生产中产生的报废品、垃圾和与生产现场无关的工人生活用品。这些没有存在价值的物品，仍占用作业面积，同时也给生产现场带来许多麻烦、障碍，成为许多质量与安全问题的事故源。

（2）物与场所的关系　人与物合理结合的同时，还需要处理物与场所的关系，因为，物与场所有效结合是实现人与物合理结合的基础。物与场所的结合，就是对生产现场、人、物进行作业分析和动作研究，使加工对象按生产需要、工艺要求科学地固定在某一位置上，达到物与场所的有效结合，缩短人与物结合的时间，消除人的重复动作，以促进人与物的最佳结合。实现物与场所的有效结合，首先要场所本身处于良好的状态。就场所本身看，同样有A、B、C三种状态。

1）A状态。A状态是一个良好的状态。工作环境良好，场所中物品置放有序，作业空间、通风设施、恒温设备、光照、噪声、粉尘等状态都符合人的生理、生产、安全与卫生的要求。

2）B状态。B状态是一个需要改善的状态。工作环境存在着一些缺憾。场所的布局不尽合理，或只满足生理需要，或只满足生产需要，或两者都不能满足。

3）C状态。C状态是一个需要彻底改造的状态。这种状态的存在和延续对现场人员有严重危害。

定置管理的任务是努力使物与场所保持A状态，杜绝C状态，并坚决采取果断措施和对策，将B、C状态转换为A状态。

（3）定置方法　定置方法有两种基本形式。

1）固定位置，即场所固定、物品存放位置固定、物品信息媒介物固定。这种“三固定”的方法，适用于那些在物流中周转地回归原地，在下一生产活动中重复使用的物品。例如，一些较大型的工具，在不使用时放在固定地方，这个固定地方就是固定场所，生产需要时领取出来，使用完毕经检验无损，再放回到原固定地点。它突出的特点是特定对象的存放地点始终是固定不变的。

2）自由位置，即相对地固定一个存放物品的区域，至于在这个区域内的具体放置位置，要由生产过程来决定。这种方法使用于物流系统中那些不回归、不重复使用的物品，它随工序而转移，如原材料、在制品、成品等。采用这种方法，需要注意空间的充分利用，便于收发和清点。

3．信息媒介与定置的关系

信息媒介是指在人与物、物与物结合过程中起着指导、控制、确定等作用的信息载体。信息媒介与定置关系极为密切，没有信息媒介做支撑，定置就十分困难。在生产现场寻找某物时，就会有一系列问题随之出现：“该物在何处”“该处在哪里”等，媒介给予的相应回答是：“此物就是寻找的该物”“该处在这里”等。那么，这些问题如何用信息媒介来表示呢？一般需要四种信息媒介物。

（1）位置台账　位置台账告诉人们“该物在何处”。通过查看位置台账可以了解所需物品的存放场所。例如，有的企业位置台账是按四号定位（库、架、层、位）来编码的，从台账上可以明确地查出所需要的物品在哪里。

（2）定置图　定置图体现“该处在哪里”。在定置图上可以看到物品存放场所的具体位置。

（3）场所标志　场所标志表明“这儿就是该处”。它是物品存放场所的标志，通常用名称、图示、编号等表示。

（4）物品标识　物品标识表明“此物即该物”。它是物品的自我标识，一般用各种标牌表示，标牌上有货物本身的名称及有关事项。

前两种媒介物表示的信息被称为引导信息，后两种媒介信息被称为确认信息。

4．定置管理的原则

（1）定置必有图　在开展定置管理时，必须有定置图来辅助进行。

（2）定置必有物　图物相符，要把生产场所存在的各种物品都反映在定置图上。

（3）有物必有区　划区进行管理堆放，区域明确。

（4）有区必有牌　发挥信息媒介的作用，让各区都有鲜明的标志，并使信息标准化，标牌的颜色、规格、文字、数字的字体大小，全厂要统一规定。

（5）有牌必分类　将同一类别的物品放在各自指定的区域内，按类存放，不能乱放，做到各就各位，并且不能占用任何交通运输通道。

（6）账（图）物必一致　使各类台账或定置图与实物一致。

5．定置设计

定置设计包括定置图、定置标准和定置前的物质准备。定置设计的目的是为目视管理做准备。

（1）定置图　定置图包括室外区域定置图、车间定置图、各作业区定置图和仓库、资料室、工具室、计量室、办公室定置图及其他特殊需要的定置图。

（2）定置标准　定置标准包括：

1）按标准设计的现场定置图。

2）生产场地、通道、工具箱、物品存放区等信息显示（如标牌、标志线）。

3）对易燃易爆物品、消防设施、有污染的所有危险物品必须有符合特殊安全定置的规定。

4）车间、班组卫生区的定置，并设置责任区信息牌。

5）临时停滞物品区域的定置必须符合其自身规律的规定（包括积压的在制品、待安装的设备、建筑材料等，必须设有专门区域）。

6）垃圾、废品回收点定置（包括回收箱的分类，如各种切削箱为黄色、料头箱为红色、垃圾箱为白色、大杂物箱为蓝色等，并设置有明显的标牌）。

7）清除与区域无关的物品。

5.3.3 目视管理

1. 目视管理的含义

目视管理是利用形象直观、色彩适宜的各种视觉感知信息来组织现场生产活动，达到提高劳动生产率目的的一种管理方式。它是以视觉信号为基本手段，以公开化为基本原则，尽可能地将管理者的要求和意图让员工都看得见，借以推动自主管理、自我控制。所以，目视管理是一种以公开化和视觉显示为特征的管理方式，也可称之为“看得见的管理”。

2. 目视管理的优点

（1）目视管理形象直观，有利于提高工作效率　现场管理人员组织、指挥生产，实质是在发布各种信息。操作工人有秩序地进行生产作业，就是接收信息后采取行动的过程。在机器生产条件下，生产系统高速运转，要求信息传递和处理既快又准。如果与每个操作工人有关的信息都要由管理人员直接传达，那么不难想象，拥有成百上千个工人的生产现场，将要配备多少管理人员。

目视管理为解决这个问题找到了简捷之路。它告诉我们，迄今为止，操作工人接收信息最常用的感觉器官是眼、耳和神经末梢，其中又以视觉最为普遍。可以发出视觉信号的手段有仪器、电视、信号灯、标识牌、图表等。其特点是形象直观，容易认读和识别，简单方便。在有条件的岗位，充分利用视觉信号显示手段，可以迅速而准确地传递信息，无须管理人员现场指挥即可有效地组织生产。

（2）目视管理透明度高，便于现场人员互相监督，发挥激励作用　实行目视管理，对生产作业的各种要求可以做到公开化。干什么、怎样干、干多少、什么时间干、在何处干等问题一目了然，这就有利于人们默契配合、互相监督，使违反劳动纪律的现象不容易隐藏。

例如，根据不同车间和工种的特点，规定穿戴不同的工作服和工作帽，很容易使那些擅离职守、串岗聊天的人处于众目睽睽之下，促使其自我约束，逐渐养成良好的习惯。又如，有些地方对企业实行了挂牌制度，单位经过考核，按优秀、良好、较差、劣等四个等级挂上不同颜色的标志牌；个人经过考核，合格者佩戴不同颜色的臂章，不合格者无标志。这样，目视管理就能起到鼓励先进、鞭策后进的激励作用。

总之，大机器生产既要求有严格的管理，又需要培养员工自主管理、自我控制的习惯与能力。目视管理为此提供了有效且具体的方式。

（3）目视管理有利于产生良好的生理和心理效应　对于改善生产条件和环境，人们往往比较注意从物质技术方面着手，而忽视现场人员生理、心理和社会特点。例如，控制机器设备和生产流程的仪器、仪表必须配齐，这是加强现场管理不可缺少的物质条件。

不过，如果要问：哪种形状的刻度表容易认读？数字和字母的线条粗细的比例多少才最好？白底黑字是否优于黑底白字？人们对此一般考虑不多。然而，这些却是降低误读率、减少事故必须要认真考虑的生理和心理需要方面的问题。又如，谁都承认车间环境必须干净整洁。但是，不同车间（如机加工车间和热处理车间），其墙壁是否都应"四白落地"，还是采用不同的颜色？什么颜色最适宜？诸如此类的色彩问题也同人们的生理、心理和社会特征有关。

目视管理的长处就在于，它十分重视综合运用管理学、生理学、心理学和社会学等多学科的研究成果，能够比较科学地改善同现场人员视觉感知有关的各种环境因素，使之既符合现代技术要求，又适应人们的生理和心理特点，这样就会产生良好的生理和心理效应，调动并保护工人的生产积极性。

3. 目视管理的内容

（1）规章制度与工作标准的公开化　为了维护统一的组织和严格的纪律，保持大工业生产所要求的连续性、比例性和节奏性，提高劳动生产率，实现安全生产和文明生产，凡是与现场工人密切相关的规章制度、标准、定额等，都需要公布于众；与岗位工人直接有关的，应分别展示在岗位上，如岗位责任制、操作程序图、工艺卡片等，并要始终保持完整、正确和洁净。

（2）生产任务与完成情况的图表化　现场是协作劳动的场所，因此，凡是需要大家共同完成的任务都应公布于众。计划指标要定期层层分解，落实到车间、班组和个人，并列表张贴在墙上；实际完成情况也要相应按期公布，并用作图法，使大家容易看出各项计划指标完成中出现的问题和发展的趋势，以促使集体和个人都能按质、按量、按期地完成各自的任务。

（3）与定置管理相结合，实现视觉显示信息的标准化　在定置管理中，为了消除物品混放和误置，必须有完善而准确的信息显示，包括标志线、标志牌和标志色。因此，目视管理在这里便自然而然地与定置管理融为一体，按定置管理的要求，采用清晰的、标准化的信息显示符号，各种区域、通道及各种辅助工具（如料架、工具箱、工位器具、生活柜等）均用标准颜色，不得任意涂抹。

（4）生产作业控制手段的形象直观与使用方便化　为了有效地进行生产作业控制，使每个生产环节、每道工序都能严格按照期量标准进行生产，应杜绝过量生产、过量储备。要采用与现场工作状况相适应的、简便实用的信息传导信号，以便在后道工序发生故障或由于其他原因停止生产，不需要前道工序供应在制品时，操作人员能看到信号，及时停止投入。例如，"看板"就是一种能起到这种作用的信息传导手段。

各生产环节和工种之间的联络，也要设立方便实用的信息传导信号，以尽量减少工时损失，提高生产的连续性。例如，在机器设备上安装红灯，在流水线上配置工位故障显示屏，一旦发生停机，即可发出信号，巡回检修工看到后就会及时前来修理。

生产作业控制除了期量控制外，还要有质量和成本控制，也要实行目视管理。例如，对于质量控制，在各质量管理（控制）点要有质量控制图，以便清楚地显示质量波动情况，及时发现异常，及时处理。车间要利用板报形式，将“不良品统计日报”公布于众，当天出现的废品要陈列在展示台上，由有关人员会诊分析，确定改进措施，防止情况再度发生。

（5）物品的码放和运送的数量标准化　物品码放和运送实行标准化，可以充分发挥目视管理的长处。例如，各种物品实行“五五码放”，各类工位器具，包括箱、盒、盘、小车等，均应按规定的标准数量盛装，这样，操作、搬运和检验人员点数时既方便又准确。

（6）现场人员着装的统一化与实行挂牌制度　现场人员的着装不仅起劳动保护的作用，在机器生产条件下，也是正规化、标准化的内容之一。它可以体现职工队伍的优良素养，显示出企业内部不同单位、工种和职务之间的区别，因而还具有一定的心理作用，使人产生归属感、荣誉感、责任心等，对于组织指挥生产，也可以创造一定的方便条件。

挂牌制度包括单位挂牌和个人佩戴标志。按照企业内部各种检查评比制度，将那些与实现企业战略任务和目标有重要关系的考评项目的结果，以形象、直观的方式在相关单位挂牌展示，这样能够激励先进单位更上一层楼、鞭策后进单位奋起直追。个人佩戴标志，如胸章、胸标、臂章等，其作用同着装类似。另外，还可同考评相结合，给人以压力和动力，达到催人进取、推动工作的目的。

（7）色彩的标准化管理　色彩是现场管理中常用的一种视觉信号。目视管理要求科学、合理、巧妙地运用色彩，并实现统一的标准化管理，不允许随意涂抹。

4. 推行目视管理的基本要求

推行目视管理，要防止搞形式主义，一定要从企业实际出发，有重点、有计划地逐步展开。在这个过程中，应做到的基本要求是：统一、简约、鲜明、实用、严格。

（1）统一　目视管理要实行标准化，消除五花八门的杂乱现象。

（2）简约　各种视觉显示信号应易懂，一目了然。

（3）鲜明　各种视觉显示信号要清晰，摆放位置应适宜，现场人员都能看得见、看得清。

（4）实用　不摆花架子，少花钱、多办事，讲究实效。

（5）严格　现场的所有人员都必须严格遵守和执行有关规定，有错必纠，奖罚分明。

5. 目视管理工具

（1）红牌　红牌适宜于 5S 中的整理，是改善的基础起点，用来区分日常生产活动中非必需品。挂红牌的活动又称为红牌作战。

（2）看板　看板用在 5S 的看板管理中，是标示物品放置场所等基本状况的表示板，标示物品的具体位置在哪里、做什么用、数量是多少、谁负责、谁来管理等重要的项目，让人一看就明白。5S 强调的是透明化、公开化，因而目视管理有一个先决条件，就是消除黑箱作业。

（3）信号灯或异常信号灯　在生产现场，第一线的管理人员必须随时知道，作业员或机器是否在正常地开动、是否在正常地作业，信号灯是工序内发生异常时，用于通知管理人员的工具。信号灯的种类有：发音信号灯，适用于物料请求通知，当工序内物料用完时，或者该工序的信号灯亮时，扬声器马上会通知搬送人员立刻供应；异常信号灯，用于产品质量不良及作业异常等情况发生的场合，通常安装在大型工厂较长的生产、装配流水线；运转指示灯，显示设备的运转状态及机器开动、转换或停止的状况，停止时还显示它的停止原因；进度灯，安装在组装生产线（手动或半自动生产线），其每一道工序间隔时间大概是1～2分钟，用于组装节拍的控制，以保证产量。

（4）操作流程图　操作流程图本身是描述工序重点和作业顺序的简明指示书，也称为步骤图，用于指导生产作业。在一般的车间内，特别是工序比较复杂的车间，在看板管理上一定要有操作流程图。原材料进来后，第一个工序是签收，第二个工序是点料，第三个工序是转换或转制，这种指示就叫作操作流程图。

（5）反面教材　反面教材一般是结合现场实物和流程图，让现场的作业人员了解各种不良现象及其后果。一般是放在人多的显著位置，让人一看就明白哪些是不正常的使用，哪些是违规操作。

（6）提醒板　提醒板用于防止遗漏。健忘是人的本性，不可能杜绝，只有通过一些自主管理的方法来最大限度地减少遗漏或遗忘。例如，有的车间在进出口处挂一块提醒板，写明今天有多少产品要在何时送到何处，或者什么产品一定要在何时生产完毕；或者有领导来视察，下午2点钟有一个什么检查。提醒板还可采用图示的方式标示作业情况。一般来说，用纵轴表示时间，用横轴表示日期，纵轴的时间间隔通常为1小时，一天用8个小时来区分，每一个时间段（1小时）记录一次正常、不良或次品的情况，让作业者自己记录。提醒板一个月统计一次，在每个月的例会中总结，与上个月进行比较，看是否有进步，并确定下个月的目标，这也是提醒板的另一个重要作用。

（7）区域线　区域线就是对半成品放置的场所或通道等区域，用线条把它画出来，便于整理与整顿，常用于定置管理。

（8）警示线　警示线就是在仓库或其他物品放置处用来表示最大或最小库存量的涂在地面上的彩色漆线，用于看板管理中。

（9）告示板　告示板是一种及时管理的工具，也就是公告，就某一通知或内容广而告之，让所有的人都知道，如几点召开什么会议等。

（10）生产管理板　生产管理板是揭示生产线的生产状况、进度的表示板，记录生产实绩、设备开动率、异常原因（停产、故障）等，用于看板管理。

本章小结

生产管理的任务是通过合理组织生产过程实现企业的经营目标。本章主要介绍如何合理组织生产过程；如何对企业的生产任务做出统筹安排；如何加强生产现场管理，使各生产要素得到合理配置和有效利用，以最低的投入获得最大限度的产出，从而有效地实现企业的经营目标。

产品的生产过程是在一定的空间、一定的时间，按一定的组织形式进行的。因此，生产过程的组织形式包括空间组织和时间组织两种形式。生产过程的空间组织方式包括工艺专业化和对象专业化，时间组织方式包括顺序移动、平行移动、平行顺序移动。合理组织生产过程的基本要求是连续性、平行性、比例性、均衡性、适应性。

生产计划是企业对生产任务做出的统筹安排，是企业组织生产活动的依据。生产计划的主要指标包括产品品种、质量、产量与产值等。它们各有不同的经济内容，从不同的侧面反映企业计划期内生产活动的要求。在编制完生产计划，确定了全年总的产量任务之后，要进一步将全年生产任务具体安排到各个季度和各个月份，这就是安排产品的生产进度。生产作业计划是生产计划的具体执行计划。它把生产计划中规定的月度生产任务具体地分配到各车间、工段、班组以至每个工作地和个人，规定他们在月、旬、周、日以至轮班和小时内的具体生产任务，并按日历顺序安排生产进度，从而保证按品种、质量、数量、期限和成本完成企业的生产任务。

生产现场管理是为了有效地实现企业的经营目标，运用科学的管理制度、标准和方法，对生产现场的各个生产要素进行合理、有效的管理，以求优质、高效、低耗、均衡、安全地进行生产。本章介绍了近年来各企业广泛应用的“5S”活动、定置管理和目视管理等现场管理方法。

复习思考题

一、简答题

1. 现代企业生产管理的任务是什么？
2. 试述现代企业的生产过程由哪四个部分组成。
3. 成批生产企业产品生产进度安排应考虑哪些问题？
4. 何谓 5S？其内容有哪些？如何在企业成功推行 5S 活动？

二、计算题

已知一批零件，批量为 5，经过 4 道工序加工，按照工艺顺序，各工序的加工时间分别为 5min、15min、10min、5min。试求在平行移动、平行顺序移动条件下的加工周期。

三、案例分析

星期一，凌水机器配件厂的生产科长正为交不上货而伤脑筋。工厂不少的老主顾都来要求他们赶快交货。

他刚刚接到销售科长打来的一个催促交货的电话。这批产品原本答应在上星期五交货，事实上即使到明天（星期二）也交不了。“我以为这批产品几天前就发走了。我答应对方上星期五就交货的。怎么搞的？现在我怎样答复人家？明天一定交，怎么样？”销售科长说。

生产科长说：“你先等一下，让我来查一下车间报上来的进度情况……根据我得到的报告，那批产品要到这个星期五才能交货。我们已经给那批产品打上“紧急”的标记了。但是滚齿机上积压的产品都是着急交货的产品，好多任务都拖了。那些产品你不也催着要吗？”

销售科长说：“对，都要。电机厂和轧钢厂的两批产品都拖了好几天了。我没法再接他们的电话了。如果把这些老关系的买卖都砸了，咱这个厂还靠什么吃饭？你应该让车间工人加班赶一赶。”

生产科长说：“是啊，上星期五我就跟机械车间的主任谈过，要他安排加班。他不同意。

他说你们为了多揽业务，要价太低。你们定的价格负担不了加班的费用，他不能干赔本的事情。我可以再跟他谈，或许你也应当打电话去，同他商量商量。要是他再不同意的话，我只有拿出一些产品找其他厂子干了，这样还能解决一些问题。不过，那样办的话，可真的一点钱也挣不着了。”

“行吧！明天早上，你来个电话告诉一下情况，怎么样？”

这个电话刚挂上，不一会儿，厂长也来电话询问另一笔订单的情况。那笔订单也拖延很多天了。厂长是刚接到该订货工厂的厂长的电话之后，马上打电话来问的。

思考：

为什么会产生这种情况？你认为应该怎样解决？

第6章　质量管理

学习目标

1. 了解全面质量管理的特点和指导思想。
2. 树立质量成本的观念，理解质量成本的内容。
3. 理解ISO9000质量标准的内容和质量认证的方式。
4. 掌握质量管理常用的统计方法，掌握PDCA循环在全面质量管理中的应用方式。

质量问题是个战略问题，质量水平的高低是一个国家经济、科技、教育和管理水平的综合反映。产品质量的好坏，关系到每个人、每个企业的切身利益，关系到整个社会的发展。美国著名质量管理专家朱兰曾指出："20世纪是生产率的世纪，21世纪则是质量的世纪。""质量第一"已成为国际工商界的统一信念，大力开展质量管理的研究与实践已成为各国企业在竞争中取胜的主要手段。

6.1　质量管理概述

6.1.1　产品和质量的概念

质量的内容十分丰富，随着社会经济、科学技术和生产技术的发展，其内容也在不断充实、完善和深化。质量概念所描述的对象早期大多仅仅局限于产品，以后又逐渐延伸到了服务。

1．产品的概念

ISO9000质量管理体系中的产品是指硬件、软件、系统和服务。

1）硬件是指具有特定形状和技术特性的有形产品，通常由经过加工制造、建造或装配而成的零件、部件或组件组成。

2）软件是指一系列按照特定顺序组织的计算机数据和指令的集合。一般来讲，软件分为系统软件、应用软件和介于这两者之间的中间件。软件并不只是包括可以在计算机（这里的计算机是指广义的计算机）上运行的计算机程序，与这些计算机程序相关的文档一般也被认为是软件的一部分。简单地说，软件就是程序加文档的集合体。另也泛指社会结构中的管理系统、思想意识形态、思想政治觉悟、法律法规等。

3）系统是指由一群有关联的个体组成，根据预先编排好的规则工作，能完成个体不能单独完成的工作的群体。系统分为自然系统与人为系统两大类。一群有相互关联的个体组成的集合称为系统。

4）服务是指为他人做事，并使他人从中受益的一种有偿或无偿的活动。不以实物形式而以提供劳务的形式满足他人某种特殊需要。

2．质量的概念

ISO9000：2015《质量管理体系　基础和术语》中关于“质量”这样表述：产品的质量不仅包括其预期的功能和性能，而且还涉及顾客对其价值和利益的感知；组织的产品质量取决于满足顾客的能力以及对有关的相关方预期或非预期的影响。因而质量管理的主要关注点是满足顾客要求并且努力超越顾客期望。

组织只有赢得和保持顾客和其他有关的相关方的信任才能获得持续成功。与顾客互动的每个方面都提供了为顾客创造更多价值的机会。理解顾客和其他相关方当前和未来的需求有助于组织的持续成功。企业通过对产品和服务进行策划、设计、开发、生产、交付和支持，以满足顾客的需求和期望，从而达到增加顾客价值、提高顾客满意、增进顾客忠诚、增加重复性业务、提高组织声誉、扩展顾客群、增加收入和市场份额的目的。

6.1.2 质量管理的发展

质量管理的发展与人们的观念、现代社会科学技术的发展是密不可分的。由于人们的认识不断提高，现代技术、设备、方法为质量管理提供了物质保证，使质量管理从质量检验、统计质量控制走到现在的全面质量管理阶段。

1．质量检验阶段

第二次世界大战之前，人们对质量管理的认识还仅仅是对产品质量的检验，通过严格检验来保证产品在每道工序的传递过程中和最终传到消费者手中都合格。因此，质量管理工作的核心就是检验，人们注重改进检验方式，提高检验手段，增加检验次数（甚至全数检验）。变化的核心是检验的主体在逐步发生变化。

20 世纪之前，工人是产品的生产和检验的主体，即工人对自己的产品进行自检，也称为“操作者的管理”。1918 年以前，美国出现了以泰罗的“科学管理”为代表的“管理运动”，强调工长在保证质量方面的作用，在企业设立了专司检验职能的工长，这是质量检验职能的一次重大转移，真正使质检成为独立的管理职能，这个阶段也称为“工长的质量管理”。至 1938 年，由于企业规模的扩大，带来生产规模和生产批量的不断扩大，这种质量检验的职能又由工长转移给了专职的质量检验人员。这一时期大多数企业都设置了专职的检验部门，并直接由企业主要领导对质量检验工作负总责。这一阶段称为“检验员的质量管理”阶段。

如果单纯依靠检验控制产品质量，只能是“事后控制”，不合格品已经产生，对企业已经构成损失；另外就是要进行全数检验，工作量太大，检验费用也太高。正是由于质量检验存在一系列问题，才使得质量管理进入第二阶段——统计质量控制阶段。

2．统计质量控制阶段

这个阶段由统计学家和质量管理专家联合，用统计理论和方法去解决质量管理问题。

1924 年，美国的休哈特提出控制和预防缺陷的概念，是统计质量控制阶段的开始标志，但是，当时运用此法的企业很少，直到 20 世纪 40 年代才为大众所接受和使用，因此，这时才是统计质量控制阶段的真正到来。第二次世界大战期间，军工产品需要量急剧增加，质量检验远远跟不上要求，检验只是事后检验，使产品无法按期交货，对企业影响很大。控制不合格产品的发生，通过一定的方法而简化全数检验状况就成为统计控制的主要工作。

统计控制在实施中容易忽视质量管理的组织工作，只是一味地对数据进行统计、计算、分析，由于统计方法不容易被一般人接受，有一定的难度，限制了这种方法的推广。日本从美国引进此法并进行整理、发展，简化出因果图法、控制图法、散布图法、抽样检查法等，直到今天仍在广泛使用。

3. 全面质量管理阶段

全面质量管理是从 20 世纪 60 年代开始，一直到今天还处在不断地完善之中。这个时期，人们对于产品的质量要求不仅是一般的使用性能，还包括安全性、经济性、可靠性等要求；企业管理中的系统思想被广泛使用，新思想、新方法不断出现；消费者权益引起人们越来越多的关注和重视；企业为了提高自身竞争力，向顾客承诺产品质量保证。以上这些因素最终促使全面质量管理理论的诞生。

全面质量管理是把以往的质量管理工作向前、后延伸，向前延伸至市场调研、产品研发、质量设计、原料采购等，向后延伸至质量保证、售后服务和建立质量体系。

上述三个阶段的根本区别在于：质量检验阶段是一种防守型的质量管理，依靠事后把关，防止不合格品出厂；统计质量控制阶段是一种预防型的质量管理，主要依靠在生产过程中实施控制，把可能发生的质量问题消灭在生产过程之中；全面质量管理是一种进攻型的质量管理，是运用现代管理思想，采取系统管理方法，全面解决质量问题，同时还要不断改进、不断提高。

6.2 全面质量管理

全面质量管理是伴随着生产发展、市场竞争和质量要求的提升而逐步发展起来的一种质量管理的思想和方法，现今不论是发达国家还是发展中国家，只要是经济稳健发展的国家，都大力推行全面质量管理，全力研究并促进全面质量管理的发展。

6.2.1 全面质量管理的概念及特点

1. 全面质量管理的概念

全面质量管理是指以质量为中心，以全员参与为基础，目的在于通过让顾客满意和本组织所有者、员工、供方、合作伙伴及社会等相关方受益而达到长期成功的一种管理途径。

2. 全面质量管理的特点

全面质量管理与以往的质量管理对比，其重要特点就在于它的全面性。它管理的质量是全面的，它实行的管理是全过程的、全员的，是一种灵活运用多种管理技术和管理手段的综合性的质量管理。

（1）质量的含义是全面的　过去我们一说到质量，往往是指产品本身的质量，它包括性能、寿命、可靠性和安全性，即所谓狭义的质量概念。当然，产品质量是非常重要的。但是，产品质量再好，如果制造成本高，销售价格贵，也不会得到顾客的欢迎。即使产品质量很好，成本也低，还必须交货及时和服务周到，才能真正受到顾客欢迎。因此一个企业必须在抓好产品质量的同时，要抓成本质量、交货期质量和服务质量。这些质量的全部内容就是所谓广义的质量概念，即全面质量。可见，质量管理必须对这种广义质量的全部内容进行管理。

产品质量+成本质量+交货期质量+服务质量=全面质量

（2）管理的范围是全面的　全面质量管理的管理范围是生产的全过程。产品质量是生产活动的成果，有一个逐步产生和形成的过程。好的产品质量是设计和制造出来的。因此，全面质量管理要求把不合格的产品消灭在它的形成过程中，做到防检结合，以防为主。

产品质量产生、形成的全过程所经历的各个阶段，可以通过螺旋形上升循环示意图概略表示，如图 6-1 所示。

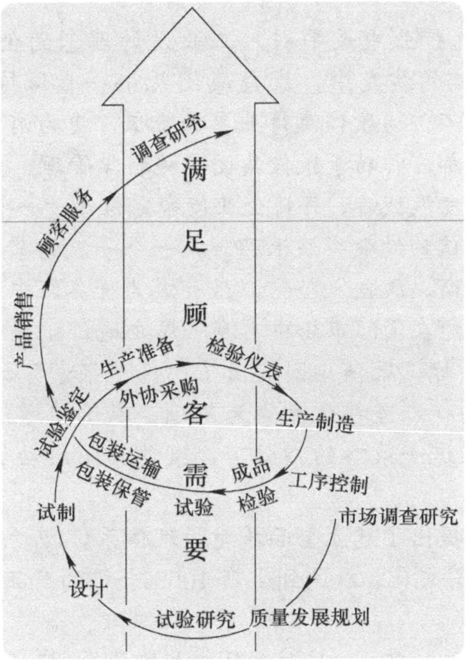

图 6-1　螺旋形上升循环示意图

（3）全员参加的管理　全面质量管理必须依靠企业全体职工参加，这是科学质量管理的客观要求。产品质量是企业各方面工作的综合反映，产品质量的好与坏，涉及企业的所有部门和所有人员。提高产品质量需要依靠全体职工共同努力。它要求在企业的集中统一领导下，把各部门有机地组织起来，从企业的最高管理者、工程技术人员、管理人员到每个工人，都要树立“质量管理人人有责”的思想。只有人人关心产品质量，企业的质量管理工作才能做好，生产优质产品才有坚实的基础和保证。

（4）管理方法的全面性　随着现代化大生产和科学技术的发展、生产规模的扩大和生产率的提高，对产品的性能、精度和可靠性等方面的质量要求也大大提高，相应对质量管理提出了许多新的要求。推行质量管理必须把科学管理、先进技术与数理统计方法结合起来，因此要求企业在建立严密的质量保证体系的同时，也充分地利用现代科学的一切成就，广泛地运用现代化的管理方法、管理手段和技术手段，来提高各部门的工作质量，找出产品质量存在问题的关键，控制设计和制造等过程的工作质量，达到提高工作质量的目的。

（5）经济效益的全面性　除保证本企业取得最大经济效益外，还应从顾客和社会角度，从产品寿命循环全过程的角度综合考虑经济效益问题。即要以寿命周期经济效益最大为目标，使生产者、储运公司、销售公司、顾客等均能取得最大效益。

以上五个方面围绕着一个中心目的，就是要以经济的办法研制和生产顾客满意的产品，这是科学质量管理的出发点和归宿点。

案例 6-1

康佳集团全面推进“大质量管理”

康佳集团是中国家电行业中最早引入工业设计理念的企业之一，可以说，在中国彩电行业工业设计潮流的演变中，康佳集团几乎一直保持着领跑者的姿态。一连串的大奖接连花落康佳，不但为康佳赢得业界的赞叹，更为消费者提供了更为丰富的数字娱乐生活体验。这一切都应归功于康佳集团实施科学管理，全面推进价值经营。

康佳集团制定了新的发展战略，并将企业使命定位于“一个世界级的中国企业”，立志将康佳打造成一个值得信赖的数字娱乐品牌，一个一流的家庭、手持、车载领域的数字娱乐产品和服务的提供商。康佳人坚信，只有成为世界级中国企业，才能在与跨国企业的竞争中站稳脚跟，才能在国际市场中占有一席之地。

为了实现这一战略目标，康佳集团提出了“价值经营”的竞争策略，确定了以企业利润和品牌增值为导向、以差异化竞争为基础、以价值增值为目的，统领企业各项经营工作的总体思路。在这一策略的指引下，康佳集团启动了“质量、精品、创新”三大工程。

与此同时，康佳集团提出了建立全面质量管理体系。即“通过全体员工的参与，改进流程、产品、服务和公司文化，以达到生产100%合格的产品，实现客户满意，从而获取竞争优势和长期成功”。

随着全面质量管理体系的建立，康佳集团“大质量管理”初现端倪。康佳集团的“大质量管理”认为，产品质量是一个系统问题，它贯穿从市场、研发、制造、销售到售后的整个工作链条的始终，涉及每一个环节。与此同时，大质量管理涵盖的不仅仅是产品质量这个硬指标，环境保护、社会责任、品牌认可等要素统统纳入了康佳集团质量管理的考核范围内。

在价格战依然弥漫、产品同质化严重的消费电子市场上，康佳集团依靠价值经营策略，坚定推进“大质量管理”，成功走出了一条与众不同的业绩上升曲线。康佳集团成功实现了销量与利润的协调增长。同时，因在践行企业社会责任等方面的努力和成就，康佳集团成为唯一连续两届获得“优秀企业公民”“人民社会责任奖”等荣誉的彩电企业。这表明，康佳集团持续推进的“大质量管理”已经初现成效，经济效益和社会责任呈现良性互动。

6.2.2 全面质量管理的基本内容

全面质量管理的基本内容包括设计过程、制造过程、辅助生产过程和使用过程四个方面。

1．设计过程的质量管理

设计过程包括市场调研、试验研究、产品设计、工艺设计、新产品试制和鉴定等工作，也就是产品正式投入批量生产之前的全部技术准备过程。

设计过程是企业生产活动中最基本的一个环节，它是以保证产品设计质量为目标的质量管理。产品质量满足使用要求的程度，主要取决于这一过程。“先天不足”（设计过程中存在的种种问题）必将导致“后患无穷”，不仅影响产品质量，而且影响投产后的生产秩序和经济效益。如果设计上有问题，一切工艺上和生产上的努力都将是徒劳的。因此，设计过程是全面质量管理的起点。

加强设计过程的质量管理，一般要抓好以下几个方面的工作。

（1）制定产品质量目标　质量目标是根据质量方针的要求，企业在一定期间内在质量方面所要达到的预期成果。质量目标的制定，首先要对使用要求和生产的实际情况进行充分调查研究，同时还要掌握国内外科学技术的发展趋向，系统地调查和积累以下三方面的情报资料：①实际调查顾客的反映和使用效果；②生产过程中发现的质量问题；③国内外有关技术与经济情报。

质量目标是企业目标体系中的组成部分，因此在制定目标时应努力做到：力求数量化和保持质量目标同其他目标（如产量目标、利润目标等）之间的协调一致。

（2）加强设计工作中的试验研究工作　试验研究工作是设计过程质量管理中的重要环节，做好试验研究工作，可以保证产品顺利投产。为做好这项工作，企业应建立一个科学试验基地和一支科学试验队伍，运用先进的测试手段，高效率地开展试验研究工作。

（3）设计评审　设计评审是保证产品设计质量的主要手段之一，其目的是为了及早发现并设法弥补设计上的缺陷，以避免给今后的生产和销售带来损害。

（4）检查产品试制、鉴定质量　研制的新产品或改制的老产品，在完成设计后，都必须通过试制、试验和鉴定，方可正式批量生产。试制是对设计的验证，只有通过试制，做出样品、样机，并经过试验和使用验证，才能确定设计的正确程度，发现设计中料想不到的问题和缺陷，对设计进行必要的修正和校正。

样品试制完成后，要组织有关各单位和人员进行严格的鉴定，这是质量管理工作的一个重要环节。通过鉴定，对样品从技术上和经济上做出全面评价，经正式认可后制定于各项技术文件中，使其成为指导制造过程并在制造过程中保证产品质量的依据。

（5）保证技术文件质量　技术文件是设计的成果，它既是制造过程技术活动的依据，也是质量管理的依据，这就要求技术文件本身也要有质量保证。

（6）严格标准化审查工作　实行标准化，不仅能提高工作质量和产品质量，而且还可减少设计工作量，从而提高设计工作的质量。因此，它是设计过程的一项重要内容，也是全面质量管理的基础工作之一。

（7）组织新产品设计质量的技术经济分析　一般来说，产品质量越高，其价格也相应增加，但质量超过一定限度并不能按其价格增加的比例提高；反之，质量低的产品，固然在价格上可以便宜一些，但下降到一定程度，也要影响企业的经济效益和声誉。设计质量与成本的关系曲线如图 6-2 中曲线 C 所示。从另一方面看，设计质量好，销售收入将会增加，但设计质量无限地提高，由于价格的提高，则销售收入也会下降；反之，质量很差的产品，顾客也不会购买，销售收入也就谈不上了。这种设计质量与销售收入的关系曲线如图 6-2 中曲线 S 所示。对一个企业来说，利润是销售收入减去成本而得。为了取得盈利，销售收入应高于成本，否则就要亏损，由图 6-2 可知，能够盈利的部分只是图中画线部分。就是说，只有将质量水平保持在 Q_1～Q_3 才能获利。因此，设计质量必须保持在 Q_1～Q_3，最好是在最大盈利的质量水平 Q_2 点上。

还应该看到，设计上考虑周到与否，会影响到产品制造的难易。有时即使是同一产品，如果在质量要求上有些变动，也可给制造工艺带来很大变动。而在质量水平方面，也常常因为制造过程有些变动或革新，而使产品质量大大提高。特别是生产技术上的进步，会使生产成本曲线下降。如图 6-3 所示，原来的成本曲线为 C，改进后的成本曲线为 C'，这就使盈利区由 Q_1Q_3 扩展到 $Q_1'Q_3'$，并使能获得最大利润的质量水平由 Q_2 向 Q_2'提高。由此可见，设计过程又直接影响到制造过程中生产技术水平、管理水平的提高，而生产技术和管理水平的提高，对提高产品质量增加盈利又起到较大的促进作用。

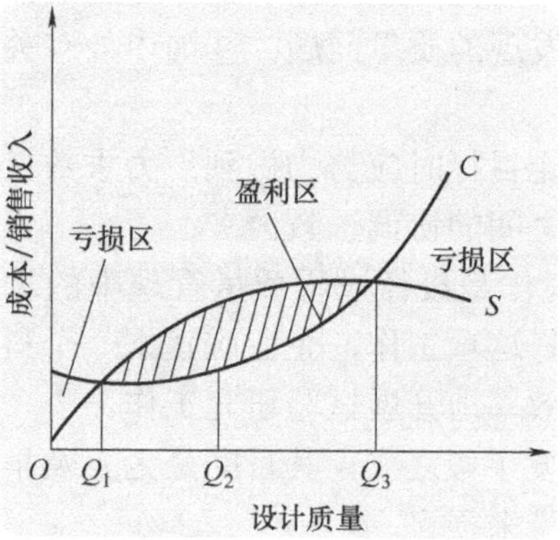

图 6-2　设计质量与成本/销售收入的关系曲线

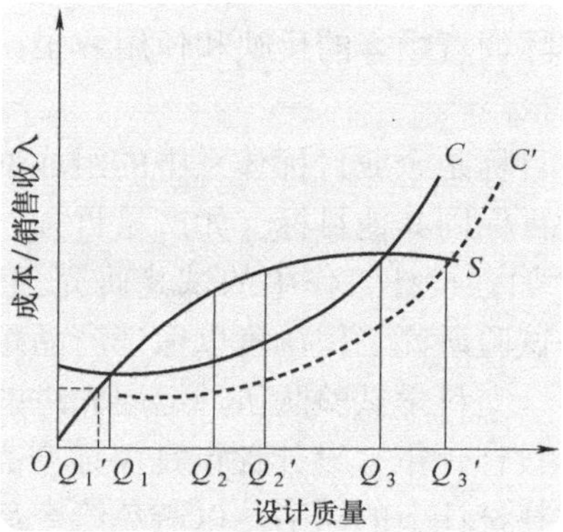

图 6-3　变动后的设计质量与成本/销售收入的关系曲线

2. 制造过程的质量管理

制造过程是产品正式生产以后保证产品质量的关键，是质量管理的中心环节。经过鉴定符合质量标准的新产品正式投产后，能不能保证达到质量标准，能否加工出优质产品，在很大程度上取决于制造过程的质量管理水平以及生产车间的技术能力。

制造过程的质量管理，一般要抓好以下几方面的工作。

（1）对影响制造质量的诸因素进行有效控制　在制造过程中，影响产品质量的因素很多，主要有操作者（人）、机器工具、原材料、工艺方法、测量手段以及生产环境（5M1E）。通过对诸因素进行有效控制，可使之长期稳定地生产符合设计要求的优质产品。

1）要求岗位上的职工成为“自控”工人。成为“自控”工人的标志（条件）是：知道怎么做和为什么这样做；知道生产出来的产品是否符合规格；具备对异常情况进行处理的能力。

只有达到“自控”的工人才允许上岗操作，这是管理者的责任。为此，必须对上岗职工进行足够的培训和严格的考核。

2）原材料的质量管理。原材料质量管理的要点是：选定合格供应商；严格原材料入厂检验和进库后的保管工作；必要时对关键原材料进行认定试验。所谓认定，就是对初次购入品进行全面理化分析、工艺试验。必要时投料进行小批量生产，以确定该原材料的技术性能能否制造出合格零件与符合质量标准的产品。

3）合理选择机器工具，并使之经常处于良好的技术状态。现代工业中机器工具对产品质量的影响极大，因此必须合理地选择适用的机器工具。所谓合理，就是既要满足加工精度的要求，又要比较经济。

4）工艺和其他因素的质量管理。工艺是联系设计和制造的纽带，是确保产品质量的重要因素。为此，制造部门应参加有关设计评审会议，要从加工工艺性生产的可能性和公差要求方面提出改进意见；对关键工艺和新工艺应经过严格验证，证明按工艺能稳定地生产符合设计要求的产品（零件）。工艺一经规定就必须严格执行，严肃工艺纪律，并和岗位责任制结合起来。

5）计量检测器具是现代工业生产的“眼睛”，是保证产品质量的重要手段之一。企业应配齐准确适用的计量检测器具。

某些对环境条件（如温度、湿度、空气洁净度）有特殊要求的产品，还应进行相应的环境管理。

（2）健全质量检验制度　质量检验是用一定检验测试或检查方法，测定产品质量特性，并把它同规定的质量标准进行比较，对产品是否合格做出判断。质量检验是一道工序，是监督产品质量的重要手段，是整个制造过程不可缺少的一个重要环节。

做好质量检验，要抓好以下三个方面的工作。

1）要正确规定质量检验范围和设置专职检验点。质量检验按范围划分，可分为入厂检验、工序间检验和出厂检验。凡是对质量产生重要影响的环节、部门都应进行必要的检验。

2）合理选择检验方法。不同检验方法，反映了不同的检验精度要求。合理的检验方法不仅可以正确地反映产品质量的情况，而且可以减少检验费用、缩短检验周期。检验方法多种多样，要根据具体情况加以选择。

3）建立一支专群结合的检验队伍，实行自检、互检、专检的“三检制”。

（3）掌握质量动态　为了充分发挥制造过程质量管理的预防作用，必须系统地、经常地、准确地掌握企业在一定时间内产品质量或工作质量的现状及发展动态。质量状况的综合统计与分析是掌握质量动态的有效工具。

（4）加强不合格品的统计与分析　即分析不合格品产生的原因，采取措施，“对症下药”，避免下次再出不合格品。企业除进行日常不合格品统计与分析工作以外，还要做到三个“不放过”，即不合格品没找到责任人和原因“不放过”；没有提出防治措施“不放过”；当事人没受到教育“不放过”。

利用排列图、因果分析图和统计分析表，有助于找出造成不合格品的重要原因。

（5）工序的质量控制　实行工序质量控制的措施如下。

1）建立质量管理点。所谓质量管理点，是在一定时期、一定条件下，为实现一定质量目标，对于生产工序或工作中的质量关键因素，需要特别注意监控、管理的重点。

设立质量管理点原则如下：①关键工序、关键部位；②工序本身有特殊要求，对下道工序加工或装备有重大影响的加工项目；③质量不稳定，出现不合格品较多的加工部分或项目；

④顾客使用过程中反映集中的部分。

2）用控制图来分析和判断工序是否处于稳定状态。

3．辅助生产过程的质量管理

辅助生产过程包括原材料、外购件等物资供应、工具制造、设备维修、运输服务等。所有这些部门是为生产第一线服务的，为直接加工提供质量良好的物质技术条件。因此，这一过程的质量管理要面向生产、面向基层，充分发挥各自的质量保证作用。制造过程的许多质量问题，都同这些部门的工作质量有关。因此，在质量保证体系中，辅助生产过程的质量管理占有相当重要的地位。

4．使用过程的质量管理

使用过程的质量管理，既是质量管理的归宿，又是质量管理的出发点。因此，企业的质量工作，必须从制造过程延伸到使用过程。使用过程的质量管理，应着重抓好以下三个方面的工作。

（1）开展对顾客的技术服务工作　建设和维护好售前的宣传推广、售中的技术指导、售后的服务体系。例如，提供适用的使用说明书，编写顾客培训教材，帮助培训操作人员，设置维修站点，及时提供备品、备件。

（2）做好产品质量信息的反馈分析工作　通过走访顾客、投寄调查表、整理维修资料等方式，搜集顾客对产品质量的意见，发现问题和新的、潜在的质量要求，为改善设计、提高产品质量提供真实可靠的依据。

（3）认真处理顾客投诉问题　对顾客投诉要充分关注，要热情、耐心、细心处置，可采用投诉首问负责制，即第一个接到投诉的部门和人员有责任全程跟踪服务，直到顾客有了满意的答复，还要追溯到企业内部，找到问题出现点为止。

6.2.3　PDCA 循环

PDCA 循环是英语 Plan-Do-Check-Action（计划-实施-检查-处理）四个单词首字母的组合。PDCA 循环就是按照这四个阶段的顺序来进行质量管理工作。事实上，PDCA 循环不仅是一种质量管理方法，也是一套科学的、合乎认识论的通用办事程序。PDCA 循环需遵循四个阶段八个步骤。

第一阶段是计划，包括分析现状找出存在问题；分析产生质量问题的原因；找出主要原因；制订改正措施、计划共四个步骤。

第二阶段是实施，即贯彻执行计划和措施，这也是循环的第五个步骤。

第三阶段是发现问题与检查，即通过把实际工作结果和预期目标对比来发现目前可能存在的问题，检查计划执行情况，这也是循环的第六个步骤。

第四阶段是总结和处理，包括两个内容：一是总结教训、巩固成绩、处理差错、纳入标准；二是未解决的遗留问题转入下一个循环，作为下一个目标的计划目标，这是循环的第七、八个步骤。

下面以图表示循环的工作程序。图 6-4 所示为 PDCA 循环示意图；图 6-5 所示为八个步骤示意图。

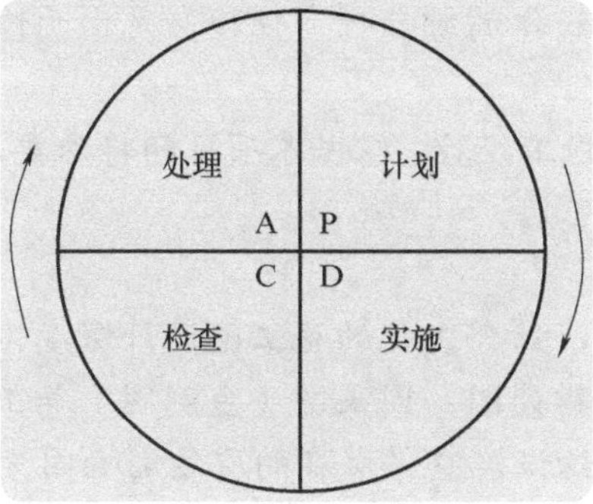

图 6-4 PDCA 循环示意图

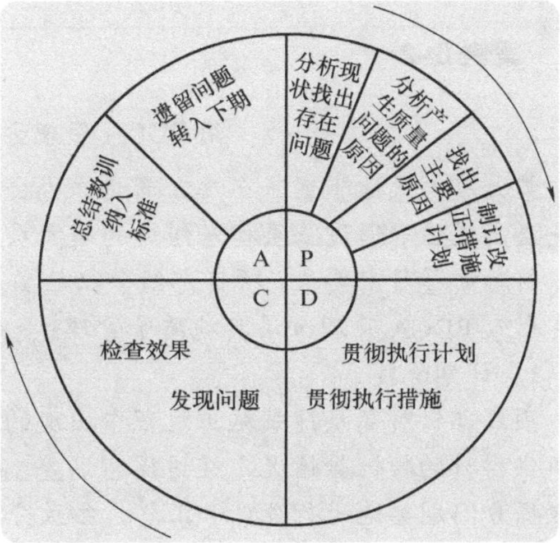

图 6-5 八个步骤示意图

PDCA 循环具有下列几个特点。

1）大环套小环，一环扣一环，小环保大环，推动大循环。整个企业质量目标计划和实施的过程是一个大的 PDCA 循环，各个车间、科室、班组以至个人要根据企业总的方针和目标，制订自己的工作目标和实施计划，并进行相应的 PDCA 循环。这样就形成了大环套小环的综合管理体系。上一级 PDCA 循环是下一级 PDCA 循环的依据，下一级 PDCA 循环是上一级 PDCA 循环的贯彻落实和具体化。大循环是靠内部各个小循环来保证，小循环又由大循环来带动，如图 6-6 所示。

2）PDCA 循环每转动一次，质量就提高一步，它是一个如同爬楼梯般的螺旋上升过程，如图 6-7 所示。每循环一次，解决一批问题，质量水平就会上升到一个新高度，从而下一次循环就有了更新的内容和目标。这样不断解决质量问题，企业的工作质量、产品质量和管理水平就会不断得到提高。

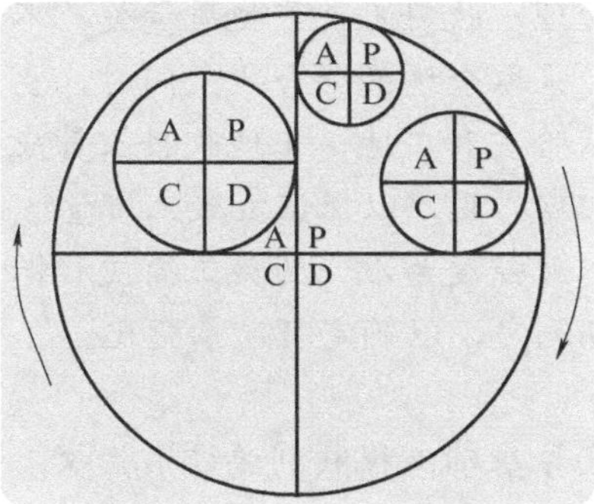

图 6-6 大环套小环

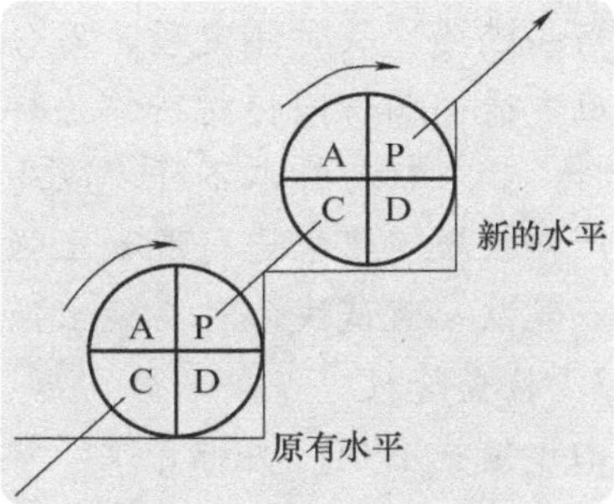

图 6-7 循环上升图

3）A 阶段是关键。只有经过处理的 A 阶段，才能将成功的经验和失败的教训纳入到制度和标准中，才能进一步指导实践。没有 A 阶段的作用就不能发扬成绩，也不能防止同类问题的再度发生，PDCA 循环也就失去了意义。因此，推动 PDCA 循环，不断提高质量水平，一定要始终抓好 A 阶段。

案例 6-2

用 PDCA 管理方法实现质量提高

某大厦是集地下室汽车库、商场、办公、住宅为一体的综合性商住楼，是由两幢三十一层高层住宅通过三层裙房组成的超高层连体建筑。

针对质量目标要求，项目部结合以往高层建筑的施工经验，根据本项目的特殊要求，决定引入 PDCA 管理方法实施质量管理。

1. **计划阶段**

项目部针对高层建筑施工过程中出现的质量通病，结合工程的施工图设计深度、当地所供材料的特性等情况，经过周密调查，充分运用排列图、因果图（鱼刺图）等工具对数据分门别类地进行统计和汇总，细致分析和充分论证，查寻潜在的质量影响因素。

通过梳理分析，认为给排水设计中管线复杂，可能存在变更较多，对预留、预埋等准确性影响较大；当地供应的混凝土骨料质量波动较大，会影响混凝土强度的控制。针对以上主要的影响因素，工程部提出了相应的计划措施。要求给排水专业工程师及全体施工人员仔细阅读设计图，提前介入，把问题解决在施工前，同时在施工期保持良好沟通，及时传递变更信息，协调解决出现的问题；严把混凝土原材料质量关，浇筑组及时进行混凝土试验，以确定骨料、配比对强度的影响，获得解决的方法。

2. **实施阶段**

各部门、各岗位根据承担的职责及制订的预防措施，开展工作。例如，针对土建施工阶段极易造成预留、预埋不准确或漏留、漏埋的问题，抓住关键重点，通过不断实践和摸索，编制各楼层预留、预埋统计表，并落实专人负责；积极与各专业监理工程师配合，同监理组形成约定，项目总监签署混凝土浇灌令时，必须先检查各专业监理工程师对预留、预埋的报验签证，确保给排水专业工程预留、预埋已按图样、规范完成。

严格按配比要求进行施工。项目部加强原材料管理，收料人员严把质量关，不允许不合格品进场。及时测定砂、石含水率，根据情况，采取合适的配合比。同时，要求粗料供应方提供两份同样材料作为样本，分别提供给试验室和工地，工地收料人员应按样本收料，如来料与样本不符，应马上汇报，并采取相应措施，以保证混凝土质量。

严格按规定要求进行混凝土强度测定，以二十八天强度为准。为施工简便和保证质量，一般做七天试块，对混凝土强度尽量根据其龄期测定，以确定其质量变化。

3. **检查阶段**

由于措施准确，实施有效，首先是桩基、地下室等基础工程顺利通过了验收，各项指标全部达到了优良工程的要求，随后开始的上部工程的进展也十分顺利。良好的质量信息反馈机制及与业主、设计单位、监理、质监及时的信息沟通，保证了施工过程中出现的各类问题得到及时、合理的解决。相关人员对工程质量进行全方位的监督，分部工程全部通过严格的自查、监理单位检查及质监部门的抽查。现场试验、取样试验的结果表明，当时最为担心的混凝土强度、给排水安装工程质量都达到了创优标准。

4. **总结阶段**

该工程由于采用了 PDCA 管理方法和技术措施，比合同工期提前一个半月完成施工任务，施工质量达到了全优工程的水平。工程部对施工期间所取得的经验进行了全面总结和分析，认为给排水专业编制的各楼层预埋、预留统计表对避免造成预留、预埋不准确或漏留、漏埋的问题十分有效，值得推广，现已印制了专用表格在公司范围内应用。

6.3　质量管理常用的统计分析方法

6.3.1　排列图法

排列图也叫作巴雷特图，是找出影响产品质量主要因素的一种有效方法，如图 6-8 所示。

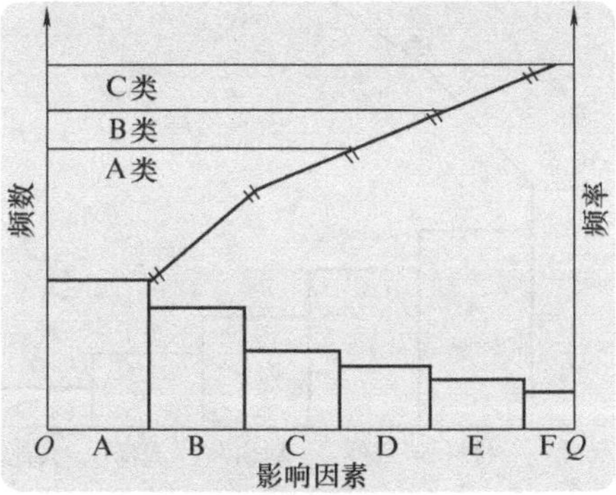

图 6-8　排列图

它是利用了“关键的少数和次要的多数”的原理，对影响产品质量的许多因素，按影响程度的大小、主次排列，从中找出关键因素，以确定从哪里入手解决问题收效最大。

排列图中有两个纵坐标，一个横坐标，n 个直方形和一条曲线。左边的纵坐标表示频数（如件数、金额等），右边的纵坐标表示频率，横坐标表示影响质量的各因素。直方形的高度表示某个因素影响的大小，曲线表示各影响因素大小的累积百分比，这条曲线称为巴雷特曲线。一般把巴雷特曲线分为三类：0～80%为 A 类，是主要因素；80%～90%为 B 类，是次要因素；90%～100%为 C 类，是一般因素。

例如，某厂调查近一个月生产的产品，不合格品（不良品）统计见表 6-1。

表 6-1　不合格品（不良品）统计

不合格项目	不合格品个数	比率（%）	累积百分比（%）
尺寸不合格	60	30.8	30.8
材料不合格	46	23.6	54.4
零件不合格	38	19.5	73.9
划伤	24	12.3	86.2
光泽不合格	17	8.7	94.9
其他	10	5.1	100
合计	195	100	

根据以上的统计资料，可以画出它的排列图，如图 6-9 所示。从图 6-9 可以看出尺寸、材料、零件不合格是影响质量的主要因素。

画排列图应注意的事项如下。

1）主要因素不应超过三个，否则就失去找主要因素的意义。

2）左纵坐标表示频数（影响程度），如件数、金额、工时等。

3）为使横坐标不过长，不太重要的项目很多时，一般都列入“其他”栏内。

4）确定了主要因素、采取相应措施后，为了检查效果，还要重新画排列图。

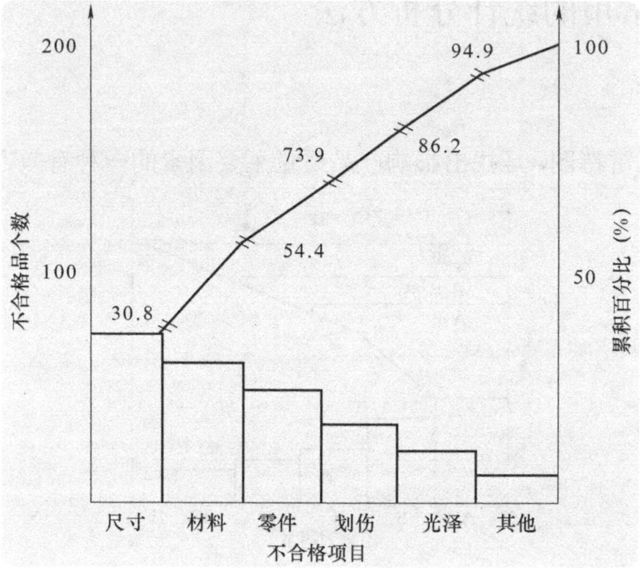

图 6-9　排列图实例

6.3.2　因果分析图法

因果分析图也叫作特性要因图，是用来寻找质量问题产生原因的一种方法。通常是采用开会的办法，集思广益，同时将群众意见反映在一张图上，探讨一个问题产生的原因。从大到小，从粗到细，寻根究底，直到能采取具体措施为止，如图 6-10 所示。

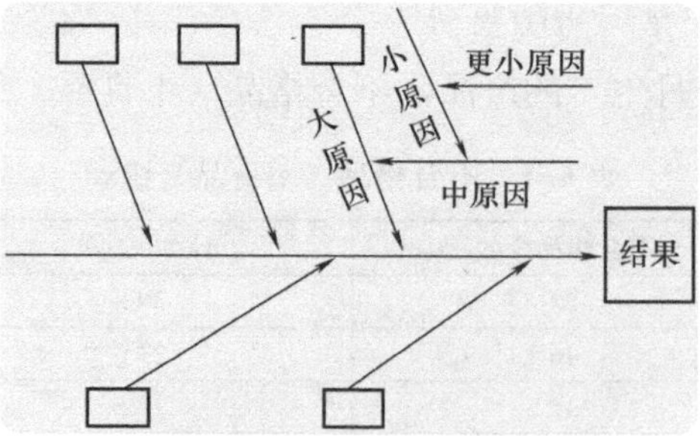

图 6-10　因果分析图

画因果分析图的注意事项如下。

1）影响产品质量问题的大原因，一般有五个方面，即人、机器、材料、方法、环境。

2）要充分发扬民主，把各种意见记下来。

3）原因的分析应细到可以采取措施。

4）大原因不一定是主要原因，主要原因可用排列图、投票或其他方法来确定，然后用方框框起来，以引起注意。

5）应到现场去落实主要原因的项目，再制订措施去解决。

6）采取措施后，应用排列图等检查其效果如何。

6.3.3 直方图法

直方图是用于工序质量控制的一种质量数据的分布图形。它是把从工序收集来的质量数据分布情况，画成以组距为底边、以频数为高度的一系列直方形连起来的矩形图。

1．直方图的绘制方法

例如，加工 $\phi 8_{-0.10}^{-0.05}$ 毫米的螺栓外径，从工序加工的产品中，抽取 100 件，经测量得表 6-2 所列的 100 个数据，再把这些数据画在坐标图上就是直方图（表 6-2 中数值均为减去 7.900 毫米后简化）。

表 6-2　螺栓尺寸实测值　　（单位：毫米）

38Δ	30Δ	18	25	23	30Δ	20	29	22	25
30	25	13×	25	27	20	25	28	18×	38Δ
38	30	25	25	27	24	30Δ	30	22	22
14×	30	26	25	27	25	26	35	25	15×
24	25	28Δ	27Δ	23	29	25	30	23	18
29	18×	24	20×	22×	22	20×	38Δ	20	27
28	20	22	22	23	25	29	25	27	35
20	18	23	27	29	30	30	24×	22	31
18	28	15	23	31Δ	26	25	30	30Δ	19
23	28	19	25	22	18×	22	35	30	22

注：Δ表示列中最大值；×表示列中最小值。

1）收集数据，一般 100 个左右，找出其中最大值以 L_a 表示，最小值以 S_m 表示。

2）将 100 个数据分成若干组，一般按表 6-3 所列的经验数值确定。现取 K=10。

表 6-3　数据分组经验数值

数据的数量 n	适当的分组数 K	一般使用的组数 K
50～100	6～8	10
100～250	7～12	
250 以上	10～20	

3）计算组距 h（后面计算中的单位省略），即组与组之间的间隔。一般用下列公式确定，即

$$h=\frac{L_a-S_m}{K}$$

$$h=\frac{38-13}{10}=2.5\approx3$$

4）计算第一组的上下界限值，一般用下式计算，即

$$S_{\rm m}\pm\frac{h}{2}$$

则有

$$S_{\rm m}\pm\frac{h}{2}=13\pm1.5=14.5\sim11.5$$

5）计算其余各组的上下界限值。第一组的上界限值就是第二组的下界限值，第二组的下界限值加上组距（h）就是第二组的上界限值，其余类推。

第二组上、下界限值为 17.5 和 14.5；

第三组上、下界限值为 20.5 和 17.5。

……

6）计算各组的中心值（X_i）。中心值是每组中间的数值，按下式计算，即

$$X_i=\frac{某组下界限值+某组上界限值}{2}$$

则有

第一组中心值

$$X_1=\frac{11.5+14.5}{2}=13.0$$

第二组中心值

$$X_1=\frac{14.5+17.5}{2}=16.0$$

其余类推。

7）记录各组的数据，见表 6-4。

表 6-4　频数分布表

组号	组距	中心值 X_i	频数统计	f_i (1)	u_i (2)	f_iu_i (3) = (1) × (2)	$f_iu_i^2$ (4) = (2) × (3)
1	11.5～14.5	13	//	2	−4	−8	32
2	14.5～17.5	16	//	2	−3	−6	18
3	17.5～20.5	19	////////////////	16	−2	−32	64
4	20.5～23.5	22	//////////////////	18	−1	−18	18
5	23.5～26.5	25=a	///////////////////////	23	0	0	0
6	26.5～29.5	28	/////////////////	17	1	17	17
7	29.5～32.5	31	///////////////	15	2	30	60
8	32.5～35.5	34	/ / /	3	3	9	27

（续）

组号	组距	中心值 X_i	频数统计	f_i （1）	u_i （2）	$f_i u_i$ （3）=（1）×（2）	$f_i u_i^2$ （4）=（2）×（3）
9	35.5～38.5	37	////	4	4	16	64
				100 $\sum f_i$ （5）		8 $\sum f_i u_i$ （6）	300 $\sum f_i u_i^2$ （7）

$\frac{\sum f_i u_i}{\sum f_i}$	（8）=（6）/（5）	0.08	$\frac{\sum f_i u_i^2}{\sum f_i}$	（10）=（7）/（5）	3.00
组距 h		3	$\left(\frac{\sum f_i u_i}{\sum f_i}\right)^2$	（11）=（8）^{2}	0.0064
$h\frac{\sum f_i u_i}{\sum f_i}$	（9）=h×（8）	0.24	$\frac{\sum f_i u_i^2}{\sum f_i}-\left(\frac{\sum f_i u_i}{\sum f_i}\right)^2$	（12）=（10）−（11）	2.9936
U=0 时中心值 a		25	$\sqrt{\frac{\sum f_i u_i^2}{\sum f_i}-\left(\frac{\sum f_i u_i}{\sum f_i}\right)^2}$	（13）=$\sqrt{(12)}$	1.7302
平均值 $\overline{X}$	a+（9）	25.24	标准偏差 S	（14）=h×（13）	5.19

8）统计落入各组的频数 f_i。

9）计算各组简化中心值 u_i。用下式确定，即

$$u_i=\frac{\text{各组中心值}X_i-a}{h}$$

a=25，则有

第一组简化中心值

$$u_1=\frac{13-25}{3}=-4$$

第二组简化中心值

$$u_2=\frac{16-25}{3}=-3$$

其余类推。

10）计算频数与简化中心值的积 $f_i u_i$，即表 6-4 中的（3）。

11）计算频数与简化中心值平方的积 $f_i u_i^2$，即表 6-4 中的（4）。

12）计算平均值 $\overline{X}$，计算公式为

$$\overline{X}=a+h\frac{\sum f_i u_i}{\sum f_i}$$

则有

$$\overline{X}=25+3\times\frac{8}{100}=25.24$$

13）计算标准偏差 S，计算公式为

$$S=h\sqrt{\frac{\sum f_i u_i^2}{\sum f_i}-\left(\frac{\sum f_i u_i}{\sum f_i}\right)^2}$$

则有

$$S=3\times\sqrt{\frac{300}{100}-\left(\frac{8}{100}\right)^2}=5.19$$

14）画直方图。以频数为纵坐标，组距为横坐标，画出一系列直方形就是直方图。

2．直方图的观察分析

画直方图目的是通过观察图的形状，来判断生产过程是否稳定，预测生产过程的质量。那么如何观察和分析呢？首先要看图形本身形状，然后用公差（标准）要求来与之比较，这样就大致有了结论。

关于图形，对直方图有些参差不齐不必太在意，而应着眼于图形的整个形状。常见的图形大体上有六种，如图 6-11 所示。

图 6-11a 所示为对称形，直方形中间为顶峰，左右对称，是理想的图形；图 6-11b 所示为锯齿形，这多是因为测量和读数有问题或是数据分组不当引起的；图 6-11c 所示为偏向形，直方形顶峰偏向一侧，多是因加工习惯造成的；图 6-11d 所示为孤岛形，是加工条件的变动造成的；图 6-11e 所示为双峰形，有两个峰顶，这往往是两个不同的分布混在一起造成的；图 6-11f 所示为平顶形，往往是由于生产过程中某种缓慢倾向起作用所致。

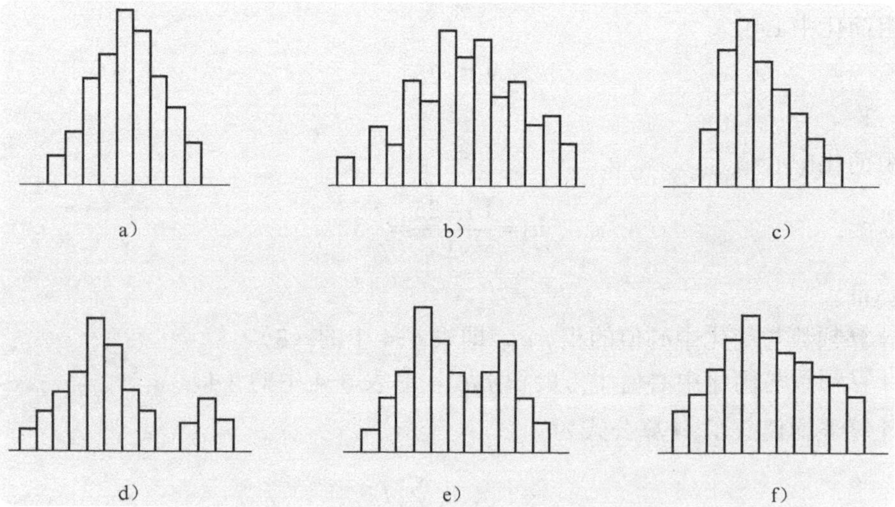

图 6-11　常见直方图

a）对称形　b）锯齿形　c）偏向形　d）孤岛形　e）双峰形　f）平顶形

用直方图与公差进行对比，看直方图是否都在公差要求之内。不过应注意，这时是整个加工过程，并不是少数加工出来的产品。这种对比也大体上有六种，如图 6-12 所示。图 6-12

中 B 是实际尺寸分布范围；T 是公差范围。

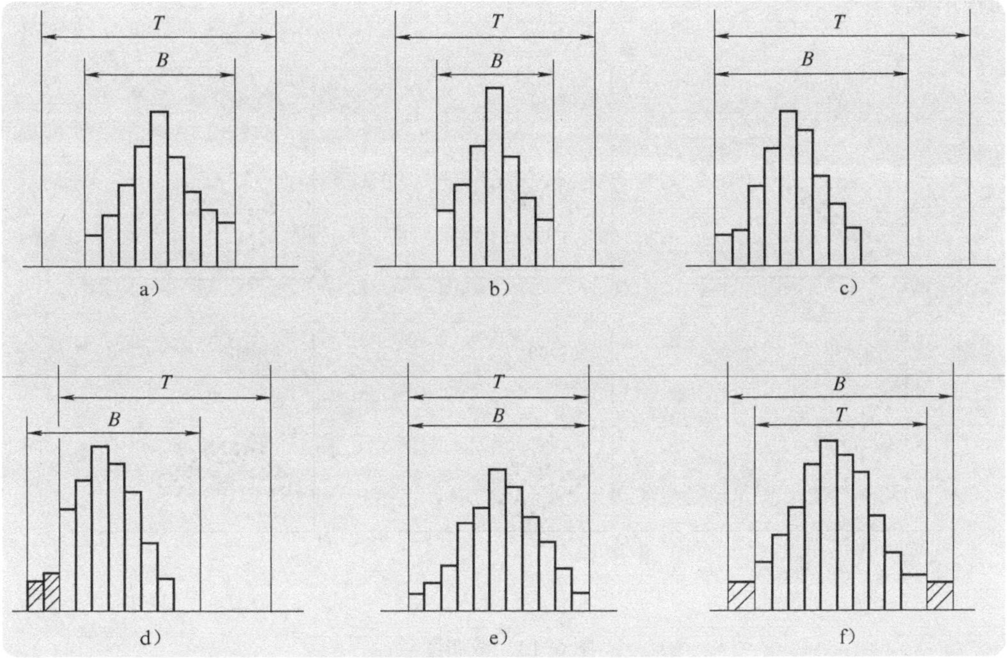

图 6-12　与公差对比的直方图

图 6-12a 中 B 在 T 的中间，分布情况比较理想；图 6-12b 中 B 大大小于 T，经济性不好；图 6-12c 中 B 虽在 T 的范围内，但因偏向一侧，故有超差的可能；图 6-12d 中 B 过分偏离公差中心，造成废品；图 6-12e 中 B 和 T 的分布范围正好一致，但完全没有余地，不小心会出废品；图 6-12f 中 B 超过 T 的范围，产生废品。

6.3.4　分层法

分层又叫作分类，它是分析影响质量（或其他问题）原因的方法。影响质量变动的因素很多，如果把不同状态的东西混在一起，就不易分清原因。因此，要把性质相同、在同种生产条件下收集到的数据归在一起，这样就可以使数据反映的事实暴露得更加明确、突出，便于找出问题。分层可按各种角度来分，如按不同时间分、按操作人员分、按使用设备分、按操作方法分、按原材料分，还可以按不同检验手段来分。

总之，目的是把不同性质的问题分清楚，便于分析问题、找出原因。分层法是多种多样的，没有什么硬性规定，这种方法是经常同质量管理中的其他方法一起联合使用的。

6.3.5　散布图法

在质量管理中，常常遇到一些变量共处于一个统一体中，它们互相联系、互相制约，在一定条件下又互相转化。有些变量之间存在着确定的关系，有些变量却存在着相关关系，即这些变量之间有关系，但又不能由一个变量的数值精确地求出另一个变量的数值。将两种有关的数据列出，并采用控制点的形式填在坐标纸上，观察两种因素之间的关系，这种图叫作散布图（或相关图），对它进行分析叫作相关分析。散布图的形式很多，但一般有图 6-13 所示的几种形式。

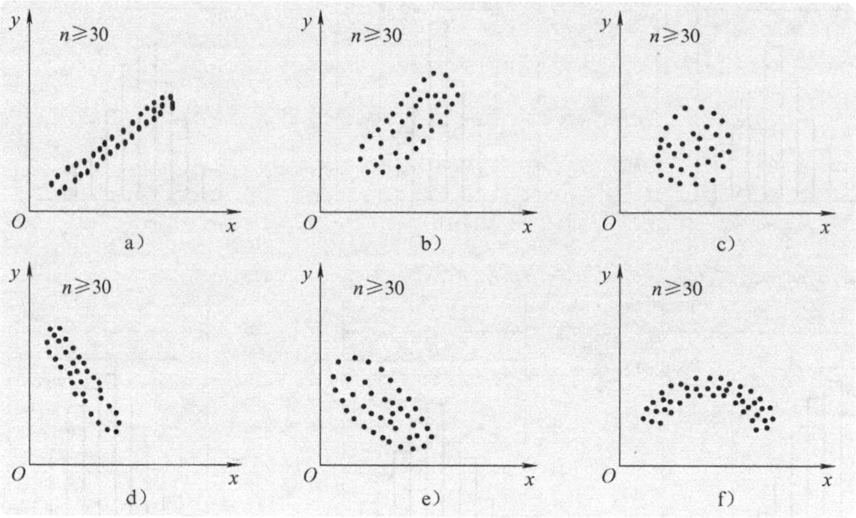

图 6-13　散布图

a）强正相关　b）弱正相关　c）不相关　d）强负相关　e）弱负相关　f）非线性关系

6.3.6　控制图法

控制图又叫作管理图，是用来分析和判断工序是否处于稳定状态所使用的带有控制界限的一种图表。

1. 控制图的分类

计量值控制图：

- 平均值和极差控制图（$\overline{X}$ - R图）
- 中位数和极差控制图（$\tilde{X}$ - R图）
- 单值和移动极差控制图（X - R_s图）
- 不合格品数控制图（P_n图）
- 不合格品率控制图（P图）
- 缺陷数控制图（C图）
- 单位缺陷数控制图（u图）

2. 控制图的基本形式

控制图的基本形式如图 6-14 所示。

控制图中一般有三条线，中间一条线叫作中心线（CL），常用实线（—）表示；上面的一条线叫作上控制线（UCL），下面的一条线叫作下控制线（LCL），上、下控制线均用虚线（---）表示。

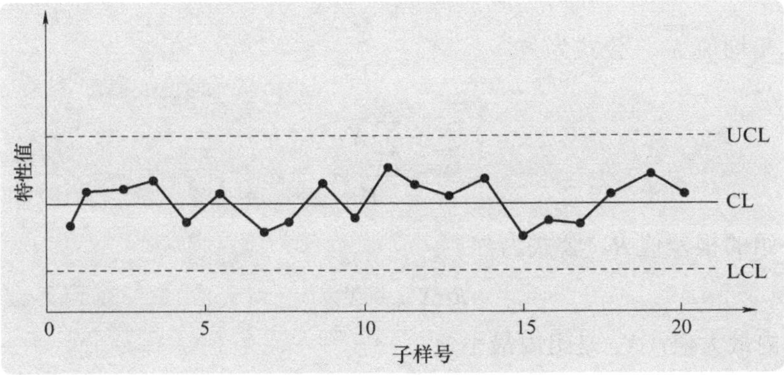

图 6-14　控制图的基本形式

3．控制图的绘制方法

绘制控制图，中心问题在于确定控制界限。$\overline{X}$-R 控制图是一种经常使用并具有代表性的控制图，这里仅以 $\overline{X}$-R 控制图为例来叙述绘制程序。

1）收集数据。从需要管理的工序中，收集某质量特性的近期数据。为保证数据的代表性，应采取间隔随机抽样，数据量应不少于 100 个。

2）数据分组。将收集来的数据按测量顺序或批次分组，一般组数 K=20～25，每组数据个数 n=4～5。

3）将数据填入数据表。收集的数据分组后，应详细、准确地记入规定的数据表中，其格式可自行设计，表 6-5 仅供参考。

4）计算各组平均值 $\overline{X}$。公式为

$$\overline{X}=\frac{X_1+X_2+\cdots+X_n}{n}$$

表 6-5　数据表（仅供参考）

产品名称______					车间				
质量特性______					班组				
测量人______					工序				
测量单位______					自　　年　　月　　日				
测量方法______					至　　年　　月　　日				
子样号	时间	X_1	X_2	X_3	X_4	X_5	$\overline{X}$	R	备注
1 2 3 4 ⋮									
合计									
平均									
$\overline{X}$ 控制图： CL= UCL= LCL=					R 控制图： CL= UCL= LCL=				

5）计算总平均值 $\overline{\overline{X}}$ 。公式为

$$\overline{\overline{X}} = \frac{\sum_{i=1}^{K} \overline{X}_i}{K}$$

6）计算各组的极差值 R。公式为

$$R = X_{大} - X_{小}$$

式中，$X_{大}$是组内最大值；$X_{小}$是组内最小值。

7）计算各组极差值的平均值 $\overline{R}$ 。公式为

$$\overline{R} = \frac{\sum_{i=1}^{K} R_i}{K}$$

8）计算中心线和控制界限。

对于 $\overline{X}$ 控制图

$$\mathrm{CL} = \overline{\overline{X}} = \frac{\sum_{i=1}^{K} \overline{X}_i}{K}$$

$$\mathrm{UCL} = \overline{\overline{X}} + A_2 \overline{R}$$

$$\mathrm{LCL} = \overline{\overline{X}} - A_2 \overline{R}$$

对于 R 控制图

$$\mathrm{CL} = \overline{\overline{R}} = \frac{\sum_{i=1}^{K} \overline{R}_i}{K}$$

$$\mathrm{UCL} = D_4 \overline{R}$$

$$\mathrm{LCL} = D_3 \overline{R}$$

式中，A_2、D_3、D_4是由子样大小 n 确定的系数，可由表 6-6 查得。

9）画控制界限。用普通方格坐标纸或采用控制图纸画，其上方安排 $\overline{X}$ 图，下方安排 R 图。在各控制界限的右方记入相应的 UCL、CL、LCL 符号和数值。

10）打点。把各组的 $\overline{X}$ 值和 R 值变成控制点，记入相应的 $\overline{X}$ 图和 R 图中，并将控制点按组号顺序用直线连接起来。

11）写上有关事项。

表 6-6　控制图用系数表

系数 / n	A_2	D_3	D_4
2	1.880	—	3.267
3	1.023	—	2.575
4	0.729	—	2.282
5	0.577	—	2.115
6	0.483	—	2.004
7	0.419	0.076	2.924
8	0.373	0.136	1.864
9	0.377	0.184	1.816
10	0.308	0.223	1.777

4．控制图的观察分析

对于工序管理来说，仅仅画出控制图不是最终目的，重要的是对控制图的观察分析。一般来说，控制图上的点反映出生产过程的稳定程度。

当控制点满足下列两个条件：①控制点没有跳出控制界限；②控制点在控制界限内排列没有缺陷（异常），就认为生产过程基本上处于控制状态。

如果控制点跳出控制界限，或者控制点虽然没有跳出控制界限，但其排列有下面几种缺陷情况时，就认为生产过程发生了异常变化，必须把引起这种异常变化的原因找出来，排除掉，使生产工序处于控制状态。

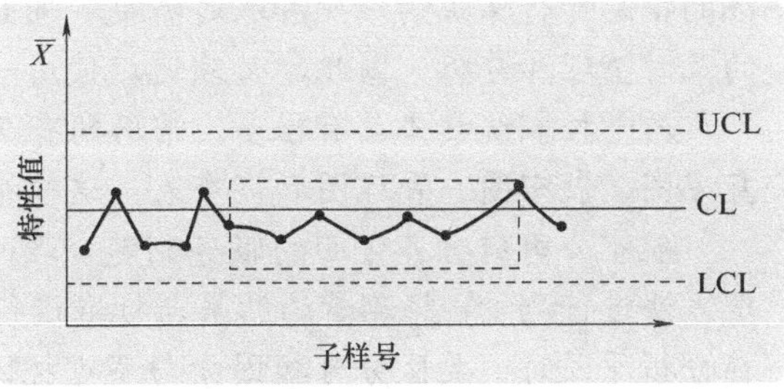

图 6-15　控制图实例 1

下列情况之一应判为控制点排列有缺陷。

1）控制点在中心线一侧，连续出现七次以上，如图 6-15 所示。

2）连续出现七个控制点上升或下降的倾向，如图 6-16 所示。

3）控制点在中心线一侧多次出现，如连续出现十一个控制点，至少有十个控制点在同一侧，如图 6-17 所示。

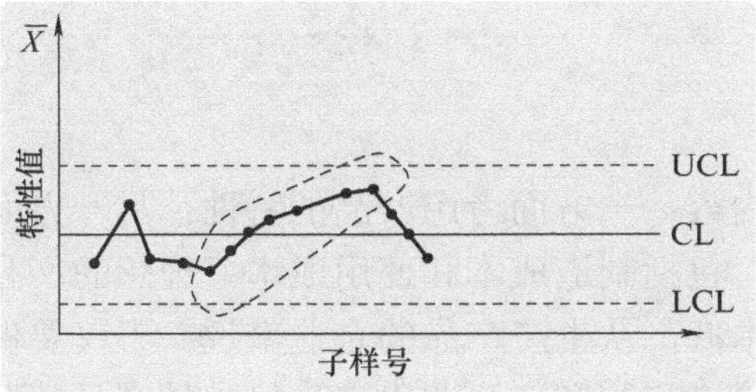

图 6-16　控制图实例 2

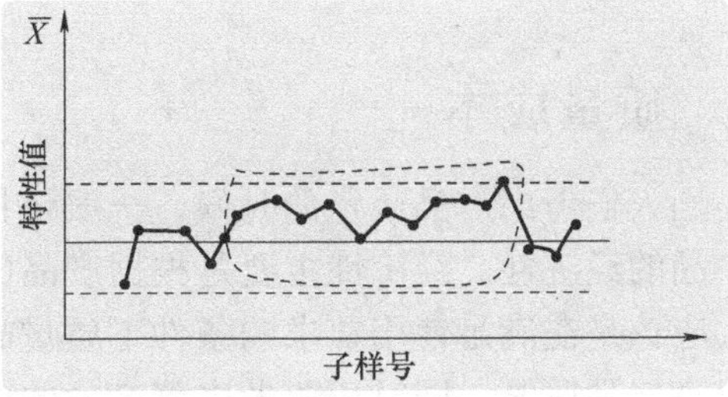

图 6-17　控制图实例 3

4）连续三个控制点中至少有两个（可以不连续）在上方或下方 2σ 横线以外出现，如图 6-18 所示。

5）控制点排列呈周期性，如图 6-19 所示。

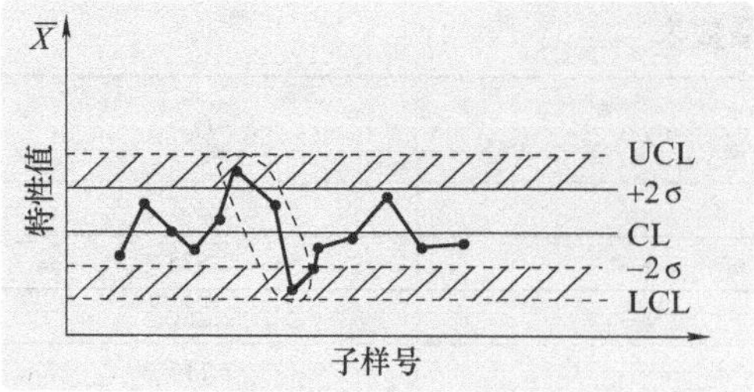

图 6-18　控制图实例 4

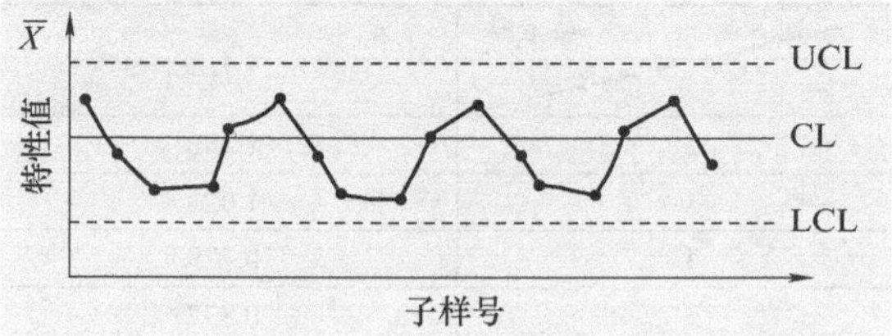

图 6-19　控制图实例 5

案例 6-3

航空运输业中质量管理方法的应用

对于航空运输业来讲，质量管理的中心环节是保证航班运行的安全性，因为人的生命是最宝贵的，这就要求各部门、各环节首先必须将保证航班安全性作为首要条件。其次是良好的服务。为保证提供给顾客良好的服务，每项工作除了必须认真按规定的标准完成并避免差错外，还必须根据顾客的需求心理，灵活地调整服务方式。

对航空运输服务及生产过程的有效控制，主要取决于对反映生产、服务工作过程状况的信息资料掌握的准确和及时程度，同时也取决于对来自工作现场的大量信息、数据的及时整理和分析。因此，必须通过使用一定的质量管理方法才能实现。

质量控制统计工具有很多，常用的有 7 种工具，包括排列图、因果分析图、分层法、直方图、散布图、管理图和调查表。这些统计工具在民航运输业有广泛的应用。

航空公司针对各方面的服务制定合理的质量标准，并每周或每月采用不同的质量管理方法进行测量，将测量的结果与标准进行比较，发现偏差后立即分析原因、进行改进。在分析原因时，要区分可控因素与不可控因素，重点对可控因素进行控制。例如，影响航班延误的主要因素有天气、航空公司计划、工程机务、流量控制、旅客等。航空公司首先要分析公司计划、工程机务和旅客等可控因素的影响，并制定行之有效的改进措施。

另外，由于航空服务的时间性是影响服务质量的至关重要的因素，因此，广泛地采用时间分布的方法来测量与控制航空运输服务质量是十分重要的手段。

6.4　质量成本

当人们考虑产品质量的时候，一般包括以下内容：一方面考虑产品的特性；另一方面考虑产品的经济性。经济性主要是根据产品的成本，包括制造成本和使用成本。理想的产品质量，应该是在满足使用要求的条件下质量高而成本低，从生产产品的企业来说，不仅要保证和提高产品质量，同时还要考虑到产品的成本、价格和利润。企业生产任何一种产品都要在保证质量的前提下获得利润。所以需要对质量成本进行研究。

6.4.1　质量成本的概念和内容

所谓质量成本，是指将产品质量保持在合同双方确定的质量水平所需的全部费用；还有因没有达到质量标准而产生的一切损失的费用。以上两项费用总和就构成了质量成本。

质量成本项目，一般包括以下几个方面。

1. 预防成本

预防成本是指企业为了保证产品达到质量标准所支出的费用，也就是为防止缺陷的发生而支付的费用，具体包括如下内容。

1）质量计划工作费，即制订质量计划、检验计划、产品可靠性计划以及其他专门性的计划等的费用支出。

2）建立质量体系所支出的费用。

3）质量教育培训费用。

4）新产品投入前的评审费用。

5）工序控制费用。

6）质量体系行政费用。

2. 鉴定成本

鉴定成本是指在一次交验合格的情况下，对原材料、零部件、成品进行质量检验所发生的费用，具体包括如下内容。

（1）进货检验费用　即对进厂的原材料、外协件、外购件进行质量检验的费用。

（2）工序检验费用　即对在加工中的零件进行质量检验的费用。

（3）最终检验费用　即对完工的产品在出厂前进行检验的费用。

（4）抽检与评定费用　即产品抽检及评定等级的费用。

（5）计量检测费用　即对计量检测检验手段进行维护、校准以及消耗所支出的费用和检验人员工资、管理费等。

3. 内部故障成本

内部故障成本是指产品在出厂之前，由于存在缺陷所造成的损失费用，具体包括如下内容。

（1）废品损失费用　即由于废品而导致的损失费用。

（2）返工损失　即不合格品的返修费用。

（3）停工损失　由于质量事故导致停工的损失费用。

（4）事故损失　因质量事故所造成的损失以及处理事故所支出的费用。

（5）复检费用　即经过返修的产品再进行检验的费用。

（6）处理费用　为了处理不合格品所需的人工、材料以及设备的费用。

4. 外部故障成本

外部故障成本是指产品出厂后，由于质量缺陷所引起的一切损失费用，具体包括如下内容。

（1）申诉受理费用　指调查和受理因产品质量差而引起顾客合理申诉所发生的一切费用（包括索赔）。

（2）退货损失　指顾客因产品质量问题而退货所造成的一切费用支出。

（3）保修费用　即在保修期内，按保修条件进行修理、更换零件所发生的费用。

（4）折价损失　由于产品质量不符合要求而进行折价处理所造成的损失费用。

6.4.2 故障成本、鉴定成本与预防成本的关系

质量成本中故障成本、鉴定成本与预防成本的关系可用图 6-20 表示。

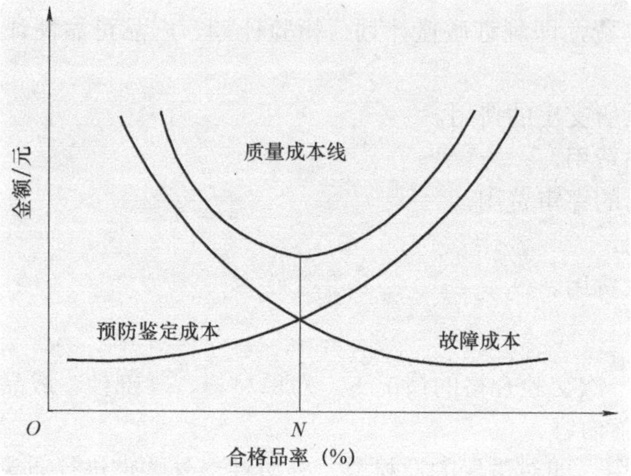

图 6-20　质量成本中故障成本、鉴定成本与预防成本的关系

从图 6-20 中可以看出，随着产品质量的提高，预防鉴定成本随着增加，而故障成本则减少；故障成本曲线与预防鉴定成本曲线的交点是最佳质量费用点，这时质量适宜，花费合理而较少，经济效益高。总之，图 6-20 告诉我们，故障成本与预防鉴定成本之间，客观上存在着一个合理的比例，这个比例通常是内、外故障成本之和，占质量成本的 50%～60%，预防成本约占 10%，鉴定成本约占 30%，如果违反了这个比例，企业在经济上将会受到极大损失。如果预防鉴定成本少，将导致故障成本剧增，利润急剧下降。

案例 6-4

CTS 集团通过全面质量控制降低质量成本

CTS 集团在大量电子零件及子系统制造商中异军突起。根据公司有关人士的说法，公司之所以能实现稳定增长，其原因就在于它能够“以最快的速度不断提供高品质的产品”。当公司发现产品报废、返工和零件的重新检验以及产品退回率已经占到公司质量成本的 95%以上时，就敏锐意识到必须对生产过程进行全面质量控制，削减质量成本。

根据基层生产部门提出的“消除误差根源”这一要求，一个改正行动得到了实施。该行动涉及产品从焊接站送到下一工序这一转移过程。很多装在托台上等待传输的电阻器排列都不准确，因此出现丢失或造成涂层误差。估计此项质量成本每年 3 万美元。现在改正行动小组在托台上添加了转矩弹簧，这样托台的张力增加了，产品因此能放得更稳。

CTS 生产的每一种产品都有多达 6000 个不同类型，根据客户的不同需求量身定做电阻器。每个产品类型都有一张工作表和一张"产品设计"系统图。每年生产的新产品超过 650 种，而且每周都会对现有产品进行升级，升级次数约为 50 次。生产车间为了赶进度不分昼夜连轴转，因此，一旦原来的设计出现了仓促升级，出错的概率就非常高。公司的产品设计总监领导了一个改正行动小组负责削减质量成本。小组对每周的订单延迟情况进行了统计，发现主要的原因在于，大家必须在订货与交货之间很短的时间内对产品设计进行大量更新，如果能够保证订货和交货之间有充足的时间，就能消除质量成本。而制订周密的计划，做出准确预测是解决问题的关键。小组同销售、产品设计和生产部门合作，制作了产品流程图，从销售记录到生产车间拿到计算机辅助设计的整个流程都包括在内。团队将过程的每个步骤都确定下来，然后制订指标工作表。工作表对产品加工的每一个阶段的时间和进度进行安排。这样设计小组就能做到第一次就将事情做正确。跟踪评估结果显示，该小组实现了 4 个月以上的"零缺陷"。

6.4.3　质量成本适宜区域的确定

质量成本曲线，一般可分为改善区、适宜区和至善区三个区域，如图 6-21 所示。

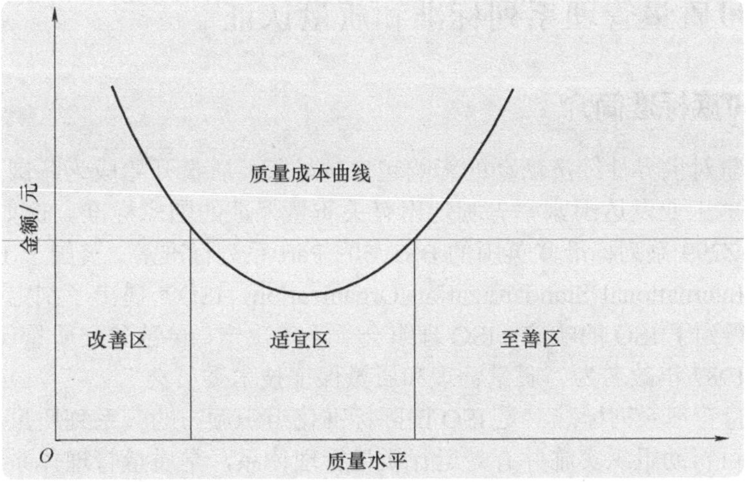

图 6-21　质量成本曲线图

从图 6-21 可以看出，质量水平处于改善区时，质量水平较低，故障成本较高，应尽快提高产品质量；质量水平处于适宜区时，质量适当，顾客满意，质量成本最低，经济效益高，是最佳质量区域；质量水平处于至善区时，故障成本虽然小了，但预防鉴定成本却很高，结果质量成本也很高，于是企业经济效益较低，一般不宜取此区域。

既然适宜区是人们追求的区域，那么，怎样确定它呢？通常采用的方法有以下几种。

1．经验测算法

这种方法是从企业历年的统计资料中，找出质量成本的平均先进水平，进行技术经济论证后，初步确定质量成本的适宜区，然后在实践中加以修正，再正式确定质量成本的适宜区。

2. 逐项优化法

它是分别找出故障成本、鉴定成本和预防成本的最佳值，从而相应地确定出适宜区，并在实践中不断修正完善。

3. 合理比例法

前面已经提到，在故障成本、鉴定成本和预防成本之间，存在着一个合理比例，若按此比例进行工作，即可找到适宜区。这个合理比例要依据本企业实际情况而定，经过反复实践摸索，方能找到。

6.4.4 质量成本指导原则

质量成本的指导原则如下。

1）当内部损失上升时，加强纠正预防措施，求得内部损失的下降。

2）当外部损失上升时，加强鉴定把关，不合格品不出厂，求得外部损失的下降。

3）当内、外损失上升时，加强鉴定和纠正预防措施，求得内、外损失的下降。

4）当内、外损失下降时，降低鉴定费用。

6.5 ISO9000质量管理系列标准和质量认证

6.5.1 ISO9000族标准简介

随着产品质量对世界性经济活动的影响越来越显著，质量开始成为各国企业关心的新的重点。由此，一些工业发达国家率先制定出有关质量保证的国家标准。例如，加拿大 1979 年推出的 CAN3-Z299 系列标准和英国的 BS5750：Part 系列标准等。英国于 1979 年率先向国际标准化组织（International Standardization Organization，ISO）提出了制定有关质量保证国际标准的建议，得到了 ISO 的响应。ISO 理事会于当年决定，单独建立质量保证技术委员会，即 ISO/TC176，1987 年改名为“质量管理和质量保证技术委员会”。

ISO9000 质量管理系列标准，是 ISO 国际标准化组织颁布的一系列质量管理和质量保证标准。该标准族可帮助组织实施并有效运行质量管理体系，是质量管理体系通用的要求或指南。它不受具体的行业或经济部门的限制，可广泛适用于各类型和规模的组织，在国内和国际贸易中促进相互理解和信任。

ISO9000 族标准自 1987 年正式诞生以来，经历了四次正式的改版，分别是 1994 年、2000 年、2008 年和 2015 年。

1. 1987 版 ISO9000 族标准

ISO/TC176 成立后，于 1986 年颁布了第一个国际标准 ISO8402《质量　术语》，1987 年又颁布了 ISO9000 族质量管理和质量保证国际标准，即

ISO9000《质量管理和质量保证标准　选用和使用指南》

ISO9001《质量体系　设计/开发、生产、安装和服务的质量保证模式》

ISO9002《质量体系　生产和安装的质量保证模式》

ISO9003《质量体系　最终检验和试验的质量保证模式》

ISO9004《质量管理和质量体系要素　指南》

其中 ISO9000 标准是为该标准的选用和使用提供原则指导；ISO9001、ISO9002、ISO9003 是一组三项质量保证模式；ISO9004 是指导企业内部建立质量体系的指南。

ISO9000 族标准是企业进行质量管理的宝贵财富。在订货时，ISO9000 族标准是需方对供方质量保证要求的依据，是实行产品质量认证和质量体系认证的基础。在国际贸易中，按 ISO9000 族标准进行质量管理的企业，将得到采购商的信任，有利于产品进入国际市场。正是由于上述原因，ISO9000 族标准一经发布就得到世界工业界的承认，受到各国的普遍重视和欢迎，并被各国标准化机构采纳，成为 ISO 标准中推广最好、最迅速的一个标准。

2．1994 版 ISO9000 族标准

1994 年 7 月 1 日，ISO 正式发布 1994 版 ISO9000 系列标准，它对 1987 版标准进行了技术性修订，并取代了 1987 版 ISO9000 系列标准。此后，ISO 还陆续发布了一些关于质量管理保证的支持性标准。最终，1994 版 ISO9000 族标准形成三个系列二十七个正式标准。主要标准如下。

ISO8402：1994《质量管理和质量保证术语》

ISO9000-1：1994《质量管理和质量保证标准　第 1 部分：选择和使用指南》

ISO9000-2：1993《质量管理和质量保证标准　第 2 部分：ISO9001、ISO9002 和 ISO9003 实施通用指南》

ISO9000-3：1993《质量管理和质量保证标准　第 3 部分：ISO9001 在软件开发、供应和维护中的使用指南》

ISO9000-4：1993《质量管理和质量保证标准　第 4 部分：可信性大纲管理指南》

ISO9001：1994《质量体系设计、开发、生产、安装和服务的质量保证模式》

ISO9002：1994《质量体系生产、安装和服务的质量保证模式》

ISO9003：1994《质量体系最终检验和试验的质量保证模式》

ISO9004：1994《质量管理和质量体系要素》

ISO10011：1990《质量体系审核指南》

3．2000 版 ISO9000 族标准

为了持续保持 ISO9000 族标准的优越地位，全面满足服务业以及所有组织的需求，ISO/TC176 已经对 1994 版实施了大范围的整体修订，以消除 1994 版针对制造业为背景的缺陷，同时强化了满足顾客要求。ISO 组织已于 2000 年 12 月 15 日正式发布了 ISO9000：2000 族国际标准。ISO9000：2000 族的核心标准如下。

ISO9000：2000《质量管理体系　基础和术语》

ISO9001：2000《质量管理体系　要求》

ISO9004：2000《质量管理体系　业绩改进指南》

ISO19011：2001《质量和（或）环境管理体系审核指南》

4. 2008 版 ISO9000 族标准

2008 版的 ISO9000 标准于 2008 年 11 月 15 日正式发布。2000 版与 2008 版的差别并不大，2008 版主要是对 2000 版做了一些文字上的修饰。ISO9000：2008 四个核心标准如下。

ISO9000：2005《质量管理体系　基础和术语》

ISO9001：2008《质量管理体系　要求》

ISO9004：2009《质量管理体系　业绩改进指南》

ISO19011：2003《质量和（或）环境管理体系审核指南》

5. 2015 版 ISO9000 族标准

ISO 9000：2015 新标准于 2015 年 9 月 23 日发布。2015 版四个核心标准如下。

ISO 9000：2015《质量管理体系　基础和术语》

ISO 9001：2015《质量管理体系　要求》

ISO 9004：2009《组织的持续成功管理　质量管理方法》

ISO 19011：2011《管理体系审核指南》

6.5.2 ISO9001：2015 质量管理体系标准

ISO9001——世界范围内被最广泛采用的质量管理体系标准，该标准进行了自 2000 年以来的首次重大改版，融入了根据全球顾客和专家反馈所进行的变更。同时，ISO9000 中所定义的对于理解 ISO9001 至关重要的术语也已被修订。

1. ISO9001 标准的改版历史

ISO9000 族标准自 1987 年正式诞生以来，经历了四次正式的改版，ISO9001 也随之发生 4 次改版：

第一次改版发生在 1994 年，它沿用了质量保证的概念，传统制造业烙印仍较明显。

第二次改版是在 2000 年，不论是从理念、结构还是内涵，这都是一次重大的变化，标准引入了“以顾客为关注焦点”和“过程方法”等基本理念，从系统的角度实现了从质量保证到质量管理的升华，也淡化了原有的制造业的痕迹，具备了更强的适用性。

第三次改版是在 2008 年，形成了标准的第四个版本，这次改版被定义为一次“编辑性修改”，并未发生显著变化。

第四次改版就是在 2015 年，这次改版在结构、质量手册、风险等方面都发生了变化。

相关专家将 ISO9001：2015 变化内容总结为“一变”（条文架构改变）、“三减”（质量手册要求、管理代表要求、预防措施要求）、“六增加”（增加组织背景环境分析和确定组织目标和战略、增加风险和应急措施以及机遇的管理、增加知识管理理解相关方的需求和期望、增加领导作用和承诺以及组织的知识、增加绩效评估、增加变更控制管理）。

表 6-7 列出了 2015 版与 2008 版 ISO9001 标准主要变化。

表 6-7　2015 版与 2008 版 ISO9001 标准主要变化

标准主要变化	ISO9001：2015	ISO9001：2008
1）质量管理原则的变化	以顾客为关注点	以顾客为关注点
	领导作用	领导作用
	全员参与	全员参与
	过程方法	过程方法
		管理的系统方法
	持续改进	持续改进
	基于事实的决策方法	基于事实的决策方法
	（互利的）关系管理	与供方互利的关系
2）标准结构变化	第 1～10 章加附录及参考文献	第 1～8 章
	采用高级结构（环境网络）	未采用高级结构（网络）
	术语引用 ISO9000：2015 标准	术语引用 ISO9000：2005 标准
	与 ISO14001 及 ISO45001（即原 OHSAS18001）结构完全一致，兼容性非常强	与 ISO14001 及 ISO45001（即原 OHSAS18001）兼容性不强
3）标准内容变化	简化语言描述形式	专家语言较术语化
	强化了对组织环境的要求	组织环境要求较弱化
	统一称为外部供应方	分供方与外包方
	增加相关方要求	无相关方要求
	增加了对绩效评价的要求	无绩效评价要求
	统一使用文件化信息表述（命名权给企业），弱化文件要求，强调体系与运作融合，防止两张皮	有质量手册、程序、记录等方面要求
	增强通用性（特别是服务业）	适用不同规模、类型组织
	强化了采用过程方法的要求（体系过程建立、分析和审核时）	鼓励采用过程方法
	产品和服务	产品
	删减适用范围扩大	删减仅限第七章产品实现
	强化风险管理	对风险管理较弱化
	在条款中取消预防措施，整个体系及风险管理都是为了预防	条款中有预防措施

总之，改版后的 ISO9001：2015 版标准更加成熟，以适应更加复杂的应用环境和满足对管理体系具有更高预期的企业需求；对组织的通用性更强，适用性更广，给组织的自由度更大，为组织追求卓越指明了方向；引导组织采用基于风险的方法来思考和行动，识别风险和机会，从而为质量管理体系（QMS）取得其预期结果提供信任。

6.5.3 质量认证

1. 质量认证的概念

质量认证是随着现代工业的发展作为一种外部质量保证的手段逐步发展起来的。在现代质量认证产生之前，供方为了推销产品，往往采取“合格声明”的方式，以取得买方对产品质量的信任。所谓“合格声明”就是供方单方面通过有关的产品说明、文件或“合格”标记等形式，表明所供产品的全部特性能够符合买方的要求。这对于质量特性比较简单的产品而言，不失为一种增强买方购买信心的有效手段。随着科学技术的发展，产品的结构和性能日趋复杂，仅凭买方的知识和经验很难判断产品是否符合要求，加之供方的“合格声明”并不总是可信，于是供方单方面的“合格声明”的作用逐渐下降。在这种情况下，顺应供方树立其产品信誉、社会保障、消费者利益以及安全和法律的需要，由第三方证实产品质量的现代质量认证制度便应运而生。

质量认证是指由一个公认的、权威的认证机构（第三方的机构）对产品或服务是否符合规定要求（如标准、技术规范和有关法规）等进行鉴别，以及提供合格证明（认证证书和认证标志，并予以注册登记）的活动。

2. 质量认证的分类

1）按质量认证对象的不同，质量认证分为产品认证、质量体系认证和认证机构的认可。产品认证是指依据产品标准和技术要求，经认证机构确认并提供合格证明，证明某一产品符合相应标准和相应技术要求的活动；质量体系认证是指由公正权威的第三方认证机构派出经资格认可的审核员，对企业的质量体系依据国际通用的质量管理和质量保证系列标准进行鉴别，并对符合标准要求者给予注册并颁发合格证书的活动，又称为质量体系注册；认证机构的认可是由权威性组织依据程序对某一团体具有从事特定任务的能力予以正式认可。为了确保产品认证和体系认证的客观性、公正性和科学性，应对认证机构的资格进行评价和认可。需认可的认证机构包括产品认证机构、体系认证机构、检验和鉴定机构、培训机构，还包括审核员的资格注册等。

2）按质量认证作用的不同，质量认证分为合格认证和安全认证。前者是指判断其是否符合国际标准、国家标准或行业标准要求的认证活动；后者是指判断其是否符合规定的强制性标准的认证活动。目前，大多数认证制度为合格认证，而安全认证越来越受到重视。例如，美国的 UL 认证和欧盟的 CE 认证都是世界著名的产品安全认证，它们作为消除国际贸易技术壁垒的有效手段，为促进国际贸易的发展发挥着积极的作用。欧盟的 CE 认证更是被视为制造商打开并进入欧洲市场的护照。凡是贴有“CE”标志的产品均可在欧盟各成员国国内销售，无须符合每个成员国的要求，从而实现了商品在欧盟成员国范围内的自由流通。

3）按申请要求的不同，质量认证分为强制性认证和自愿认证。前者是指企业必须申请的认证活动（如安全认证），未经认证不准销售和进口，销售的产品有指定认证标志，适用于关系人身安全、身心健康和具有重大经济价值的产品；后者又称为非强制性认证，是指企业自愿申请的认证活动，并可按规定使用认证证书和标志，适用于一般性产品。

3．认证的要素

认证的基本要素包括下列四项。

（1）型式试验　是指为了证明产品质量符合产品标准的全面要求而对产品进行的抽样检验，是构成许多类型认证的基础。

（2）质量体系检查　是指对产品生产企业的质量保证能力进行的检查和评定。

（3）监督检验　是对获取认证后的产品进行的一项监督措施。它是从企业最终产品中或市场上抽取样品，由认证独立检验机构进行检验。如果检验结果证明继续符合标准的要求，则允许继续使用认证标志；如果不符合，则要采取必要的措施。

（4）监督检查　是对取得认证资格的企业的质量保证能力进行定期复查，这是保证产品的质量持续符合标准的又一项监督措施。

4．产品质量认证与质量体系认证的区别

产品质量认证与质量体系认证虽然都是由第三方认证机构从事的认证活动，但在许多方面有很大差异，见表 6-8。

表 6-8　产品质量认证与质量体系认证的主要区别

项　目	产品质量认证	质量体系认证
认证对象	特定产品	企业的质量体系
评定依据	1）产品质量符合指定的标准要求 2）质量体系满足国际通用的质量管理和质量保证系列标准及特定产品的补充要求	质量体系满足认证机构认可的质量保证标准要求和必要的补充要求
认证证明方式	产品认证证书和认证标志	质量体系认证证书和认证标志，并予以注册
证明的使用	认证标志能用于产品及其包装上	认证证书和认证标志都不能用于产品或包装上
认证性质	自愿性和强制性都有	一般属于自愿性

5．质量认证工作程序

（1）提出申请　由企业向认证机构申请，按规定格式填写申请书。

（2）初步审查　认证机构收到申请书后，做出是否接受申请的答复。若接受申请，认证机构派检查人员对企业或产品进行初步检查，并提出检查报告，把检查结果通知申请企业。

（3）检验评定　认证机构派检查人员在申请企业进行随机取样检验、提出检验报告，把评定结果通知企业。

（4）颁发证书和标志许可证　认证机构根据检查人员的报告进行研究，对符合条件的企业，核准后发给证书和使用认证标志许可证，并在刊物上公布认证企业或产品。

（5）监督检查　凡获准使用认证标志的企业，都要接受认证机构定期或不定期的监督检查。认证有效期三年，期满后企业应申请复查，复查合格可延长合格证书有效期。

6．强制性产品认证制度

强制性产品认证制度，是各国政府为保护广大消费者人身和动植物生命安全，保护环境、

保护国家安全，依照法律法规实施的一种产品合格评定制度。它要求产品必须符合国家标准和技术法规。强制性产品认证，是通过制定强制性产品认证的产品目录和实施强制性产品认证程序，对列入《目录》中的产品实施强制性的检测和审核。凡列入强制性产品认证目录内的产品，没有获得指定认证机构的认证证书，没有按规定加施认证标志，一律不得进口、不得出厂销售和在经营服务场所使用。强制性产品认证标志名称为“中国强制认证”，英文名称为“China Compulsory Certification”，英文缩写为“CCC”。

强制性产品认证制度在推动国家各种技术法规和标准的贯彻、规范市场经济秩序、打击假冒伪劣行为、促进产品的质量管理水平和保护消费者权益等方面，具有其他工作不可替代的作用和优势。认证制度由于其科学性和公正性，已被世界大多数国家广泛采用。实行市场经济制度的国家，政府利用强制性产品认证制度作为产品市场准入的手段，正在成为国际通行的做法。

本章小结

保证和提高产品质量，为社会提供高质量的产品，是现代企业的一项重要任务，也是提高产品竞争力的关键。

本章分别介绍了现代企业质量与质量管理，应着重理解广义质量的概念和提高产品质量的重要意义；现代企业全面质量管理，应着重掌握全面质量管理的特点、质量保证体系的内容及循环运转的程序和特点，了解全面质量管理的基础工作；现代企业产品质量控制的方法，这些方法在现代企业质量管理中应用广泛；ISO9000 与质量认证，应着重掌握 ISO9000 族标准的定义和构成以及质量认证的定义和特点。

复习思考题

一、简答题

1. 广义的质量概念是什么？现代企业提高产品质量有何重要意义？
2. 什么是全面质量管理？它的主要特点是什么？
3. 全面质量管理应当做好哪些基础工作？
4. 质量管理常用的控制方法有哪些？它们各自的作用如何？
5. 简述 ISO9000 族标准的构成。2015 版 ISO9000 族标准的主要变化是什么？
6. 什么是质量认证？产品质量认证与质量体系认证的区别是什么？质量认证的一般程序有哪些？

二、案例分析

某餐厅一客人在用完餐结账时，对一瓶酒收费 80 元提出异议，他说有位男主管告诉他这瓶酒的价钱是 60 元。负责为之结账的领班第一时间寻找那位男主管，但他已下班离开了，无法与之取得联系。虽然这位领班拿出价格表让客人看，证明这瓶酒的价格确实是 80 元，但这位客人仍不加理会，强调是那位男主管告诉他这瓶酒的价钱是 60 元。由于与这位男主管联系拖延了结账时间，加之与客人产生争执，使这位客人非常不满，认为餐厅在推销酒水时有欺骗行为。最后，餐厅经理出面，同意按 60 元收取，同时又再三向客人道歉，虽如此，客人仍是满面怒容，结完账扬长而去。

思考：

1．这个领班的处理妥当吗？为什么？怎样看待领班的做法？她应该怎样做？

2．如果你是餐厅经理，你将如何处理此事？

第 7 章　设备管理

学习目标

1. 了解设备管理的任务和设备维护管理基本理论的主要内容。
2. 熟悉全员生产维修（TPM）的基本内涵。
3. 掌握全员生产维修（TPM）的主要内容。
4. 熟悉设备磨损的补偿形式以及设备的改造和更新的基本内容。

设备是工业企业进行生产的物质基础，是构成企业生产力的重要组成要素。现代工业企业的生产活动，主要是在人的操纵和控制下，由设备直接来完成的。因此，设备管理是企业管理的重要组成部分，是企业改善经营效果的重要环节，是工业企业技术管理的一项重要内容。

7.1　设备管理概述

7.1.1　设备管理的意义

从设备管理的范围来说，设备管理包括机器设备、装置、设施、器械等各类设备的管理，即生产工艺设备管理；同时还包括交通运输设备、研究试验设备管理，即辅助设备管理。下面内容的着重点是生产工艺设备管理。

从设备管理工作的性质和内容来说，设备管理包括设备的物质运动形态全过程的技术管理，即从设备的选购、进厂验收、安装调试、使用、维护与修理、更新改造，直至报废等环节的管理；也包括设备的价值运动状态全过程的经济管理，即设备的最初投资、维修费用的支出、折旧、更新，以及改造资金的筹措、积累、支出等管理。

综上所述，设备管理就是对设备运行全过程的计划、组织和控制，其意义具体可归纳为以下几方面。

1）有利于保证和提高产品质量，实现均衡生产。加强设备管理，使设备处于良好的技术状态，保持良好的精度、性能、正常运转，才能保证和提高产品的质量，实现企业的正常生产。

2）有利于提高企业的经济效益。随着科学技术的迅猛发展，工业企业设备的现代化水平得到极大提高，设备的完善程度对生产的影响越来越大。设备生产率、精度的高低，运转是否正常，都直接关系到产品产量的多少、质量的好坏、消耗的大小及产品成本的高低；同时，由于现代化设备的性能不断提高，结构越趋复杂，作业连续化、自动化程度不断提高，以及设备的综合化、大型化等，导致设备的投资费用越来越高，设备的折旧费、税金、维修费用在产品成本中的比重不断增加。因此，加强设备管理，经济合理地选择和使用设备，是改善企业生产经营效果，提高企业经济效益的重要基础。

3）有利于加速企业实现生产的现代化。加强设备管理，搞好设备的技术改造，及时更新设备，不断改善设备的性能，将有利于加速实现企业生产的现代化。

7.1.2 设备管理的任务

设备管理的任务如下。

1）根据技术先进、经济合理和企业需要的原则，综合评价、正确选择和购置设备。

2）合理使用设备，加强对设备的维护、修理的管理工作，保证设备始终处于良好的技术状态，保证企业生产的正常进行，建立良好的生产秩序。

3）对企业现有设备有计划、有步骤地进行改造和更新，不断提高企业设备的现代化水平，为企业提供先进、适用的技术设备，保证企业的技术进步。

4）提高设备管理的经济效益。设备管理工作是提高企业经济效益的重要方面。因此，在保证设备良好技术状态的同时，要加强设备的经济管理，按照经济规律的客观要求组织设备管理工作，降低设备管理各环节的费用，达到设备的寿命周期费用最经济。

5）开展对引进设备和新设备的学习、研究与消化，尽快掌握引进设备和新设备的使用和维修技术。

7.1.3 设备维护管理的基本理论

1. 设备的磨损

设备在使用（或闲置）过程中，由于各种原因，都会发生磨损。磨损可分为有形磨损和无形磨损。

（1）设备的有形磨损　有形磨损又称为物质磨损。设备在使用过程中，在外力的作用下，其零件会发生摩擦、振动和疲劳，以致设备的实体发生磨损，这种磨损叫作第Ⅰ种有形磨损。设备在闲置或封存中，由于自然力的作用（如金属件生锈、腐蚀、橡胶件和塑料件老化等），也会使设备发生实体磨损，这种磨损称为第Ⅱ种有形磨损，不论哪一种有形磨损，都会造成设备物质、技术形态的劣化。

（2）设备的无形磨损　设备的无形磨损是指因生产技术的进步而使原有设备发生价值上的贬值和经济上的劣化，又称为设备的精神磨损。

无形磨损按形成原因也可分为两种：一是由于制造工艺不断改进，成本不断下降，劳动生产率不断提高，制造同种设备的费用减少了，从而使原来购买的设备相应贬值，通常称这种设备的经济劣化为第Ⅰ种无形磨损；二是由于技术进步，出现了结构更先进、技术更完善、生产率更高、耗费原材料和能源更少的新型设备，使原有设备在技术上落后，发生贬值，通常称这种经济劣化为第Ⅱ种无形磨损。

2. 设备的寿命

由于设备存在着有形磨损和无形磨损，使设备的寿命可分为物质寿命、经济寿命和技术寿命 3 种。

（1）设备的物质寿命　设备的物质寿命也称为设备的自然寿命，是指设备从开始使用，由于物质磨损，使设备老化、损坏直至报废为止所经历的时间。设备的物质寿命主要取决于设备的设计、制造、使用和维修的质量。

（2）设备的经济寿命　在设备的物质寿命的后期，因为设备的老化，不得不依靠高额的与设备使用有关的费用来维持设备的寿命，这在经济上不一定合算。设备的经济寿命就是根据设备使用成本的经济性来决定设备的寿命。

（3）设备的技术寿命　由于科学技术的进步，在设备使用过程中出现了技术上更先进、经济上更合理的新型设备，而使现有设备在物质寿命尚未结束之前就被淘汰。这种从开始使用到因技术落后而被淘汰所经过的时间称为设备的技术寿命。

3. 设备的磨损规律

设备购置后，经过安装调试，投入生产中使用。在使用过程中，设备不断磨损，因而要进行保养和修理。为了全面完成设备管理任务，必须研究设备的磨损规律，以便按规律来组织设备的维护保养和修理。

由于摩擦、应力和化学反应的作用，设备各相对运动的零件总会逐渐磨损和腐蚀，甚至断裂。设备零件的磨损过程大致分为三个阶段。

（1）初期磨损阶段　在这个阶段，磨损速度虽快，但时间较短。

（2）正常磨损阶段　如果零件的工作条件不变或变化很小，零件的磨损基本上随时间匀速增加。在正常的情况下，零件磨损非常缓慢。这一阶段的时间就是设备零件的使用寿命。

（3）剧烈磨损阶段　当设备零件使用到这个阶段，正常磨损关系就遭到了破坏，磨损急剧增加，使设备的精度、性能和生产率明显降低。这就要求停止使用，及时进行修理；否则就会造成生产事故和设备事故。因此，需要掌握好时机，在设备进入剧烈磨损阶段以前就进行修理。一般采用正常磨损阶段的终点作为合理磨损限度。设备零件磨损规律如图 7-1 所示。

从设备零件的三个磨损阶段及磨损曲线可以看出如下内容。

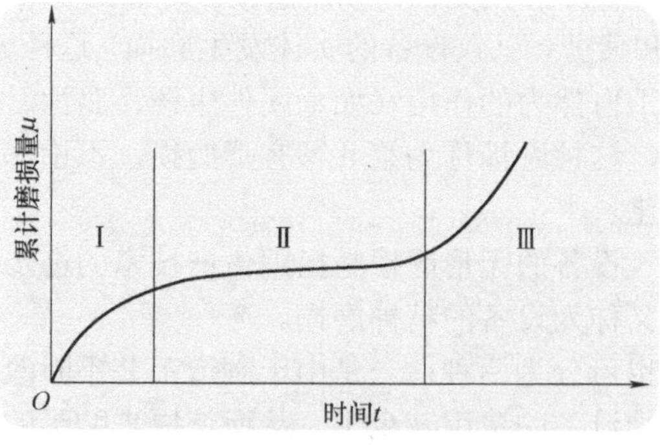

图 7-1　设备零件磨损规律

Ⅰ—初期磨损阶段　Ⅱ—正常磨损阶段　Ⅲ—剧烈磨损阶段

1）在设备使用过程中，零件总是有磨损的，磨损达到一定程度，就会降低生产率和产品质量。例如，机床的某些零件磨损后，不能以较高的切削用量加工工件，产品质量就不能保证；基础零件磨损后，会使工件几何形状改变，尺寸分布扩散。要保证设备处于良好状态，就必须做好保养和修理工作。

2）如果设备管理工作做得好，使用合理，经常维护，就会延长零件的正常磨损阶段，从而减少故障，提高生产率，延长设备的使用寿命。

3）加强设备的日常检查和定期检查，及时掌握零件的磨损情况，在零件进入剧烈磨损阶段前就进行修理，可以防止设备故障，减少修理工作量。

4）设备零件在正常磨损阶段磨损是与时间成正比的。因此，在正常生产情况下，可以通过试验和统计分析方法，计算出设备的易损件在正常条件下的磨损和使用期限，以便进行有计划的更换修理。

总之，掌握和了解各类设备零件的磨损规律，就可以针对磨损的不同阶段，分别采取有效的技术组织措施，保证设备处于良好的运行状态，从而达到提高企业经济效益的目的。

4. 设备的故障规律

设备的故障规律是指从设备投入使用直到报废为止的设备寿命周期内故障的发展变化规律。由于设备是由许多零件构成的，故应首先研究零件的故障与时间的关系。

（1）设备零件（元器件）的故障规律　设备零件（元器件）的故障发生形式比较简单，其故障率有如图 7-2 所示三种形式。

图 7-2a 所示为故障率随时间增加而减少，特点是开始使用时容易发生故障，越到后期就越不易发生故障。图 7-2b 所示为故障发生的形式是随机的，故障率是常数。图 7-2c 所示为故障率随时间的增加而增加，对于这一类零件，只要预测出其平均故障期，在故障发生前将这些零件更换掉，就可避免故障频繁发生。

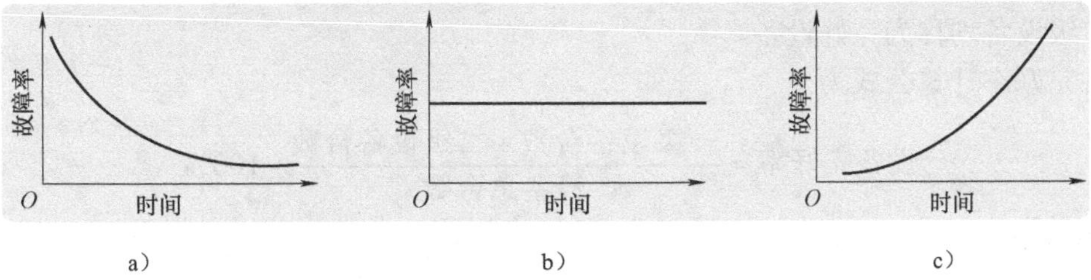

图 7-2　零件的三种故障率

（2）设备的故障规律　设备是由众多零件构成的，设备故障常是由某个或某些关键件失效引起的，其故障率的典型曲线如图 7-3 所示。因为曲线的形状像浴盆，因此又称为浴盆曲线。

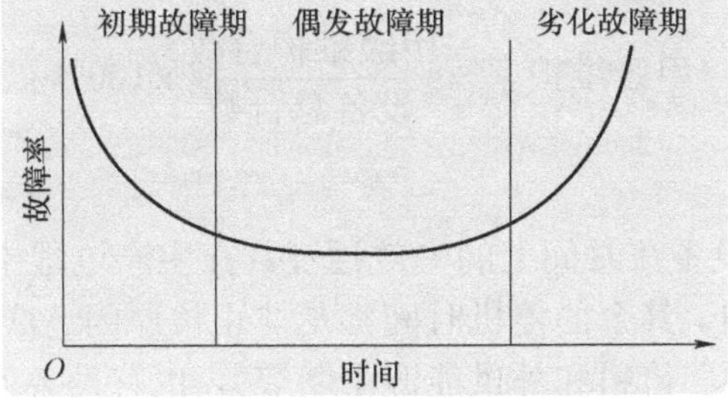

图 7-3　设备故障率的典型曲线

该曲线可划分为三个不同阶段。第一阶段叫作初期故障期，这一阶段的故障率偏高，故障发生原因一般是由于设备设计上的疏漏、制造质量欠佳和操作不习惯引起的。第二阶段叫作偶发故障期，在这个阶段内，设备已进入正常运转阶段，故障很少发生，一般情况下大部分属于维护不好和操作失误而引发的偶发故障。第三阶段叫作劣化故障期，又称为磨损故障期，在此阶段，设备的某些零件已经老化，因而故障率剧增，若能事先知道或预测到劣化开始时间，在此前将老化的零件更换，就可以降低故障率，延长设备的寿命。

为提高设备管理水平和设备利用率，针对设备在不同时期出现的问题，可采取相应的措施。

在初期故障期，设备管理的一个重要任务就是找出设备可靠性低的原因，进行调整和改装，尽快使故障率趋于稳定；在偶发故障期应注意加强工人的技术培训和教育，提高工人的技术水平，并切实做好设备的日常维护保养工作；在劣化故障期，应加强设备的预防性维修和改善维修，在设备维修时，进行设备的改装或改造，以提高设备的性能、效率、精度等。

7.1.4 设备管理的主要指标

设备管理的优劣程度，应以各项指标的高低去衡量。一般情况下，设备管理方面的技术经济指标有设备完好率、设备维护率、设备停机时间、设备事故和设备消耗等项。

1．设备完好率

设备完好率是对设备技术状况的考核指标。它是按照设备的完好程度计算和评定的，评定的标准分为三级。一级设备是完好无损的设备，具体体现在：结构完整，零件齐全，性能全优，润滑良好，仪表准确，操作运行可靠，达到额定出力。二级设备是能达到额定出力，可以安全运行，零件基本完整，无较大缺陷的设备。三级设备是严重带“病”运行的设备。一级和二级设备均称为完好设备。

设备完好率计算公式为

$$设备完好率=\frac{一级设备台数+二级设备台数}{设备总台数}\times 100\%$$

2．设备维护率

设备维护率是对设备维护状况的考核指标。设备维护状况分为甲、乙、丙三个等级。甲级维护要求操作人员和维护人员做到精心操作，精心维护，严格执行规程，认真填好记录。乙级维护是指操作和维护水平都比较一般。丙级维护是缺少科学的管理和维护，使设备处于不能保证安全运行状态。因此，要提高甲级维护率。甲级维护率的计算公式为

$$甲级维护率=\frac{甲级维护台数}{设备总台数}\times 100\%$$

3．设备停机时间

设备停机时间反映了设备在时间上的失效程度。在生产过程中，除限定的交接班时间、生产准备时间和定检时间外，其余的停机时间都是非正常原因造成的。在非正常停机时间内，有生产方面的原因（如待热、待料和外供能源中断等），也有设备方面的原因。由于设备问题发生的停机时间，通常叫作事故、故障停机时间。事故、故障停机时间的长短，在一定意义

上表明了设备管理的好坏。

4．设备事故

设备事故分为重大事故、一般事故和小事故三个级别。它是由达到事故标准规定的突然停机或较大零部件的突然损坏构成的。对待设备事故的方针是：杜绝重大设备事故，减少设备的一般事故和小事故。

5．设备消耗

设备维持费用的多少，直接影响着产品成本的高低。每个月消耗的备件、燃料和动力是设备维持费用的主要部分。因此，控制非正常原因备件消耗量和保证良好润滑条件下的油料、电力消耗量，是班组核算的一项重要内容。

7.2 全员生产维修

7.2.1 TPM的基本内涵

1．TPM 的定义

全员生产维修（Total Productive Maintenance，TPM）是以提高设备综合效率为目标，以全系统的预防维修为过程，以全体人员参与为基础的设备保养和维修管理体系。

TPM 强调五大要素，即

1）TPM 致力于设备综合效率最大化的目标。

2）TPM 在设备一生建立彻底的预防维修体制。

3）TPM 由各个部门共同推行。

4）TPM 涉及每个雇员，从最高管理者到现场工人。

5）TPM 通过动机管理，即自主的小组活动来推进。

2．全员生产维修的特点

全员生产维修主要突出一个“全”字。“全”有三个含义，即全效率、全系统和全员参加。

（1）全效率　所谓全效率，就是要求设备寿命周期费用最小、产出最大，即设备的综合效率最高。

$$设备的综合效率=\frac{设备寿命周期的产出}{设备寿命周期的投入}=\frac{PQCDSM}{设备寿命周期费用}$$

式中，设备寿命周期的投入是设备寿命周期费用；产出包括产量（P）、质量（Q）、成本（C）、交货期（D）、安全（S）、劳动情绪（M）方面。TPM 的主要目标就落在“全效率”上。“全效率”在于限制和降低六大损失。

1）设备停机时间损失（停机时间损失）。

2）设置与调整停机损失。

3）闲置、空转与短暂停机损失。

4）速度降低（速度损失）。

5）残、次、废品损失，边角料损失（缺陷损失）。

6）产量损失（由安装到稳定生产间隔）。

（2）全系统　全系统就是对设备从设计、制造、使用、维修、改造到更新的整个过程的管理。

（3）全员参加　全员参加就是凡是和设备的规划、设计、制造、使用、维修有关的部门和人员都参加到设备管理的行列中来。

有了这三个“全”字，就能使生产维修得到更彻底的贯彻执行，使生产维修的目标得到更有力的保障。

7.2.2　TPM的主要内容

1．设备的维护保养

设备的维护保养是指为了保持设备正常的技术状态，延长其使用寿命，按标准进行的检查、润滑、调整及隐患的消除等一系列的日常工作。

设备维护保养工作，按其工作量大小、难易程度与作业范围可划分为不同的种类。在实际工作中，不同企业对维护保养的具体内容规定各不相同，一般情况下，可以分为四类。

（1）设备的日常保养（日常维护）　是指每天对设备进行的清扫、润滑、紧固、调整和对设备进行的观察与检查，以及消除发现的小故障等。一般主要由操作工人（部分工作由辅助工人）负责完成。

（2）一级保养　是指根据设备使用情况拆卸零部件、清洗零部件、调整间隙、清除表面油污和疏通油路等。一般由操作工人在专业维修工人的指导和配合下定期进行。

（3）二级保养　是指对设备进行局部群体检查、清洗与换油、修复或更换易损件、局部恢复精度并检查电气和冷却系统等。一般由专业维修人员在操作工人参与配合下定期进行。

（4）三级保养　是指对设备主体进行彻底检查和调整，并对主要零部件的磨损状况进行测量和检查鉴定。一般由专业维修人员在操作工人的协助下完成。

案例 7–1

设备保养带来的利润

一家加盟餐厅月均业绩在80万元以上，每日所有人员均忙于营运及照顾餐厅的顾客而忽略了餐厅的设备保养工作，觉得设备只是做下简单清洁不耽误使用即可，而且第一年设备的维修是有保固的，这样可以降低餐厅的设备保养工时从而增加餐厅的利润。

这样的时间一直持续了两年，在两年后的一天，突然在中午高峰期餐厅的炸锅有两口不再升温，使餐厅流失了很多顾客，也产生了不少的顾客抱怨问题。当时的店长切切实实体会到了设备保养的重要性，至此之后餐厅列出详细的设备保养计划，再也没有发生过因设备故障而影响餐厅运营的问题。

2．设备点检制

所谓设备点检制（点检），是按照一定的标准、一定周期对设备规定的部位进行检查，以便早期发现设备的故障隐患，及时加以修理调整，使设备保持其规定功能。需要指出的是，设备点检制不仅仅是一种检查方式，还是一种制度和管理方法。企业设备点检制有一整套细致、标准的程序。

（1）特点　点检的特点如下：

1）定人。设立设备操作兼职的和专职的点检员。

2）定点。明确设备故障点，明确点检部位、项目和内容。

3）定量。对劣化倾向的定量化测定。

4）定周期。不同设备、不同故障点，给出不同点检周期。

5）定标准。给出每个点检部位是否正常的依据，即判断标准。

6）定计划表。点检计划表又称为作业卡，指导点检员沿着规定的路线作业。

7）定记录。作业记录、异常记录、故障记录及倾向记录都有固定的格式。

8）定业务流程。明确点检作业和点检结果的处理程序。如急需处理的问题，要通知维修人员；不急需处理的问题则记录在案，留待计划检查处理。

（2）点检管理要点

1）实行全员管理，专职点检员按区域分工管理。

2）点检员本身是一贯制管理者。

3）点检是按照一整套标准化、科学化的方法进行的。

4）点检是动态的管理，它与维修相结合。

（3）点检种类

1）按点检的目的可分为倾向点检（劣化倾向、突发故障和更换周期）和劣化点检（劣化程度和维修判断）。

2）按是否解体可分为解体点检和非解体点检。

3）按周期和业务范围可分为日常点检、定期点检和精度点检。

案例 7–2

××企业设备点检管理制度

1．目的

点检是车间设备管理的一项基本制度，目的是通过点检准确掌握设备技术状况，维持和改善设备工作性能，预防事故发生，减少停机时间，延长设备寿命，降低维修费用，保证正常生产。

2．范围

适用于机械动力部所辖维护设备，实行全员点检定修制度。

3．点检实施

1）根据设备分类，制定详细的点检周期和点检内容。

2）根据设备分类，制定排污周期、润滑周期、润滑部位和给油脂种类等。

3）制定设备卫生清扫周期及清扫标准。

4）对点检的设备详细记录部位、运行情况，对发现的异常情况要详细记录故障情况和处理过程以及更换器件型号、种类、件数。

5）点检工具、检测工具要携带齐全。

6）对点检中发现的问题及时处理，无法处理的问题，要及时汇报。

7）除做好点检记录外，日常检修也应详细记录。

4．点检内容及周期

（1）公共点检内容

1）对所辖区域内的设备进行点检，查看岗位生产记录，与岗位有关人员交换信息、收集设备运行状况并进行分析，掌握机件的劣化程度。

2）根据点检情况，提出预防、改善设备性能的意见。

（2）仪表部分

1）对现场仪表的点检（每日一次）。

①仪表要保持安装姿态，垂直水平。

②外观要保持完好、清洁、证牌齐全。

③仪表引线保持整齐，牢固无脱落、裸线。

④导压管保持安装姿态，无堵、漏、扭曲。

2）对现场管线的点检（每日一次）。

①管线要保持安装姿态，垂直水平。

②线槽、线管无拖吊，导线无裸露，线槽盖板齐全完好。

③管路、接头、气源、保温无堵、漏、渗现象。

④阀门要完好，开闭灵活可靠，手轮齐全，丝杠无弯曲。

3）对电源的点检（每日一次）。

①电源线应无破损、裸露，绝缘良好。

②保护盖齐全无损坏。

③24VDC要符号要求，电流正常。

（3）PLC（计算机）部分

1）对现场管线的点检（每日一次）。

①管线要保持安装姿态，垂直水平。

②线槽、线管无拖吊，导线无裸露，线槽盖板齐全完好。

2）对室内控制柜、盘的点检（每日一次）。

①外观完好、证牌齐全，部件无缺损。

②指示表显示准确、按钮灵活可靠，其他部件正常。

③布线整齐、规范，端子接线牢固可靠。

④照明良好。

⑤附属设备齐全、完好。

⑥盘内设备内外清洁。

3）电源系统的点检（每日一次）。

①UPS抗干扰净化电源及其他供电系统各参数正常，运行稳定，切换可靠。每半年进行一次放电检查。

② 电源线无破损、裸露，绝缘良好。
③ 接地良好，无松动，未与其他金属搭接。
4）操作站（台）的点检（每日一次）。
① 系统供电正常
② 网络通信正常。
③ 检查联锁、报警调节及显示参数，调节回路品质保持良好。
④ 检查信息记录表，掌握点检周期内设备运行情况及系统报警情况。

3. 设备的修理

设备的修理是对设备由于正常或不正常原因引起的磨损或损坏所进行的补偿修复，其实质是补偿设备的物理磨损。主要的修理方式有计划预修、预测维修、主动维修、可靠性维修和故障维修等。

（1）计划预修

1）计划预修分类。计划预修的主要项目有日常维护、定期检查和计划修理。

计划修理按其对机器性能的恢复程度可分为小修、中修和大修三种。

① 小修。只对设备的局部解体、修复或更新少数零件，保证设备能正常运行到下一次计划修理时即可。

② 中修。对设备进行部分解体，但修复或更新零件较多，要求恢复设备的精度并校正设备基础坐标。对个别难恢复精度的项目，在尚能满足产品质量的前提下，允许延至大修时解决。

③ 大修。全部解体修理。要求全面恢复到设备出厂时规定的精度和性能。附件若有短缺应补齐。外表面打光、刮腻子、上漆。

小修、中修和大修都由专业修理人员进行。修理前要进行检查，修理后要验收。

2）实现方法。计划预修规定设备修理按计划进行。由于设备的重要程度和结构的繁简程度以及对零件使用寿命的掌握程度不同，规定了三种实现方法。

① 检查后修理法。这种方法的关键是必须建立严格的检查制度和检查计划，包括日常检查和定期检查。根据检查的情况、设备精度指数及有关资料，编制修理计划，确定修理日期和内容。这种方法的最大优点是：依据设备的实际情况来确定是否进行修理，针对性强，可避免过度修理，降低修理费用。

② 定期修理法。这种方法是根据设备的实际使用情况，参考有关机件磨损程度资料，规定设备修理的计划日期和大致的修理内容及工作量。这种方法的优点是：对修理日期和内容的规定，既有科学依据，又允许根据设备的实际磨损情况做出适当的调整。

与前一种方法相比，定期修理法就是先有一个大概的修理计划，其计划性强一些，利于做好修理前的准备工作，缩短修理停歇时间，能合理利用零件的使用寿命。目前，我国修理基础较好的企业多采用此法。

③ 强制修理法。它也称为标准修理法，是一种强制性的计划预修方法，主要根据设备零件的使用寿命，预先编制具体修理计划，明确规定修理的日期和内容，不受设备的实际技术

状况及零件的磨损情况的影响，严格按照计划的规定强制修理。

这种方法的优点是：计划性强，能严格保证设备的安全运行和正常运转。但是，这种方法往往容易脱离生产实际产生过度修理，造成不必要的浪费。一般来说，对于安全性要求很高的设备，可采用这种方法。

企业应针对不同设备，根据具体情况，决定选择哪种修理方法。

（2）预测维修　预测维修是通过监测设备状态，识别可能出现的问题，估计故障修理时间，以减少设备损坏。预测维修的优点是：可预先知道设备状态，对维修备件和工具做好充分准备，减少了维修停机时间。另外，由于事先检测出造成质量劣化的潜在故障，因此有利于控制产品质量，减少废品损失，还有利于减少由于共振等原因造成的能源消耗，可避免灾难性故障的产生，提高了设备运行的安全性。

预测维修的基础是监测。预测维修技术包括振动监测、油质和磨粒分析、红外热像分析、电机电流特性分析、超声分析等。例如，许多飞机引擎备有显示润滑油中是否有金属存在的传感器。这种传感器显示异常磨损以及在发生故障之前是否需要进行预防性维护。通用汽车公司设计了一种计算机系统，用以检测机器运行时的异常振动。

（3）主动维修　主动维修的目的是应用先进的方法和修复技术来显著地延长设备寿命。主动维修的理想目标是永久消除故障。

1）主动维修的优点。主动维修的主要优点如下。

① 找出重复故障，通过改进设计加以消除。

② 通过性能检验，确保维修后的设备无故障隐患。

③ 按精度标准维修和安排。

④ 辨认和消除各种影响设备寿命的因素。

2）主动维修技术。永久修复的主动维修技术包括以下内容。

① 故障根源分析。维修工作不应局限于解决表面故障问题，而应认真推敲深层次的原因，力求从根本上解决问题。

② 精细的大修理。精细的大修理包括平衡、对中、装配间隙的标准化等。这项工作做好了，可以延长设备寿命；做不好，则会减少设备寿命，甚至导致新故障的出现。

③ 购置或维修设备均有标准技术规范。

④ 建立大修理的验收合格证制度。经验表明，大修理有20%左右的不合格率，因此应对大修理质量严格把关。

⑤ 可靠性维修。对设备进行重新设计、修改设计、改进部件技术要求等。

（4）可靠性维修

1）可靠性维修的特征。可靠性维修是由计划预修、预测维修和主动维修有机组合而成的。可靠性维修应尽量避免被动维修，因为它可以导致过多的非计划停机。计划预修的采用，虽可减少非计划停机，却可能造成维修过剩，因此应加以适当控制。预测维修可预先采取维修措施，既减少停机，又减少维修过剩，是值得提倡的方式，但这种维修方式不可能从根本上消除故障。主动维修则致力于从根本上消除故障隐患，延长大修理周期，不断改善系统功能。

2）可靠性维修的目标。详细掌握设备信息，积极减少设备故障，从根本上延长设备寿命，显著减少维修费用。

3）可靠性维修的实施。可靠性维修要在计划预修、预测维修和主动维修之间取得平衡，以达到取长补短的效果。这三种策略构成一个天平，预测维修是天平杠杆的支点。由预测维修提供的机器状态的精确数据，使计划预修和主动维修之间的平衡成为可能，从而达到满意的经济效果。

按照可靠性维修的策略，设备在故障特征曲线的各个阶段应有不同的处理方式，具体实施过程分为三个阶段：开始阶段、发展阶段和成熟阶段。完成这三个阶段后还要进行成果评定。

1）开始阶段。开始阶段也是试验阶段，第一步是在企业内建立两个专门的中心职能小组，即“维修计划小组”和“可靠性提高小组”。

维修计划小组以设备管理、调度人员为主，工作职能从单纯编制维修计划命令，转变成编制全系统的维修计划，主要负责以下工作。

① 协调日常由操作人员实施的细小计划预修工作。

② 根据测量的设备状况协调定期维修。

③ 协调维修和生产的关系，以达到尽量小地影响生产的目的。

④ 计划和安排检修工作，包括规定工具、零件质量检验和标准。

⑤ 维修派工单的跟踪和费用跟踪。

⑥ 设备历史文档记录。

⑦ 评估设备寿命周期趋势，改进维修计划。

可靠性提高小组应首先进行预测维修的试点。随着这一工作的成熟，逐渐向主动维修过渡。这个小组由 1～2 名振动技术人员和 1 名红外热像技术人员组成。小组成员可以从本企业维修技术人员中培训产生。该小组主要负责：

① 总结各种预测维修技术，以独立的预测维修小组形式开展工作。

② 给维修计划小组及时提供设备、工况评估报表，以消除所有非计划停机为目标。

③ 推广实施主动维修技术。

2）发展阶段。这一阶段主要是扩大预测维修，发展主动维修。在此阶段，设备状态信息将与定期检修技术和主动维修技术相结合。这包括精细的对中、平衡和故障根源分析技术。企业领导和职工的维修观念应向实施预测维修、查找并消除故障根源和消除故障停机的方向转变，可靠性提高小组也应从单一事件分析向全企业根本性问题分析的方向提高、过渡。

3）成熟阶段。这一阶段的主要特点是全企业职工重视可靠性维修，企业全面实施可靠性维修管理，企业完全注重于消除故障停机，永久消除设备和生产的质量问题。

最后，还要进行成果评定。实施可靠性维修所取得的效果和效益，既是有形的又是无形的。无形的效果是产品的满意度、职工自我实现心理的满足及企业形象在社会上的影响扩大等。有形的效益可用以下一些指标评价。

① 维修部门每个月的总费用。

② 每月生产可销售产品的总额。

③ 单位产品的维修费用。
④ 每月废品或耗损总量。
⑤ 废品或耗损量占总产量的百分比。
⑥ 每月超产产品的数量。
⑦ 加班时间占总工作时间的百分比。
⑧ 紧急抢修次数对总修理次数的比值，或紧急抢修工时对总修理工时的比值。
⑨ 维修停机工时与总工时的比值。
⑩ 设备实际停机时间与可利用总工时的比值。
⑪ 每月发生的预测维修次数。
⑫ 每月通过预测维修对设备加以改善的次数。
⑬ 每种预测维修技术的累计经济效益。
⑭ 企业设备适合做预测维修的百分比。
⑮ 每月电能利用率。

（5）故障维修

1）故障维修分类。即使存在计划预修、预测维修和主动维修，设备也难免突然发生故障，需要紧急处理，立即组织抢修。故障维修主要分为三类。

第一类为 E 类，即故障导致生产线停机的紧急处理工作。

第二类为 F 类，即虽然故障未导致停机，但如不修理，将很快会停机的紧急处理工作。

第三类为 O 类，即可以一边运行一边等待处理的故障。

一般而言，需要紧急处理的工作占总维修工作量的百分比不一定很高，而属于“E”类的处理所占比例就更低。

2）处理方法。为了从经济效益上来优化紧急处理的维修队伍结构，管理人员必须决定在何处进行修理工作。图 7-4 中显示了一些选择以及它们在速度、成本和能力方面的对比。

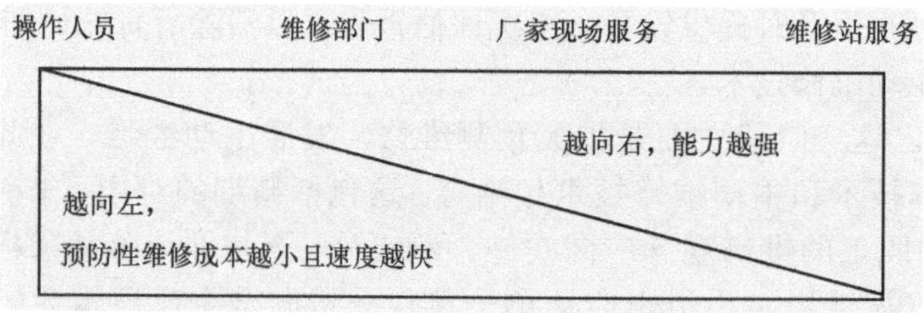

图 7-4　管理人员确定设备维修方法

可以就以下不同情况做不同处理。

1）生产线简单、生产操作简单的企业，可以由操作人员代替紧急处理维修人员，缩减紧急处理维修队伍。这样既可以减少效益损失，又可以提高操作人员的技能。但对于“F”类或特殊问题不能处理，可能会延长停机时间。

2）生产线复杂或操作技能要求较高的生产线，紧急处理工作可以由生产操作人员与专门的维修人员共同完成。这样可以部分减少效益损失，提高操作人员技能，但仍可能延长停机时间。

4. 维修记录分析

维修记录分析是 TPM 的一项重要内容，尤其是“平均故障周期时间”分析更应引起企业重视。它把故障的发生时间、故障性质、故障周期、故障部位、故障原因、停机时间、维修费用等都记录下来，进行统计分析，找出故障频发、维修工作量大、对生产影响大的设备和部件及故障原因，找出维修管理的重点对象，为确定合理维修计划和管理对策提供依据。

5. TPM 活动的评估

TPM 活动通过对现行状态的评估，找出问题与不足，制订改善措施，建立标准化体系，从而使设备状态不断改进，形成状态循环圈；通过对设备综合效率的计算，度量管理的进步，形成度量循环圈；通过分析六大损失的程序和问题攻关，以求减少六大损失，达到设备最佳运行状态，形成改善措施循环圈。

以上三个循环形成一个闭环，使 TPM 进入良性发展，循序渐进，如图 7-5 所示。

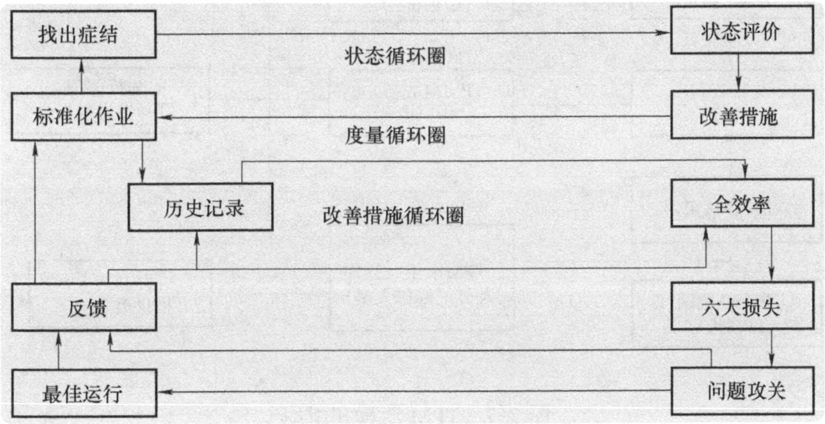

图 7-5 TPM 闭环示意图

6. TPM 的实施

TPM 活动涉及从产品到品质检验等各个阶段。图 7-6 和图 7-7 所示为 TPM 推进的三个阶段、TPM 流程和组织。

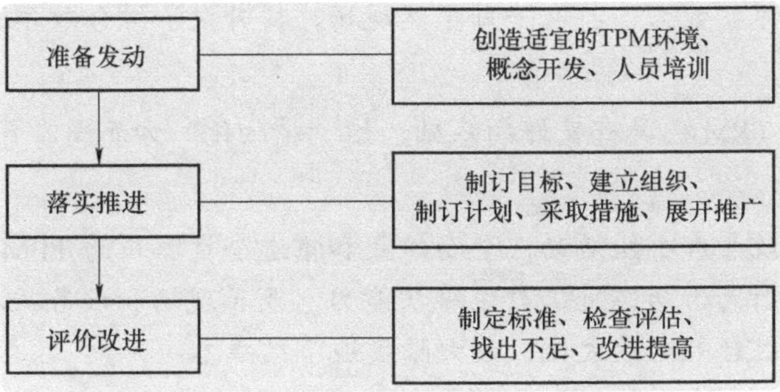

图 7-6 TPM 推进的三大阶段

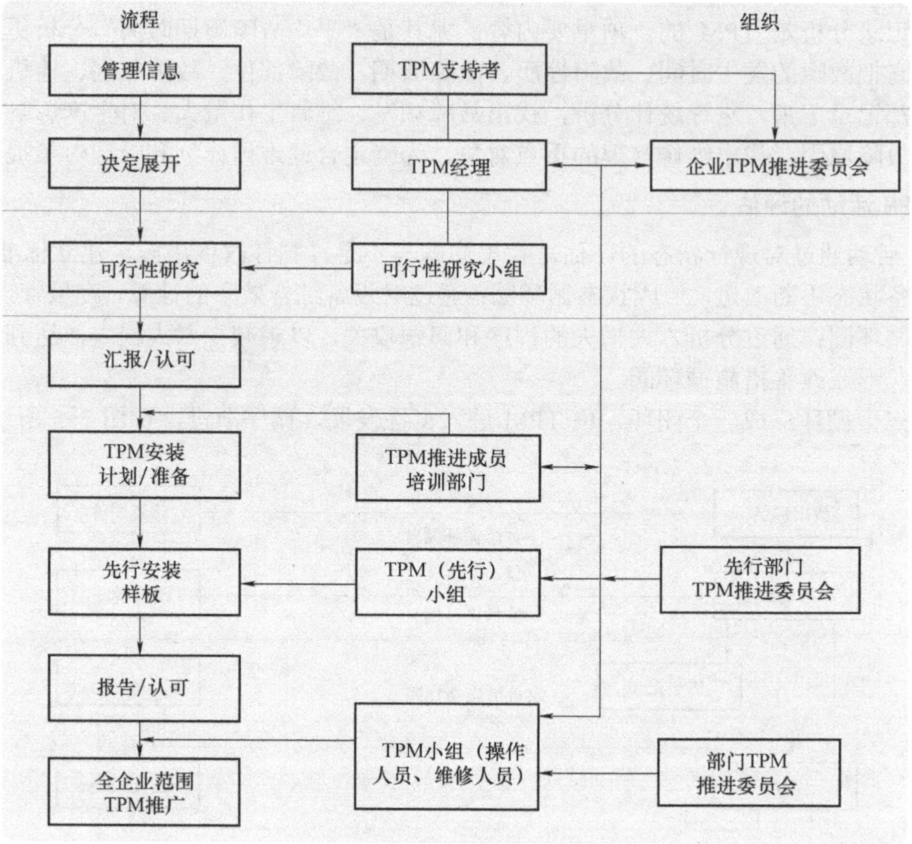

图 7-7　TPM 流程和组织

案例 7-3

××药业 TPM 体系推进项目

1. 项目需求

提升员工自主维护能力、打造一目了然现场，提升设备综合效率。

2. 项目背景

××药业推进 TPM 已具有良好的基础，但“精细化”方面尚有巨大提升空间。

3. 项目期望

通过现场持续改善和小组活动，全面建立和推进全员参与的 TPM 管理体系，规范员工行为，历练员工自主维护能力，改善现场和设备状况，降低停机时间和次数，追求设备综合效率最大化，最大限度地节约成本。

4. 项目概况

项目概况见表 7-1。

表 7-1 项目概况

<table>
<tr><th>项目时间</th><th>项目模块</th><th>项目目标</th></tr>
<tr><td rowspan="4">6 个月</td><td>主要设备关键指标的计算统计方法的确定</td><td rowspan="4">1）员工的 TPM 自主参与率提高到 50%～80%
2）建立样板机台的四位一体六步闭环作业体系，设备故障率下降 20%～50%
3）设备的 OEE 指标在此基础上可以提高 5%～8%，TEEP 指标上升 3%～5%
4）现场 6S 情况和 6H 情况大为改观，规范员工行为，定置化具有较高水平</td></tr>
<tr><td>6S 活动，清除 6H 活动和定置管理</td></tr>
<tr><td>以点带面的作业规范和自主维护活动</td></tr>
<tr><td>建立样板机台的四位一体六步闭环体系</td></tr>
</table>

项目推进内容如下。

1）通过导入整理、整顿、清扫、清洁、安全、素养的 6S 活动，让员工掌握生产现场改善活动的开展方法。

2）开展解决污染源、清扫困难源以及故障源、缺陷源、浪费源和事故危险源的清除六源活动（6H），减少生产现场的各种隐患。

3）以建立明快、有序的可视化车间为目标，规范定置现场区域及物品的摆放，减少失误。

4）调动一线员工的自主维护积极性，建立健全的员工自主维护体系。

5）针对现场各种问题建立持续的小组改善活动，提升员工解决问题的能力与团队凝聚力。

6）快速响应的设备现场管理四位一体、六步闭环规范化现场作业体系设计，从清扫、点检、保养、润滑四个环节上规范员工的行为，再加入诊断、维修形成闭环防护体系，以实现对现场设备状况做出快速反应，保障设备安全平稳运行。

5．项目成果

1）人才培养。项目共开展 11 个专题的培训，共计 48 个学时，合计 10.5 天/人，基层班组长及相关人员接受培训 385 人次。通过培训培养员工积极思考、主动作为的职业素养，打造一支综合素质高、战斗力强的基层队伍，实现企业基层班组职业素养和工作能力的全面提升。

2）现场改善。生产现场有了较大的改观，达到预期的目标：6S 活动和查找清除 6H 活动持续有序开展；现场可视化、定置化活动让现场明朗、一目了然，减少了工作的失误。

3）设备效率提升，见表 7-2。

表 7-2 设备效率提升

目标	原来情况	实施情况	效果对比
小停机故障率下降 20%～50%	下管不顺停机 3.7 次/批	0.39 次/批	下降了 89%
OEE 指标提升 5%～8%	Norden 填充机 OEE 值 2015 年 6 月为 49.88%	2016 年 5 月统计结果为 55.21%	提升了 10.68%
TEEP 指标上升 3%～5%	贴膏机 2015 年 6 月 TEEP 值为 78.84%	2016 年 5 月统计结果为 87.05%	提升了 10.41%

7.3 设备的改造和更新

加强设备的维护、保养，做好设备的修理工作，只能延长设备的使用寿命，不能从根本上改变原来设备陈旧落后的技术状态。企业只有通过及时不断地对原有设备进行改造和更新，才能从根本上摆脱设备的陈旧、落后面貌，以满足促进企业技术进步、提高生产率、降低消耗、提高产品质量和经济效益的需要。对设备进行改造和更新，是基于设备在使用中会产生磨损这一客观事实，而且也是科学技术快速发展所要求的。

7.3.1 设备磨损的补偿形式

设备遭受的磨损不同，需要补偿的形式也不同。补偿可分为局部补偿和完全补偿。设备有形磨损的局部补偿是修理，无形磨损的局部补偿是现代化改装（改造），有形磨损和无形磨损的完全补偿是更换（更新）。设备磨损的补偿形式如图 7-8 所示。

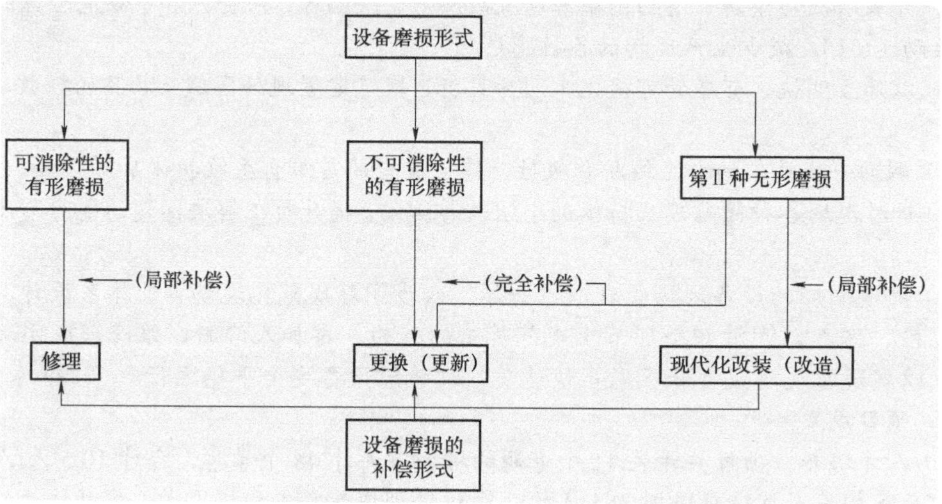

图 7-8 设备磨损的补偿形式

7.3.2 设备的改造

设备改造又叫作现代化改装，是指对原有设备进行局部改进，以改善性能，提高精度或生产率。同时，它把科学技术的新成果应用于企业的现有设备，改变现有设备的落后面貌，补偿设备的无形磨损，提高设备现代化水平。设备改造是企业技术改造的主要内容之一。

在实践中，设备改造有以下几种类型。

1. 设备的改装

设备的改装即对设备的容量、功率、体积和形状的加大或改变。例如，对设备以小拼大、以短接长、多机串联等；或根据生产的不同要求，对原有设备进行改装修复，在原机上增加附件、专用夹具，达到一机多用，扩大设备使用范围，提高生产率，满足增加产量或加工要求等目的，以充分利用现有设备，减少新设备的购置，节省资金。

2. 设备的现代化改造

设备的现代化改造即应用科学技术的新成果，来改变现有设备落后的技术面貌。设备的现代化改造一般都结合大修进行，以改变现有设备的结构，给旧设备换上新部件、新装置和新附件，使它达到或部分达到先进设备的技术水平。

7.3.3 设备的更新

设备的更新是指用更先进和更经济的设备或同型号设备，去更换那些从技术上不能继续使用、从经济上不宜继续使用的设备。设备更新是消除设备有形磨损的重要手段。

在进行设备更新时，既要考虑到设备的物质寿命，更应考虑设备的经济寿命。常见的设备更新方式有以下两种。

1. 设备的原型更新

设备的原型更新，又称为简单更新或形式更新。这类更新是用同型号的新设备来更换坏损陈旧的设备，不具有技术更新的性质。它能保证原有产品的质量，减少使用旧设备的能源及维修费用的支出。如果大量采用这种类型的更新，企业设备的科技含量不会提高，将导致企业技术进步的停滞。

2. 设备的技术更新

设备的技术更新是指以技术上更加先进、经济上更加合理的新设备，来代替技术上无法继续使用、经济上不宜使用的陈旧落后的设备。通常所讲的更新，主要是指这一种方式，是企业技术进步的重要技术改造措施。

7.3.4 设备结构的合理化

设备的结构是指企业不同类型设备的比例关系。所谓合理化，是指设备构成比例的技术水平较高，符合生产发展的需要，能够提高企业的经济效益，保证企业技术进步，其主要内容包括以下几个方面。

1. 役龄结构

役龄是设备在生产中服役的年龄。役龄结构是指不同役龄的设备在设备总数中所占的比例。

2. 新度结构

设备的新度表示设备的新颖程度。通常按下式计算，即

$$\text{设备的新度系数}=\frac{\text{设备的净值}}{\text{设备的原值}}$$

设备的新度系数是指企业设备的净值占设备的原值的比例。设备的净值是指其原值减去逐年提取积累的折旧费。很明显，对一台固定原值的设备来说，使用的年限越长，逐年提供积累的折旧费就越多，其净值也就越低。所以，企业设备的新度系数的高低直接反映了该企业所有设备的新旧程度。

3. 工艺结构

工艺结构是指企业生产过程中承担不同工艺阶段的设备之间的比例关系。

4. 技术水平结构

技术水平结构是指不同技术水平的设备之间的比例关系。

5. 性能结构

性能结构是指不同性能设备之间的比例关系，如专用设备与通用设备之间的比例关系。在实践中应当注意，设备结构一定要与产品结构特点相适应。

本章小结

设备管理就是对设备运行全过程的计划、组织和控制。加强设备管理，有利于保证和提高产品质量，实现均衡生产；有利于提高企业的经济效益；有利于加速企业实现生产的现代化。

设备管理的任务包括综合评价、正确选择和购置设备；合理使用设备，加强对设备的维护、修理的管理工作，保证设备始终处于良好的技术状态；对企业现有设备有计划、有步骤地进行改造和更新，不断提高企业设备的现代化水平等。

全员生产维修（TPM）是以提高设备综合效率为目标，以全系统的预防维修为过程，以全体人员参与为基础的设备保养和维修管理体系。全员生产维修主要突出一个“全”字。“全”有三个含义，即全效率、全系统和全员参加。全效率就是要求设备寿命周期费用最小、产出最大，即设备的综合效率最高；全系统就是对设备从设计、制造、使用、维修、改造到更新的整个过程的管理；全员参加就是凡是和设备的规划、设计、制造、使用、维修有关的部门和人员都参加到设备管理的行列中来。有了这三个“全”字，就能使生产维修得到更彻底的贯彻执行，使生产维修的目标得到更有力的保障。

加强设备的维护、保养，做好设备的修理工作，只能延长设备的使用寿命。要从根本上改变原来设备陈旧落后的技术状态，企业必须及时不断地对原有设备进行改造和更新，以满足促进企业技术进步、提高生产率、降低消耗、提高产品质量和经济效益的需要。

复习思考题

一、简答题

1. 设备管理的主要任务有哪些？
2. 设备维护管理的基本理论包括哪些内容？
3. 简述设备修理的主要方式以及各种方式的基本内容。
4. 设备管理的主要指标有哪些？
5. TPM 的基本含义是什么？有哪些特点？
6. 简述 TPM 的三个循环的基本过程。
7. TPM 的实施主要包括哪几个阶段？主要流程是如何推进的？

二、案例分析

××公司的设备管理方法

××公司是全国最大的木工多用机床生产基地，其管理逐步实现科学化、系统化、标准化和制度化，在设备管理上实行了“三好”和“四会”等。

三好——管好、用好、修好。管好：操作人员对设备负有保管责任，未经领导批准其他人不能任意操作设备；设备的附件、仪器、仪表、冷却和安全防护等装置应保持完整无损；每日做好交接班工作。用好：严格执行操作规程，禁止超压、超负荷使用设备等。修好：操作人员应使设备经常保持新安装或大修后的良好状态，仪器、仪表和润滑、冷却系统灵敏可靠。

四会——会使用、会保养、会检查、会排除故障。会使用：操作人员应严格遵守操作规程，熟悉设备构成部件、设备性能、传动原理和加工范围，熟悉加工工艺，合理使用工装、刀具。会保养：操作人员应经常保持设备内外清洁，定质、定量、定时、定点加油换油，保持油路畅通；要做好设备的日常保养、一级保养、二级保养、三级保养。会检查：熟悉设备结构性能，了解设备精度、标准和检验项目；接班时如发现上一班造成事故或部件故障，要立即报告，做出鉴定，修好后再使用。会排除故障：操作人员发现电器断路，应协助电工排除。

“三好”和“四会”标准是每一个操作人员必须要遵守的。

在此基础上，操作人员还要达到四项要求，内容如下。

整齐：工具、工件、附件放置整齐，安全防护装置齐全，线路、管道安全完整。

清洁：设备内外清洁，各滑动面、丝杠、齿轮等无垢无伤，不漏水和油，切屑、垃圾清扫干净。

润滑：按时加油换油，油质符合要求，油壶、油轮、油杯齐全，油毡、油线、油标清洁，油路畅通。

安全：实行定人定机和交接班制度，遵守操作规程，合理使用，精心保养，不出事故。

思考：

1．该公司的设备管理标准化有哪些主要内容？

2．企业设备管理的重点是什么？

第 8 章　企业物流管理

学习目标

1. 掌握物流的概念及物流管理的过程和内容。
2. 了解企业物流系统的构成及其基本特征。
3. 熟悉企业物流信息系统的基本构成及其主要功能。
4. 掌握企业库存管理中最常用的几种定量化技术。
5. 熟悉几种常见的物流信息管理技术。

市场竞争的不断加剧和信息技术的快速发展，使今天的企业更切实地处于竞争威胁之中，企业被迫重新组织其经营过程，使之能对快速变化的市场需求迅速做出反应并节省成本。要达到快速反应和控制成本这两个目的，有效的物流管理是关键因素，它目前正引起各企业高层领导的重视，并被称为企业的第三利润源泉。

8.1　企业物流概述

8.1.1　物流的概念

目前对物流的定义很多，各种定义强调的侧重点不同。我国国家技术监督局对物流的定义是：物流是指按用户的要求以最小的总费用将物质资料（包括原材料、半成品、产成品、商品等）从供给地向需求地转移的过程，主要包括运输、储存、包装、装卸、配送、流通加工、信息处理等活动。物流活动是一种创造时间价值、场所价值，有时也创造一定的加工价值的活动。

怎样理解物流活动所创造的这几种价值呢？

1．物流的时间价值

物质资料从供给者到需求者之间有一段时间差。由于改变这一时间差而创造的价值称为时间价值。时间价值通过物流获得的形式有以下几种：

（1）缩短时间创造价值　缩短物流时间，可以减少物流损失、降低物流消耗、增加周转率、节约资金等。物流学重点研究的一个课题，就是如何采取措施来尽量缩短物流的时间，从而取得较高的时间价值。

（2）弥补时间差创造价值 在经济社会中，需求和供给普遍地存在时间差。例如，粮食生产有严格的季节性和周期性，这就决定了粮食的集中产出，但人们对粮食的消费是全年天天有需求，因而供给和需求之间出现时间差。物流学研究用科学系统的方法弥补时间差，有时是改变这种时间差以实现其时间价值。

（3）延长时间差创造价值 在某些具体物流中也存在人为地、能动地延长物流时间来创造价值。例如，客户化生产中最典型的管理思想之一是推迟制造，即在顾客需要的时候才生产，有意识地延长物流时间，降低储运成本，从而达到创造价值的目的。

2．物流的场所价值

物质资料从供应者到需求者之间往往有一段空间距离。由于改变这一场所的差别而创造的价值称为场所价值。场所价值通过物流来获得的形式有以下几种：

（1）从集中生产场所流入分散需求场所创造价值 现代化大生产往往通过集中的大规模生产来提高生产效率、降低成本。在一个小范围集中生产的产品可以满足大面积地区的需求，通过物流将产品从集中生产的低价位区转移到分散于各处的高价位区，物流的场所价值也就实现了。

（2）从分散生产场所流入集中需求场所创造价值 同上面的情况相反的例子在经济社会中也不少见。例如，粮食是在广大地区分散生产出来的，而一个大城市的需求则非常集中。又如，汽车公司的零配件生产分布也非常广，但却集中在一个大厂中装配，物流便依此取得了场所价值。

（3）从甲地生产流入乙地需求场所创造价值 现代人每日消费的物品几乎都是在相距一定距离甚至十分遥远的地方生产的。这么复杂交错的供给与需求的空间差都是靠物流来弥合的，物流因此也创造了场所价值。

3．加工的附加价值

加工是生产领域常用的手段，并不是物流的本来职能。但是，现代物流的一个重要特点，是根据自己的优势从事一定的补充性加工活动，这种活动必然会形成劳动对象的附加价值。例如，商品在流通中为方便运输而进行的包装，有时在进入商店之前为适应顾客的要求往往要进行分割、换包装、拆零等操作，这些物流活动增加了商品的附加价值。

8.1.2 企业物流的概念

企业物流是物流研究和实践最重要的领域之一。企业物流是指在企业生产经营过程中，物品从原材料供应，经过生产加工，到产成品和销售，以及伴随生产、消费过程所产生的废弃物的回收和再利用的完整循环活动。企业物流包括供应物流、生产物流、销售物流、回收物流和废弃物物流。企业物流管理就是企业为合理配置物流资源、有效提供物流服务、不断创造物流价值、谋求良好经济效益而理顺各种关系的活动过程。

企业物流是从企业角度上研究物流的有关活动。企业物流可以分为以下不同的典型物流活动。

1．企业供应物流

企业供应物流管理的目标就是以正确的价格、在正确的时间、从正确的供应商处购买到正确数量和质量的商品或服务，包括以下内容和环节：

（1）企业采购管理　采购管理要科学化，首先就要规范采购作业的行为模式。任何企业都需要规定采购的一般流程，以保证工作质量，防止资金不必要的流失。

1）提出采购需求计划。采购需求计划必须严格地按照销售和生产部门的需要及现有的库存量，对品种、数量、保险库存量等因素进行科学的计算后才能提出，并且要有审核制度，采购的数量、种类、价格等必须经过主管部门批准才有效。通过对采购需求计划的控制，可以防止随意和盲目采购。

2）认证供应商。选择供应商是企业采购过程中的重要环节，应该尽可能地列出所有的供应商清单，采用科学的方法挑选合适的供应商。

3）发出采购订单。采购订单相当于合同文本，具有法律效力。签发采购订单必须十分仔细，每项条款都应认真填写，关键处用词必须反复推敲，表达要简洁，含义要明确。对于采购的每项物品的规格、数量、价格、质量标准、交货时间与地点、包装标准、运输方式、检验形式、索赔条件与标准等都应该认真进行审核。

4）跟踪订单。采购订单签发后，并不表示采购工作就此结束，必须对订单的执行情况进行跟踪，防止对方违约。为保证订单顺利执行，货物按时进库，应对订单实施跟踪，这样可以使企业随时掌握货物的动向，万一发生意外事件，可及时采取措施，避免不必要的损失或将损失降到最低。

5）接收货物。货物运到自己的仓库必须马上组织人员对货物进行验收。验收是按订单上的条款进行的，应该逐条进行，仔细查对。除此之外，还要查对货损情况，如货损是否超标。对发现的问题，要查明原因，分析责任，为提出索赔提供证据。货物验收完毕才能签字认可。

6）评估采购工作。完成对采购工作的总结评价才表示一次完整的采购工作结束。评估的目的是为管理供应商提供实际操作表现数据，使得订单操作更加畅通。评估的主要内容可以包括：供应的及时状况，紧急订单的完成情况，组织效率，采购人员的能力及责任心，供应商的质量、成本、供应能力、服务能力等内容。

（2）供应商关系管理　供应商关系管理是企业保证物资供应、确保采购质量和节约采购资金的重要环节。供应商的管理不仅包括区分供应商级别，对供应渠道进行选择及从质量、价格、售后服务、交货期等方面对供应商进行综合的、动态的评估，还包括如何管理同供应商的关系。

根据供应商与企业的往来关系或供应商所提供产品的特点，可将供应商划分为不同的类型：

1）按供应商的重要性，可将其划分为伙伴型供应商、优先型供应商、重点型供应商和商业型供应商。

2）根据 80/20 规则将采购物品分为重点采购品（占采购价值 80%的 20%采购物品）和普通采购品（占采购价值 20%的 80%采购物品）。相应地，可以将供应商依据 80/20 规则分类，划分为重点供应商和普通供应商，即占 80%的采购金额的 20%供应商为重点供应商；而其余只占 20%的采购金额的 80%供应商为普通供应商。

3）按供应商的规模和经营品种，可将其划分为“专家级”供应商、“低产、小规模”的供应商、“行业领袖”供应商、“量小、品种多”的供应商等。

2. 企业生产物流

生产物流是指原材料、燃料、外购件投入生产后，经过下料、发料、运送到各个加工点和存储点，以在制品的形态，从一个生产单位（车间或仓库）流入另一个生产单位（车间仓库），按照规定的生产工艺过程进行加工、储存的全部生产过程。

生产物流的目标就是提供畅通无阻的物料流转，以保证生产过程顺利、高效率地进行；减少物料搬运的数量、频率和距离，减少搬运费用，降低成本；防止物料损坏、丢失，防止人身事故和设备事故。

3. 企业销售物流

销售物流又叫作分销物流，是销售过程中的物流活动，是伴随销售而进行的物流活动，具体是指将产品从下生产线开始，经过包装、装卸搬运、储存、流通加工、运输、配送，一直到最后送到用户手中的整个产品实体流动过程。销售物流的内容与环节包括：产品包装、产品储存、货物运输、货物配送、装卸搬运、流通加工、物流信息、分销物流网络规划与设计、货品管理、物流网点内部物流管理。

销售物流管理的目标，就是保证销售物流有效、合理地运行。既扩大市场、提高客户服务水平，又降低成本、提高物流工作的效率。

4. 企业回收物流

企业回收物流是指不合格物品的返修、退货及周转使用的包装容器从需求方返回到供方所形成的物品实体流动。

5. 企业废弃物物流

企业废弃物物流是指企业将经济活动中失去原有使用价值的物品，根据实际需要进行收集、分类、加工、包装、搬运、储存等，并分送到专门处理场所的物流活动。

案例 8-1

马兰拉面的物流之旅

马兰拉面成功地打入了美国市场和新加坡市场及欧洲市场，成为我国餐饮业中成功的佼佼者。其成功的很大一部分原因在于它规范完善的物流系统设计。

（1）供应物流——强有力的供血机能　马兰拉面从建立之初就十分注重自己的物流规划，建有一套完备的物流体系。它从原材料产地入手，严抓购货源头，如在西北和华北两大牧区建立牛肉生产基地。马兰拉面在秦皇岛有一个总的物流中心，该中心负责配送包括面粉、牛肉、汤料等在内的主要制作原料。像所有的连锁企业一样，马兰拉面也有自己的内部网络，并配有一个庞大的信息管理系统，每个店铺都是一个终端。各店铺提前一天通过网络提出要货申请，包括原料名称、品种、数量等。马兰拉面的送货车采用全封闭式的集装箱货车，保证食品的卫生、清洁，防止外界污染。

（2）生产物流——速度造就中餐奇迹　“工艺是龙头，物流是关键”，在马兰拉面的生产过程中，几乎每一种产品都有自己独特的工艺流程，每一种产品都要流经不同的加工间。各工序之间有平行、有交错，但无论路径如何、工艺如何，每一碗面始终都是井然有序地按操作规范实现着它的流程。从点餐到一碗热气腾腾的拉面出锅，平均时间为 2 分钟。牛肉进店后，经加工先放入冰箱，有顾客点餐后即在凉菜间切块、装盘。而凉菜间与前台也只是一窗之隔，厨师可以通过窗口直接将菜或拉面传给前台的服务人员，既省时、省力，又便于服务人员询问菜或拉面的加工情况。

（3）销售物流——一窗之隔的等待　马兰拉面的生产物流与销售物流只是一窗之隔，几乎没有中途的运输，这也是所有餐饮业的特点。马兰拉面解决等待时间的办法，就是缩短生产物流与销售物流在空间距离上的间隔，加强前台销售人员与后台厨师的联系。前台的销售人员可以通过玻璃窗，直接观察到拉面处在生产加工过程中的状态，随时与厨师直接交流，同时可以反映顾客的特殊需求。在等待时，完成筷子、餐巾纸之类的就餐前的准备工作。

8.1.3　几类典型企业的物流过程

1．制造企业的物流过程

制造企业物流包括原材料供应物流、产品生产物流和产成品销售物流，如图 8-1 所示。

（1）原材料供应物流　制造企业向供应商订购原材料、零部件，并将其运达原材料库，如图 8-1 中的 A 部分所示。

（2）产品生产物流　在制造企业的车间或工序之间，原材料、零部件或半成品按照工艺流程的顺序依次流过，最终成为产成品，送达成品库暂存。其中包括原材料库直接对各车间或工序的供料（见图 8-1 中的 B 部分），半成品在车间、工序间的顺序流动（见图 8-1 中的 C 部分），以及成品送入成品库储存（见图 8-1 中的 D 部分）。

（3）产成品销售物流　制造企业通过购销或代理协议，将产成品转移到流通环节或最终顾客，如图 8-1 中的 E 部分所示。

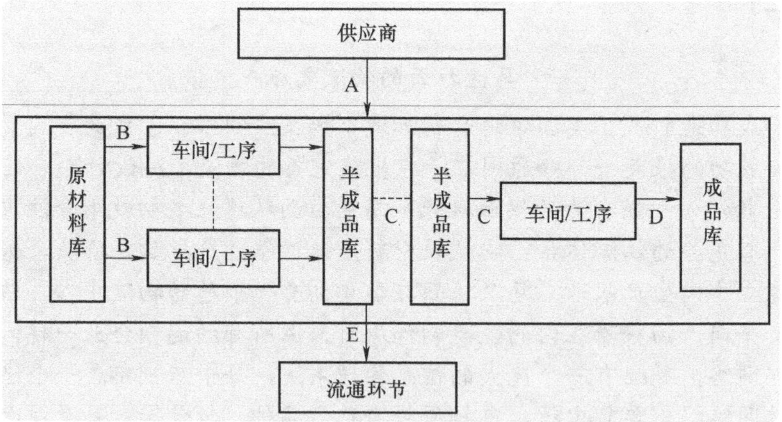

图 8-1　制造企业物流

另外，不合格材料的退货、残次品的回收复用、废弃物的处理等，形成了生产物流过程中的去向和回向分支性物流。因此，制造企业物流的构成可用图 8-2 表示。

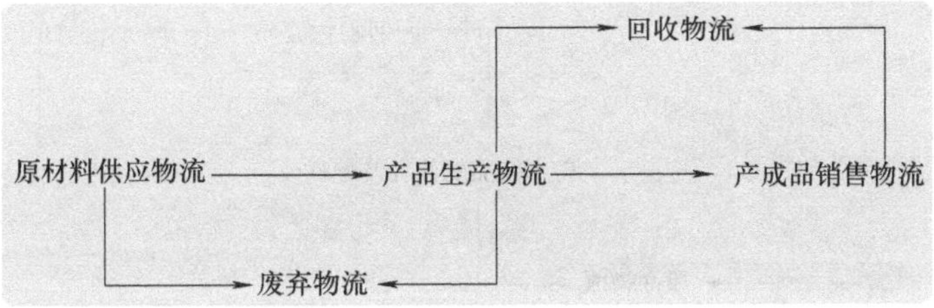

图 8-2　制造企业物流的构成

2. 零售企业的物流过程

零售企业物流主要包括商品采购环节的物流、后库商品的储存及配送物流，以及销售环节的物流，如图 8-3 所示。

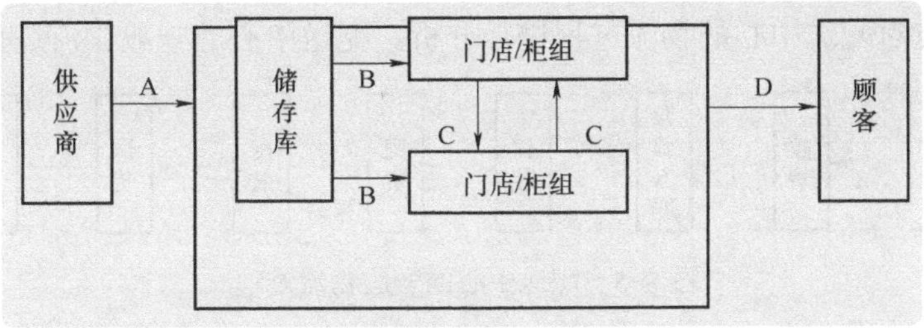

图 8-3　零售企业物流

（1）商品采购环节的物流　在与供应商签订进货协议后，商品按照协议中的有关条款通过适当的途径和方式（如送货上门或零售企业自己提货），由生产企业或批发企业的储存库移动到企业的储存库或直接上货架（见图 8-3 中的 A 和 B 部分）。这一物流过程实际上是以运输为主体，包括包装、装卸搬运等物流功能的组合。

（2）后库商品的储存及配送　零售企业各门店或柜组陈列的商品，只是为了便于顾客选购方便，一般数量不会太多。为了提高顾客服务水平，避免短时间内的缺货风险，零售企业都会按适当的比例，在其储存库（后库）暂存一定量的商品。近几年来，零售业的连锁超市这种业态在我国发展较快。一般来讲，一个大的连锁超市起码有几百家门店，因此，为满足数量庞大的门店的商品需求，连锁超市都拥有自己的配送中心来储存一定量的商品。

配送中心或后库储存的商品向门店或柜组的移动物流称为配送，如图 8-3 中的 B 部分所示。另外，还有门店或柜组间的商品的相互调剂所产生的物流，如图 8-3 中的 C 部分所示。

（3）销售环节的物流　在直接的交易过程中，商品由货架移动到顾客处；在订货或兼有送货上门服务的销售环节中，则是由零售企业备车将商品从配送中心、后库或卖场货架送达顾客指定的场所，如图 8-3 中的 D 部分所示。

另外，在采购、进货过程中发现的不合格商品，往往需要退回货主；对配送中心、后库或货架上直接销售过程中的残、次、过期商品，往往需要回收、返销生产企业或将其废弃。以上这一过程也会产生运输、包装、装卸、搬运等物流作业，因此，零售企业物流的构成可用图 8-4 来表示。

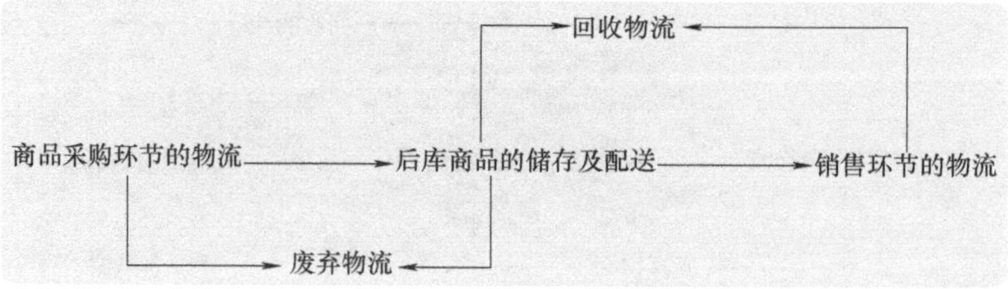

图 8-4　零售企业物流的构成

3．批发企业（配送中心）的物流过程

传统形态的批发企业功能比较单一，大多只承担采购和调送这两个功能。从发达国家批发业的发展历程与我国市场经济条件下批发业的功能重组实践来看，现代的批发企业，实际上是一种以物流为主体功能的流通机构。通常所说的物流中心或社会化配送中心便是其具体化的组织形态。下面重点对配送中心的物流过程进行分析。配送中心的一般物流过程如图 8-5 所示。

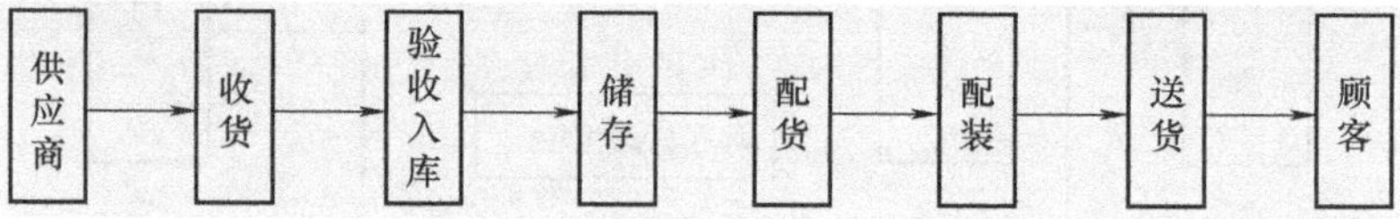

图 8-5　配送中心的一般物流过程

（1）收货　收货作业是配送中心运作周期的开始，包括订货和接货两个过程。配送中心收到和汇总顾客的订单后，首先要确定配送货物的种类和数量，然后再查询配送中心现有库存中是否有所需的现货。如果有现货，则转入配货流程；如果没有，或者虽然有现货但数量不足，则要及时发出订单，进行订货。通常，在商品货源宽裕的条件下，采购部门向供应商发出订单以后，供应商会根据订单的要求很快组织供货，配送中心接到通知后，就会组织有关人员接货。接货时，先要在送货单上签收，继而还要对货物进行检验。

（2）验收入库　验收入库是指相关人员采用一定的手段对接收的货物进行检验，包括数量的检验和质量的检验。若与订货合同的要求相符，则可以转入下一道工序；若不符合订货合同的要求，配送中心将详细记录差错情况，并拒绝接收货物。按照规定，质量不合格的商品将由供应商自行处理。经过验收之后，配送中心的工作人员随即要按照类别、品种将其分开，分门别类地存放到指定的仓位和场地，或者直接进行下一步操作。

（3）储存　储存主要是为了保证销售需要，但要求是合理库存，同时还要注意在储存业务中做到确保商品不发生数量和质量的变化。

（4）配货　配货是指配送中心的工作人员根据信息中心打印出的要货单上所要的商品、要货的时间、储存区域，以及装车配货要求、顾客位置的不同，将货物拣选出来的一种活动。拣选一般以摘取的方式挑选商品。工作人员推着集货车在排列整齐的仓库货架间巡回走动，按照配货单上指出的品种、数量、规格挑选出顾客需要的商品并放入集货车内，最后存放暂存区以备装车。

（5）配装　为了充分利用载货车厢的容积和提高运输效率，配送中心常常把同一条送货路线上不同门店的货物组合、配装在同一辆载货车上。在配送中心的作业流程中安排组配作业，把多个顾客的货物混载于同一辆车上进行配载，不但能降低送货成本，而且也可以减少交通流量、改变交通拥挤状况。一般对一家门店配送的商品集中装载在一辆车上，从而减少配送中心对门店的配送事项，同样也有利于环境保护。

(6) 送货　送货是配送中心的最终环节，也是配送中心的一个重要环节。送货包括装车和送货两项活动。在一般情况下，配送中心都使用自备的车辆进行送货作业。有时，它也借助于社会上专业运输组织的力量，联合进行送货作业。此外，为适应不同超市的需要，配送中心在进行送货作业时，常常做出多种安排：有时是按照固定时间、固定路线为固定顾客送货；有时也不受时间、路线的限制，机动灵活地进行送货作业。

另外，为保障配送中心整体的正常运作，在业务上还需要进行信息处理、业务结算和退货、废弃货物处理等作业。

8.1.4　企业主要的物流工作

本部分简单介绍企业中所涉及的主要物流工作，这些工作贯穿于企业供应、生产和销售物流活动中。它们包括网络设计、信息处理、运输、库存、装卸和包装等活动。

1. 网络设计

所谓网络设计，是指对企业物流设施的地理位置及规模的设计。典型的物流设施包括制造工厂、仓库、码头、零售店及它们之间的作业条件。网络设计就是要确定每一种设施需要多少、其地理位置及各自承担的工作等。在有些情况下，物流设施及作业可以由有关的专业服务公司承担，但不管是谁承担，企业都必须把所有的设施看作是本企业物流网络的一个组成部分来进行管理。

物流网络设计还必须确定每一种设施怎样进行存货作业，需要储备多少存货，设施安排在哪里对顾客的订货进行交付等。因此，物流设施的网络形成了一种进行物流作业的结构，在这种网络结构中，融合了信息和运输能力，还包括订货处理、维持存货及物料搬运等相关具体工作。所以，网络设计包含了对其他具体物流工作的综合考虑。

以前企业往往忽视物流设施的地理位置和整个网络设计的重要性。在讨论企业物流问题时，总是假设物流设施的地理位置及由此产生的诸如运输成本的差异在竞争对手之间是相等的。其实不然，物流作业的设施地点、数量及规模不同，直接影响企业向顾客提供服务的能力和成本。网络设计是整个企业物流作业的基础。

2. 信息处理

现代信息技术的高速发展为物流作业信息化奠定了基础。物流作业运用信息处理技术的最重要的目标之一就是要平衡物流系统的各个组成部分，使总体效果最佳。例如，对一个企业来说，要想实现快速的交付，可能采用两种方法：其一，在总部的销售部门积累 1 周的订单，然后把它们邮寄到各地区办事处，各办事处再通过航空进行装运；其二，通过来自顾客的 EDI 订单，各办事处可随时取得订单，然后使用速度较慢的水上运输。两者相比，后者可实现在较低总成本下更快的顾客交付。

预测和订货管理是依赖于信息处理的两大物流工作。物流预测是要估计未来的需求，指导企业的存货策略，满足预期的顾客需求。要使得预测准确，必须掌握大量的顾客需求信息，现代条码技术、扫描技术及数据仓库技术为企业物流的精确预测提供了保障。另一方面，企业可运用信息处理技术来达到主动控制物流作业的目的，运用诸如准时化、快速反应及持续补货等概念能对顾客的需求做出快速反应，因而可能最终克服预测的不精确性。

订货管理部门的工作涉及处理具体的顾客需求。顾客可以分为外部顾客和内部顾客。外部顾客就是那些消费产品或服务的顾客，以及先购买产品或服务然后再出售的批发商。内部顾客是指企业内部需要物流支持，以便承担起指定工作的组织单位。订货管理的过程涉及从最初的接受订货到交付、开票及托收等有关顾客管理的方方面面。所有以上活动，在当今顾客全球化的趋势下，没有信息处理技术的支持是不可想象的。

信息技术是连接各项物流作业的纽带，通过信息这根纽带，各项物流作业被视作物流信息系统的一个组成部分。

3．运输

在既定的物流网络结构和信息处理能力的条件下，运输是指在不同的地域范围间（如两个城市、两个企业之间，或者一个大企业内相距较远的两个车间之间），以改变物料的空间位置为目的，对物料进行空间位移的活动。从物流的观点来看，有三个因素对运输来讲是十分重要的，即总成本、速度和一致性。

运输总成本是指为两个地理位置间的运输所支付的款项及与管理费用和维持运输中的存货有关的费用。物流系统设计的目标应该是把运输总成本降到最低。

运输速度是指完成特定运输所需要的时间。运输速度和成本呈效益背反规律，主要表现在以下两个方面：首先，能够提供更快服务的运输公司要收取更高的运费；其次，运输服务越快，运输中的存货越少，无法利用的运输间隔时间就越短。因此，选择最佳的运输方式时，至关重要的问题就是如何平衡运输速度和成本。

运输的一致性是指在若干次装运中履行某一特定的运次所需的时间与原定时间或与前几次运输所需时间的一致性。它是运输可靠性的反映。一致性是高质量运输最重要的特征。如果给定的一项运输服务第一次花费 2 天，而第二次花费 6 天，这种意想不到的变化就会产生严重的物流作业问题。如果运输缺乏一致性，就需要安全储备存货，以防预料不到的服务问题。运输一致性问题会影响买卖双方的存货水平和有关的风险。

在物流系统的设计中，必须精确地维持运输成本和服务质量之间的平衡。发掘并管理好我们所期望的低成本、高质量的运输是物流的一项最基本的工作。

4．库存

一个企业的存货需求取决于网络结构和顾客服务的期望水平。从理论上讲，企业可以在物流网络中大量储备每一种销售的产品，以便更好地为每一位顾客服务。但是，这样做会增加总成本，几乎没有哪家企业会承担得起如此耗资的存货。存货的目的是要以与最低的总成本相一致的最低限度的存货来实现所期望的顾客服务。虽然较高的存货可以用来弥补物流网络设计的不足，但在某种程度上却降低了物流管理的质量，而且把过度的存货用作向顾客提供的服务，最终将导致较高的物流总成本。

库存管理的基本目的是要在满足对顾客所承担的义务的同时实现最低的物流成本。从物流的观点来看，库存策略要求至少考虑两个重要因素，即顾客细分化和产品分类。

（1）顾客细分化　每一个将产品出售给顾客的企业都会面临交易收益率的问题。从有些顾客中可以获得高额利润并有进一步获得高收益的潜力，而从另外一些顾客那里却不一定能得到。与顾客做生意的收益率取决于顾客所买的产品、销售量、价格、所需的增值服务。库存战略就需要把精力集中在满足这类收益率较高的核心顾客的需求上，有效的物流细分化策略在于优先安排和满足这些核心顾客的存货。

（2）产品分类　依据帕累托原则（Pareto Principle），企业全部产品中不足 20%的产品占全部利润的 80%以上，而 80%的产品只占全部利润的 20%。为避免出现由于企业为维持其全系列产品的声誉而产生高的成本，在选择其库存策略时，必须仔细考虑生产线的利润率，区分出哪些产品可获得高利润而哪些产品盈利较低。企业要想方设法地对高利润产品提供优质服务，不允许出现缺货现象。对于非核心顾客购买的低营利性产品，则要避免承担高水平的存货和服务责任。

5．装卸和包装

物流的上述四个活动——网络设计、信息处理、运输和库存，可以被设计成各种不同的物流作业方案。在一定的总成本约束下，每一种方案都能实现一定水平的顾客服务。物流的另外一些活动——装卸和包装都不具备上述的独立性质，它们只是每一种作业方案的组成部分。例如，在物流作业中，商品需要按确定的时间和数量放入仓库；运输车辆需要通过材料搬运进行有效装卸；各种产品只有打包装入运输纸板箱或其他类型的容器时，才能有效地进行装卸。把装卸和包装等作业融入企业的各项物流作业中，可以使企业的整个物流系统高效地运行。

8.2　以信息为基础的企业物流系统

8.2.1　企业物流系统

现代信息技术的发展，使得我们能够以信息为纽带将企业的各项物流活动连接为一个整体。企业物流被看作是使企业与其供应商和顾客相联系的一个系统。图 8-6 说明了企业物流系统的基本模式。

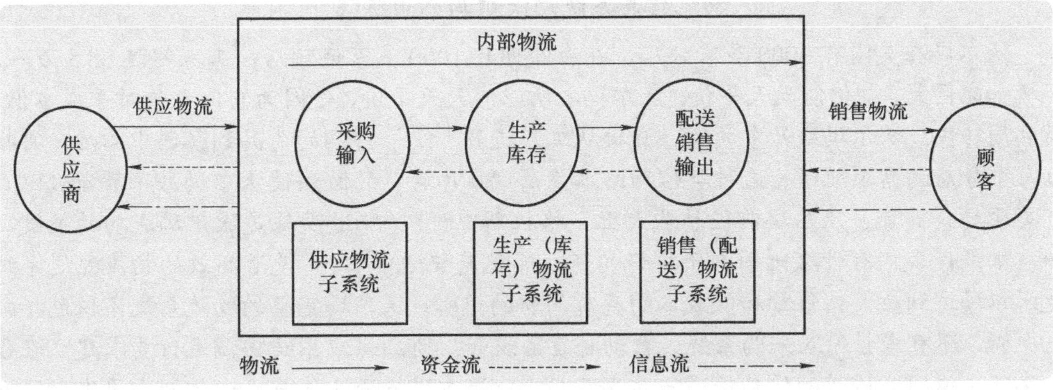

图 8-6　企业物流系统的基本模式

企业物流系统是一个开放系统，与外界有物流、信息流及资金流的交换。系统与上游供应商之间形成供应物流、信息流及资金流，系统与下游顾客之间形成销售物流、信息流及资金流。在系统内部，企业物流系统可再细分为供应物流子系统、生产（库存）物流子系统及销售（配送）物流子系统。供应物流子系统主要负责与上游供应商的物流、资金流、信息流交换；销售（配送）物流子系统主要负责与下游顾客的物流、资金流、信息流交换；生产（库存）物流子系统主要负责将上游供应商提供的原料、零部件等转换为下游顾客所需的商品及服务。一般来说，物流的方向主要是从上游到下游，即沿着供应商→本企业→顾客这一方向流动；而资金流和信息流的方向主要是从下游到上游，即沿着顾客→本企业→供应商这一方向流动。

企业物流是新的系统体系。它的特点体现为：

1）企业物流系统本来就是客观存在的，但一直未被人们所认识，因而从未能动地发挥其系统的优势。物流系统的各要素在长期的企业发展历程中都已有了较高的水平，因而，一旦形成物流观念，按新的观念建立物流系统，就会迅速发挥系统的总体优势。

2）企业物流系统是一个大跨度系统，这反映在两个方面：一是地域跨度大；二是时间跨度大。大跨度系统带来的主要问题是管理难度较大，对信息的依赖程度高。

3）企业物流系统的稳定性较差，而动态性较强。它和生产系统的重大区别在于：物流系统总是连接多个企业和顾客，随需求、供应、渠道、价格的变化，系统内的要素及系统的运行经常发生变化，难于长期稳定。这自然会增加管理和运行的难度。

4）企业物流系统结构的各要素间有非常强的“背反”现象，常称之为“交替损益”或“效益背反”现象，指的是某一个功能要素的优化和利益发生的同时，必然会存在另一个或一些功能要素的利益损失，在处理时稍有不慎就会出现系统总体恶化的结果。在寻求解决和克服各功能要素效益背反现象时，物流这个新系统往往较多地受原系统的影响和制约而不能完全按物流系统的要求运行。

8.2.2 物流信息系统

案例 8–2

物流信息系统助沃尔玛公司腾飞

沃尔玛在美国有3000多家分店，在海外拥有1000多家连锁店，工人超过88.5万人，规模如此巨大，却仍能天天平价。沃尔玛之所以能天天平价，是因为它比竞争对手成本低，商品周转快。沃尔玛绕开中间商，直接从工厂进货。统一订购的商品到配送中心后，再根据每个分店的需求配送。这种类似网络零售商“零库存”的做法使沃尔玛每年节省数以百万美元的仓储费。沃尔玛前任总裁大卫·格拉斯曾说：“配送设施是沃尔玛成功的关键之一，如果说我们有什么比别人干得好的话，那就是配送中心。”灵活高效的物流配送系统是沃尔玛达到最大销售量和低成本的存货周转的核心。沃尔玛完整的物流系统不仅包括配送中心，还有资料输入采购系统、自动补货系统等。商品供应系统协调运行要求建立在各个环节主体间高质量的信息传递与共享基础上。沃尔玛投资4亿美元由休斯公司发射了一颗商用卫星，实现了全球联网，在全球4000多家门店通过全球网络可在1小时之内对每种商品的库存、上架、销量全部盘点一遍，并通知货车驾驶人最新路况信息，调整车辆送货的最佳线路。20世纪80年代末，沃尔玛开始利用电子交换系统EDI与供应商建立了自动订货系统，通过网络向供应商提供商业文件、发出采购指令、获取收据和装运清单等。沃尔玛还利用更先进的快速反应系统代替采购指令，真正实现了自动订货。凭借先进的电子信息手段，沃尔玛做到了商店的销售与配送同步，配送中心与供应商运转一致，提高了效率，降低了成本，使得沃尔玛所售货物在价格上占有绝对优势。

从上可知，沃尔玛能以低价取胜，首先得益于完善的物流管理系统与高质量的信息系统使其成功地实现了零库存。这两大系统成功地整合了零售商，并创造了它独特的物流模式。它的内部物流网络监控系统可使采购库存、订货配送和销售一体化。配送中心的设置布点，通信卫星的信息传输，以及交叉配送以省略库存和分拣作业等，从各个细节节省成本，获取低价竞争优势。

信息流是整个企业物流系统的关键因素。以信息为基础的企业物流系统，也称为企业物流信息系统。企业管理一般是分层次进行的，如企业管理分为战略计划、管理控制、运行控制等不同层次。相应地，企业物流信息系统根据其处理的内容及决策的层次可以分为三个功能层次，即业务处理、计划控制及决策分析。根据前述企业物流系统的基本模式，企业物流信息系统相应又可划分成供应（采购）子系统、生产（库存）子系统及销售（配送）子系统。

图 8-7 说明了在信息功能各层次上的物流活动和决策。正如图中金字塔形状所示，物流信息管理系统纵向分为业务处理、计划控制和决策分析三个层次；横向分为供应（采购）子系统、生产（库存）子系统和销售（配送）子系统。

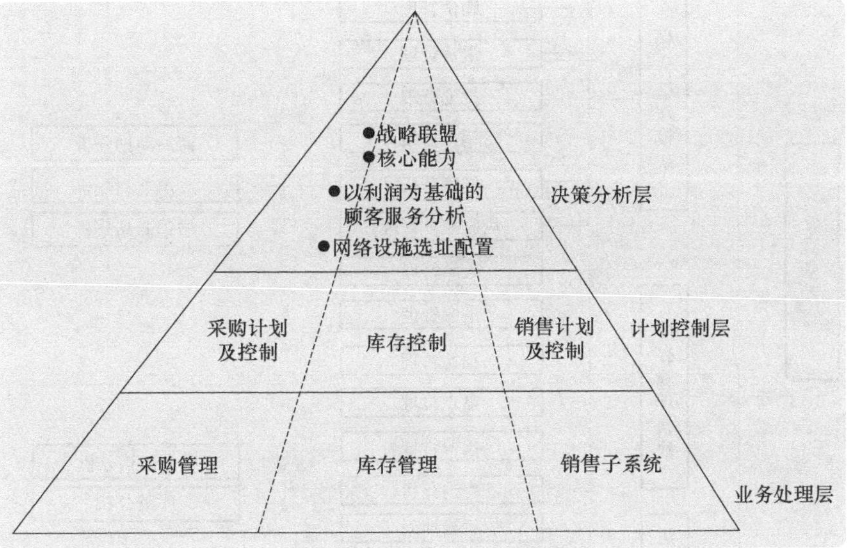

图 8-7　物流信息系统结构图

业务处理层主要支持企业的日常物流运作，解决日常业务中遇到的物流问题。其主要功能为数据登录、查询、统计及对数据的适当处理。

计划控制层主要帮助企业建立进、销、存、调的计划机制及控制机制，辅助物流部门进行决策。其主要管理手段是依据一定理论，建立相应的数据模型库，综合大量业务数据做出计划及控制分析结论。

决策分析层主要帮助决策层领导进行决策分析，为中长期目标服务。该层次应包括：对供应商研究以作为形成战略联盟的依据；企业的核心能力和市场机会的分析、开发和提炼；对顾客改进服务要求的分析和反应；企业物流网络设施的选址和配置等。该层次还可以包括对市场的预测分析及对商品流转的分析等。一般系统采用对话方式提问决策者，决策者输入相应的经营参数，系统做出相应的备选方案供决策者选用。

作为业务处理、计划控制和决策分析这三个层次的基础，数据管理层将有效地保存企业物流涉及的有关数据，并对这些数据进行分类管理。该层次为其上的三个层次提供原始数据。物流信息系统不仅有数据库来对数据进行有效的管理，同时它还有相应的模型库和知识库。模型库为各个层次的定量分析提供相应的模型及算法，知识库保存有用的物流知识作为分析和推理的基础。

为方便对供应（采购）子系统、生产（库存）子系统及销售（配送）子系统的讨论，下面以零售企业的物流过程为例，将图 8-7 进一步展开为按功能划分的信息结构图（见图 8-8）。

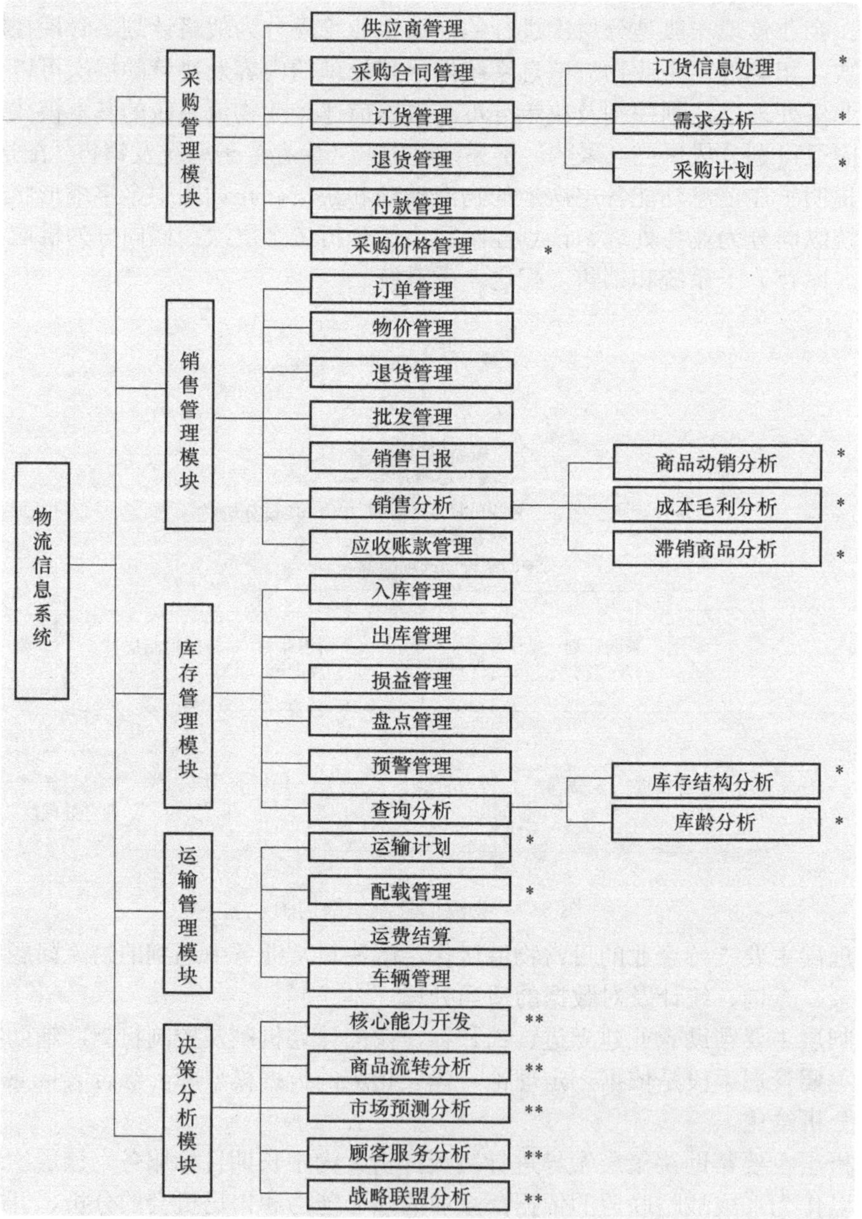

图 8-8 物流信息系统功能

注：带*表示属于计划控制层次；带**表示属于决策分析层次。

在图 8-8 中，由于在零售企业的范围内其内部物流作业主要表现为库存管理，因此，生产（库存）子系统转为库存管理模块。因为，运输存在于企业采购、生产及销售各环节，我们将其也单独作为一个功能模块来讨论。

1．采购管理

采购管理包括六个模块，即供应商管理、采购合同管理、订货管理、退货管理、付款管理及采购价格管理。具体说明如下：

（1）供应商管理　供应商管理是对商品的采购合作条件进行全方位的管理，既包括对主供应商的管理，也包括对其他供应商的管理；既包括对供应商的业务往来信息的管理，也包括对供应商企业本身的业务数据的管理。企业通过此模块可管理供应商的信誉、经营情况等一系列数据，为选择合适的合作伙伴提供决策依据。

（2）采购合同管理　采购合同管理是对与供应商所签订的所有合同进行管理，包括对合同的执行情况进行跟踪，适时提醒各部门工作人员进行相关的业务处理。

（3）订货管理　订货管理既包括即时的订货信息处理，又包括根据采购合同、分店要货情况、仓储情况、资金情况等及时地、科学地制订商品的采购计划，以保证有足够合理的商品库存。此外，订货管理还包括到货验收处理等。

订货时可以人为控制与计算机控制相结合生成订货单，由计算机根据确认的订货单生成向各厂家发送的订单。将来可与 EOS、EDI 接口。

（4）退货管理　退货管理是指向供应商退回进货商品的管理。退货包括两种形式，即退货和调货，并对退货商品的库存进行独立处理。

（5）付款管理　付款管理是指对往来单位的应付账进行管理，包括预付、应付、预收及折扣率等各种情况。

（6）采购价格管理　采购价格管理是指提供历史和现行商品采购价格的分析、决策手段，包括按商品、供应商、采购季节因素进行直观的曲线、图表分析和对比。

2．销售管理

销售管理包括七个模块，即订单管理、物价管理、退货管理、批发管理、销售日报、销售分析、应收账款管理。现具体说明如下：

（1）订单管理　门店通过电话拨号询问配送中心库存情况，并实时形成订货清单，经业务部门汇总形成内部调拨单。其中，库存不足的商品自动转入订货环节。

（2）物价管理　物价管理包括调拨商品在门店的售价（指导性）管理和配送中心对外批发价格的管理。分为新商品核价及一般商品的调价和折扣等。

（3）退货管理　退货管理是指门店配送或批发商品的退货。退货后形成销货退货单并进行结算，增减实际库存。

（4）批发管理　批发管理包括向社会客户批发销售或配送及向部门门店调拨形成的销售管理。对于门店销售，从门店订货单内自动转入信息。

（5）销售日报　销售日报是每天关于顾客销售及对内调拨和对外批发情况的汇总报表。

（6）销售分析　销售分析包括销售动销分析、成本毛利分析及商品滞销分析。

（7）应收账款管理　应收账款管理包括向门店调拨销售的内部结算和对外批发引起的应收账款。

3．库存管理

库存管理包括入库、出库、损益、盘点、预警、查询分析等管理。

（1）入库管理　入库管理是指根据不同的业务类型进行入库确认，包括进货、销售退货、调拨入库等。

（2）出库管理　出库管理是指根据不同的业务类型进行出库确认，包括调拨发货、批发、进货和退货等。

（3）损益管理　损益管理是指因商品残次、变质、盘点损益等原因引起的相关管理。

（4）盘点管理　盘点管理包括打印盘点清单、实盘数据录入（手工录入，手持式数据终端数据接口）、盘点表生成、盘点数据查询。

（5）预警管理　预警管理是对商品库存数量、保质保鲜、滞销情况等的警告管理。

（6）查询分析　查询分析包括对库存状况不同层次的查询、库存结构分析、库龄分析等。

4．运输管理

运输管理包括运输计划、配载管理、运输结算、车辆管理等管理。

（1）运输计划　根据门店调拨和批发销售商品的体积、重量和货物去向自动进行运输调度管理，生成运单。

（2）配载管理　根据运单进行车辆运载确认，对实配重量、体积进行管理，记录出车时间，考核实际出车量、运行里程等，并进行道路流量分析，以辅助运输计划。

（3）运费结算　根据运单对内和对外结算配送运费。

（4）车辆管理　车辆管理包括车辆信息维护和驾驶员业绩考核。车辆信息维护包括车辆基本信息、购置年限、维修情况、事故记录、油耗情况等。驾驶员业绩考核是指根据出车率、行驶里程、安全驾驶等情况对驾驶员业绩进行考核。

8.2.3　供应链管理

现代企业竞争越来越激烈，企业开源节流抓住每一个环节降低成本、着力于核心业务以增加竞争力，供应链管理正是其中很重要的一项，抓好这一个环节能给企业带来显著效益。

1．供应链

我国《物流术语》中的定义是：供应链是生产及流通过程中，涉及将产品或服务提供给最终用户活动的上游与下游组织所形成的网链结构。现代供应链的概念更加注重围绕核心企业的网链关系，如核心企业与供应商、供应商的供应商乃至一切前向的关系，与用户、用户的用户及一切后向的关系。它是一个范围更广的企业结构模式，包含所有加盟的节点企业，从原材料的供应开始，经过链中不同企业的制造加工、组装、分销等过程直到最终用户。

2．供应链管理

关于供应链管理的定义有多种不同的表述。例如，美国伊文斯定义为：“供应链管理是通过前馈的信息流和反馈的物料流及信息流，将供应商、制造商、分销商、零售商，直到最终用户连成一个整体的管理模式。”再如飞利浦认为：“供应链管理不是供应商管理的别称，而是一种新的管理体制策略，它把不同企业集成起来以增加整个供应链的效率，注重企业之间的合作。”虽然定义不同，但基本思想是一致的，都强调一种集成的管理思想和方法，把供应链上的各个环节有机整合，实现供应链整体效率最高。如果我们把供应链比作一条龙，那么销售环节就是龙头，即产品生产出来以后，企业与客户交互的过程；龙身是生产制造环节，是企业内部产品生产的过程；龙尾是原材料采购环节，即在适当的时间向适当的厂商采购适当的商品。供应链管理的作用就是把这条龙体内的资金流、信息流和物流三者整合起来，使企业能够获得采购、生产和销售的最优路线，提高企业的竞争力。

现代供应链管理对比传统供应链管理，它的内容发生了很大变化，这个变化首先是理念和关注点的变化。传统的供应链管理强调的是它的效能，即强调怎样节约成本；而新的供应链管理强调它的敏捷性，关注怎样提高响应客户的速度。传统的供应链管理强调大规模生产；现代供应链管理则强调大规模定制，即为客户定制产品或服务，还包括为客户提供各种信息。传统的供应链管理强调的是企业内部的协调；新的供应链管理则更强调与上下游企业的整合（外部协调）。

3．现代供应链管理的特点

现代供应链管理的特点和发展趋势：充分采用现代信息技术、网络技术，利用第三方物流力量，全程整合信息流、物流、资金流。其主要思想是构件化、专业细化和系统化。其外在表现是协同商务、电子企业、业务外包。

1）信息技术、物流技术是现代供应链管理的技术基础。这样就可以使得企业能够全面地、实时地控制生产、仓储、销售、运输、配送等各环节。现代供应链管理离不开完善的信息管理系统，如 SCM（Supply Chain Management）、WMS（Warehouse Management System）、ERP-Ⅱ、贸易管理软件等。现代信息技术和物流技术的采用一方面提高了企业在仓库管理、装卸运输、采购、订货、配送发运、订单处理的自动化水平。促使订货、包装、保管、运输、流通加工一体化；另一方面，方便实用的信息技术使企业之间的信息沟通交流、协调合作更方便、更快捷。

2）构件化是企业供应链管理发展的动力源泉之一。构件化主要表现在：第一，产品组件化；第二，制造过程、服务过程模块化。设计的产品应由独立的组件构成，这样便能低成本、不费力地装配出不同形式的产品。设计的产品制造和服务提供过程也应采取模块加工的方式，这样就能方便地进行移动或重组来支持不同分销网络的设计。

3）利用第三方物流力量，是专业化分工的必然结果。为增强市场竞争能力，而将企业的资金、人力、物力投入到其核心业务上，寻求社会化分工协作带来的效果和效率的最大化，必然要利用第三方物流力量。企业将物流业务委托给第三方专业物流公司负责，不但自己可以集中精力发展自己的核心竞争力，抓好生产，而且可降低成本。

4）用虚拟供应链替代实体供应链。利用网络建立电子企业，采用业务外包的形式，联结相关上下游企业进行协同商务进而形成虚拟企业联盟，是现代经营的一个潮流。协同商务将产生很多新的关系。协同规划可以让生产商和销售商共同进行生产预测，使生产更有目的性；协同供应可以在供应双方建立起真正完整的库存管理，达到供应链库存费用最低；协同开发可以集中供应链上所有成员的智慧，进行产品设计，提高产品成功推出的机会，缩短产品周期，事实上供应链上游的设计和制造所要解决的问题和它隐藏的利润比下游更大；协同的市场关系可以让联盟企业采用联合推广的方式推出产品，甚至可以分摊市场营销费用。协同商务的推行会引起企业文化和内部管理深层次的改变，也会引起跟供应商、制造商、分销商和服务提供商合作关系的改变，带来企业经营管理模式的创新。它是一个浩大的企业改造工程，而不只是一个软件或一个系统。

案例 8–3

戴尔的直线订购模式（Build-to-order Model）

直线模式是根据客户的具体需求，而不是根据市场的预测制订生产计划的。直线模式并不等于直销，直线模式的真正核心在于直销背后的一系列包括采购、生产、配送等环节在内的快速反应，利用一切先进的通信方法与自己的顾客保持联系，了解每一个顾客的独特需求，细分产品。许多公司的生产过程都是优先于销售的，在接到订单前早已经生产好了产品，等着顾客来购买，这样很容易造成产品的库存积压，而戴尔的方式则是先了解顾客的需求，然后再生产。在戴尔直线模式的背后，是其出色的供应链管理（SCM），它能在收到顾客个人化需求的订单后，立即向不同的供应商采购材料，迅速转入生产，再交给快递公司分发送货。在整个过程中，戴尔能保证公司的实际材料库存量始终保持在最低水平，从而使产品的价格更具有竞争力。整条供应链管理的关键是客户服务与物料配送。戴尔充分利用了互联网，通过互联网能够和每一个顾客都维持一对一的详尽对话，尽可能多地搜集到顾客信息和顾客要求；顾客也能通过互联网发送各自的订单，提出自己的服务要求。在戴尔的公司内部，有一个专门处理顾客信息的系统，它能对不同的顾客信息进行分类，对顾客的订单进行处理且自动传递到采购和生产部门。通过电子网络，戴尔和上游配件制造商组成了一个虚拟企业，在这个虚拟企业中，供应商变成了戴尔的一个零件提供部门，互相之间联系紧密。当戴尔接到顾客从网上发出的购买计算机的电子订单以后，公司的配置中心会把整张订单分解成一张张的零件采购订单，通过网络发给配件供应商，各个供应商在收到订单以后，马上会组织生产，在指定的期限内发货给戴尔，收到零件以后，戴尔公司只需要在生产车间进行组装，就可以把成品包装发送了。

8.3 物流信息技术

现代信息技术在物流各个作业环节中的综合应用，是现代物流区别传统物流的根本标志，也是物流技术中发展最快的领域，尤其是计算机网络技术的广泛应用使物流信息技术达到了较高的应用水平。物流信息技术的发展也改变了企业应用供应链管理获得竞争优势的方式，成功的企业通过应用信息技术来支持它的经营战略并选择它的经营业务。通过利用信息技术来提高供应链活动的效率性，增强整个供应链的经营决策能力。

以下主要介绍几种常用的物流信息技术。

8.3.1 物流条码

条码是指按照一定的规则，由不同宽度和高度及其具有较强反差的浅色和深色的部分组成的图形，通常是条形或块状组成的集合。条码隐含着数字信息、字母信息、标志信息、符号信息，主要用以表示商品的名称、产地、价格、种类等，是全世界通用的商品代码。条码按照所表示的符号方式、能够表示的信息及发展过程，可以分为一维条码和二维条码。若从印制的材料、颜色分类，可分为黑白条码、彩色条码、发光条码和磁性条码等。

物流条码是物流过程中用以标识具体实物的一种特殊代码，它是由一组黑白相间的条、空组成的图形，利用识读设备可以实现自动识别、自动数据采集。与通用商品条码相比，物流条码在标识模板、应用领域、采用码制和标准维护等方面都有很大的不同。

在生产管理方面，物流条码可以应用于产品识别码监控生产，采集生产测试数据和生产质量检验数据，进行产品完工检查，建立产品识别码和产品档案等。在销售点系统（POS）方面，企业在对销售商品进行结算时，通过光电扫描读取并将信息输入计算机，然后输进收款机，收款后开出收据，同时通过计算机处理，掌握进、销、存的数据。

在仓库管理中引入条码技术，对仓库的到货检验、入库、出发、调拨、移库移位、库存盘点等各个作业环节的数据进行自动化的数据采集，保证仓库管理各个作业环节数据输入的效率和准确性，确保企业及时准确地掌握库存的真实数据，以便保持和控制合理的企业库存。通过科学的编码，还可方便地对物品的批次、保质期等进行管理。

8.3.2 电子数据交换技术

电子数据交换（Electronic Data Interchange，EDI）技术是现代计算机技术和通信技术相结合的产物，各国的企业界和商业界人士都积极采用 EDI 来改善生产和流通领域的环境，以获得最佳的经济效益。使用 EDI 的是交易的双方，是企业之间的文件传递，而非同一组织内的不同部门之间的交换。双方的计算机（或计算机管理信息系统）能发送、接收并处理符合约定标准的交易电文的数据信息。双方计算机之间有网络通信系统，信息传输则是通过该网络通信系统实现的。

EDI 是一种信息管理或处理的有效手段，主要应用于：

1）制造业：应用于 JIT 生产以减少库存量及生产线待料时间，降低生产成本。

2）贸易运输业：快速通关报检，经济使用运输资源，降低贸易运输空间和成本，减少时间的浪费。

3）流通业：QR（快速响应）可以减少商场库存量与空架率，以加速商品资金周转，降低成本。建立物资配送体系，以完成产、存、运、销一体化的供应线管理。

4）金融业：用于电子资金转账（EFT），减少金融单位与其用户间交通往返的时间与现金流动风险，并缩短资金流动所需的处理时间，提高用户资金调度的弹性，在跨行业服务方面，更可使用户享受到不同金融单位所提供的服务，以提高金融业的服务品质。

8.3.3 无线射频识别技术

无线射频识别（Radio Frequency Identification，RFID）技术，是一种非接触式的自动识别技术，俗称电子标签。RFID 的主要核心部件是一个电子标签，通过相距几厘米到几米距离内传感器发射的无线电波，可以读取电子标签内存储的信息，识别电子标签代表的物品、人和器具的身份。

在高速公路收费及智能交通系统领域，RFID 则主导了高速公路自动收费系统，该种系统是射频技术最成功的应用之一，它充分体现了非接触识别的优势。在车辆高速通过收费站的同时完成缴费，解决了交通的瓶颈问题，提高了车行速度和收费结算的效率。

在零售环节，RFID 可以改进零售商的库存管理，实现实时补货，有效跟踪运输与库存，提高效率，减少出错；商店利用 RFID 在付款台实现自动扫描和计费。从而取代人工收款。

在存储环节，RFID 最广泛的应用是存取货物与库存盘点，它能用来实现自动化的存货和取货等操作。在整个仓库管理中，能高效地完成各种业务操作，如确定堆放区域、上架取货和补货等，增强了作业的准确性和快捷性，减少了整个物流中由于商品误置、送错、偷窃、损害、出货错误等造成的损耗，从而实现快速供货，并最大限度地降低存储成本。

在运输管理中，在运输的货物和车辆贴上RFID标签，运输线路的一些检查点安装上RFID接收转发装置，接收装置收到 RFID 标签上的信息后，连同接收地的位置信息上传至通信卫星，再由通信卫星传送给运输调度中心，送入数据库中。

在配送环节中，采用 RFID 能大大加快配送的速度，提高拣选与分发过程的效率与准确率，并减少人工，降低配送成本。如果到达中央配送中心的所有商品都贴有 RFID 标签，在进入中央配送中心时，托盘通过一个阅读器读取托盘内所有货箱上的标签内容，系统将这些信息与发货信息进行核对，以检测出可能的错误，然后将 RFID 标签更新为最新的商品存放地点和状态。这样确保了精确的库存控制，甚至可以确切了解目前有多少货箱处于转运途中、转运的始发地和目的地，以及其到达的精确时间等信息。

8.3.4 全球卫星定位系统

全球卫星定位系统（Global Positioning System，GPS）是利用分布在约 2 万千米高空的多颗卫星对地面目标的状况进行精确测定以进行定位、导航的系统。GPS 的应用范围包括导航、城市交通疏导系统、车辆监控系统和固定点的定位测量等。

8.3.5 地理信息系统

地理信息系统（GIS）是一种基于计算机的工具，它可以对在地球上存在的东西和发生的事件进行成图和分析。GIS 在物流管理和仓库规划中的应用包括：用地理坐标、图标的方式更直观地反映仓库的基本情况，如仓库建筑情况、仓库物资储备情况、仓库附近公路和铁路情况等。此外，铁路运输地理信息系统便于销售、市场、服务和管理人员查看客运站、货运站、货运代办点、客运代办点之间的相对地理位置，运输专用线和铁路干线之间的相对地理位置等，从而得到销售区域、影响范围、最大客户、主要竞争对象、人口状况及分布、工农业统计值等。

8.3.6 管理软件

物流管理软件包括运输管理系统（TMS）、仓储管理系统（WMS）、货代管理系统（FMS）、供应链管理系统（SCM）等。

8.4　库存管理

库存管理又叫库存量的管理，就是要控制物资的储备数量，使储备量经常保持在一个经济合理的水平上。为了保证生产不间断、有节奏地进行，一定数量的物资储备是必要的，但储备不能过多。储备量过大，就会使企业占用大量流动资金和仓库面积，增加保管费用。而且物资长期存放，还会使物资损坏变质，造成浪费。结果必然增加生产成本，降低企业的经济效益。因此，加强库存量的管理是物流管理一项重要的内容。以下主要介绍库存管理中最常用的几种定量化技术。

8.4.1　储备定额的制定

物资储备定额是指在一定的生产技术组织条件下，为保证生产经营活动正常进行所必需的、经济合理的物资储备数量的标准。

企业的物资储备，一般包括经常储备和保险储备两个部分。经常储备是企业在前后两批物资运达的间隔期中，为满足日常生产领用的需要而建立的储备。这种储备的数量是在不断变动的。当一批物资进厂时，达到最高储备；随着生产的消耗，逐渐减少，直到下批物资进厂前，降到最低储备；当下批物资抵厂时，又达到最高储备。这样不断取用，不断补充，反复循环，周而复始，所以又称周转储备。保险储备是企业为了防止物资运送误期或来料品种规格不符合需要等而建立的物资储备。在正常情况下，这种储备是不动用的。在某些企业里，由于生产有季节性或运输受季节影响，还要建立季节储备。

1．经常储备定额的制定

经常储备定额的制定有两种方法，即“以期定量”的方法和计算经济订购批量的方法。

（1）“以期定量”的方法　采用“以期定量”的方法，就是首先确定物资的供应间隔天数，到厂后卸货及验收入库天数及使用前准备天数（如化验、加工整理时间），这些天数乘平均每日需用量，即得经常储备量。计算公式为

经常储备量=（供应间隔天数+卸货及验收入库天数+使用前准备天数）×平均每日需用量

物资储备天数的主要组成部分是物资的供应间隔天数，即物资前后相邻两批供应的间隔天数。它一般是根据报告年度的统计资料计算的加权平均供应间隔天数，再按计划年度的具体条件加以适当调整后确定的。

平均每日需用量的计算是某种物资全年需用量除以全年开工天数。

这种制定经常储备定额的方法，主要是根据供应单位的供应条件和运输条件等因素，保证企业不致因缺料停工而确定的物资储备量。这种方法，较多考虑企业的外部条件，而较少考虑企业本身的经济效益。

（2）计算经济订购批量的方法　计算经济订购批量的方法是侧重从企业本身的经济效益来确定物资经常储备的一种方法。从物资储备有关的费用来分析，主要费用可以归为两大类：一类是订购费用，主要是指与物资订货和采购有关的差旅费、行政管理费、验收和搬运费等费用；另一类为保管费用，主要包括物资占用资金的利息、仓库和运输工具的维修折旧费用、物资存储损耗等费用。这两类费用各有特点。物资的订购费用主要是与订货和采购的次数成

正比，而与每次订购的物资数量的多少关系不大，因此，从节约订购费用方面来考虑，应当减少物资的订购次数，而增加每一次的订购数量。而物资的保管费用则主要与每次订购的数量成正比，而与订购次数的多少无关。因此，从节约保管费用方面来考虑，应当增加物资的订购次数而减少每次订购的数量。可以看到，节约这两类费用的要求是相互矛盾的，这就产生了求经济订购批量的方法，即计算出一个恰当的订购批量来，使按此批量订购物资所需的总费用（订购费用与保管费用之和）最小。那么，这个订购批量就是经济订购批量。

如图 8-9 所示，保管费用随着订购批量的增大而增加，而订购费用则是随着订购批量的增大而减少，而将二者加起来所形成的总费用的最低点，即为最经济的订购批量。根据这一数学模型所形成的经济订购批量的计算公式为

$$经济订购批量=\sqrt{\frac{2\times 每次的订购费用\times 物资年需用量}{单位物资的年保管费用}}$$

【例 8-1】 某工厂对某种物资的年需用量为 8000 千克，订购费用为每次 5 元，单位物资的年保管费用为 0.5 元。求经济订购批量。

$$经济订购批量=\sqrt{\frac{2\times 5\times 8000}{0.5}}=400（千克）$$

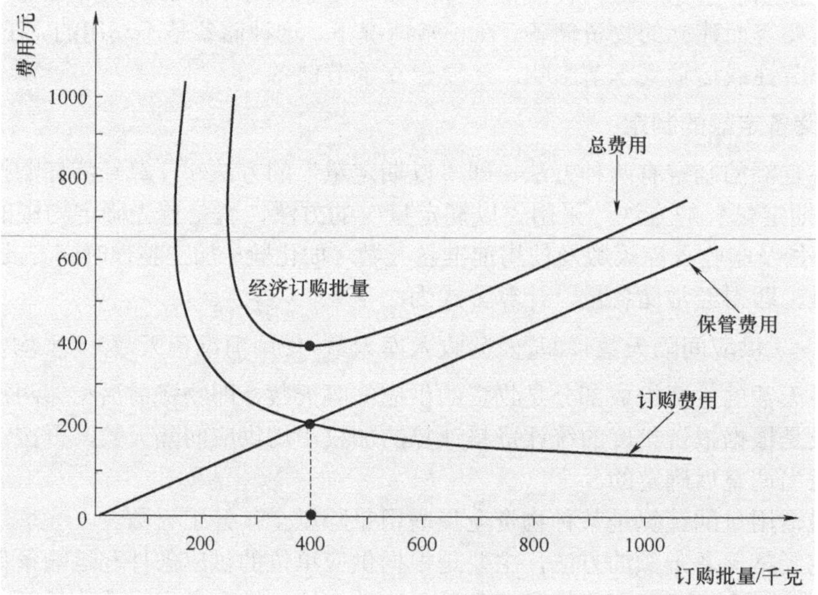

图 8-9　经济订购批量

如果企业按照经济订购批量采购某种物资，该物资的一次到货量就是一个经济订购批量，也就是该物资的经常储备定额。这种制定经常储备定额的方法，充分考虑了企业物资储备的经济效益，对企业来说是一种比较理想的方法。但是运用这种方法需要具备一个前提条件，即企业要能自行决定采购批量和采购时间。如果采购批量和采购时间主要取决于供货单位和运输条件时，则企业只能应用“以期定量”的方法。

2. 保险储备定额的制定

保险储备定额的制定主要取决于保险储备天数。计算公式为

保险储备定额=保险储备天数×平均每日需用量

保险储备天数一般是凭经验或根据报告（如平均误期天数）确定的。平均误期天数是根据报告期实际供应间隔天数中超过平均供应间隔天数的那一部分，以加权平均的方法计算出来的。

企业的物资储备定额一般是由经常储备和保险储备两部分组成。由于经常储备是一个经常变化的量，因此，物资储备定额有上限、下限之分。上限叫作最高储备定额，即经常储备量与保险储备量之和；下限叫作最低储备定额，即保险储备量，其关系如图 8-10 所示。

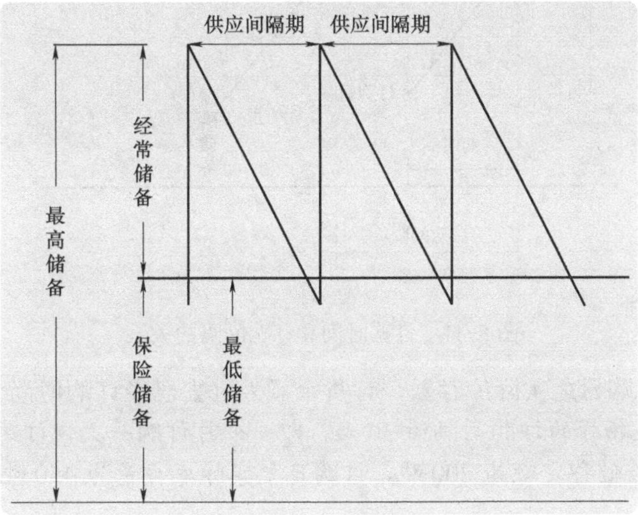

图 8-10　物资储备量示意图

8.4.2　库存量的控制方式

有了储备定额，就可以用来控制实际库存量，使之经常保持在最高储备定额和最低储备定额之间。实际库存量超过最高储备定额，说明物资有积压；实际库存量降至最低储备定额之下，说明生产有停工待料的危险。影响实际库存量的因素基本来自两个方面：一是生产车间领料的数量和时间，如果领料的数量超过计划需用量，或者领料时间提前了，就会使库存量降至最低储备定额之下；反之，领料少了或领料时间推迟了，则会使库存量超过最高储备定额。二是向外订购物资的数量和时间，如果一次订货采购数量多了，或者订货采购时间提前了，则库存量就会超过最高储备定额；反之，库存量可能低于最低储备定额。物资储备是为生产服务的，应当满足生产领料的数量和时间要求。所以，对物资库存量的控制，只能从物资的订购数量和时间方面来想办法。这就要考虑两个问题：什么时间提出订货或采购？每次订购多少，即订购批量是多大？

针对上述问题，控制库存量的基本方法有两种，即定期订购方式和定量订购方式。

1．定期订购方式

定期订购方式是指订购时间预先固定，如每月或每旬订购一次，而且每次订购数量不固定，随时根据库存情况来决定。订购量的计算公式为

订购量=平均每日需用量×（订购时间+订购间隔）+保险储备定额–实际库存量–订货余额

订购时间是指提出订购到物资抵厂所需的时间。订购间隔是指相邻两次订购日之间的时间间隔。两者的关系如图 8-11 所示。

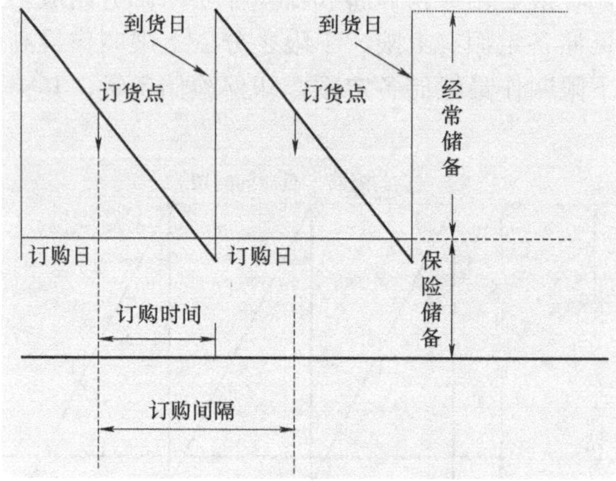

图 8-11　订购时间和订购间隔的关系

实际库存量为订购日之实际库存数，订货余额为过去已经订购但尚未到货的数量。

【例 8-2】 某物资的订购间隔为 30 天，即一个月订购一次，订购时间为 10 天，每日需用量为 20 吨，保险储备定额为 200 吨，订购日之实际库存量为 450 吨，订货余额为 0。求定购量。

订购量=20×（10+30）+200–450–0=550（吨）

从例 8-2 可以看出，订购间隔为 30 天，在通常情况下，一次订购量应为 20 × 30=600 吨，而按现在计算则为 550 吨，这是由于实际库存已经超储，因而在订购时对订购量进行了调整。

采用定期定购方式，在规定订购间隔期时，应当与该物资的经济批量相适应，以提高物资库存的经济效益。例如，某项材料平均每日需要量为 10 吨，如果计算出的经济订购批量为 275 吨，则该材料订购间隔期为 275÷10=27.5 天，为方便起见，该物资的订购间隔期可定为一个月；如果计算出的经济订购批量为 185 吨，相当于 18.5 天的需用量，则订购间隔期可定为 15 天，即半个月订购一次。

2．定量订购方式

定量订购方式就是订购的时间不定，而每次订购的数量则固定不变。具体办法是预先规定一个订货点量，当实际库存量降到订货点量时，就按固定的订购数量（即预先确定的经济订购批量）提出订购或采购。这种方法又称为订货点法。订货点法的库存量可用下列公式确定：

订货点量=平均每日需用量×订购时间+保险储备量

以例 8-2 中的数据为例，则有

$$订货点量=20\times10+200=400（吨）$$

这就是说，当实际库存超过 400 吨时，不考虑订货；当库存下降到 400 吨时，就及时按预先规定的订购批量（600 吨）提出订购。

订货点法又称“双堆法”。在实际运用中，当一次物资抵厂时，库存量达到最大，这时可把物资分作两堆储存、保管（如果是小件物体，可存放在两个盒子中）。第一堆是订货点量，其余作为第二堆。在发料时，首先动用第二堆。当第二堆没有用完时，不必考虑订购。一旦第二堆用尽，而需要动用第一堆时，说明库存量已降至订货点量，就应及时提出订购。这种方法使库存量形象化，便于控制。

从上述可以看出，定期订购方式是对物资的库存量实行比较严格的控制，在每次订购时都要检查实际库存，并对每次的订购量做出调整。这种控制方式既能保证生产需要，又可以避免物资超储，节省流动资金，但是在管理上需要花费较多的精力。而对于定量订购方式，其优缺点正好与定期订购方式相反，是一种比较粗放、简便的控制方式。企业采用什么样的控制方式，应根据物资的不同特点来决定。

8.4.3 ABC 库存管理方法

1. ABC 分析法的含义

ABC 分析法是在构成一项经济事件或活动中，科学而又简便地找出主要矛盾的一种分析方法。ABC 分析法是依据意大利统计学家帕累托创造的帕累托定律，即在众多起作用的因素中，起关键作用的往往是少数，起次要作用的是多数。帕累托定律又称“80/20”定律，即起 80%作用的是 20%的因素，起 20%作用的是 80%的因素。在具体操作时，一般要通过一定的程序将众多的因素划分为 A、B、C 三类，A 类属于关键因素，B 类属于一般因素，C 类属于次要因素，所以又称为 ABC 分析法。

ABC 分析法的具体过程如下：

1）将物资按其库存额从大到小进行排序，并计算出总库存额。

2）计算累计库存额占总库存额的百分比。

3）按累计库存百分比划分 A、B、C 类。划分原则为：把占库存总额比重为 70%～80%，品种数占全部库存品种数的 10%左右的物资作为 A 类物资；占库存总额比重在 10%之内，品种数占全部库存品种数的 70%以上的物资作为 C 类物资。除 A、C 类外的物资即为 B 类物资。

案例 8-4

ABC 库存控制案例分析

下面用一个只有 10 种物品的简化实例来说明如何进行 ABC 分析。

1）列出这些物品及其年度使用量，然后用单价乘以年度使用量，求得年度使用金额，再将这些物品按年度使用金额由高到低排序，见表 8-1。

表 8-1　公司使用物品年度使用金额排序

物品	年度使用量/个	单位成本/元	年度使用金额/元	序数
F-11	40000	0.07	2800	5
F-20	195000	0.11	21450	1
F-31	4000	0.10	400	9
L-45	100000	0.05	5000	3
L-51	2000	0.14	280	10
L-16	240000	0.07	16800	2
L-17	16000	0.08	1280	6
N-8	80000	0.06	4800	4
N-91	10000	0.07	700	7
N-100	5000	0.09	450	8

2）按序数排列这些物品并计算年度使用金额与累计百分比，如果任意地决定 A 类物品将是这些物品中最前面的 20%，则 A 类物品包括第一、第二两种物品；第三至第五种物品属于 B 类物品，它们占总物品数量的 30%；其余 50%的物品属于 C 类物品，见表 8-2。

表 8-2　公司使用物品的 ABC 分类

物品	年度使用金额/元	累计年度使用金额/元	累计百分比（%）	分类
F-20	21450	21450	39.8	A
L-16	16800	38250	70.9	A
L-45	5000	43250	80.2	B
N-8	4800	48050	89.0	B
F-11	2800	50850	94.2	B
L-17	1280	52130	96.6	C
N-91	700	52830	97.9	C
N-100	450	53280	98.7	C
F-31	400	53680	99.5	C
L-51	280	53960	100	C

3）以上数据可归纳为表 8-3。如果把最大精力集中于 A 类物品，可使其库存压缩 20%。而这部分年度使用金额占年度总使用金额的 70.9%，可节省相当可观的一笔库存费用。即使 C 类物品由于控制不严而增加了 50%也不要紧，因为其年度使用金额仅占年度总使用金额的 5.8%。

表 8-3　物品的年度使用量百分比和年度使用金额百分比

分类	年度使用量百分比（%）	年度使用金额/元	年度使用金额百分比（%）
A=F-20，L-16	20	38250	70.9
B=L-45，N-8，F-11	30	12600	23.3
C=其他所有物品	50	3110	5.8
总计	100	53960	100

2. ABC方法的基本法则

（1）控制的程度及库存记录　控制的程度及库存记录如下：

1）A类物品，严加控制。要有最完备、准确的记录，最高管理层要经常评审，对车间紧密跟踪以压缩提前期。

2）B类物品，正常控制，包括良好的记录和常规的关注。

3）C类物品，尽量使用最简便的控制。例如，定期目视检查库存实物、简单记录或用最简单的标志表明补充库存已经订货了，采用大库存量与订货量以避免缺货，在安排车间日程计划时给予低优先级。

（2）优先级　优先级的内容如下：

1）给A类物品以高优先级，以压缩其提前期与库存。

2）B类物品只要求正常的处理，仅在关键时给予高优先级。

3）C类物品给予最低优先级。

（3）订货过程　订货过程如下：

1）给A类物品提供准确的订货量、订货点与MRP数据。对计算机数据要进行人工核对，最高层要经常评审以压缩库存。

2）B 类物品每季度或发生主要变化时评审一次订货量、订货点，MRP 数据采取例行惯例。

3）C类物品不要求计算订货量与订货点，订货往往不用MRP做计划。手头存货还相当多时就可订上一年的供应量。使用目视评审、堆放。

库存物资是企业经济活动正常进行的保证。同时，库存物资需要占用企业的大量流动资金，因而也反映出企业的经营状况、管理水平和经济效益。所以，确定科学、合理的库存数量、库存物资品种结构及库存物资的存储期限，将库存管理由定性控制逐步转移到定量控制，是保证企业生产顺利进行、减少企业资金占有、避免库存不足或库存积压、提高库存管理效益的保障。同时，计算机技术的应用为库存定量化控制提供了可能。

本章小结

物流是物品从供应地向接受地实体流动的过程，根据实际需要将运输、储存、装卸搬运、包装、加工、配送、信息处理等基本功能实现有机结合。按现代物流管理进行的顺序可以划分为三个阶段，即计划阶段、实施阶段和评价阶段。

物流作为一个由若干子系统构成的综合系统，其活动包括运输、保管、配送、装卸搬运、包装、流通加工和信息处理等。

企业物流管理就是针对企业内部和外部的相关物流活动，进行科学、合理的计划、组织、协调与控制，以最低的物流成本达到顾客满意的服务水平，使物流更好地为实现企业目标服务。企业物流可以分为供应物流、生产物流、销售物流、回收物流与废弃物物流。

物流信息技术在物流各个作业环节中的综合应用，提高了企业物流管理的效率，降低了成本，增强了整个供应链的经营决策能力。本章介绍了几种常用的物流信息技术：物流条码技术、无线射频识别（RFID）技术、电子数据交换（EDI）技术、全球卫星定位系统（GPS）、地理信息系统（GIS）。

库存管理又叫库存量的管理，就是要控制物资的储备数量，使储备量经常保持在一个经济合理的水平上。加强库存量的管理是物流管理一项重要的内容。因此，企业要采用适当的方法来确定储备定额，以科学合理的方式来控制库存量。

复习思考题

一、简答题

1. 物流管理包括哪些内容？
2. 物流信息管理系统分为几个管理层次？每个管理层的主要作用是什么？物流信息管理系统通常包含哪些子系统？
3. 销售物流管理的内容有哪些？供应商选择的方法有哪些？
4. 什么是供应链管理？现代供应链管理的特点是什么？
5. 企业物流管理所使用到的物流信息技术主要有哪些？试举例说明。
6. 物流企业为什么广泛使用条码？条码技术在物流中有哪些应用领域？
7. 简述制定经常储备定额的两种基本方法和控制库存量的两种基本方法。

二、案例分析

京东商城作为国内大型电子商务交易平台，为了满足自营商品和入驻商家的物流配送要求，采取自营物流和第三方配送相结合的模式，共同构造了京东商城完善的物流配送体系。

1. 京东商城自营物流配送模式

京东商城年营业额在百亿元以上，随着其迅猛的发展和业务范围的不断扩大，京东决定建立自营物流配送体系，把外部融资的大部分资金都投入到物流体系建设中。京东在全国购买了1200多亩[㊀]的土地用于自身物流仓储的建设发展，并在北京、上海、广州等地建立了多个大型物流配送中心。例如，其在北京的物流配送，日处理订单量达3万单，极限处理能力可达到5万单/日。配送范围辐射北京、天津、河北等省市。京东快递公司的目标是建立涵盖全国的物流配送体系，为京东商城的物流配送和社会物流配送体系服务。目前，京东商城基本建成了满足自身需要的物流配送体系。正因为京东自身的物流配送体系的支持，京东在北京推出了下单商品3小时内送达，承诺部分省市当日达、次日达的配送服务，并支持顾客上门自提。

2. 京东商城第三方物流配送模式

虽然京东自营物流体系很完善，但是对于部分偏远地区，京东自营物流很难涵盖其中。以电商平台为核心业务的京东，为战略需要和资金成本的限制，选择与第三方物流企业合作。充分利用第三方物流企业的资源优势，为顾客提供更好的物流服务。利用社会化的物流配送体系，在保证了企业商品的可送范围的同时，增加了社会效益。

另外，京东还作为电子商务平台吸引了众多商家的入驻。商家借助京东的商务平台经营

㊀ 1亩=666.6平方米。

自身的产品，这些不属于京东商城的业务范围。京东商城提供多元化的服务，商家可以自由选择是否利用京东配送服务或第三方配送体系。有些商家与其他物流企业建立了长期合作关系，出于自身利益考虑会选择社会物流企业来完成商品的配送服务。

思考：

1．京东商城自建物流配送的原因是什么？

2．你认为电子商务企业选择物流模式应考虑哪些因素？

第 9 章　财务管理

学习目标

1. 了解财务管理的一般概念和理论，了解资金筹集的方式和渠道。
2. 掌握偿债能力、资金营运能力、盈利能力等财务指标的计算及其应用。
3. 掌握净现值法、投资回收期等投资决策的基本方法及筹资成本的计算。
4. 熟练掌握复利现值和终值、普通年金现值和终值的计算。

财务管理是企业管理工作的重要组成部分，财务管理工作的好与坏直接关系到企业的生存和发展。因此，作为一名管理人员，掌握一定的财务知识是必需的，包括财务分析的能力、投资决策的能力和筹资决策的能力等。

9.1　财务管理概述

企业的生产经营过程，一方面表现为实物形态的物资运动，另一方面表现为价值形态的资金运动。资金是企业再生产过程中物资价值的货币表现。财务是指企业中有关资金的业务。财务管理是企业管理的一个重要组成部分。企业应以尽可能有利的条件筹集到生产经营活动所需要的资金，同时在企业内部合理地分配资金，提高资金的利用效果。

9.1.1　财务管理的主要内容

财务管理也称理财，是在一定的整体目标下，企业组织财务活动和处理财务关系的一项经济管理工作。财务管理的对象是资金及其流转，包括资金筹集、资金投放、资金分配等方面。

财务管理的内容主要包括财务活动的管理控制和财务关系的处理两个方面。

1. 企业的财务活动

企业的财务活动具体包括资金的筹集、运用、回收及分配等一系列行为。这些财务活动的不断进行，同时伴随着企业的资金运动。根据资金运动的性质，可以将财务活动分为以下四个方面：

（1）筹资活动　筹资活动是指企业为了满足生产经营活动的需要，从一定的渠道，采用特定的方式，筹措和集中所需资金的过程。筹集资金是企业进行生产经营活动的前提，也是资金运动的起点。一般而言，企业可以从三个方面筹集并形成三种性质的资金来源：一是从所有者处取得权益性资金；二是从债权人处取得债务性资金；三是从企业获利中留存一部分权益性资金。企业筹集的资金，可以是货币资金，也可以是实物资产或无形资产。从资金的运动状态看，筹资活动表现为资金的流入。

（2）投资活动　企业在取得资金后，必须将资金投入到生产经营活动中去，以谋取最大的经济效益，否则，筹资不仅失去意义，而且还会给企业带来损失。投资有广义和狭义之分。广义的投资是指企业将筹集的资金投入使用的过程，包括企业内部使用资金的过程和企业对外投放资金的过程。就前者而言，企业主要是通过购买原材料和机器设备、聘用员工、建造生产设施、开展研发活动等行为将筹集的资金投放到生产经营中，形成各种生产资料，如流动资产、固定资产、无形资产和其他资产等；然后营运这些资金，开展生产经营活动，并合理确定和控制资金在使用过程中的耗费，最终通过生产经营收入，使这些耗费得以补偿，重回资金起点。狭义的投资仅指企业将现金、实物或无形资产等投放于企业外部其他企业或单位而形成的股权性投资或债权性投资。从资金的运动状态看，投资活动表现为资金的流出。

（3）资金营运活动　资金营运活动是指在日常生产经营活动中所发生的一系列资金的收付活动。相对于其他财务活动而言，资金营运活动是最频繁的财务活动。资金营运活动围绕着营运资金展开，如何加快营运资金的周转，提高营运资金的利用效果，是资金营运活动的关键。资金营运活动既包括由于支付工资、营业费用及其他各项费用的现金支出，也包括由于企业销售产品或提供劳务所取得收入的现金回收。从资金的运动状态看，资金营运活动既表现为资金的流出，又表现为资金的流入。

（4）分配活动　企业通过资金的投放和使用，必然会取得各种收入。企业的收入首先要用以弥补生产耗费及期间费用，以及缴纳流转环节的税费，剩余的部分形成企业的营业利润。营业利润和对外投资净收益、营业外净收支构成企业的利润总额。利润总额首先要按国家规定缴纳所得税，税后利润要提取公积金，分别用于扩大积累、弥补亏损和改善职工集体福利设施，其余利润分配给投资者或暂时留存企业。企业必须根据国家有关法律、法规和制度所确定的分配原则，合理确定分配的规模和分配的方式，这是一项重要的财务管理工作。从资金的运动状态看，分配活动表现为资金的流出。

2．财务关系

企业在筹资、投资、营运和分配等财务活动中必然要与企业的利益相关者之间发生广泛的经济联系，从而产生与利益相关者之间的经济利益关系。这种经济利益关系也称财务关系，主要包括以下几个方面：

（1）企业与国家之间的财务关系　企业与国家之间的财务关系主要体现在两个方面：一是国家为了实现其职能，以社会管理者的身份，无偿参与企业收益的分配。企业必须按照法律规定向国家缴纳各种税费，包括所得税、流转税、资源税、财产税、矿产资源补偿费和教育费附加等；二是国家作为投资者，通过其授权部门或机构以国有资产向企业投入资本金，并根据其投资比例，参与企业利润的分配。前者体现的是强制的、无偿的分配关系，后者则体现所有权性质的投资与受益的关系。

（2）企业与投资者之间的财务关系　企业的资本除了来自国家投资之外，还来自于其他投资者，从而形成企业与这些投资者之间的财务关系。现行有关法律明确规定，投资者凭借其出资，有权参与企业的重大经营管理决策，分享企业的利润并承担企业的风险；被投资企业必须依法保全资本，并有效运用资本实现盈利。投资者是企业最重要的利益相关者，因为投资者拥有企业的所有权。企业与投资者之间的财务关系体现为所有权性质的投资与受资的关系。

（3）企业与债权人之间的财务关系　企业与债权人之间的财务关系，主要是指企业向债权人借入资金，并按借款合同的规定按时支付利息和本金所形成的经济关系。企业除利用投资者投入的资本进行经营活动外，还要借入一定数量的债务资本，以扩大企业经营规模，并相应降低企业的资本成本。企业的债权人主要有本公司债券持有人、金融信贷机构、商业信用提供者及其他出借资金给企业的单位和个人。企业利用债权人的资金，要按约定的利率，及时向债权人支付利息。债务到期时，要合理调度资金，按时向债权人归还本金。企业与债权人的财务关系在性质上属于债务与债权关系。

（4）企业与债务人之间的财务关系　企业与债务人之间的财务关系，主要是指企业以购买债券、提供贷款或商业信用等形式将资金出借给其他企业所形成的经济利益关系。企业将资金出借后，有权要求债务人按约定的条件支付利息和归还本金。企业与债务人的关系体现的是债权与债务关系。

（5）企业与职工之间的财务关系　企业与职工之间的财务关系，主要是指企业向职工支付劳动报酬过程中所形成的经济关系。企业应向职工及时足额支付工资、津贴、奖金等劳动报酬，从而实现按照职工提供劳动数量和质量对消费品的分配。企业与职工之间的财务关系，体现着职工个人与企业在劳动成果上的分配关系。

上述财务关系广泛存在于企业财务管理中，体现了企业财务管理的实质，从而构成了企业财务管理的另一个重要内容。企业应该通过正确处理和协调与利益相关者之间的财务关系，创造良好的财务管理的内、外部环境，为最终实现企业的财务管理目标服务。

9.1.2 财务管理的基本环节

财务管理环节是指财务管理的一般工作步骤和程序。财务管理环节是否严密、科学和完善，直接关系企业管理工作的成败。实践表明，一个健全的财务管理系统至少应包括财务预测、财务决策、财务预算、财务控制和财务分析五个基本环节。这些环节相互配合，紧密联系，形成周而复始的财务管理循环。

1. 财务预测

财务预测是指根据企业财务活动的历史资料，考虑现实条件和管理要求，对企业未来的财务活动和财务成果做出科学预计和测算的过程。其目的在于通过测算，为企业财务决策、财务预算、财务控制、财务分析提供可靠的依据。例如，通过预计财务收支的发展变化情况，测算融资规模、结构和经营目标；通过测定各项定额和标准，为编制预算提供服务。

2. 财务决策

财务决策是指财务人员在财务目标的总体要求下，运用专门的方法从各种备选方案中选出最佳方案的过程。在现代企业财务管理系统中，财务决策是核心，它决定着企业未来的发展方向，关系到企业的兴衰成败。

3. 财务预算

财务预算是运用先进的技术手段和方法，对预算目标进行综合平衡，制定出主要的计划指标的过程。财务预算是以财务决策确立的方案和财务预测提供的信息为基础编制的，是财务预测和财务决策所确定的经营目标的系统化、具体化，是控制、分析财务收支的依据，是落实企业奋斗目标和保证措施的必要环节。

4. 财务控制

财务控制是财务管理机构及人员以财务制度或预算指标为依据，采用特定的手段和方法，对各项财务收支进行日常的计算、审核和调节，将其控制在制度和预算指标规定的范围之内，发现偏差，及时进行纠正，以保证企业财务目标实现的过程。

5. 财务分析

财务分析是以会计核算资料为依据，对企业财务活动的过程和结果进行分析研究，评价预算完成情况，分析影响预算执行的因素及变化趋势的过程。通过财务分析，企业可以对自身的财务状况做出准确的评价，企业可以掌握各项财务预算和财务指标的完成情况，检查国家有关方针、政策及财经制度、法规的执行情况，以不断改善财务预测和财务预算工作，提高财务管理水平。

9.2 货币时间价值

货币的时间价值和投资的风险价值是现代财务管理的两个基础观念。

9.2.1 货币时间价值的概念

货币的时间价值也称为资金的时间价值，是指货币经历一定时间的投资和再投资所增加的价值，它表现为同一数量的货币在不同的时点上具有不同的价值。

货币的时间价值是货币在周转使用中产生的，是货币所有者让渡货币使用权而参与社会财富分配的一种形式。

9.2.2 货币时间价值的计算

货币时间价值有相对数和绝对数两种表现形式。从相对量来看，就是在不考虑风险和通货膨胀的条件下社会平均的资金利润率，实务中常视同于无风险实际利率；从绝对量上看，就是无风险、无通货膨胀下的利息。利息是按照事先确定的利率、存款期限和偿还方式，通过一定的方法计算出来的存款报酬。

货币时间价值有三种常用的计算方法。

1. 单利

单利是只就本金计算利息。本金也称现值，是用来计算时间价值的原始资金。一定时期

后的本金和利息之和简称本利和，又称终值。单利本利和的计算公式为

$$S=P(1+ni)$$

式中 S——本利和；

P——本金；

n——期数；

i——利率。

目前，我国银行接受存款计算利息使用单利计算。

2. 复利

复利不仅本金要计算利息，利息也要生利，即所谓“利滚利”。复利能充分体现货币时间价值。在市场经济条件下，为了提高资金的利用效果，越来越多的企业采用复利计算货币时间价值，作为经营决策和评估经营成果的依据。复利的应用包括复利终值和复利现值两个方面。

复利终值是指若干期以后本金和按复利计算的利息之和。计算公式为

$$S=P(1+i)^n$$

式中 $(1+i)^n$——复利终值系数。

【例 9-1】 10000 元存款，在复利率为 5%的情况下，4 年后的本利和是多少？

解：查 1 元复利终值系数表，$(F/P, 5\%, 4)=1.2155$。

$$\begin{aligned}F&=P(F/P, i, n)\\&=10000\times1.2155\\&=12155\text{（元）}\end{aligned}$$

复利现值是指以后某一规定时期收入或支出的资金的现在价值。复利现值是复利终值的逆运算，相当于倒求本金。这个计算过程叫作贴现。计算公式为

$$P=\frac{S}{(1+i)^n}$$

式中 $\frac{1}{(1+i)^n}$——复利现值系数。

【例 9-2】 某人欲在 3 年后购置一项 10000 元的资产，则在利率为 5%的情况下，需存入银行的资金为多少？

解：查 1 元复利现值系数表，$(P/F, 5\%, 3)=0.8638$。

$$\begin{aligned}P&=F(P/F, i, n)\\&=10000\times0.8638\\&=8638\text{（元）}\end{aligned}$$

3. 年金

年金是指每隔相同时期（如一年、半年、一季等）收入或支出的等额的资金，如定期收入或支付的等额租金、工资、保险费等。

年金有多种形式：凡发生在每期期末的年金，叫作普通年金；凡发生在每期期初的年金，

叫作预付年金；凡在若干期以后才发生的年金，叫作递延年金；凡无限期发生的年金，叫作永续年金。不论哪一种年金，都是在复利计算的基础上建立的。在实际工作中，普通年金最为常用。

普通年金的计算涉及普通年金终值和普通年金现值两个方面。

普通年金终值就是每期等额款项的收入或支出数额的复利终值之和。其计算公式为

$$S_A = R + R(1+i) + R(1+i)^2 + \cdots + R(1+i)^{n-1}$$

$$= R\frac{(1+i)^n - 1}{i}$$

式中　S_A——普通年金终值；

R——年金；

i——利率；

n——期数；

$\frac{(1+i)^n - 1}{i}$——年金终值系数。

【例 9-3】 假设某项目在 5 年建设期内每年年末从银行借款 10 万元，借款年利率为 10%，则该项目竣工时应付本息的总额为多少？

解： 查年金终值系数表，（F/A，10%，5）=6.1051。

F=10×（F/A，10%，5）

=10×6.1051=61.051（万元）

普通年金现值就是每期等额款项的收入或支出数额的复利现值之和。其计算公式为

$$P_A = R\frac{1}{1+i} + R\frac{1}{(1+i)^2} + \cdots + R\frac{1}{(1+i)^n}$$

$$= R\left[\frac{1-(1+i)^{-n}}{i}\right]$$

$$= R\frac{1}{i}\left[1 - \frac{1}{(1+i)^n}\right]$$

式中　P_A——普通年金现值；

$\frac{1}{i}\left[1 - \frac{1}{(1+i)^n}\right]$——年金现值系数。

【例 9-4】 某公司从现在起每年年末可获得投资收益 15 万元，按年利率 8%计算，5 年收益的现值是多少？

解： 查年金现值系数表，（P/A，8%，5）=3.9927。

P=15×（P/A，8%，5）

=15×3.9927=59.8905（万元）

9.3 资金的筹集

9.3.1 资金筹集概述

1. 资金筹集的概念与分类

资金筹集是指企业通过不同渠道，采取各种方式，按照一定程序，筹措企业设立、生产经营所需资金的财务活动。资金是企业筹办和从事生产经营活动的物质基础，是企业财务活动的起点。资金筹集管理是企业财务管理的一项重要内容。

企业的资金筹集活动，按照所筹资金的性质，可分为权益筹资和债务筹资；按照所筹资金的用途，可分为流动资产筹资、固定资产筹资、无形资产筹资、对外投资筹资等；按照所筹资金的来源，可分为内部筹资和外部筹资；按照是否通过金融机构，可分为直接筹资和间接筹资。《贷款通则》将资金筹集划分为权益筹资和债务筹资两大类。

2. 筹集资金的原则

（1）稳定性原则　稳定性原则包括三重含义：一是借入资金能保持一定的稳定性，即借款期限要相对长一些，可以在安排使用时有一定的余地；二是筹资方式要保持稳定，一般情况下不要频繁更换筹资方式，以免损害企业在金融市场的形象，失去投资者的信任；三是具有业务往来关系的金融机构要相对稳定，以便建立一种相互了解、相互信任的关系，保证筹资工作运作顺畅。

（2）低成本原则　低成本原则的含义有两个：一是对同等期限、同等方式的资金来源进行比较，或者对不同筹资方式进行比较，从中选出成本最低的筹资方式和筹资类型；二是对资金成本和资金收益进行比较，根据投资收益大于资金成本的程度选择筹资方案。

（3）适度原则　适度原则又称合理性原则，包括四个方面的内容：

1）筹资额要适度。所筹资金能满足企业的需要，同时自有资金与借入资金比例适度。

2）筹资期限要适当。制定企业的筹资战略时应结合生产周期、投资期、盈利期和还款期考虑筹资期限的长、中、短搭配问题。如果筹集不到与生产经营或建设周期相吻合的资金，就要对所筹资金的期限进行合理搭配。

3）筹资方式要适用。在金融市场上，筹资方式多种多样。企业要根据自身的具体情况和资金使用的要求，如资金数量、筹资期限、手续繁简等，做出合适的选择。

4）时间配比要及时。时间配比是指在资金的投放、运用、转化及筹资的时间安排上，必须紧密衔接，及时调度。重视资金的筹集、运用、转化、回收的及时性和协调性。

（4）合法原则　合法原则也称履约性原则。负债经营占用他人资金要有法律依据，从举债、用债到还债的全过程，应依据国家政策及法律来进行。

（5）负债经营担保原则　负债经营担保是为了杜绝企业因多头贷款而超重负债及无视法规、逃避债务的行为而设立的，包括保证、抵押、定金、留置和违约金五种形式。

9.3.2 资金筹集的渠道和方式

1. 资金筹集的渠道

计划经济时期，我国企业筹集资金的渠道有国家投入、银行借款和企业自留资金三种，其中以国家投入资金，即财政资金为主。随着社会主义市场经济的建立和完善，企业的资金筹集渠道呈现多元化趋势，主要有：

（1）国家财政　出于控制和掌握关系国家安全和国民经济命脉的重要行业和关键领域，支持和引导非国有经济发展等需要，国家财政需要以各种形式向企业投入资金。对国有及国有控股企业而言，财政资金在企业的各种资金来源中更是占有特殊地位。

（2）银行　我国银行主要分商业银行、政策性银行和信用社三大类。银行贷款是企业资金的主要供应渠道。

（3）非银行金融机构　非银行金融机构主要有金融资产管理公司、信托投资公司、财务公司、金融租赁公司等。这类金融机构的资金力量比商业银行要小，并且业务受限较多，一般起辅助贷款的作用。

（4）资本市场　目前，我国可以为企业提供资金的资本市场主要是股票市场和债券市场。

（5）其他单位或个人　其他单位或个人，可能会因业务关系、投资需求、商业信用等原因，直接向企业提供权益资金或债务资金。

（6）外商资金　我国经济融入世界经济之后，来自于境外投资者的各类资金日益增多。企业可以依法通过直接或间接方式利用外商资金。

（7）自身积累　企业提取的公积金及未分配的利润等留存收益，可再转化为生产经营资金，这是企业稳定的、几乎没有成本的资金来源。

2．资金筹集的方式

（1）发行股票　根据《中华人民共和国公司法》的规定，股份有限公司可以股票形式向社会公开募集或向特定对象募集股本。募集的股本按照所有权性质的不同，可以划分为国家股、国有法人股、外资股、其他法人股、个人股等不同类型。股东依法参与监督企业的经营管理，分享红利，并承担风险和义务。

（2）吸收直接投资　全民所有制企业、有限责任公司、采取发起方式设立的股份有限公司等，可以接受投资者以货币或非货币资产向企业出资或增资。

（3）发行企业债券　企业债券是符合法定条件的企业依照法定程序发行、约定在一定期限内还本付息的有价证券。持券人可按期取得利息，到期收回本金，但无权参与企业经营管理，也不参加分红，对企业不承担任何责任。企业通过发行债券取得的资金，应当按照规定用途安排使用。

（4）贷款　企业可以向银行等金融机构借入资金。根据《贷款通则》的规定，银行贷款根据风险承担的不同，有自营贷款、委托贷款和特定贷款三类；按照时间的不同，有短期贷款、中期贷款和长期贷款之分；按照贷款形式的不同，又可分为信用贷款、担保贷款和票据贴现等几种。

（5）商业信用　商业信用是指企业在商品或服务交易中，与其他企业之间由于延期付款或预收货款形成的借贷关系。

（6）融资租赁　融资租赁是由租赁公司按承租单位要求出资购买设备，在较长的合同期内提供给承租单位使用的一种信用业务。它以融通资金为主要目的，是融资与融物相结合的、带有商品销售性质的租赁活动，是企业筹集资金的一种重要方式。

资金筹集的渠道和方式既有联系，又有区别。同一渠道的资金可以采取不同的筹资方式取得，而同一筹资方式又往往适用于不同的筹资渠道。企业进行筹资，必须实现两者的合理选择和有机的结合。

9.3.3 资金成本与资金结构

1. **资金成本的概念**

资金成本是指企业为筹集和使用资金而发生的代价。资金成本包括筹资费用和资金使用费用两部分。筹资费用是指为取得资金的所有权或使用权而发生的支出，包括银行借款的手续费，发行股票、债券需支付的广告宣传费、印刷费、代理发行费等；资金使用费用则是指在资金使用过程中向资金所有权人支付的费用，包括银行借款利息、债券的利息、股票的股利等。筹资阶段支付的筹集费用在资金占用期间不再发生，但抵减了筹资总额，从而加大了占用期间的实际资金成本。

2. **资金成本的计量**

对资金成本大小衡量的形式有两种：一种是绝对数，另一种是相对数。绝对数是以企业在取得资金时支付的筹集费用和占用资金期间支付的利息、分配利润（或红利）表示的。绝对数的大小受企业筹资规模的影响，有时难以依据绝对数比较和衡量企业在资金使用方面的实际代价。采用相对数表示资金成本大小，可以消除筹资规模差异所导致的不可比性，客观地反映企业筹集和使用资金的实际成本。一般用资金成本率来表示资金成本。在没有特殊说明的情况下，资金成本率的计算期间为一年。计算公式为

$$K=\frac{D}{P-F}\times 100\%$$

式中 K——资金成本率；

D——资金使用费；

F——筹集费用；

P——筹资总额。

资金成本率反映的是企业在资金占用期内的用资费用与实际筹资额之间的比率关系，这一比率反映了企业实际使用资金的代价。

【例 9-5】 某公司向银行取得 400 万元的长期借款。年利息率为 8%，期限为 6 年，每年付利息一次，到期一次还本。假定筹资费用率为 0.3%，所得税率为 25%，则该长期借款的资金成本为多少？

解：

$$K_d=\frac{4000000\times 8\%\times(1-25\%)}{4000000\times(1-0.3\%)}\times 100\%=6.02\%$$

3. **资金结构**

资金结构是资金来源结构的简称。它是指企业资金来源总额中各种筹资方式所筹集资金的来源额的比重构成，是决定企业综合资金成本高低的一个重要因素。

企业筹集资金的一个重要目标，就是用最经济的方法筹集必要的资金，并使资金成本降至最低限度。

9.4　投资管理

投资是企业财务活动的主要环节，也是创造收益的必要过程。在市场经济条件下，能否有效地利用筹集到的资金，把它们投放到收益高、回收快、风险小的项目上去，对企业的生产和发展是十分重要的。投资是企业财务管理的核心内容之一。

9.4.1　企业投资概述

1．企业投资的含义

企业投资是指企业投放一定数量的资金以期取得预期收益的经济行为。它包括用于厂房、机器设备等长期资产的新建、改建、扩建或购置的投资，包括购买政府债券、金融债券、企业债券和公司股票的投资，还包括采用联营方式等将企业资产向外单位的投资。

2．企业投资的方式

1）投资按期限可分为短期投资和长期投资。短期投资一般是指可在一年内收回原投资额的投资，主要包括对现金、应收账款、存货和准备随时变现的各种有价证券等的投资；长期投资是指在长于一年的时间里才能收回原投资额的投资，主要包括厂房、机器设备等固定资产方面的投资，以及为控制或影响其他企业而购入的持有期在一年以上的各种有价证券和其他形式的实物投资等非流动资产的投资。

2）投资按范围可分为内部投资和外部投资。内部投资又称对内投资，是指对企业内部生产经营所需的各种资产的投资。其目的是为了保证生产经营过程的连续和规模的扩大。按其与未来企业经营活动的关系又可分为维持性投资和扩大生产能力投资。外部投资又称对外投资，是指企业将所拥有的资金直接投入到其他企业或购买各种证券形成的投资。其目的是为了控制或影响被投资企业，以及获得更高的投资收益。外部投资在其形式上主要有股票投资、债券投资和直接实物投资等。

9.4.2　短期投资管理

短期投资具有投资回收期短、投资数额小、变现能力强、波动性大和风险较小等特点，因此，对其管理比较简单。

短期投资管理的核心是短期投资决策，短期投资决策的核心是分析成本指标，其决策方法有以下几种：

1．差量分析法

差量分析法又称差别分析法，是比较不同备选方案的预期收入和预期成本之间的差别，从而选出最佳投资方案的决策分析方法。

差量分析一般包括差量成本和差量收入两类因素。差量成本是不同备选方案的预期成本之间的差异数。差量收入是不同备选方案的预期收入的差异数。只要差量收入大于差量成本，那么前一个方案就是较优的；相反，则后一个方案是较优的。

差量分析法适用于备选方案数目不多，各方案收入、成本、利润易于计算的投资决策，短期投资决策中经常用此方法。

【例 9-6】 某公司用一台机器可以生产甲产品，也可以生产乙产品，它们的预计销售单价、销售数量和单位成本见表 9-1。

表 9-1 某机器的生产情况

产品名称	甲产品	乙产品
预计销售数量/件	1000	500
预计销售单价/元	16	28
单位变动成本/元	11	20

试问：生产哪一种产品更为有利？

解：

生产甲产品与生产乙产品的差量成本=1000×11–500×20=1000（元）

生产甲产品与生产乙产品的差量收入=1000×16–500×28=2000（元）

生产甲产品的差量损益=2000–1000=1000（元）

通过分析可知，生产甲产品更有利，可以多获利润 1000 元。

2. 本量利分析法

本量利分析法是“成本—业务量—利润分析法”的简称。

企业利润公式为

利润=总收入–总支出

=业务量×产品单价–（固定成本+变动成本）

=业务量×产品单价–（固定成本+单位变动成本×业务量）

=业务量×（产品单价–单位变动成本）–固定成本

保本业务量是利润为零时的业务量，其计算公式为

$$保本业务量=\frac{固定成本}{产品单价-单位变动成本}$$

【例 9-7】 某企业欲生产某种产品，其市场单价为 15 元，年固定成本为 100000 元，单位变动成本为 10 元。要求：①求出该产品的保本业务量；②要想获得年 200000 元的利润，求相应的业务量。

解：① 利用保本业务量公式

$$保本业务量=\frac{固定成本}{产品单价-单位变动成本}=\frac{100000}{15-10}=20000(件)$$

② 由利润公式

利润=业务量×（产品单价–单位变动成本）–固定成本

得到

$$业务量=\frac{固定成本+利润}{产品单价-单位变动成本}=\frac{100000+200000}{15-10}=60000(件)$$

根据计算结果，如果销售量低于 20000 件，就会出现亏损；如果想要获得年 200000 元的利润，必须保证 60000 件的业务量。

9.4.3　长期投资管理

长期投资具有回收期长、资金占用多、变现能力差、不经常发生和投资风险大等特点。

长期投资管理的重点是长期投资决策。长期投资决策主要是分析研究投资项目的可行性和有利性，力求实现技术先进性与经济合理性的最佳组合。长期投资决策方法一般可分为两类：一是不考虑资金时间价值的静态分析法；二是考虑资金时间价值的动态分析法。

1．静态分析法

静态分析法包括投资回收期法、年平均报酬率法等方法。

（1）投资回收期法　投资回收期法是通过计算投资项目可收回全部投资的期限，以确定方案取舍的一种简便方法。一般来讲，回收期越短，投资方案的风险也越小。其计算公式为

$$投资回收期（年）=\frac{原始投资额}{每年现金净流量}$$

$$每年现金净流量=每年现金流入量-每年现金流出量$$

上式中的每年现金净流量在数值上等于年利润加上年折旧额。

【例 9-8】 某公司有甲、乙两种固定资产投资方案，甲方案一次性投入 300 万元，乙方案第一年投入 200 万元，第三年初投入 100 万元，总投入也是 300 万元，两方案的有效使用期都是 5 年。甲方案期末无残值，乙方案期末残值为 10 万元。两方案现金净流量表见表 9-2。

表 9-2　现金净流量表　（单位：万元）

年份	甲方案	乙方案
1	120	140
2	120	130
3	120	110
4	120	100
5	120	80
合计	600	560

利用投资回收期法，试从甲、乙两方案中选择最优决策。

解：甲方案每年现金净流量相等，可直接利用公式计算。

$$甲方案的投资回收期=\frac{原始投资额}{每年现金净流量}=\frac{300}{120}=2.5（年）$$

乙方案每年的现金流量不等，要计算各年末尚未收回的投资额。可知第一年年末尚未收回的投资额为 60 万元，第二年年末尚未回收的投资额为 30 万元，第三年年内能够将全部投资额收回。

$$乙方案的投资回收期=2+\frac{300-(140+130)}{110}=2.27（年）$$

乙方案比甲方案投资回收期短，故采纳乙方案。

2．动态分析法

动态分析法包括净现值法、内含报酬率法、现值指数法等。现以净现值法举例说明。

净现值（Net Present Value，NPV）是指投资方案被采纳后，未来各年现金净流量按期望的报酬率或资金成本率折算为现值，减去原投资额的差额。未来的报酬和原投资额发生在不同时期，根据货币的时间价值观念，这两项金额必须统一在同一时间的基础上才便于对比。因此，必须把未来能获得的报酬总额，按照期望的报酬率或资金成本率折算成现值，然后再和该项投资的现值进行对比。净现值为正数，该投资方案可行，否则就不可行。计算公式为

净现值=每年现金净流量折成的现值之和–原始投资额的现值

或

$$NPV=\sum_{t=1}^{n}CF_t\frac{1}{(1+i)^t}-\sum_{t=1}^{m}P_t\frac{1}{(1+i)^t}$$

式中 NPV——净现值；

CF_t——第 t 期现金净流量；

P_t——第 t 期的投资额；

t——时期数；

i——折现率。

如果每年的现金净流量相等，即 $CF_1=CF_2=\cdots=CF_n=R$，则 $\sum_{t=1}^{n}CF_t\frac{1}{(1+i)^t}=\sum_{t=1}^{n}\frac{R}{(1+i)^t}$，变为以 $\frac{1}{(1+i)}$ 为公比的几何级数之和，于是

$$NPV=R\left[\frac{1-(1+i)^{-n}}{i}\right]-\sum_{t=1}^{m}P_t\frac{1}{(1+i)^t}$$

$$=R\cdot\frac{1}{i}\left[1-\frac{1}{(1+i)^n}\right]-\sum_{t=1}^{m}P_t\frac{1}{(1+i)^t}$$

式中 R——年金；

$\frac{1}{i}\left[1-\frac{1}{(1+i)^n}\right]$——年金现值系数。

为了进行快速折现，人们将不同时期和不同折现率的年金现值系数制成表，成为年金现值系数表。

【例 9-9】 某企业准备购置一台设备，从甲、乙两种型号中选择一种，其资料见表 9-3。假定该企业资金成本率为 8%。试进行决策。

表 9-3 甲、乙两种型号的设备资料

摘要	甲型号	乙型号
购入成本/元	80000	120000
有效使用期限/年	5	5
使用期满后的残值/元	0	5000

（续）

摘要	甲型号	乙型号
每年产量/件	10000	20000
单位产品价格/元	10	10
单位变动成本/元	8	8.5

解：首先计算两种型号设备的年现金净流量。

甲型号设备的年现金净流量=10000×（10−8）=20000（元）

乙型号设备的年现金净流量=20000×（10−8.5）=30000（元）

其次，计算两种型号设备的年现金净流量和残值的净现值。

$$\text{甲型号设备的年净现值}=20000\times\left(\frac{1}{1+8\%}+\frac{1}{(1+8\%)^2}+\frac{1}{(1+8\%)^3}+\frac{1}{(1+8\%)^4}+\frac{1}{(1+8\%)^5}\right)-80000$$

=20000×3.993−80000

=79860−80000

=−140（元）

$$\text{乙型号设备的年净现值}=30000\times\left(\frac{1}{1+8\%}+\frac{1}{(1+8\%)^2}+\frac{1}{(1+8\%)^3}+\frac{1}{(1+8\%)^4}+\frac{1}{(1+8\%)^5}\right)+5000\times\frac{1}{(1+8\%)^5}-120000$$

=30000×3.993+5000×0.681−120000

=123195−120000

=3195（元）

根据计算可知，应选择购买乙型号设备。

上式中 $\frac{1}{(1+i)^n}$ 是指折现率为 i 的第 n 年普通复利现值系数的计算公式，可以通过查普通复利现值系数表进行快速计算，见表 9-4。

表 9-4　普通复利现值系数表

n	1%	2%	3%	4%	5%	6%	7%	8%	…
1	0.990	0.980	0.971	0.962	0.952	0.943	0.935	0.926	
2	0.980	0.961	0.943	0.925	0.907	0.890	0.873	0.857	
3	0.971	0.942	0.915	0.889	0.864	0.840	0.816	0.794	
4	0.961	0.924	0.889	0.855	0.823	0.792	0.763	0.735	
5	0.951	0.906	0.863	0.822	0.784	0.747	0.713	0.681	
⋮									

因为上述甲、乙两种型号设备的年现金净流量相同，可以通过查年金现值系数表进行快速计算，见表 9-5。

表 9-5　年金现值系数表

n	1%	2%	3%	4%	5%	6%	7%	8%	9%	10%	…
1	0.990	0.980	0.971	0.962	0.952	0.943	0.935	0.926	0.971	0.909	
2	1.970	1.942	1.914	1.886	1.859	1.833	1.808	1.783	1.759	1.736	
3	2.941	2.884	2.829	2.775	2.723	2.673	2.624	2.577	2.531	2.487	
4	3.902	3.808	3.717	3.630	3.546	3.465	3.387	3.312	3.240	3.170	
5	4.853	4.713	4.580	4.452	4.330	4.212	4.100	3.993	3.890	3.791	
⋮											

查表 9-5 可以直接得出折现率 8%的 5 年年金现值系数为 3.993；在计算乙型号设备残值的现值时可以查普通复利现值系数表（见表 9-4），直接得到结果 0.681。

如果每年的现金净流量不等，则需要把每年的现金净流量分别与其相应的普通复利现值系数相乘，然后把各年的现金净流量现值加总，再加上残值的现值后，减去原投资的现值，即为净现值。

如果投资是分期投入，则需要分别折算现值，然后将各期投资的现值加总，方为投资金额现值，其计算方法和年现金净流量现值的计算方法相同。

9.5　财务分析

财务分析是利用企业财务报表及其他核算资料，对各项财务指标所进行的比较、计算和剖析。财务分析是财务管理的重要组成部分，是企业经营分析的重要内容。

通过财务分析，可以掌握企业生产经营的规律性，评价企业的资产管理水平；可以了解企业的经营管理现状和存在的问题，评价企业的综合能力；可以弄清企业的优势和劣势，确定企业的发展战略。本章介绍一种最常用的财务分析方法——财务比率分析。

财务比率分析是通过计算各种财务比率，并根据比率的高低对企业经营管理状况和财务状况做出分析评价的一种方法。其主要任务是提示企业各项经济业务与总体结果间的内在联系，主要的目的是对企业经营状况的有关重要问题做出回答。财务比率分析主要包括偿债能力分析、营运能力分析、获利能力分析等几个方面。下面以 JD 公司年度利润表、年度资产负债表为例进行分析，见表 9-6 和表 9-7。

表 9-6　JD 公司 2017 年度利润表　（单位：万元）

项目	本年累计	上年实际
一、营业收入	49100	37580
其中：主营业务收入	49000	37500
减：营业成本	27500	22500
营业税金及附加	2450	1875
销售费用	1750	1575
管理费用	2750	2450
财务费用	195	165
加：公允价值变动收益（损失以“–”号填列）		
投资收益（损失以“–”号填列）	300	200
二、营业利润（亏损以“–”号填列）	14755	9215
加：营业外收入	215	240
减：营业外支出	95	165
三、利润总额（亏损总额以“–”号填列）	14875	9290
减：所得税费用	4910	3065
四、净利润（净亏损以“–”号填列）	9965	6225

表 9-7　JD 公司 2017 年度资产负债表　（单位：万元）

资产	年初数	期末数	负债及所有者权益	年初数	期末数
流动资产：			流动负债：		
货币资金	1610	1850	短期借款	650	985
交易性金融资产	425	925	应付票据	400	880
应收票据	850	1250	应付账款	1045	1145
应收账款	2000	1800	预收账款	200	440
应收账款净额	1500	1400	其他应付款	100	100
预付账款	600	800	应付职工薪酬	885	575
其他应收款	25	150	应交税费	220	225
存货	5000	6000	应付股利	1000	1100
一年内到期的长期投资	0	150	预计负债	150	200
其他流动资产	100	265	一年内到期的非流动负债	100	150
流动资产合计	10110	12790	其他流动负债	50	30
非流动资产：			流动负债合计	5185	5830
长期股权投资	975	1075	非流动负债：		
固定资产	5650	6470	长期借款	350	850
固定资产清理	12	62	应付债券	400	240
在建工程	35	155	长期应付款	200	250
生产性生物资产			其他长期负债	100	275
油气资产			非流动负债合计	1050	1615
无形资产	55	135	所有者权益：		
开发支出			实收资本	4860	5850
商誉			资本公积	1560	2370
长期待摊费用	63	163	盈余公积	2595	3240
其他非流动资产			未分配利润	1650	1945
非流动资产合计	6790	8060	所有者权益合计	10665	13405
资产总计	16900	20850	负债及权益合计	16900	20850

1. 偿债能力分析

偿债能力是指企业对债务的清偿能力或保证程度。清偿能力或保证程度具体是指企业资产的拥有量和是否有足够的现金来偿付各种到期债务。

（1）流动比率　流动比率是指流动资产与流动负债的比率。由于流动负债是需要在短期内偿还的债务，而流动资产是短期内可变现的资产，因此，流动资产是偿还流动负债的基础。流动比率反映企业的短期偿债能力，同时也反映企业的变现能力，故又称短期偿债能力比率。计算公式为

$$流动比率=\frac{流动资产}{流动负债}$$

JD 公司 2017 年年末的流动比率为

$$流动比率=\frac{12790}{5830}=2.19$$

一般而言，流动比率越高，企业的短期偿债能力也就越强。从理论上讲，只要流动比率等于 1，企业就有短期偿债能力。当然，有时流动比率小于 1，企业也可能使到期债务得以偿还，如借新债还旧债、变卖部分长期资产等。但若一个企业的流动比率长时间小于 1，债权人通常会因对企业偿债能力信心不足而拒绝提供短期借款。当然，也不是说流动比率越高越好，因为流动比率过高，就意味着企业流动资产占用过多或闲置，会降低企业资金的运用效率。流动比率的高低应根据不同行业的具体情况而定，一般认为，生产企业合理的流动比率为 2。

（2）速动比率　流动比率虽然可以从总体上来评价流动资产的变现能力和偿付短期负债的能力，但存在较大的不确定性，人们还希望获得比流动比率更进一步的有关变现能力的指标。这个指标被称为速动比率，从流动资产中扣除存货后，再计算资产和负债的比率，计算公式为

$$速动比率=\frac{速动资产}{流动负债}=\frac{流动资产-存货}{流动负债}$$

JD 公司 2017 年的速动比率为

$$速动比率=\frac{12790-6000}{5830}=\frac{6790}{5830}=1.16$$

通常认为，正常的速动比率应该为 1，它说明企业每 1 元流动负债有 1 元的速动资产做保证。如果速动比率大于 1，说明企业有足够的能力偿还短期债务，同时也表明企业存在部分或较多不能盈利的货币性资金和应收账款。如果速动比率小于 1，说明企业的短期偿债能力较差。

（3）资产负债率　资产负债率是负债总额与资产总额的比率，它反映企业的举债水平和债权人利益的风险或安全程度，反映总资产中有多大比例是通过借债来筹资的，是衡量企业长期偿债能力的重要指标之一。计算公式为

$$资产负债=\frac{负债总额}{资产总额}\times 100\%$$

JD 公司 2017 年年末的资产负债率为

$$资产负债率=\frac{5830+1615}{20850}\times 100\%=35.71\%$$

资产负债率从总体上提示了资产与负债的依存关系，即负债偿还的资产保证程度。从长期偿债能力角度看，该比率越低，债务偿还的安全性、稳定性就越大；该比例越高，企业承担的风险就越大。

2．营运能力分析

营运能力是指企业充分利用现有资源创造社会财富的能力，它是评价企业资产利用程度和营运活力的标志。强有力的营运能力，既是企业获利的基础，又是企业及时足额地偿付到

期债务的保证。

（1）总资产周转率 总资产周转率是指主营业务收入（净额）与平均资产总额的比率。它反映资产总额的平均周转效率，通常以总资产周转次数和周转天数来表示。

总资产周转次数是指企业总资产在一定时期内（一般为一年）周转了几次，表现为单位资产在一定时期内创造了多大的销售额或周转额。计算公式为

$$\text{总资产周转率（周转次数）}=\frac{\text{主营业务收入（净额）}}{\text{资产平均余额}}$$

总资产周转天数是指企业总资产平均每周转一次所需要的天数，它体现着每天单位销售额或周转额需要占用的总资产额。计算公式为

$$\text{总资产周转率（周转天数）}=\frac{\text{计算期天数}}{\text{总资产周转次数}}=\frac{\text{计算期天数}\times\text{资产平均余额}}{\text{主营业务收入净额}}$$

其中，计算期天数一年按 360 天计算，下同。

JD 公司 2017 年总资产周转率如下

$$\text{总资产周转次数}=\frac{49000}{(16900+20850)\div 2}=2.60\text{（次）}$$

$$\text{总资产周转天数}=\frac{360}{2.60}=138.46\text{（天）}$$

周转次数越多，周转天数越少，说明企业总资产周转效率越高，周转速度越快，进而企业的盈利能力和偿债能力越强，反之亦然。总资产周转率指标也可以用主营业务成本作为周转额来计算，以便如实反映企业垫支资金的周转情况。

（2）应收账款周转率 应收账款在企业流动资产中有着举足轻重的地位。及时收回应收账款，不仅增强了企业的短期偿债能力，也反映出企业管理应收账款方面的效率。应收账款周转率是主营业务收入（净额）与平均应收账款余额的比，计算公式为

$$\text{应收账款周转率（周转次数）}=\frac{\text{主营业务收入（净额）}}{\text{平均应收账款余额}}$$

$$\text{应收账款周转率（周转天数）}=\frac{\text{计算期天数}}{\text{应收账款}}$$

式中的主营业务收入应取赊销净额，但实务中常取利润表中的主营业务收入净额（主营业务收入扣除折扣折让后的余额）。应收账款指未扣除坏账准备的应收账款数额。平均应收账款指期初应收账款余额与期末应收账款余额的平均数。

JD 公司 2017 年应收账款周转率为

$$\text{应收账款周转率（周转次数）}=49000\div[(2000+1800)\div 2]=25.79\text{（次）}$$

$$\text{应收账款周转率（周转天数）}=360\div 25.79=13.96\text{（天）}$$

一般说来，应收账款周转率越高，平均收账期越短，说明应收账款回收速度越快，资产流动性越大，短期偿债能力越强。否则，企业的营运资金会过多地停留在应收账款上，影响

正常的资金周转。较高的应收账款周转率还意味着可以减少收账费用和坏账损失，从而相对提高企业流动资产的投资收益。

3. 获利能力分析

获利能力是指企业赚取利润和使资金增值的能力，它通常体现为企业收益数额的大小和水平的高低，是企业管理者、投资者和债权人都日益重视和关注的企业经营基本问题之一。获利能力分析也称盈利能力分析，是综合判断企业经营成果的最主要的分析方法。它主要通过利润表中的有关项目及利润表与资产负债表有关项目之间的联系，来评价企业当期的经营成果和未来的发展趋势。

（1）销售净利率　销售净利率是指一定时期内企业净利润与主营业务收入（净额）的比率。计算公式为

$$销售净利率=\frac{净利润}{主营业务收入（净额）}\times 100\%$$

JD 公司 2017 年的销售净利率为

$$销售净利率=（9965\div 49000）\times 100\%=20.34\%$$

销售净利率反映企业每百元主营业务收入带来净利润的多少，体现了主营业务收入的收益水平。

（2）销售毛利率　销售毛利率是主营业务收入扣除主营业务成本的余额与销售收入的比率。计算公式为

$$销售毛利率=\frac{主营业务收入-主营业务成本}{主营业务收入}\times 100\%$$

JD 公司 2017 年销售毛利率为

$$销售毛利率=[（49000-27500）\div 49000]\times 100\%=43.88\%$$

销售毛利率说明了每 1 元主营业务收入扣除主营业务成本后，有多少钱可用于补偿各项期间费用和形成盈利。该项比率是企业销售净利率的基础，没有足够高的毛利率便不能盈利。

（3）资本保值增值率　资本保值增值率是企业期末所有者权益与期初所有者权益的比率，它反映所有者投入企业资本的保值增值情况。计算公式为

$$资本保值增值率=\frac{期末所有者权益额}{期初所有者权益额}\times 100\%$$

JD 公司 2017 年的资本保值增值率为

$$（13405\div 10665）\times 100\%=125.69\%$$

这个数据表明 JD 公司 2017 年的资本有增值，即所有者权益增长 25.69%。

需要指出的是，除经营盈亏外，还有其他影响因素也起着重要作用，如增减资本调整资本结构、剩余收益支付率的变动等。因此，在分析资本保值增值率时应尽量全面地考虑到各主要影响因素，对所有者权益额进行适当调整。

本章小结

财务管理是企业管理的一个重要组成部分。财务是指企业中有关资金的业务。财务管理的对象是资金及其流转，其主要内容包括资金筹集、资金投放、资金运营、资金分配等。

企业财务管理受很多的因素的影响，本章介绍了货币时间价值，它是影响财务管理的基本因素。货币时间价值有三种常用计算方法：单利、复利和年金。

筹集资金是企业财务活动的第一个环节，也是企业投资的前提和条件。

投资是企业财务活动的主要环节，也是创造收益的必要过程。短期投资一般是指可在一年内收回原投资额的投资，主要包括对现金、应收账款、存货和准备随时变现的各种有价证券等的投资；长期投资是指在长于一年的时间里才能收回原投资额的投资，主要包括厂房、机器设备等固定资产方面的投资，以及为控制或影响其他企业而购入的持有期在一年以上的各种有价证券和其他形式的实物投资等非流动资产的投资。投资管理的核心是投资决策。短期投资决策的核心是分析成本指标，差量分析法和本量利分析法是最常用的短期决策方法。长期投资决策方法可分为两类：一是不考虑资金时间价值的静态分析法；二是考虑资金时间价值的动态分析法。

财务分析是利用企业财务报表及其他核算资料，对各项财务指标所进行的比较、计算和剖析。通过财务分析，可以评价企业的资产管理水平；可以了解企业的经营管理现状和存在的问题，评价企业的综合能力；可以弄清企业的优势和劣势，确定企业的发展战略。本章介绍一种最常用的账务分析方法——财务比率分析法。它包括偿债能力分析、营运能力分析和获利能力分析。

复习思考题

一、简答题

1. 财务关系的含义是什么？包含哪些内容？
2. 说明货币时间价值的含义。
3. 偿债能力指标是否越大越好？
4. 企业在筹资时是否一定要选用筹资成本最低的筹资方式？
5. 投资项目的评价方法有哪些？

二、计算题

1. 李女士想购置一处商品房，开发商提出了三种付款方案：①一次性支付 160 万元；②从即日起，每年年末支付 18 万元，连续支付 10 年；③先一次性支付 50 万元，此后每年年末支付 13 万元，连续支付 10 年。假设年利率为 7%，请问李女士应该选择哪种付款方式？

2. 表 9-8 所列为星海公司的有关资料。

表 9-8 星海公司资产负债表（2017 年 12 月 31 日）

（单位：万元）

资产	年初	年末	负债及所有者权益	年初	年末
流动资产：			流动负债合计	105	150
货币资金	50	45	长期负债合计	245	200
应收账款净额	60	90	负债合计	350	350
存货	92	144			
待摊费用	23	36			
流动资产合计	225	315	所有者权益合计	350	350
固定资产净值	475	385			
总计	700	700	总计	700	700

该公司 2017 年度主营业务收入为 450 万元，净利润为 63 万元。

要求：根据上述资料

（1）计算该公司 2017 年年末的流动比率、速动比率和资产负债率。

（2）计算该公司 2017 年总资产周转率和净资产收益率。

（3）据此分析该公司的偿债能力怎样。假设该公司提出要赊购的商品，你作为财务经理，请做出合理的决策。

三、案例分析

某项目需要原始投资共 1000 万元（全部来源于自有资金），其中包括：固定资产投资 800 万元，流动资金投资 200 万元。该项目的建设期为 2 年，经营期为 10 年。固定资产分 2 年平均投入，流动资金投资在项目完工时（第二年年末）投入。固定资产的寿命期限为 10 年，流动资产于终结点一次收回。预计项目投产后，每年发生的相关营业收入和经营成本分别为 600 万元和 200 万元，所得税率为 25%，该项目不享受减免所得税的待遇。该行业的基准折现率为 14%。

思考：

如果你是该公司的财务经理，请评价此项目的可行性。

第10章 人力资源管理

学习目标

1. 掌握人力资源和人力资源管理的概念。
2. 了解人力资源规划的内容与程序。
3. 明确员工招聘的基本程序和人员选拔的方式。
4. 熟悉员工培训的内容与方法。
5. 掌握绩效评估的标准、方法及实施程序。

人力资源是企业的第一资源，是构筑企业竞争优势的重要源泉。员工素质的高低，直接影响着企业的运营效果和竞争能力。本章主要介绍人力资源管理的基本理论，包括人力资源规划、员工招聘、员工培训与发展及绩效评估的一般方法。

10.1 人力资源开发与管理

10.1.1 人力资源与人力资源管理

1．人力资源的含义

人力资源是指能够推动社会和经济发展的，能为社会创造物质财富和精神财富的体力劳动者和脑力劳动者的总称。人力资源既不能等同于人口资源和劳动力资源，也不能等同于人才资源和天才资源。

人口资源是指一个国家或地区具有的人口数量。它主要表明数量概念，是一个最基本的底数，劳动力资源、人力资源、人才资源等皆来源于这个最基本的资源中。人力资源包含了数量和质量两个概念，它不仅要求具有劳动能力，同时还要求具有健康的、创造性的劳动，能推动社会的发展和人类的进步。

2．人力资源的构成内容

人力资源的构成内容主要包括体质、智质、心理素质、品德、能力素养和情商六个方面。

（1）体质　体质即身体素质，包括身体的忍耐力、适应力、抗病力和体能等。

（2）智质　智质不同于智商，它是指学习的快慢。智质的好坏主要取决于以下六种能力：记忆能力、感知能力、理解能力、思维能力、接受能力和应变能力。

（3）心理素质　心理素质包含情绪的稳定性、心理承受力、心情心态、心理应变能力和适应能力。

（4）品德　品德即道德品质。道德品质在人力资源的质量评估中占第一位。

（5）能力素养　能力素养是一个人学历、经历的结晶。它可以提炼出以下十四种能力：战略能力、知识总量、理解能力、决策能力、组织能力、判断能力、创新能力、人际沟通能力、推理能力、分析能力、应变能力、文字写作能力、演讲能力和再学习能力。

（6）情商　情商（EQ）即情感商数。许多学者认为，智商用来预测一个人的学业成就，而情商可以用来预测一个人的职业成就。

3．人力资源管理的概念

人力资源管理因主体、对象、范围的不同，分为宏观人力资源管理和微观人力资源管理。

（1）宏观人力资源管理　宏观人力资源管理是指在一个国家或地区范围内，对全社会各阶层、各类型的从业人员进行的从招聘、录用、培训、使用、升迁、调动直至退休的全过程管理。宏观人力资源管理的管理主体是一个国家或地区的政府，管理对象是正在从事体力劳动和脑力劳动的现实劳动力人口，即已经进入劳动过程的人力资源。宏观人力资源管理强调国家、地区或行业范畴的用人管理、就业管理和企业管理，目的是通过对人力资源的宏观管理来推动经济发展和社会进步，主要包括人力资源决策管理、人力资源配置使用管理、人力资源流动管理、人力资源保护管理及劳动关系管理等内容。

（2）微观人力资源管理　微观人力资源管理是指企业等对本单位的人力资源进行的全过程管理。微观人力资源管理的管理主体是企业等微观单位，管理对象是正在本企业从事体力劳动和脑力劳动的员工，即已进入本企业工作的人力资源。微观人力资源管理的特点是强调调动企业员工的积极性和创造性，目的是推动本企业战略目标的实现，主要包括人力资源规划、员工招聘、员工培训与职业发展、绩效评估等一系列工作程序，如图 10-1 所示。

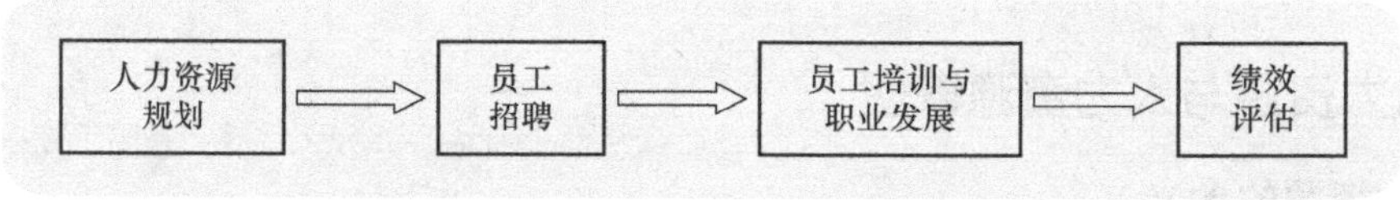

图 10-1　企业的人力资源管理过程

10.1.2　人力资源开发与管理的基本原理

人力资源的开发与管理必须遵循一定的原理和规律。

1．同素异构原理

同素异构原理是指事物的成分因在空间关系（即排列次序和结构形式）上的变化而引起不同的结果，甚至发生质的变化，如田忌赛马。

2．能级层序原理

能级层序原理主要是指具有不同能力的人，应摆在组织内部不同位置上，给予不同的权利和责任，实行能力与职位的对应和适应，即能岗匹配。

3．要素有用原理

在人力资源开发与管理中，任何要素（人员）都是有用的，关键是为他提供发挥作用的条件。

4．互补增值原理

人作为个体，不可能十全十美，而是各有长短。但是，我们的工作往往是由群体承担的，作为群体，完全可以通过个体间取长补短而形成整体优势，达到组织目标。互补包括知识互补、气质互补、能力互补、性别互补、年龄互补、性格互补、技能互补等。

5．动态适应原理

在人力资源开发与管理中，人与事的不适应是绝对的，适应是相对的。从不适应到适应是在运动中实现的，是一个动态的适应过程。

6．激励强化原理

所谓激励，就是创设满足员工各种需要的条件，激发员工的动机，使之产生实行组织目标的特定行为的过程。激励是管理的一项重要职能，也是人力资源开发与管理的一个重要内容。

7．公平竞争原理

公平竞争是指对竞争各方遵循同样的规则，公正地进行考核、录用、晋升和奖惩的竞争方式。

8．信息催化原理

信息是指作用于人的感官并被大脑所反映的事物特征和运动变化的状态。所以，我们应该高度重视干部和员工的教育培训工作，保持人力资源的质量优势，这是增强组织活力和竞争力的关键。

9．主观能动原理

人是生产力中最活跃的因素和最宝贵的资源。人是有生命、有思想、有创造力的一种复合体。人的运动形式是最高级的运动形式，它是生命运动与思维运动的辩证统一。不要把员工当机器人看待，而是要高度重视人的主观能动性的开发。

10．文化凝聚原理

人力资源开发与管理的一个重要方面是怎样提高组织的凝聚力。凝聚力包括两个方面：一是组织对个人的吸引力或个人对组织的向心力；二是组织内部个人与个人之间的吸引力或黏结力。企业文化理论为文化凝聚原理提供了新的理论武器和丰富的实践经验。

总之，如能深谙上述人力资源开发与管理的基本原理，并灵活地加以运用，就能富有成效地全面开发企业人力资源的潜力，大大提高企业的劳动生产率，促进企业经济效益的增长。

10.2　岗位分析与人力资源规划

10.2.1　岗位分析

1．岗位分析的定义

岗位分析指的是获取与岗位有关的详细信息的过程，是对各类岗位的性质、任务、职责、劳动条件、劳动环境及任职者承担本岗位任务应具备的资格条件进行系统分析和研究的过程。

案例 10-1

清扫岗位究竟应由谁来做

一名机床操作工不小心将大量机油洒在了机床周围的地板上。车间主任叫他将机油清扫干净，操作工拒绝执行，理由是岗位说明书中没有包括清扫的条文。车间主任顾不上查看岗位说明书原文，便找来一名服务工清扫。但服务工同样拒绝，理由和操作工一样。车间主任威胁要将其解雇，服务工勉强同意，但干完活之后，却向公司进行了投诉。有关人员看了投诉后，审阅了机床操作工、服务工和勤杂工三类人员的岗位说明书。操作工的岗位说明书上明确规定：操作工有责任保持车床的清洁，使之处于可操作状态，但未提及清扫地板；服务工的岗位说明书规定：服务工有责任以各种方式协助操作工，如领取原料和工具，随叫随到，即时服务，但没有包括清扫岗位；勤杂工的岗位说明书中确实包含了各种清扫内容，但他的岗位时间是从正常的下班后开始。

清扫究竟应由谁来做，必须要在岗位说明书中体现。

2．岗位分析的基本内容

岗位分析的基本内容见表 10-1。

表 10-1　岗位分析的基本内容

项目	内容
岗位是什么	● 岗位设置的目的 ● 岗位的名称、级别 ● 岗位的工作内容、任务和职责 ● 岗位的主要工作权利 ● 岗位需要的工作条件 ● 岗位与其他岗位的关系 ● 岗位在企业组织结构中的位置
谁适合这个工作	● 基本的学历和专业要求 ● 年龄和性别要求 ● 在某一领域的工作经验 ● 必须具备的基本能力 ● 必须接受的培训
谁最适合这个工作	● 怎样的经历可以优先 ● 哪些专业可以优先 ● 什么资格可以优先 ● 曾经有过哪些培训可以优先
谁来进行岗位分析	● 人力资源管理专家负责总体策划和审定 ● 主管人员结合企业实际参与编写 ● 在岗员工结合个人实际提供经验资料 ● 人力资源管理部门做出系统的岗位分析
何时进行岗位分析	● 新企业投入运行时 ● 企业在进行战略调整、工作内容与性质发生变化时 ● 企业改变编制、重新定岗定员时 ● 企业引进新设备、采用新工艺和新技术时 ● 需要以岗位分析为基础建立相关制度时

3. 岗位分析的作用

岗位分析对于人力资源管理者来说相当重要，被看作有关人事岗位所有活动的基石。这种表述说明，几乎所有的人力资源计划或方案——甄选、绩效评价、培训和开发、岗位评价、薪酬决策、职业生涯规划、岗位设计及人力资源规划等，都需要通过岗位分析获得某些的信息。具体表现在：

1）是招聘和甄选岗位的基础。

2）为培训和开发方案的制订奠定基础。

3）为绩效评价奠定基础。

4）为报酬决策奠定基础。

5）为员工的职业生涯规划奠定基础。

6）为人力资源规划奠定基础。

4. 岗位分析资料收集的方法

（1）工作实践法　通过工作实践，了解、掌握岗位要求的第一手资料。这种方法可以直接了解岗位的实际工作情况及岗位对智力、体力、学历、经验、技能等方面的要求，适用于短期可以掌握的岗位工作，不适用于需要进行大量训练或危险性的岗位工作。

（2）工作日志法　工作日志法就是让员工以工作日记的形式将其日常工作中从事的每一项活动按照时间顺序记录下来，以此收集岗位分析所需的信息。

（3）观察法　观察法是指分析人员直接到现场观察员工的实际工作情况，予以记录、分析、归纳，并整理为适用的文字资料。

（4）访谈法　访谈法是岗位分析中最常用的方法之一。它是由分析人员分别访问工作人员本人或其主管人员，以了解岗位说明中原有各项内容的准确性，并按实际情况进行纠正和澄清。其形式有个人访谈、集体访谈、管理人员访谈等。

（5）典型事件法　典型事件法的主要原则是认定员工与职务有关的行为，并选择其中最重要、最关键的部分来评定其结果，其中对事件的描述内容包括：导致事件发生的原因和背景；员工的特别有效或多余的行为；典型事件行为的后果；员工自己能否支配或控制上述后果等。

（6）问卷调查法　问卷调查法是岗位分析中最常用的方法之一，是指采用调查问卷来获取岗位分析的信息。其基本调查项目与内容包括员工的基本个人资料、工作时间、岗位工作内容、工作责任、任职者所需的知识技能、工作的劳动强度、工作环境等。

5. 岗位说明与岗位规范

（1）岗位说明　岗位说明又称工作说明或职务描述等，是指用书面形式对组织中各类岗位的工作性质、工作任务、工作职责与工作环境等所做的统一要求，其主要功能有：让员工了解工作概要；建立工作程序与工作标准；阐明工作任务、责任与职权；为员工聘用、考核、培训等提供依据。表 10-2 是某公司销售部经理的职务描述（岗位说明）。

表 10-2　某公司销售部经理的职务描述

职务名称：销售部经理 所属部门：销售部 职务代码：XL-XX 工资等级：10～14 直接上级职务：营销副总经理 工作目的：领导销售部销售公司的自有产品和代理产品 工作要求：认真负责、工作主动、善于团结下属 工作内容： 1）对外沟通、展示 2）配合技术人员进行售前技术咨询 3）制作计划书并实施相关计划 4）进行商务谈判 5）监督售后技术支持服务 6）对销售部进行管理 衡量标准： 1）本人的销售业绩 2）本部门的销售业绩 工作难点：提高销售业绩 工作禁忌：对待客户不细心周到，无法清楚地了解客户的需求

（2）岗位规范　岗位规范又称工作规范或任职资格等，是指任职人要胜任该工作必须具备的资格与条件，其主要内容包括：一般性的人员任职条件，如身体素质、心理素质、职业品德等；管理岗位工作规范内容，如知识要求、专业要求、经历要求等；员工岗位工作规范要求等。表 10-3 是某公司人力资源管理招聘专员岗位规范。

表 10-3　某公司人力资源管理招聘专员岗位规范

职务名称：招聘专员 所属部门：人力资源部 职务代码：XL-HR-011 工资等级：9～13 一、知识和技能要求 1）学历要求：本科及以上 2）工作经验：3 年以上大型企业工作经验 3）专业背景：从事人力资源招聘工作 2 年以上 4）英文水平：大学英语四级（CET-4）及以上 5）计算机水平：熟练使用 Windows 和 Office 办公软件 二、特殊才能要求 1）语言表达能力：能够准确、清晰地向应聘者介绍企业情况；准确地解答应聘者提出的各种问题 2）文字表述能力：能够准确快速地将希望表达的内容用文字表述出来，对文字描述较为敏感 3）观察能力：能够很快地把握应聘者的心理 4）处理事务的能力：能够将多项并行的事务安排得井井有条 三、综合素质 1）有良好的职业道德，能够保守企业人事秘密 2）独立工作的能力强，能够独立完成布置招聘会场、接待应聘人员等任务 3）工作认真细心，能认真保管好各类招聘相关材料 4）有较好的公关能力，能准确地把握同行业的招聘情况 四、其他要求 1）能够随时出差 2）休假一般不超过一个月

10.2.2　人力资源规划

人力资源规划是在了解企业内部人力资源的结构和分布、余缺状况，并对现有档案进行调查和分析的基础上进行的。

企业的人力资源规划分两个层次：总体规划和具体规划。人力资源规划主要是指计划期内人力资源管理的总原则、总方针、总目标、总体实现步骤和总体预算安排；具体规划是总体规划的展开和时空具体化，每一项具体计划也都要由目标、任务、政策、步骤和预算等部分构成，从不同方面保证人力资源总体规划的实现。

人力资源规划的具体内容见表 10-4。

表 10-4　人力资源规划的具体内容

类别	规划目标	相关政策或措施
人员补充规划	优化结构，满足企业对人力资源数量、类型和质量的需求	● 员工自然变动预测和规划 ● 冗员和不合适者的变动或解聘规划 ● 新员工补充来源和招聘规划 ● 岗位分析
人员使用和调整规划	部门人员编制和人力结构的优化，提高效率和使用人的合适性，组织企业内部的合理流动	● 岗位调整和轮换政策 ● 职位任用标准和上岗基本资格制度 ● 范围与时间规定
人才接替发展规划	建立适应的后备人才计划，形成人才群体，适应企业发展的需求	● 管理与技术骨干的选拔制度 ● 晋升职位的管理办法和流程 ● 未提升资深人员的安排和管理规划 ● 员工发展计划和个人职业生涯发展规划
人才教育培训规划	拟订和建立培训系统，确定培训的系统规划及评价效果	● 普通员工培训制度和管理技能培训制度 ● 专业人员业务进修制度 ● 绩效发展需求和培训实施规划
评价激励规划	增强员工的参与度，增进绩效效能，增强组织的凝聚力，塑造企业文化	● 目标管理程序和管理制度 ● 奖惩制度和管理办法 ● 沟通机制和管理技巧
员工关系规划	协调员工关系，增进理解，减少非期望性离职率，增进员工的满意度	● 员工参与管理制度 ● 合理化建议和创新管理制度 ● 员工管理沟通制度和员工满意度调查制度
退休、解聘规划	编制动态变化计划，降低劳务成本和提高劳动生产率	● 退休政策和规定，员工解聘制度和程序 ● 人员接替计划和管理程序
员工薪酬规划	平衡内外部薪酬的水平，建立具有激励性的分配机制体系	● 现代的薪酬管理制度 ● 奖励政策和制度，福利计划
员工职业生涯发展规划	使企业员工的成长发展与企业的需求相一致，实现员工与企业的双赢	● 制定个人层次的职业发展规划 ● 制定组织层次的职业发展规划 ● 个人与组织的职业发展规划相协调

10.3　员工招聘与录用

10.3.1　能岗匹配原则

能岗匹配包含两个方面的含义：一是指某个人的能力完全胜任该岗位的要求，即所谓的人得其职；二是指岗位所要求的能力这个人完全具备，即所谓的职得其人。能岗匹配原则是指应尽可能使人的能力与岗位要求的能力达成匹配。这种匹配包含着恰好的意思。

匹配比个体优秀更重要。有的人，其个人的硬件条件很好，但放到某一个环境中不但个体不能发挥其能力，并且整体的战斗力也被削弱；有的人，其个人能力一般，但放到一个适宜的环境中，工作很出色，团队的协作能力也加强了，整体效益达到了最优。因此，我们把匹配原则作为招聘的黄金法则，录用的人是不是最好不重要，重要的是与岗位最匹配。

10.3.2 招聘的程序

在企业存在职位空缺的情况下，应根据职务分析的要求进行员工招聘。所谓员工招聘，是指把有能力的申请者吸引到企业空缺职位上的活动过程。它实质上是一种企业与应聘者个人之间双向选择的动态过程，目的是实现人员与职位的匹配。

企业的人力资源规划为员工招聘提供了基本依据。员工招聘的具体程序为：

1. 发布招聘信息

当企业中出现需要填补的职位空缺时，应根据职位的类型、数量等制订招聘计划，同时成立相应的招聘岗位小组，向企业内部、外部进行招聘。招聘小组可通过多种渠道，发布招聘职位的性质、数量及对应聘者的要求等信息，吸引符合条件的申请者主动求职。

招聘渠道的选择主要受三方面因素影响。

1）劳动力市场规模。在不考虑职位因素的情况下，大规模的劳动力市场的人力资源供应更为充足，一般比小规模的市场更易于进行招聘。

2）职位因素。待聘职位对技能的要求越高，在企业中的地位越高，招聘需要扩展的范围就越广。

3）企业规模。企业规模越大，社会声望越高，晋升机会越多，越容易吸引外部应聘者，企业内部也有更多的候选人储备。

2. 对应聘者进行初选

在应聘者的数量较多时，招聘小组要对其进行初步筛选。对内部候选人的初选相对容易，可以参照其以往的绩效评估记录进行；对外部应聘者，可以根据其填写的申请表做出初步判断。在通常情况下，招聘小组都会要求应聘者填写一份申请表，主要内容涉及姓名、地址、电话、学历、曾任职务、成就、离职原因等。申请表提供了求职者的基本信息，能使企业对求职者的背景和经历有个概括的了解。

3. 对初选合格者进行知识与能力的考核

在初选基础上，招聘小组要对数量相对有限的初选合格者进行进一步的深入考核。具体内容包括下列两个方面：

（1）智力与知识测试　合格的任职者应当具备一定的智力水平与知识水平。招聘小组可以通过笔试的形式对此进行考察，包括智力测试和知识测试。智力测试是评价应聘者个人潜能（包括思维能力、记忆能力、灵敏度、判断力）的基本方法；知识测试则是评价应聘者是否熟练掌握与待聘职务有关的基本技术知识和管理知识的基本方法。

（2）绩效模拟测试　智力与知识测试考核的是个人的基本素质，绩效模拟测试考核的是个人的实际岗位能力，它是基于职务分析资料做出的，比单纯的笔试更能满足岗位表现相关性的要求。

绩效模拟测试的主要方法有两种：岗位抽样法和测评中心法。岗位抽样法适用于一般职位的测试，具体的做法是：给应聘者提供一种小型的岗位样本，让他们去实际执行，以考察其是否具备该项职位必需的技能；岗位样本是根据职务分析资料设计的，其中含有履行职务必备的知识、技术和能力因素。测评中心法适用于管理职位的测试，具体的做法是：由企业经理人员、监督人员及受过训练的心理学家共同组成一个测评中心，模拟性地设计出实际岗位中可能面对的一些现实问题，让应聘者进行广泛的测试练习，从中评价其管理能力。练习活动根据实际岗位者可能遇到的一系列可以描述的活动要素来设计，如处理公文、与人面谈、小组讨论、解决出现的意外问题等。

4. 面谈

在对应聘者进行知识与能力考核后，还应对其进行面谈，以考察应聘者的沟通能力、应变能力和综合素质。需要注意的是，由于面谈的时间较短，面谈者最好事先准备好面谈题目，一般来说，面谈题目分为定型问题和随机型问题。

定型问题的设计需要注意的是：①必须有一定的情景或背景资料；②没有统一的答案，留有充分的回答空间；③每种答案都能表达面试者某一方面的能力或特征。

案例 10–2

汽车驾驶人如何换上备用轮胎

在一个风雨交加的黑夜里，某公司的一位汽车驾驶人因自己驾驶的汽车的一个轮胎爆裂而不得不换上备用轮胎，此时，因风大雨大，这位驾驶人不小心把固定轮胎的螺母滚落到下水道里，顿时就束手无策了。正当这位驾驶人一筹莫展之时，有一位智者走过来，在没有求助任何机构的情况下，他告诉了驾驶人一个方法：从其他三个轮胎上各卸下一个螺母来固定备用轮胎。这位驾驶人因此能够把汽车安全开到目的地。

面试问题：你从这个故事中获得了何种有益的启示和教训？

分析：

1）面试题的背景是风雨交加的夜晚，驾驶人遇到了困难。

2）面试者无须考生回答如何处理这个困难，面试题本身已经告知处理困难的方法。

3）考生可以获得的启示是多方面的，有人力资源管理方面的启示，如轮岗问题等；有管理方面的启示，如工作之前的准备——“慎始”原则等。

随机型问题一般是对高层管理者面试时采用的。随机型问题的设计需要注意以下几个方面：①问题虽然可以随机产生，但应根据考生的学历、专业、原来的职务和岗位等设计有针对性的考题；②提问要采用连环式，即一题紧扣一题，步步深入；③提问不能涉及他人隐私。

5. 选定录用

在上述各项测试的基础上，应利用加权的方法，计算出每个候选人智力、知识、能力的综合得分，根据待聘职位的性质和要求，综合有关各方的意见，予以选择录用。

6．评价和反馈招聘结果

在员工选定录用后，还要对整个选聘岗位程序进行全面的检查和评价，并对录用员工进行追踪分析，以检验招聘岗位的成效。同时，应总结招聘过程中的经验与教训，及时反馈到招聘部门，以便改进和修正日后的招聘岗位。

10.3.3 人员的选拔

在企业出现职位空缺需要招聘员工时，既可以在企业内部进行，也可以在企业外部进行。根据招聘来源的不同，人员选拔的方式有两种：内部选拔和外部选拔。两种方式各有其优势和局限性，可依据实际情况灵活运用。

1．内部选拔

内部选拔是指企业中出现职位空缺时，从企业内部选拔符合条件的员工予以填补。企业现有员工是企业最大的招聘来源，尤其是管理职位的人员选拔。

（1）内部选拔的主要优势　内部选拔的主要优势包括：

1）有利于调动员工的工作积极性。内部选拔制度给企业中的员工带来重新调整职位的机会和新的发展空间，使员工更为积极地工作，从而最大限度地利用企业现有的人力资源。尤其是在出现管理职位的空缺时，内部选拔制度能产生巨大的示范效应，极大地激发员工的士气，维系员工对企业的忠诚。

2）有利于保证选聘工作的正确性。企业内部的应聘者已经在企业工作了一定时间，企业对其了解程度要高于外聘者，同时，企业还可以采取多种方式，对其进行全面深入的考察和评估，从而保证其适应相应职务的要求。

3）有利于被录用者迅速展开工作。同外部人员相比，在企业内部成长起来的被录用者，对企业目标、企业文化、企业制度、企业结构有深入的了解，并熟知企业的各种情况，可以迅速地适应新的职位和工作。

（2）内部选拔的主要弊端　内部选拔的主要弊端包括：

1）可能造成“近亲繁殖”现象。从企业内部选拔的员工往往沿袭过去的工作方法与工作作风，沿用同样的观察视角与思维方式，不利于企业的管理创新。

2）可能引发内部矛盾。在企业内部的若干个候选人中选拔一名员工，往往会招致落选者的不满。尤其是在竞聘同一管理职务时，这一现象极易发生。这将不利于被录用者展开工作，不利于企业成员的团结协作。为此，企业必须不断完善人事考核制度，客观公正地评价每一个内部候选人的情况，做到条件公开、择优录用。

2．外部选拔

外部选拔是指企业中出现职位空缺时，按照一定的标准和程序，从企业外部选拔符合条件的应聘者予以填补。

（1）外部选拔的明显优势　外部选拔的明显优势包括：

1）为企业注入新鲜血液。来自企业外部的被录用者可以为企业带来新的工作方法与工作作风，突破企业原有的思维定式，拓宽企业的视野，促进企业的多元化发展，从而为企业带来更多的创新和发展机会。在企业面临重大危机时，外部选拔方式尤为有效。例如，IBM

公司的前任首席执行官郭士纳，就以一个外来者的身份，推行一系列大刀阔斧的改革，使企业起死回生，成功地重塑了 IBM 的行业领导地位。

2）缓和内部矛盾。企业中的一个空缺职位往往会吸引多个内部竞争者，如采用内部选拔方式，落选的企业成员极易产生消极不满情绪，甚至影响企业正常工作的开展。在内部矛盾激烈的情况下，采用外部选拔方式，可以使这些内部竞争者得到某种心理上的平衡，从而有利于缓解其紧张关系。

（2）外部选拔的局限性　外部选拔的局限性包括：

1）对内部员工造成打击。每个企业员工都希望在企业中有不断发展的机会，希望担任越来越重要的工作。如果企业经常从外部选拔人员，会挫伤内部员工的工作积极性，降低员工的士气，不利于企业的长久发展。这也是外部选拔的最大缺陷。

2）可能出现选拔失误。企业对外部应聘者的实际情况往往缺乏深入了解，而是更多地依据其提供的背景资料和考核成绩进行判断，并以此评价其工作潜力。因此，尽管在选拔过程中经过了层层筛选和各种测试，仍可能出现被录用者的实际工作能力不符合职位要求的情况，从而给企业带来损失。

3）外部选拔员工需要较长的调整期。外部选拔的员工不熟悉企业的内部情况，同时也缺乏一定的人事基础，往往需要较长时间的适应才能有效地开展工作。

案例 10–3

东方集团的人员选拔

东方集团在招聘中采用“四条腿”的方针：第一，在学校里招收一些应届毕业生进行培养；第二，面向社会招聘一些有实践经验的人才，包括曾经是企业竞争对手的人；第三，企业内部培养一部分，目前东方集团的总经理就是从最基层一直做起来的；第四，亲友、熟人推荐。一方面，董事长个人不用亲属；另一方面，董事长鼓励企业员工推荐。推荐的成功率往往高一些，因为推荐的过程也就是一个担保的过程、认同的过程。

在用人上，东方集团采取“稳住重点、流动一般”的原则，以保持人才的鲜活和知识的更新。总经理级的高级干部相对比较稳定，但高级干部也要保持每年有 5%～10%的流动，因为有流动才会有压力，有压力才会有动力。

10.3.4　员工的录用

企业经过人员甄选，做出初步录用决定后，在具体录用阶段，还要进行以下几个方面的工作。

1．背景调查

背景调查的主要目的是了解应聘者与应聘职位有关的一些背景信息，对应聘者做一个更为全面的了解，并考察其诚实性。背景调查的主要内容包括：学历与学位调查、工作经历调查、不良记录调查等。在进行背景调查时，应把调查重点放在与应聘者未来工作有关的信息上，尽量从不同的信息渠道验证相关信息，同时要避免侵犯应聘者的个人隐私。

2. 健康检查

健康检查的主要目的是确定应聘者的一般健康状况，检查其是否有工作职务所不允许的疾病和生理缺陷，以减少员工因生病所增加的费用支出及体能不支给工作带来的负面影响。

3. 签订试用协议

在确定录用前，企业应与被录用者签订试用协议，以法律形式明确双方的权利与义务。

4. 注册报到

在规定时间内，被录用者应携带录用通知书和其他规定材料到企业人力资源部门注册报到，并在试用合格后，与企业正式签订用人合同。

需要指出的是，企业还应注意对未被录用者进行及时、恰当的回复，如果对这类问题处理不当，可能会危及企业形象。例如，企业可对其参加企业招聘表示感谢，还可以对其优点表示赞赏，然后再告知企业暂时没有合适的职位，以避免伤害其自尊。

5. 员工培训

员工培训是指根据企业的内部和外部环境特点，采用科学的方法，有计划、有针对性、有重点地进行全员培训，特别是对有发展潜力的未来的管理人员进行培训。这是企业人力资源管理中的一项重要工作。

（1）培训目的　员工培训是企业对员工进行的有计划、有针对性的教育和训练，旨在提高员工的素质，促进企业的发展。具体地说，应包括以下几方面内容：

1）适应职位要求。企业中的每个职位都有相应的任务和目标，企业员工必须具备一定的知识与技能，才能与特定职位相匹配，从而达到较高的绩效水平。为了保证新员工更好地适应相关工作岗位，必须对其进行专业系统的岗前培训；同时，为了防止在职员工知识与技能的老化，也必须对其进行持续不断的在职培训，以补充、更新与工作有关的最新知识与技能。

2）提高综合能力。员工的综合素质和能力是形成企业竞争优势的重要源泉，员工培训的目标不仅要着眼于培养员工的基本技能，还要着眼于培养员工的综合能力，即沟通、创新等能力。这些能力对企业的未来发展至关重要，会使企业的各项工作更有成效，会给企业带来更大的发展机会，从而全面提高企业的竞争力。

3）转变态度观念。企业员工对企业文化的认同将直接影响其工作态度和工作绩效，员工培训的目标不能仅局限于能力的培养，还应注重观念的培养。每个企业都有自己的价值观念和行为准则，员工培训的重要目标就是经对企业成员特别是新聘主管人员的培训，使其逐步了解和接受企业文化，并融入企业文化中，按照企业共有的行动准则来从事各项工作。

（2）培训内容　企业员工应具备的技能分为三类：技术技能、人际关系技能和解决问题技能。员工培训也要围绕这三个方面的内容展开。

1）技术技能培训。技术技能既包括一些基本的能力（如阅读、写作、进行数学计算的能力等），也包括与特定职位相关的能力（如计算机能力）。随着科技的发展，企业对员工技术技能的要求日益提高。例如，在办公自动化的条件下，员工必须具备一定的阅读能力、写作能力和计算机操作能力，能够使用文字处理软件和电子邮件系统，从而有效地开展日常工作。

2）人际关系技能培训。员工的工作绩效在很大程度上取决于他与上下级同事有效相处的能力。人际关系技能培训的目标是使员工学会增进与他人的信任、合作，更好地适应团队工作。具体内容包括学习如何做个好听众、如何更清晰地表达自己的思想及如何减少摩擦与冲突等。在强调团队精神的今天，培养良好的人际关系技能尤为重要。

3）解决问题技能培训。企业员工尤其是从事非常规工作的员工和管理人员，在日常工作中经常需要解决一系列问题，其中许多问题是非常规的、富于变化的，甚至有些问题是重大的突发意外事件，这些问题的处理和解决没有固定的模式可循。因此，需要企业员工必须具备较强的逻辑推理和判断问题的能力，面对意外和混乱，能够迅速对因果关系做出判断，果断制订解决问题的可行方案，并从中选定最佳的解决办法。通过专门的员工培训，可以改进和提高员工的解决问题技能。

（3）员工培训的方法　员工培训的方法主要有两大类：在职培训和脱产培训。

1）在职培训。所谓在职培训，是指员工在完成工作任务的同时，在工作场所接受培训。在职培训的最大特点是员工通过实践进行学习。例如，玫琳凯化妆公司的销售代表接受的就是在职培训。

其优点是：培训的针对性更强；简单易行；成本低廉。其缺点是：难以兼顾学习和工作；可能扰乱工作的正常秩序。

在职培训的主要方式为：

① 职务轮换。职务轮换是指通过横向的变换，使员工从一个职位调到另一职位以扩展其工作经验的培训方法。一方面，职务轮换可以在一定程度上消除专业分工过细带来的弊端，使员工有机会承担多种工作任务，学会多种工作技能；另一方面，职务轮换可以使员工全面了解整个企业的不同工作情况，培养更广阔的工作视角，为员工今后的发展和升迁打下基础，从而有利于培养全面的高级管理人才。

② 预备实习。预备实习是指受训员工以一对一的方式跟随经验丰富的老员工工作一段时间，在其指导下提升自己的知识与技能的一种培训方法。对新员工的培训，通常采用这种方法。指导者通常是年长的、富有经验的优秀员工，他以导师和顾问的身份对新员工的工作进行指导和监督，并成为受训员工仿效的榜样。预备实习方式有助于企业新员工的迅速成长。一方面，受训员工有机会观察和学习老员工的工作方法和工作技巧；另一方面，受训员工还有机会独立承担一些重要任务。

2）脱产培训。所谓脱产培训，是指员工脱离自己的工作岗位，在专门的课堂环境中接受系统的培训。脱产培训的最大特点是员工通过课堂环境进行学习。脱产培训的方式主要为：

① 课堂讲座。课堂讲座特别适用于传播具体的信息，但很难培养员工在实际工作中运用理论解决实际问题的能力。这是一种传统的培训方式。

② 电视录像。电视录像由于其直观示范性的特点，更适合于技术技能的培训。这种远程学习的方式，使同时、整体地传递企业所需的各种信息成为可能，并可以根据需要反复使用，为传统的课堂教学提供了灵活性和自主性。其最大的好处是能确保教学的一致性，同时增加培训数量，减少培训费用。目前，一些大型企业（其中包括一些跨国公司）已开始采用这种培训方式。

③ 模拟练习。模拟练习更适合于人际关系技能和解决问题技能的培训。具体的练习方式有案例分析、角色扮演、小组互动等。

相对而言，在工作场所进行的在职培训主要适用于技术技能培训，在工作场所以外进行的脱产培训则更适用于人际关系技能培训和解决问题技能培训。

10.4 人力资源绩效评估

10.4.1 绩效评估的目的与标准

所谓绩效评估，是指企业定期对员工的工作行为与业绩表现进行考察评价。企业中每个员工的工作绩效，直接影响着整个企业的经营业绩，因而，必须定期对员工进行绩效评估，以便做出客观公正的人事决策，更好地实现企业的发展目标。

1. 评估的目的

从总体上说，企业的绩效评估旨在确保员工的工作与企业的目标保持一致。具体地讲，绩效评估的主要目的是：

（1）为确定员工的工作报酬提供依据　收入分配的基本原则是工作报酬要与工作者的能力和贡献相结合，因而，在确定工作报酬时，不仅要根据担任某项职务所必需的素质来确定能力工资或职务工资，而且还应根据员工的工作成效等因素来确定绩效工资或各种奖酬，这就需要通过绩效评估来提供依据。

（2）为企业的人力资源规划提供依据　通过对企业成员的工作定期进行全面、综合的考察，能够检验其是否能有效地完成工作，是否存在改进的必要，从而对员工的现实能力和发展潜力做出客观评价，并且根据员工在工作中的实际表现，对企业的人力资源规划进行重新调整，最终为晋升、解聘、职务调动、进一步培训等人力资源决策提供依据。

（3）促进企业和个人的共同发展　科学有效的绩效评估不仅要对员工的工作绩效进行评价，还应提供及时的反馈信息，并为员工改进和提高工作绩效提供建议和支持，从而更好地开发员工的潜能，使其保持较高的绩效水平，促进员工的职业发展，在员工个人进行自我发展、自我完善的同时，也促进了企业的进一步发展。

2. 评估标准

绩效评估是人力资源管理活动中最难操作的环节，评价标准的选择直接影响着评估结果的有效性。在一般情况下，评估标准由企业的管理者、员工及有关专家共同确定。首先，企业的管理者对企业的总体目标最为了解，是制定评估标准的发起者；其次，企业员工对自己从事的具体工作最为熟悉，应该参与评估标准的制定；再次，由于管理者和员工缺乏制定评估标准的专业知识和技能，还应邀请有关专家参与。在上述三方的共同参与下，参照企业及部门的工作目标，结合员工个人的实际工作和能力等因素，选择确定科学的评估标准，作为绩效评估的基本依据。

绩效评估主要评价员工以下三方面与工作业绩有关的内容：个人特征、工作行为和工作结果。其中，个人特征是指员工的知识、能力、个性等；工作行为是指员工在工作中表现出的实际行为；工作结果是指员工的工作、业绩或工作的实际产出。针对这三方面评估内容，企业的绩效评估标准可归纳为两大类。

（1）主观标准　主观标准又称定性标准，主要适用于对员工的个人特征、工作行为、工作结果的主观描述。在评估内容无法测量的情况下，可采用主观标准对其进行文字叙述式的总结评价。主观标准的主要缺陷是：缺少客观、统一的评价尺度，评估结果依赖于评估者的主观认识。

（2）客观标准　客观标准又称定量标准，主要适用于对可用数字测量的员工工作结果的客观评价。相对而言，员工的工作结果比个人特征和工作行为更易于衡量，而且往往可以表现为具体的数据。客观标准的主要缺陷是：单纯依靠抽象的数字评价，无法体现被评估者的具体工作状态。

在进行绩效评估时，企业往往同时采用上述两种评估标准，以实现对员工全面、综合、科学、有效的评估。

3．绩效评估中存在的问题

（1）管理者对评估的影响　管理者对评估的影响主要有以下几点：

1）集中倾向。管理者倾向于把大多数员工的绩效集中在中等水平上，使评估的结果无法体现员工实际的工作差异。

2）近期效应。管理者对员工最近完成的工作印象深刻，缺乏一致性和连续性。

3）宽容倾向。管理者对下属的宽容往往使评估只集中于正面，从而忽略了员工工作中的问题。

4）晕轮效应。晕轮效应也称为光环效应，指的是管理者在观察判断和评价员工时，由于该员工某一方面特征或品质从管理者的角度来看非常突出，以此影响了管理者对该员工其他方面的评估。

（2）员工对评估的影响　员工对评估的影响如下：

1）歪曲性行为。员工希望获得较高的评估等级，主管担心自己的公正会带来员工的仇视，尽量去符合员工的期望。

2）平均性行为。如果他人评估等级比自己高，则容易产生心理不平衡。

10.4.2　绩效评估的方法

绩效评估的方法有很多，每种方法都有其优势和局限性，没有一种适合一切评估目标和一切企业的通用方法。在实际评估时，可依据不同的评估目标和要求选择使用，有时还可综合使用几种方法。

1．书面描述法

书面描述法是指评估者以书面形式描述员工的长处、缺点、以往业绩和发展潜能，并提出改进建议。这种方法简单易行。但由于没有统一的标准，评估结果不仅取决于被评估者的实际绩效水平，还与评估者的写作能力有很大关系。

2．关键事件法

关键事件法是指评估者将被评估者有效的和无效的工作行为记录为书面材料，运用这些记录材料对其业绩进行评价。被评估者所做的有效的和无效的工作行为即关键事件。这种方法的特点是，只记述被评估者的具体行为，不评价其个性特质，以丰富的关键事件和行为为依据，给被评估者指明今后的工作方向。该方法的缺陷是耗时、无法量化，并且需要评估者有较强的分析归纳能力。

3．评分表法

评分表法是指列出一系列绩效因素，如工作的数量与质量、出勤、协作、忠诚、创新等，由评估者对表中的每项逐一给出评分，评分尺度通常采用 5 分制。这是一种最常用的评估方法，由于耗费时间较少，便于定量分析和横向比较，在实际中被广泛地采用。该方法的缺点是缺乏详尽的信息。

4. 行为定位评分法

行为定位评分法综合了关键事件法和评分表法两种方法的主要要素，评分项目是某员工担任某项具体职务的具体行为事例，由评估者按序数值尺度对各项指标评分。该方法的优点是侧重于具体而可测量的工作行为，缺点是耗时、使用难度大。

5. 多人比较法

多人比较法是指将一个员工的工作绩效与另一个或多个其他员工进行比较。多人比较法是一种相对的衡量方法，可以与其他方法结合使用。

6. 目标管理法

目标管理法是指每个员工都确定有若干个具体指标，这些指标是其工作成功展开的关键目标，它们的完成情况可以作为评价员工的依据。目标管理法是对管理人员和专门职业人员进行绩效评估的首选方法。目标管理法的最大特点是注重结果甚于手段，该方法的缺陷是耗时、容易导致急功近利的行为。

7. 360° 绩效评估法

360° 绩效评估法又称多方评估者评估法，是对一般管理人员和中层管理人员评估考核使用得最多的一种方法。它包括直接上级、间接上级、同级领导、下属和自己的评估，评估的指标可以从三个方面来设计：努力程度、工作态度和行为结果。每一个大的指标可以下设几个小指标，如工作态度可以包括任务完成的速度和质量、对下属的亲和力、同级领导的认可程度等，这样就构成一个指标体系。

在 360° 绩效评估中，不同评估者都从各自的工作角度考察和评定被评估者，因而评估的结果反映了被评估者在不同场景、不同方面的行为特征和业绩，综合这些评估结果就能够对被评估者进行较全面、客观的评价，如图 10-2 所示。同时，不同角度的评估结果也在一定程度上反映了评估者的利益取向和性格特征。

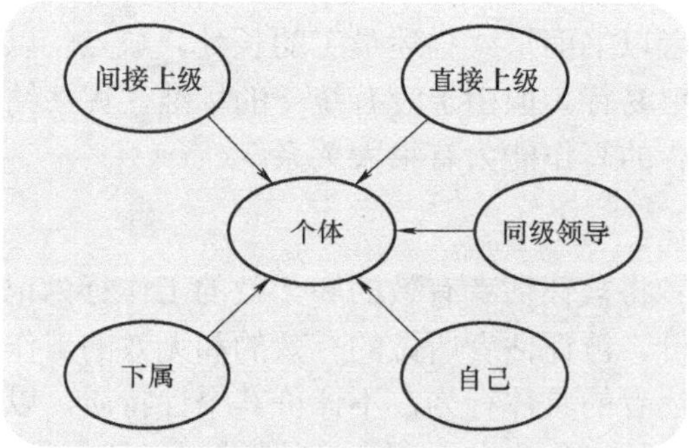

图 10-2　360° 绩效评估法

在 360° 绩效评估中应对自我评估给予较高的重视，自我评估的结果高于或低于总评估结果或其他角度的评估结果，对企业领导均有重要的参考价值。如果自我评估的结果高于总评估结果，本人属于自信心强或对个人评估较高的人；如果本人评估低于总评估结果，说明本人属于自信心较弱或比较谦虚的人，其余可类推。

10.4.3 绩效评估的实施

大多数企业按照固定的时间进行绩效评估，一般为每年或每半年一次，具体实施程序如下：

1．确定评估目标

不同职位的工作要求不同，相应的评估目标也有所不同。在进行绩效评估时，首先要根据职位的性质和特点，有针对性地选择、确定特定的绩效评估目标，并据此设计出科学的评估表，这是有效开展绩效评估工作的基本前提。

2．选择评估执行者

在确定评估目标后，还应选择合适的评估执行者。尽管绩效评估是企业人力资源部门的重要工作，但其主要职责是负责评估企业工作，而非具体地填写每份评估表。因此，评估执行者应该是与评估对象在业务上有联系的相关人员，如上级、同事、下属等。在有些情况下，也可由评估对象做出自我评价。

3．进行绩效评估

评估执行者应本着公正客观的原则，坚持定量评估与定性评估相结合，根据评估目标的要求综合使用多种评估方法，杜绝平均主义和个人偏见，得出真实可靠、科学有效的考评结论。这是因为，一方面，评估结论直接反映上级、部属对员工的评价，从而反映了企业对其努力的承认程度；另一方面，企业将根据评估结论进行分配或晋升决策，从而影响到员工在企业中的现有地位和发展前景。

4．反馈评估结果

评估结果应及时反馈给本人，使他们了解企业对其业绩的评价和未来改进的方向，这也是绩效评估的意义所在。反馈的方式有两种：直接面谈和书面通知。在采用直接面谈方式时，尤其是同时需要提供负面反馈信息时，上级管理者应注意的事项是：反馈和面谈的目的是解决问题和寻找解决方案，而不是进行人身批评。

5．将评估结果备案

人力资源部门最后还应将评估结果进行备案，并根据评估结果确定不同员工的发展方向，从而为企业的人力资源规划工作和各项人事决策提供依据。

案例 10-4

翔飞公司的三层次绩效评估

翔飞公司对普通员工的绩效评估，最重要的当然是来自其直接上司。直接上司的意见，是该员工绩效评估报告中最关键的内容。此外，在有些部门中，对员工进行绩效评估的时候，还会考虑其他人的意见。这些人可能是该员工的同级，或者下级，或者间接上级，或者是其内部顾客（即该员工工作成果的使用者或合作者）。这也就是众所周知的

360° 绩效评估法。

翔飞公司的绩效评估工作，自上而下分为三个层面。

1. 公司对部长的绩效评估

公司对部长的绩效评估主要是季度考评。在每个季度结束后，各部部长（业务部门叫作总监）便填写一份翔飞干部绩效季度评估表。表中内容主要有四个部分：季度业绩回顾、综合素质评价、综合得分和评语。填写时，先由部长对上述四个部分内容一一做出自我评价，然后再由其直接领导（总裁或副总裁）对上述内容做出评价，最后由领导填写评语。

2. 部门对科长或分公司经理的绩效评估

部门对科长或分公司经理的绩效评估是翔飞公司绩效评估工作的重点和难点。不同的部门，职责不同，而且涉及人数和范围都很广，有时还会有交叉考核或共同考核的情形。例如，在全国 30 个分公司中，冰箱分公司经理和业务代表由冰箱营销本部考核，而分公司的财务经理则同时由财务部和冰箱营销本部考核。

部门对科室或分公司进行绩效评估的频率，基本上每月一次，而每季、每半年和每年的绩效评估，也会与当月的月度评估同时进行。但各部门的评估方法和评估指标千差万别。下面以市场研究部和冰箱营销本部来举例说明。

在每月月底，市场研究部根据月初确定的工作计划，对各个科室的各项工作进行一一检查，然后按照各项工作的质量、效率、工作量等指标进行评分；根据评分数据，产生每月、每季、每年的“明星科室”“金牌科长”“需改进者”（后进员工）。该项工作由该部门自行开发的计算机软件和模板自动执行，可以在任一时刻查询任一科室和人员的绩效动态。

冰箱营销本部作为业务部门，其绩效评估的指标，与作为职能部门的市场研究部相比，有很大不同。它考核的对象有 4 个科室和 30 个分公司，其中分公司是重点。对分公司的考核指标主要有：销量计划完成率、资金回笼完成率、库存量、渠道结构、零售网点数量、卖场管理、零售效率、市场份额等。根据不同的季节，或者根据营销策略的需要，其中有些指标会处于变动之中，有时又会增加一些指标。例如，在新产品上市阶段，往往会增加“出样商场数量”等指标。在对这些指标通过加权评分后，得出各分公司总的绩效评分。

3. 科室或分公司对其员工的绩效评估

对普通员工的绩效考核频度，一般也是每月一次，但评估指标就简单得多。普通员工只对与其职责相关的指标负责。在总部，这项评估工作的执行者就是科长，而在分公司，执行者则是分公司经理。

以上是翔飞公司绩效评估基本情况的简介，但在实际执行中，不但绩效评估指标经常处于动态变化之中，而且各种绩效评估的方法又会交叉或同时使用，另外也会采取其他的一些评估手段，如 360° 绩效评估法。采用这种评估方法的部门，员工不但要接受上级的评价，还要自评，同时也要接受同级和下级对自己的评价。

本章小结

人力资源是企业的第一资源，在现代经济发展中具有重要的作用。企业的人力资源管理过程就是通过管理员工而实现企业目标的过程，具体包括人力资源规划、员工招聘、员工培训与发展及绩效评估等一系列程序。

人力资源规划就是在适当的时间为适当职位配备适当数量和类型的工作人员，它是企业进行人力资源管理的首要步骤。人力资源规划的基本程序是：进行当前评价，实施未来预测，制订行动方案。

员工招聘的基本程序为：发布招聘信息，初选，知识与能力考核，面谈，选定录用，评价和反馈招聘结果。人员录用阶段的具体工作是：背景调查，健康检查，签订试用协议，注册报到。

员工培训的目标是：适应职位要求，提供综合能力，转变观念态度。员工培训的内容是：技术技能培训、人际关系技能培训和解决问题技能培训。员工培训的方法有在职培训和脱产培训。员工的职业发展可以从企业和个人两个角度予以考察，现代无边界职业发展概念更注重员工个人对自身职业发展的责任感。

绩效评估的主要目的是：为确定员工的工作报酬提供依据、为企业的人力资源规划提供依据及促进企业和个人共同发展。绩效评估的标准有主观标准和客观标准。具体的评估方法有七种：书面描述法、关键事件法、评分表法、行为定位评分法、多人比较法、目标管理法和 360° 绩效评估法。绩效评估的实施程序为：确定评估目标，选择评估执行者，进行评估，反馈评估结果，将评估结果备案。

复习思考题

一、简答题

1. 什么是人力资源和人力资源管理?
2. 什么是岗位分析？人力资源规划的内容是什么？
3. 简述员工招聘的基本程序。
4. 外部选拔与内部选拔这两种方式，哪一种更有效？为什么？
5. 简述员工培训的内容与方法。
6. 企业为什么要进行绩效评估?
7. 分析比较各种绩效评估方法的优缺点。

二、案例分析

生产部的人员录用

佳美化学有限公司是一家跨国公司，秋天公司是佳美化学有限公司在中国的子公司。随着生产业务的扩大，为了对生产部门的人力资源进行更为有效的管理，它们希望在生产部设立一个处理人事事务的职位，工作职责主要是对生产部与人力资源部进行协调。人力资源部经理王五对应聘者做了初步的筛选，留下了5位应聘者交由生产部经理李四再次进行筛选。李四对其进行选择，留下2位应聘者，决定与王五协商决定人选。这两个人的基本情况如下：

赵一：男，32岁，企业管理硕士，有6年一般人事管理及生产经验，在此之前的两份工作均有良好的表现。面谈结果：可录用。

钱二：男，32岁，企业管理学士，有8年的人事管理及生产经验，以前曾在两个单位工作过，第一位主管对其评价很好，没有第二位主管的评价资料。面谈结果：可录用。

王五选择了钱二，李四说，既然他将来与王五共事，当然由王五做出决定好了，所以最终选择了钱二。但钱二在工作6个月后，很多指定的工作经常不能按时完成，有时甚至表现出不能胜任其工作的行为，引起了管理层的抱怨。显然，钱二对此职位不适合。

思考：

请指出此案例中出现的错误，并分析原因。

第11章　班组管理

学习目标

1. 了解班组在企业中的地位与作用。
2. 了解班组长在企业中的地位与作用。
3. 明确班组长的职责及其在企业中的角色。
4. 明确班组长应具备的素质。
5. 掌握班组管理的重点。
6. 掌握班组建设的内容与思路。
7. 掌握班组长工作的主要方法。

11.1　班组管理与班组建设

11.1.1　班组在企业中的地位和作用

企业班组是企业组织生产经营活动的基本单位，是企业最基层的生产管理组织。企业的所有生产活动都在班组中进行，所以，班组工作的好坏直接关系着企业经营的成败，只有班组充满了勃勃生机，企业才会有旺盛的活力，才能在激烈的市场竞争中长久地立于不败之地。

1．班组在企业中的地位

认清班组在企业生产经营（工作）和企业发展中的地位，是进行班组建设、提升班组综合能力及发挥其作用的关键和基础。班组在企业生产经营（工作）和企业发展中的地位可从以下四个方面加以概括：一是从企业生产经营管理的组织结构看，班组是企业组织结构中的最基本元素；二是从生产经营（工作）运行的过程看，班组是企业生产经营（工作）运行链条中的一个重要环节；三是从企业管理工作的角度看，班组是企业管理的基础，很难想象低素质的班组能够构成高素质的企业；四是从员工成长和个人职业生涯发展的角度看，班组是企业员工实现终身职业培训、提高岗位工作能力和不断发展的个人职业生涯的主阵地。班组在企业生产经营（工作）和发展中的地位是不能替代的，也是不能忽视的。如果将企业看成一座高楼，班组则是这座高楼的基础和支架，班组地位的稳固性，直接影响企业的稳固性。总之，在企业生产经营（工作）和发展中，必须重视班组建设，这样才能提高企业的整体素质和综合实力。

2．班组在企业中的作用

班组在企业生产经营（工作）和发展中具有重要作用，有时一个班组的生产经营（工作）出现问题，会影响整个生产任务的完成，或者影响企业的整体形象。就像一个百货柜台由于一个服务员的不礼貌或服务技能不到位，会给整个商场带来负面影响一样。班组在企业中一般有以下六个方面的作用：

（1）班组是完成企业生产经营（工作）任务指标的基本单位和保障　不论是生产型企业还是服务型企业，都有自己的工作目标或任务指标，如年度利润指标、月度生产（销售）数额等，不管是哪类指标，都必须由大化小、层层分解，最终落实到每个班组。班组的各项任务指标是企业总指标的构成部分。也就是说，企业各班组是实施并完成企业各项指标的最基本的相对独立运行的执行单位，只有各班组的任务指标顺利完成，企业总的目标任务才能确保实现。

（2）班组是落实各项规章制度、实现企业文化建设的基础环节　俗话说：没有规矩，不成方圆。企业进行生产经营活动，必须建立相应的规章制度，如上下班制度、职业道德规范、作业工作规程、学习制度等。这些制度的落实和实施，员工是载体，班组则是组织落实和监督实施的基础环节，只有每个班组落实到位，企业的各项规章制度才能落到实处，如果没有班组这个基础环节，企业的各项规章制度将成为空中楼阁，无法落实。如果个别班组落实不好，执行不力，也将影响制度的总体落实。所以，抓好每个班组的制度建设，提高执行力度，必须抓住班组这个最基本的环节发挥其基础作用。通过班组制度的落实，实现企业管理的科学化、制度化和规范化。

（3）班组在企业管理中发挥最基础的作用　企业管理具有层次性、类别性，班组是企业管理的最基础层次，也是按工作性质将员工组织起来的最基本单位。因此，对员工的管理，首先要依靠班组进行，如生产经营（工作）指标的完成情况、各员工的表现与素质状况、工作纪律情况等都基于班组的管理工作。班组管理水平的高低影响并决定企业的整体管理水平；班组的活力推动企业的活力；班组文化建设促进企业文化建设；班组精神是企业精神的具体化。总之，企业管理必须抓住班组这个基础，通过良好的班组管理，提高企业管理素质和水平。

（4）班组是生产流程链条或劳务过程中不可或缺的环节　整个企业的生产经营（工作）活动，就是一个产品（劳务）的制造过程。这个过程的程序有长有短，但是衔接整个流程的，是一个个的班组，每个班组都是其中的一个环节。所以，衔接好每一个环节是至关重要的。

（5）班组是进行队伍建设、提高员工素质的基本场所　现代社会是学习型的社会，终身学习和终身职业培训已是现代企业建设的重要标志。应提倡建立学习型企业，鼓励员工在工作中学习，使工作场所成为学习场所。而员工的工作场地主要在班组内，因此，班组和岗位成为员工提高素质、发展职业生涯的基本场所。要形成在岗位生产（工作）过程中学习，班组内员工相互学习，班组长指导学习，班组内组织技术竞赛课题、问题学习等多种形式。一些知名的跨国大型企业，如松下、麦当劳、可口可乐等，都把培养人才当作企业发展的使命，并且非常重视班组建设。抓实抓好班组教育，是提高员工素质的有效途径。

（6）班组是激发创意、解决问题的团队　判断一个企业是否有活力，首先要看班组有没有活力。不断创新、不断完善、不断改变是保持班组活力的基本策略。班组有了活力，有了创造力，企业的活力和竞争力才会提高。班组能够产生创意和创造力，是有一定的基础性和可能性的，因为任何创意都源于实践。班组直接从事生产，会经常遇到实际的问题，这是激发创意的基础。如果班组在工作中都能用创新的精神去解决工作中的问题，就会不断激发员工的工作热情，使班组永远生机勃勃、充满活力。员工在这样的班组里工作，每天都会保持新鲜感、成就感，每天都会面对新的挑战，那么，员工就会快乐地工作、自觉地学习、不断地进步。

11.1.2 班组管理

班组管理是指为完成班组生产任务而必须做好的各项管理活动，即充分发挥全班组人员的主观能动性和生产积极性，团结协作，合理地组织人力、物力，充分地利用各方面信息，使班组生产均衡有效地进行，最终做到按质、按量、如期、安全地完成上级下达的各项生产计划指标。

班组管理，在性质和方式方法上，同企业管理没有什么大的区别，可以用“麻雀虽小，五脏俱全”来说明班组管理同企业管理同等重要的道理。从班组管理是企业管理的基础这个角度讲，企业管理的重点应是班组管理。每个班组都具备了较高的管理水平，企业管理就有了良好的基础。所以，任何企业绝对不能忽视班组建设和班组长管理水平的提高。否则，企业管理将成为空中楼阁。

班组管理的内容包括班组生产管理、班组质量管理、班组物料管理、班组技术与工艺管理、班组设备与工具管理、班组人员管理、班组成本管理与经济核算、班组现场管理等（以上内容在前面各章已介绍，此处略）。

总的来看，班组管理的基本内容（对象）不能脱离人、财、物、信息、时间这些企业生产经营五大要素。但根据其所在企业生产经营（工作）活动的性质不同，管理的具体内容及重点有所区别。例如，某些企业把安全管理放在第一位，某些企业把质量管理放在第一位，商业企业则把客户满意度放在第一位。总之，班组管理不仅要明确自己的管理对象，也要明确自己管理的重点，更不要忽视管理中的每一个细节。同时，在管理过程中紧紧抓住“人”这个核心，处处体现班组管理的基础性等基本特点。

案例 11-1

三星集团的班组管理

三星集团是一家跨国公司，其发展速度之快、产品涵盖之广、市场份额之大、出口创汇之巨都是超出人们想象的。三星集团管理的主要优势就是它的班组管理。

1. 三星班组管理的核心

三星集团班组管理的核心是：生动活泼，具有民主性，注重实际效果，注重人的自觉性、主动性与创造性的发挥。班组开展的各类管理活动，都与企业的方针、目标及重点工作相联系，充分体现了人人爱岗位、人人爱企业的精神。由于班组开展的各项管理活动形式多样，又非常灵活，给人一种浓厚的、真切的、充满生机和活力的感受。

2. 班组的目标管理

班组的目标管理是以表格的形式开展的。先将班组的目标（主要是经济指标）确立在历史最好的水平上，每天进行检查，每月进行综合评定。如果在某天或某月达到目标后，班组及时地将所实现的目标值填入目标管理表格内，并注明班组达到此目标所做的重点工作。企业的厂长（代表理事）也在该表格内签上自己的名字，并写上几句勉励的话。这样，使班组在取得成绩后，能及时得到领导的鼓励，以激励班组向更高的目标奋斗。同时，企业领导每天都要到班组走一趟，加深了领导深入基层的工作作风，密切了干群关系。

3. 普遍开展“降低成本费用活动”

三星集团普遍在班组开展“降低成本费用活动”。在生产现场可以看到班组绘制的成本控制图。在这个图中，有控制成本费用的主要项目，有每个人的实施目标，有具体的目标值。班组开展的这项活动在组与组之间是公开的，在员工与员工之间也是公开的，这样做使奔跑的人、走路的人、坐着的人都要相互尊重，并给予鼓励，最后使所有的人都成为奔跑的人。

4. 实行全员设备管理

三星集团有着完整的设备维护保养制度，并对设备实行重点管理。重点管理就是对容易影响产品质量的设备或容易出现故障的设备实行重点监控，使设备在大生产中处于良好运行状态。凡重点设备都有非常明显的提示牌，以提示员工对设备监管的频度和内容。班组的全员设备管理充分体现了全员参与的意识，在班组内可以看到员工对设备提出的改进意见、改进方案图示和设备改进前后的对比分析示意图。由于全员设备管理工作的开展，打破了设备管理只是少数专业人员的职责界线，同时也给班组员工创造了参与管理的环境。

5. 星级专职教师制

在三星集团所属工厂的每个班组里都有专职教师，这个专职教师负责对所有员工在操作技能上的指导、帮助、学习和提高，他们的责任是培养出更多的“师资”水平的员工。星级教师制分为“四星”，凡班组员工取得4个星级时，就证明这个员工具有专职教师的资格了，可以对“三星”“二星”“一星”的员工进行操作指导和帮助。这项活动的开展，调动了全体员工的学习热情和向四星级奋斗的目标。

6. 极力提倡创新精神

“创新”是三星集团极力提倡的工作精神，并作为厂训深深地扎根在三星人的心中。而班组合理化建议的开展，大大激发了员工的创造精神。班组合理化建议有个人提出的，也有组成“合理化建议小组”后提出的，他们将合理化建议贴在墙上，并将建议的内容拍成照片，配上文字，并有改进前后的可行性分析，非常生动。另外，凡是合理化建议被采纳，就给予奖励。

7. 组织公益活动和集体活动

班组在完成生产任务后，还利用空余时间参加社会公益活动，如植树、值勤、到敬老院做好事及与社会有关的其他活动，从中增强对社会的责任感和展示员工的人性美和道德观。班组集体活动有旅游、聚会、联欢、体育比赛等内容，而且将每次活动的内容拍成照片，贴在“班组园地”里，让大家共享那美好、难忘的集体生活。由于集体活动的丰富性，锻炼了三星集团班组的团队精神，培养了员工之间友善和谐的关系，创造了宽松、和谐的班组氛围，培养了员工对集体的责任感。

三星集团班组的管理活动内容还有很多，如综合评定员工的“累计分考核制”、全面质量管理及提倡环境舒畅和气氛融洽的民主管理等，都在班组管理中发挥着重要作用，使班组这个企业最小的生产组织单位在企业管理中变成了最积极、最活跃、最富创造力的群体。

11.1.3　班组建设

班组建设是指在企业的统一领导指挥下，按照科学规律而开展的一系列有利于提高职工素质和管理水平的活动。班组建设的主要内容如下：

1．班组的组织建设

班组的组织建设主要是指班组长的选配、班组核心的形成及制定科学合理的制度。班组成员处在生产第一线，班组长是生产的组织者和指挥者，处于承上启下的重要位置，可谓“兵头将尾”。班组长的选配十分重要，一定要选拔思想好、安全责任感强、技术精、懂业务、会管理、作风正、干劲足、有威信的人担任班组长。在班组长的带领下，形成班组核心，团结全班组成员共同完成生产任务。

其次，要根据生产六大要素进行组织建设。生产六大要素包括人员、设备、材料、方法、环境和信息。要根据生产六大要素设置班组六大员：质量检验员，进行过程抽检和巡检工作；核算统计员，了解不良品、返工品、报废品等情况；设备管理员，管理设备；材料管理员，进行收发料管理；生活卫生员，负责员工的生活和纪律；生产安全员，检查、督促班组成员严格执行安全生产的各项规章制度，对违章作业进行制止，并及时报告等。

班组的组织建设除了班组的合理构成外，就是班组的民主管理。班组民主管理是企业民主管理的重要组成部分，也是企业民主管理的基础。搞好班组民主管理，应注意以下两个问题：一是要建立健全班组民主管理制度，如思想政治工作、岗位经济责任、安全生产、文化技术学习、民主生活会等制度；二是要开好班组民主管理会和民主生活会，这是职工参加企业管理的重要形式，也是倾听职工呼声，讨论决定班组重大问题，了解职工工作、学习和生活情况的重要途径。

2．班组的制度建设

班组的制度建设是指班组制定、执行和不断完善各种规章制度的过程。班组规章制度，是班组在生产技术经营活动中共同遵守的规范和准则。建立合理的班组规章制度，有助于实现班组的科学管理，消除班组工作中混乱和内耗现象，保证班组生产工作的顺利进行。同为班组级的制度建设，但各班组的工作内容差异很大，这需要各班组必须制定出适合自己工作特点和管理特点的管理制度，才能有效地规范本班组成员的行为。尽管各班组工作内容不同，但包括的制度种类大同小异，主要包括以下制度：

（1）生产管理制度　生产管理制度包括劳动纪律、考勤制度和交接班制度等，保证正常的生产秩序。

（2）技术质量制度　坚持质量第一，严格按技术图样和工艺规程操作，加强质量检验把关，不断提高产品的质量。

（3）设备维修保养制度　按规定做好三级保养，坚持巡回检查制度，保证设备完好。

（4）工具管理制度　保管好班组及其成员的专用和通用工具；按周期校验量检具；工具箱内存放整齐，始终保持账物一致。

（5）学习制度　学习制度是指由班组长规定和组织的在规定时间内所进行的学习活动，一般时间不长，内容多数是围绕着班组内的工作进行。

（6）安全生产制度　安全生产制度包括严格执行安全操作规程，按规定使用劳动保护用品和安全装置，遵守有关安全生产的规定。

（7）经济核算制度　坚持班组经济核算，压缩物化劳动和活劳动耗费，不断降低成本，提高经济效益。

（8）思想教育制度　班组长进行形势任务教育、职业道德教育和遵纪守法教育，定期与班组成员交流，相互帮助，共同提高，促进班组建设。

（9）交接班制度　交接班制度是一项使上下班之间生产衔接，交清责任，互相检查，保证上下班生产连续进行的一项管理制度。

（10）生产台账制度　为保证班组生产的有序进行，应建立必要的生产原始记录及台账。

（11）岗位练兵制度　岗位练兵制度是指要求员工在生产岗位上按规定技术要求进行专业技能训练的制度。

（12）经济责任制度　班组经济责任制度是对生产岗位规定产量、质量、消耗等指标，从而制定考核方法，把经济责任与经济利益挂钩进行奖惩的制度。

制定班组规章制度，要坚持领导与群众相结合的原则，要根据班组的实际情况和生产经营管理需要，认真总结经验和学习其他单位的先进经验。规章制度力求完整统一、简明扼要、通俗易懂，便于员工掌握和贯彻执行。

3. 班组的业务建设

班组的业务建设就是在生产、技术、经济活动中，不断学习和掌握各项专业管理技术，增强班组计划、组织、指挥、协调和控制的能力，使各项专业管理的要求在班组得到落实。班组业务建设的内容涉及班组生产管理、技术管理、质量管理、设备工具管理、劳动管理、安全文明管理及推进企业班组现代化建设等方面，必须切实加强这些方面的工作。

4. 班组的文化建设

班组的文化建设是企业文化建设的班组化，是班组结合自身的实际，将企业精神观念内化到班组成员的意识中，使之外化到班组成员自觉、习惯的行为中和班组各项工作中及班组的相关设施和工作环境中的过程。班组的文化建设包括班组的精神文化建设、形象建设、技术文化建设和班组的安全文化建设等。

5. 班组的职业道德建设

班组的职业道德建设是班组及其成员在生产经营活动中应遵循的行为规范的总和。加强班组职业道德建设的首要任务，就是培育员工正确的职业道德观念，增强员工的主人翁意识、责任感和使命感，在班组里形成“热爱岗位，钻研技术；精心操作，优质高效；遵章守纪，安全生产；献技传艺，关心集体；团结协作，共同进步”的良好氛围。

班组的职业道德建设，关系到班组建设和班组活力的思想保障问题。一个职业道德建设不好的班组存在很多问题，如不团结、不敬业、不爱学习等，很难形成良好的班组形象，也就没有执行力。实践证明，班组的职业道德建设对班组的建设和工作有着深远的影响。

从这两起事故的发生，可以给班组成员一个警示：无论看起来多么简单、平常的工作，如果缺乏责任心，都会给企业和个人造成严重的后果。所以，班组要把职业理想、职业道德、职业纪律、职业安全、职业技能有机地结合起来，注重强化职工的敬业精神，不断提高职工的职业道德意识，为企业的持续发展和更好地履行企业的社会责任奠定坚实的基础。

班组的职业道德建设必须结合班组的生产实际。

（1）班组的职业道德建设要同岗位实际相结合　结合班组的实际开展职业道德教育，使班组成员从思想上加强对本职工作的责任感和使命感，员工就会自觉钻研业务、提升学习技能，主动将本职工作做好，就会更加关心企业发展。

（2）班组的职业道德建设要同班组制度建设相结合　职业道德建设和制度规范工作是相辅相成的。一方面，制度和法规是职业道德建设健康有序进行的重要保证；另一方面，职业道德建设又可以促进班组管理和规章制度建设。

（3）班组成员职业道德建设要同完善监督机制相结合　加强监督管理是企业职业道德建设和优质服务的重要保证。班组要根据自身的工作特点，制定一些切实可行的岗位监督措施，注意班组内部监督与外部监督相结合，特别要注意表扬职业道德突出的员工，以创造职业道德光荣的舆论环境。同时还应该德法并举，将职业道德建设同学习法律法规结合起来，对于某些不讲职业道德的现象以法律制度和社会监督加以约束。通过扬正避邪的职业道德监督机制的建立，可以大大促进职业道德建设的健康发展。

（4）将班组职业道德建设作为塑造企业形象的关键要素来抓　随着时代的发展，人们对服务的需求越来越高，而满足社会需求是塑造企业形象的关键。企业要全方位、多层次地加强班组职业道德建设，通过抓职业道德建设抓住企业发展的根本，塑造企业形象，在激烈的竞争中处于不败之地。

案例 11–2

某服务总公司的班组把建立健全规章制度、规范职业行为作为加强班组职业道德建设的根本保证。一是从抓制度落实入手，不断健全、完善各项规章制度和职业道德规范化服务的标准；二是积极推行社会服务承诺制，开展优质服务。班组在服务内容、服务时限、服务规范及承诺要求上做出了明确规定，有力地推动了班组的职业道德建设；三是在班组里积极落实 ISO9000 国际质量体系贯标工作，为实现优质服务，创建文明窗口的工作走向标准化、规范化奠定了坚实的基础；四是在班组里建立奖罚制度，把职业道德建设与精神文明建设和经济责任制考核相结合，作为班组对组员的考核依据。对违反职业道德规定的班组成员扣发奖金，有效地推进了职业道德建设。

该公司还在班组内部实行内部职工监督、外部社会监督并举的工作机制，建立了内外监督网络，并采取请进来、走出去的办法，设置投诉电话和投诉箱。同时把班组服务标准、程序、承诺上墙，实行班组成员挂牌服务，公开接受其他班组成员和服务对象的共同监督。此外，还就班组的工作主动寻求服务对象的监督和检查，如发放调查意见信、了解服务对象对服务工作的意见等，“做到条条有反馈，件件有落实”，促进了班组职业道德建设和服务水平的提高。

11.2 班组长管理

班组长是班组中的领导者，也是企业中最基层的负责人，他们在保证生产一线按质、按量、如期、安全地完成企业下达的整体经营目标中，起着十分重要的作用。管理是班组长的重要职责。一个班组有无活力，其综合能力及完成任务和工作效果的好坏，以及班组的职业道德水平和团队精神状况，都与班组长的管理水平密切相关。

11.2.1 班组长在企业管理中的作用

1．行为标兵和示范作用

对于班组形象的好坏，班组长起着非常重要的作用。班组长的行为、形象都对班组产生一定的影响。一方面，班组成员都盯着这个“兵头将尾”；另一方面，由于朝夕相处，班组长的所作所为都在班组成员的视线之内。所以，班组长必须时时注意自己的言行，并不断地提高自身的素质，在班组建设中发挥标兵和示范作用。例如，对作业规程和班组纪律的执行，如果班组长做不到位，班组就很难有良好的生产秩序。

2．落实任务、组织实施的管理作用

包括将上一级下达给班组内的生产（工作）任务分解、细化、落实到岗位和员工，并组织、协调、指挥任务指标的实施过程，以及质量监控和最终任务的完成，这一系列的工作都是班组长的职责，也就是说，班组长管理与协调作用发挥得好坏，影响着班组任务完成的效果、质量和最终目标的实现，并最终影响企业整体任务目标的实现。可见，班组长虽小，责任重大。

3．与上级组织联系的桥梁和纽带

班组长在企业中起着承上启下的作用，既要及时、准确地把上级的指示精神传达给组员，并认真地贯彻落实，同时也要向上级反映工作中的实际情况，提出自己的建议，做好上级领导的参谋助手。

4．生产技能带头人

在企业的经营过程中，班组长必须具有解难题、攻难关的本领，是班组里的技术业务能手，这是现代班组建设的突出特色和现代企业发展的客观要求。

5．带好队伍，建好班组

班组长的素质和作用是十分重要的，有了高素质的班组长，班组建设和发展就有了一定的保障。但生产任务的完成和班组形象的建立，仅靠班组长一个人的能力是不够的，要靠班组全体员工的团队精神和班组的综合能力。班组长通过带领队伍建设班组，最终形成和谐团结、进取和竞争意识强、学习氛围好、敢于开拓创新、善于拼搏的团队。

带领队伍建设班组，除了班组长的自身示范作用外，最有效的手段是培训。因此，作为班组长，不仅要自己会干，成为优秀的技术与技能尖子，更有责任对班组成员进行培训，并能成为优秀的教练，带动班组员工一起互相学习，形成在工作岗位中学习、在学习中工作的制度。班组长应及时、准确地根据工作和企业发展的需要，把握学习的方向和学习内容，使班组成员共同进步。这是企业的需要，更是班组长的责任。

案例 11-3

在华为公司，企业要求班组长必须都是班组里技术业务的兼职教师，负责对班组成员进行操作技能上的指导、帮助、学习、提高，同时还有责任培养出更多具有“教师资格”的组员。

11.2.2 班组长的角色认知

1．班组长的主要职责

班组长的主要职责包括：

1）负责向班组成员传达上级的指示精神和工作部署。

2）负责向车间主任请示和汇报班组工作。

3）负责指挥本班组成员高效率地完成车间（工段）下达的各项任务。

4）负责督促班组成员严格遵守厂规、厂纪和车间班组的各项规章制度。

5）根据班组经济责任制的具体内容，负责班组成员的考核工作。

6）及时掌握班组成员的思想动态和生活中的困难，调动班组成员的工作积极性。

7）负责班组成员的业务学习，提高班组整体素质，增强班组的凝聚力。

2．班组长的角色认知

（1）面对上级是执行者　要正确领会上级的意图，并服从上级的指挥，就如何完成任务提出建议，尽力克服困难，圆满完成任务。同时要及时向上级汇报任务的完成情况。这时班组长是责任者，必须为本班组发生的所有情况承担责任。而在出现问题时，班组长不推卸、不指责和不埋怨，主动承担责任，从自身找原因；遇到困难时，走在员工的前边，妥善地解决问题。

（2）面对下级是领导者　面对下级，班组长是领导者，应该做到：为班组设立共同的目标，让大家清楚努力的方向；了解每一个班组成员的特点，尽量给他们安排适合他们自己的工作；利用各种办法激励班组成员，让他们保持自信和工作的积极性；保持与班组成员良好的沟通，了解他们的需求与愿望；保持幽默和愉快的心情，在解决困难时表现出自己的热情与信心。同时，班组长又是指挥者，要合理组织人力、财力与物力，以确保任务完成。作为指挥者，班组长应该做到：就工作任务确定整体思路和具体行动方案；合理分工，明确职责；做好工作的督导检查，及时发现问题、解决问题。班组长还是教练，要能够发现员工工作中存在的不足，并及时提供指导与培训，以改善他们的行动。作为教练，班组长应该做到：善于发现员工的问题所在；设立重点目标，制订培训计划；选择合适的时机与方式进行培训；及时评价与跟进，及时发现新的问题。

（3）面对同级是合作者　要站在他人立场，了解他人的需要，并尽力提供配合。要一切从大局出发，不要只关注部门利益；把握双赢原则，实现互利互惠；真诚相待，互相尊重。

11.2.3 班组长应具备的素质

1．职业道德和思想素质要求

（1）极强的工作责任心　班组长对待本职工作要忠于职守、认真尽责、勤奋刻苦、不懈努力。

忠于职守指的是工作责任心，就是忠实地履行岗位责任，执行岗位规范。在任何时候、任何情况下都能坚守岗位。

认真尽责是指工作态度，即干工作要精力集中、一丝不苟、专心致志。现代化大生产和大流通是一个严密的系统，其中每一个环节都有严格和精确的技术要求及操作规范，如果因马虎或疏忽而造成某个环节出现差错，就会影响整个生产工艺流程，甚至会酿成灾难性事故。

勤奋刻苦指的是工作精神，即能经受各种艰难困苦，拼搏向上，有所作为。

不懈努力是指在工作中有勇气、有能力去克服各种难题，经得起挫折和失败的考验。

（2）刻苦钻研技术业务，敬业精神强　班组长对本职工作要业务纯熟、精益求精，力求使自己的技能不断提高，使自己的工作成果尽善尽美，并不断有所进步、有所创新，成为技术一流的技能带头人和服务标兵。

（3）诚实守信，有良好的群众基础　诚实守信不仅是做人的准则，也是做事的基本准则。诚实是我们对自身的一种约束和要求，讲信誉、守信用是他人对我们的一种希望和要求。班组长做事，既代表个人，又代表班组，如果班组长不能诚实守信，说话不算数，那么他所代表的班组就会受到影响，得不到人们的信任。因此，诚实守信不仅是一般的社会公德，更是班组长应遵守的职业道德。

（4）忠诚于企业，热爱本职工作，严守规章制度，努力创新。

案例 11-4

某生产公司的维修班组负责高炉的维护工作，保证高炉正常运行，无论高炉的哪个环节出现问题都会影响生产。修理工，就像是一名“医生”，要定期检查和维修高炉的相关设备，这项工作要求班组成员具有很强的责任心，同时还要对设备的使用情况做到诚实反馈。一次高炉检修，在往炉顶运送备件时，组内一名员工因工作疏忽运错了备件，并隐瞒了下来。由于发现及时没有造成重大事故的发生。事后，班组长耐心地对该组员进行了批评教育，使他认识到了自己的错误和可能造成的严重后果。通过这件事教育了他本人也提醒了大家，在今后的工作中必须加强责任感和诚实守信的工作作风。作为班组长也没有把事故隐瞒下来，而是主动向车间做了汇报，并承担了自己在管理、教育上的责任。班组长诚实负责的行为，更加强了班组的凝聚力和向心力。

班组长只有对工作一丝不苟，诚实守信，才能得到班组成员的认可，才能树立良好的威信。

案例 11-5

华东数控公司数控班班组长，中专毕业参加工作，仅一年就通过自学掌握了数控加工中心操作技术，两年便独立承担了厂矿国家级重点项目的加工任务。他通过刻苦的学习和钻研，从“门外汉”成为数控加工操作的行家。他带领整个班组，在完成车间交给的各种生产任务的基础上，结合实际进行各种技术改进，提高了工作效率和工件的质量。同时，他还抽出业余时间自学数控编程知识，不断摸索整理出快速掌握业务知识技能的学习方法，实现了机床操作快速入门，并在最短的时间内开发创新功能。他工作 9 年来，年均完成工时 4000 小时，是正常工人一年全勤工时的 2 倍，连年位居车间榜首。他能熟练操作全车间 90%以上的数控机床，完成了国家级重点项目的结构件加工任务，连年在各种技能大赛中获奖，并被评为公司“技术能手”。

（5）善解人意、团结员工，依靠群众的民主作风　班组的战斗力、凝聚力来自班组成员的气顺心齐、团结一致。班组长的一个重要职能就是要发挥好纽带作用，把分散的个人团结在一起。

（6）要具有事事以身作则、处处率先垂范的精神　班组长只有事事以身作则，身先士卒，把方便让给别人，把困难留给自己，吃苦在前，遇危险冲在前面，才能团结并带领好班组成员完成各项工作任务。

2．业务素质要求

生产是企业的大事，班组是企业生产经营（工作）的第一个环节，班组长的素质将直接影响着生产的效果或服务的形象。因此，班组长要想履行好职责，胜任本职工作，应当具备以下业务能力要求：

1）能够根据车间生产计划编制班组生产作业计划。

2）能够参与修订或完善本班组的作业指导书或操作规范。

3）具有一定的职业能力，是本企业、本岗位的技术尖子。

4）能有效地设计、制订班组成员的培训计划或实施岗位培训，不断提高员工的技能水平。

5）能够组织召开班组各种会议，具有主持会议的能力。

6）善于与人沟通，具备协调班组内外关系的能力。

7）掌握一般应用文写作方法，能够进行班组常用应用文写作。

8）具有督导员工完成任务的能力。

9）具有较强的生产管理能力，包括质量管理、安全管理、现场管理、成本控制等。

10）具有执行和落实规章制度的能力。

11）具备构筑团队，使班组成员上下一心、团结协作的能力。

12）有打破思维框框，创造性地解决问题的能力。

11.2.4 班组长的工作方法

班组长的工作方法，实际上就是指班组长为了实现班组的工作目标而运用的具体方式和手段。班组是由相互影响、相互协作的人员组成，是一个具有特定功能的群体。在这个群体中，班组长作为“兵头将尾”，起着主导作用。班组长要运用具体的工作方式和手段，使班组的管理工作处于良好状态，以实现班组工作的目标。

1. 依靠骨干，相互团结

班组是一个“小社会”，工作千头万绪，光靠一两个班组长不行，还必须有几个好帮手协助班组长，班组成员只有团结一致，才能完成班组工作任务。依靠骨干、相互团结的一个重要方法，就是遇事同大家商量，尊重班组成员的意见，不管对与否，都应持欢迎的态度。这样，大家才愿意向班组长提建议，从而使班组长的工作做得更好，更能够反映全体班组成员的意愿。搞好班组的团结，班组长要做好以下几个方面的工作：

（1）要开诚布公　有问题摆到桌面上来，讨论时，要从工作出发，不感情用事。要开诚布公，实事求是，不隐瞒自己的观点。处理问题时要以理服人，不以权势压人。开展批评与自我批评时，要从团结的愿望出发，不整人、不伤人、不夸大事实，对人对己一分为二。

（2）要心有全局　班组长要有全局一盘棋的思想，使自己和班组成员都能够做到相互支持、关心，真正做到一人心里有大家、大家心里有全局，全体成员心往一处想、劲往一处使。

（3）做事要出于公心　在管理班组过程中，班组长要具有有成绩归功于大家，有缺点、错误主动承担责任的风格，多做自我批评。班组成员之间出了问题，要相互谅解，不斤斤计较，不吹毛求疵，不搞小动作。若发现有不好的苗头，班组长要及时做思想政治工作，进行批评教育。

（4）要办事公平　班组长不能厚此薄彼，亦亲亦疏，更不能对合得来的人亲如兄弟，对其缺点、错误装聋作哑，甚至为其遮盖；而对合不来的人，则视若仇人，对其缺点、错误添油加醋，无限上纲，乱扣奖金或不恰当地批评。

只要班组长依靠骨干，共同做到以上几点，则班组的团结工作肯定能做好。

2. 抓好典型，以点带面

抓先进典型，是做好班组工作的基本方法，也是不断探索班组工作经验、提高班组建设水平的一条重要途径。抓先进典型，班组长应把握好“四性”：

（1）要有高度的灵敏性　班组长要善于发现和培养先进典型。

（2）要有一定的代表性　在一个企业中，需要有各方面的典型，如质量标兵、节约能手、技改能手、安全哨兵、优秀工管员等，特别是那些适应企业转换经营机制的先进典型，要及时发现、总结、交流和推广，以促进企业的发展。

（3）求得认同　先进典型本身就来源于班组之中，来源于工作实践，要通过认真总结、组织学习和现场观摩、示范表演、板报介绍、广播报道等一系列的宣传推广活动，使先进典型的思想、经验和事迹得到所有班组成员的认同。在总结他们的先进经验时，既不要拔高，也不要求全责备，哪怕是点滴的先进事迹，也可以使人从中受到启迪和教育。

（4）要有明确的目的性　典型引路要有针对性，要运用先进典型的经验解决班组内的主要矛盾。班组长要善于运用层次管理法，依靠班组核心层，充分发挥班组骨干的积极作用，激励骨干层，向先进靠拢看齐，转化较差层，使其跟上整体步伐。

3．运用激励，强化动力

搞好班组建设内在的根本动力在于班组成员的责任感和工作积极性。用激励理论指导班组建设实践，是调动群众积极性的一个有效方法，也是班组长搞好班组工作的一个重要方法。

美国哈佛大学的威廉·詹姆士对员工激励的研究结果表明，一个没有受过激励的人，其工作能力仅能发挥 20%～30%，而一个受过正确和充分激励的人，其工作能力可以发挥 80%～90%，甚至更高。由此，他得出的公式是：工作成绩=能力×动机激励。可见，激励对于激发人的积极性是何等的重要。以下是几种班组长可以参照的基本激励方式：

（1）目标激励　所谓目标激励，就是把大、中、小和远、中、近的目标相结合，使其在工作中时刻把自己的行为与这些目标紧紧联系。目标激励包括制定、实施和检查目标三个阶段。在制定目标时要注意，应根据班组业务的情况来制定可行的目标。一个振奋人心、切实可行的目标，可以起到鼓舞士气、激励班组成员的作用。相反，那些可望而不可即或既不可望又不可即的目标，会产生适得其反的作用。班组长可以制定并下达切合实际的年度、半年、季度、月、日的班组及其成员的目标任务，并定期检查，使其朝着各自的目标去努力、拼搏。

采用目标激励时，可以公开展示员工完成任务的数据和成绩，让员工了解自己工作的进展情况。运用数据显示成绩，能更有可比性和说服力地激励员工。对能够定量显示的各种指标，要进行定量考核，并公布考核结果，这样可以使员工明确差距，有紧迫感，迎头赶上。主管可以在每月、每季、每半年的考核期中、结束后或业务竞赛活动进行当中、结束后公布团队或个人业绩进展情况，并让绩优者畅谈体会，分享心得，以鼓舞全体成员的士气。

（2）物质激励　物质激励是指通过物质刺激的手段，鼓励班组成员工作。它主要的形式有正激励，如发奖金、津贴、福利等；负激励，如罚款、扣奖金等。物质需要是人的第一需要，是人们从事社会活动的基本动因，所以，物质激励是激励的主要模式，是目前我国企业内部使用的非常普遍的一种激励模式。但要特别注意，金钱不是万能的，在使用奖励时，特别要注意“度”的把握。有些企业的经营者一味地认为只有发放奖金才能调动员工的积极性。但在实践中，不少企业在使用物质激励的过程中耗费不少，而预期的目的却没达到，员工的积极性仍然不高。事实上，在满足员工物质需要的同时，还应注意使其精神生活、自我发展及自我实现的需要得到满足。

（3）任务激励　所谓任务激励，是指将具有一定难度的工作任务交给班组成员，在其完成后给予相应的物质或精神奖励的一种激励手段。大多数人都有做更具挑战性工作，以证明自己的能力和价值的心理。适当地布置班组成员做一些具有挑战性的工作，员工不但能够通过完成任务获得相应的奖励，更重要的是通过完成富于挑战的任务，获得自我成功的感觉。

任务激励的特点就是一事一奖、一事一报酬，十分具体，也很明确。任务激励的好处是只要员工做了某件事，比别人做得多一点或比别人做得好一些，都可以得到相应的报酬，激励效应比较直接，立竿见影。但坏处是容易造成做什么事都讲报酬，斤斤计较，只讲眼前的、直接的利益等问题。

（4）精神激励　精神激励是同物质激励相辅相成的。从某些方面看，精神激励的作用比物质激励更加有效，其鼓励作用更具持久性。实践证明，对于一些工作表现比较突出、具有代表性的先进员工，给予精神激励是很好的激励方法。精神激励包括授予称号、发证书、奖状等。

（5）信任激励　班组长对班组成员的充分信任和理解，可以极大地激励员工的工作热情、信心，使员工更大地发挥自己的潜能。不信任是团队的大敌。

（6）工作激励　用工作激励班组成员的积极性，需要对工作进行设计、调解和调度，创造良好的工作环境，使员工在工作中感到快乐，有满足感和自身价值被认可的自豪感。为了更好地发挥班组成员的工作积极性，班组长在管理时要考虑如何才能使工作本身更具挑战性，让员工有一种自我实现感，“工作设计”要使工作内容丰富化和扩大化；还可以通过员工与岗位的双向选择，使员工对自己的工作有一定的选择权，让他们做自己更有兴趣的工作。

4. 突出重点，“弹好钢琴”

讲究管理艺术是班组长做好班组工作的一个重要方面。班组工作内容广泛，对班组工作安排不得当，往往就会产生顾此失彼的现象。有不少班组长感到工作难做，班组长难当。解决这个问题的办法，重要的就是学会“弹钢琴”。对待班组工作，不能平均使用力量，要抓住重点，有主有次，不能眉毛胡子一把抓。一个班组，有生产、质量、管理、思想教育、劳动竞赛等各方面的工作要做，毫无疑问，保质保量地完成班组的生产（工作）任务是班组长的重点工作，班组长如果不抓住这个重点，那就等于捡了芝麻丢了西瓜。但是，工作重点并不是一成不变的，这就要求随着生产、工作的发展变化，把工作重点转向主要部分。例如，某一阶段生产管理混乱、劳动纪律松弛，这就要求把工作重点转向加强管理和思想教育。又如，某一阶段劳动效率很高，而产品质量却下降了；或产品质量很好，但原材料浪费较大，成本过高，这就要把工作重点转向提高产品质量或降低原材料消耗方面来。当然，其他方面工作的配合和协调也要抓好，不能抓了重点，就把其他工作丢掉。所以，要求班组长必须学会“弹钢琴”，把班组的各项工作搞得更有成效。

5. 疏通关系，协调矛盾

在涉及班组各方面的关系中，班组面临着内外矛盾和错综复杂的关系，既有纵向的管理与被管理的关系，又有横向的同其他班组、上下工序、班组长之间的关系。如何处理好这些关系，使班组工作在团结、友谊、轻松、和谐的氛围中得到健康发展，也是班组长施展工作艺术的一个重要方面。以下是疏通关系、协调矛盾的几项具体方法：

（1）创造相互关心帮助的氛围　班组长平时要在生活上多关心和照顾班组成员，以自己的模范带头作用促进组员们珍视团结和珍惜友谊。在协调班组成员间的关系时，要注意培养他们相互关心、相互帮助的作风，努力在一线组织中创造出亲密合作的团队精神。

（2）促进组员间的交流和沟通　班组长可在班组内开展一些轻松愉快的文体活动，如组织郊游、参观等，以此增进组员间的交往和沟通，使大家的关系更加融洽、和谐。

（3）善于处理班组成员间的各种矛盾　在班组中常会出现一些日常性的小矛盾，对这些小矛盾，应在坚持原则的基础上，因人而异，因事而异。有时可采取说理、批评、谈心的方法，有时则要从中调解，采取婉转的方法来解决矛盾。要善于抓住和分析发生矛盾前的“蛛丝马迹”，打好“预防针”，把矛盾消灭在萌芽状态。

本章小结

企业班组是企业组织生产经营活动的基本单位，是企业最基层的生产管理组织。企业的所有生产活动都在班组中进行，所以，班组工作的好坏直接关系着企业经营的成败。

班组管理是企业管理的基础，每个班组都具备了较高的管理水平，企业管理就有了良好的基础。班组管理的内容包括班组生产管理、班组质量管理、班组物料管理、班组技术与工艺管理、班组设备与工具管理、班组人员管理、班组成本管理与经济核算、班组现场管理等。

任何企业绝对不能忽视班组建设和班组长管理水平的提高。企业管理的重点应是班组建设。班组建设是指在企业的统一领导指挥下，按照科学规律而开展的一系列有利于提高职工素质和管理水平的活动。班组建设的主要内容包括班组的组织建设、班组的制度建设、班组的业务建设、班组的文化建设、班组的职业道德建设等。

班组长是班组中的领导者，也是企业中最基层的负责人，他们在保证生产一线按质、按量、如期、安全地完成企业下达的整体经营目标中，起着不可忽视的作用。本章介绍了班组长在企业中的地位与作用、班组长的角色、班组长的主要职责，重点介绍了作为班组长应具备的素质和班组长的主要工作方法。

复习思考题

一、简答题

1. 什么是企业班组？它在企业中具有怎样的地位和作用？
2. 简述班组管理的基本内容。
3. 企业如何加强班组建设？班组建设的内容有哪些？
4. 班组长在企业中发挥怎样的作用？班组长如何给自己定位？
5. 班组长的主要职责是什么？班组长应具备怎样的素质？
6. 班组长的工作方法有哪些？

二、案例分析

小马该怎么办

小马在金工车间做了 5 年调模工，是技术最好的员工，原来的王班长调升到新厂，小马就被提拔为班长。小马要负责管理 20 台机器和 28 人的工作。每天小马都第一个到现场，最后一个离开。小马最骄傲的是每次调模工调不好的机台，他亲自去调很快就好，班组人员都对他很佩服。

但他觉得管理工作比之前当调模工时辛苦多了，而且班组的任务老完成不好，员工每月的工资也不如以前；员工开始有人抱怨小马安排任务不公平；抱怨为什么总是将难做难赚钱的分派给他做。小马觉得自己没有不公平，他觉得谁适合做就安排给谁。以前王班长也是这样安排的，为什么大家就不会抱怨呢？小马在品质判定方面也和员工起摩擦。小马开始有点动摇，想申请回去做调模工，工作又上手又省心，事情靠自己就能做好。但小马还是很珍惜当班长的机会，想当又不知怎样当好是小马最烦恼的事。

思考：

1．小马升任班长后，遇到了很多麻烦，你认为造成小马目前局面的最大原因是什么？

2．面对工作中出现的这些问题，你觉得小马应该怎么办？

第12章 企业管理信息化

学习目标

1. 掌握企业管理信息化的概念、内涵与特征，了解企业管理信息化的意义。
2. 对企业资源计划有较为清晰的了解，熟悉管理咨询、业务流程重组与企业资源计划的关系；掌握企业资源计划的实施过程。
3. 了解客户关系管理的概念、发展，熟悉客户关系管理的实施步骤，理解和掌握客户关系管理中的客户金字塔结构。

企业管理信息化是企业提高竞争力的重要手段之一，它不仅能够提高资源配置能力，还能大大提升工作效率。在实践中，人们逐渐认识到，信息技术的普遍应用引发了企业在战略规划、运作模式、组织结构及环境等方面的深刻变化，因而信息化不仅仅是一个技术问题，更是一个复杂的系统化工程。本章介绍了企业管理信息化的基本思想和方法，使读者能够以崭新的视角探寻和解决问题，从而能够从容应对信息时代知识经济的挑战，拥有可持续的竞争优势。

12.1 企业管理信息化概述

12.1.1 企业管理信息化的内涵

企业管理信息化是指企业在生产、管理、经营等各个层次、各个环节和各个领域，采用计算机、通信、网络等现代信息技术，充分开发、广泛利用企业内外部的信息资源，不断提高生产、经营、管理、决策的效率和水平，逐步实现企业运行的全面自动化，进而提高企业经济效益、社会效益和核心竞争力。

企业管理信息化大大拓宽了企业活动的时空范围。在时间上，企业管理信息化以客户需求为中心，将技术、管理和人员三种资源集成为一个协调的、相互关联的系统，用户和供应厂家在产品设计和开发中都起到积极作用。也就是说，一件产品的设计和开发，不仅仅是制造企业的事情，而是客户、上下游的相关企业共同参与的。在空间上，企业管理信息化以虚拟形态使同一家公司、在实际上分散、在组织上分离的人员可以彼此合作，并且可以与其他公司的人员合作。因此，需要一个好的信息化框架来支持不同人员、不同企业协作运行的需要。

企业管理信息化主要有以下两方面的内涵：第一，生产过程信息化。例如，通过自动化技术在生产过程中的应用，用自动化、智能化手段解决加工过程中的复杂问题，提高生产质量、精度和规模制造的水平，包括数控设备、计算机生产过程自动控制、生产数据自动收集、生产设备自动控制、产品自动化检测等。第二，市场经营信息化。例如，通过实施电子商务，可以大大节约经营成本，提高产品的市场竞争力，提高经济效益。

企业管理信息化的主要应用包括：企业资源计划（Enterprise Resource Planning，ERP）系统、供应链管理（Supply Chain Management，SCM）系统、客户关系管理（Customer Relationship Management，CRM）系统和产品生命周期管理系统等。本章主要介绍 ERP 和 CRM。

企业管理信息化改进和加强了企业物资流、资金流、人员流及信息流的集成管理，给企业固有的经营思想和管理模式带来了根本性的变革。企业管理信息化能够加强企业市场竞争中的时间、质量、成本和服务优势；加快企业产品结构调整，提高企业产品技术含量，带动产品的换代升级；促进企业现代化管理；支持行业协同，优化资源配置和利用；支持企业现代营销系统及电子商务；促进企业产业结构调整，形成新的经济增长点等。

12.1.2 企业管理信息化的特征

企业管理信息化具有本质特征、形态特征、过程特征、阶段特征、效益隐性特征和外部关联特征等。

（1）企业管理信息化的本质特征　任何企业都拥有其独特的主营业务，即核心业务，其运营过程就是企业的主导流程。它们是企业管理信息化改造的重点对象。同时，信息化也是“化”人的过程，企业各级员工要在心理上和行为上接受、认可、融入企业管理信息化。信息化不仅仅关乎技术，更是一种经营模式。

（2）企业管理信息化的形态特征　设计自动化、生产自动化、办公自动化、决策辅助自动化和电子商务等不同形态的自动化和信息化表现形式，构成了企业运营的整体信息化。

（3）企业管理信息化的过程特征　企业管理信息化是一个逐步发展的过程，具有连续不断、可持续发展的特征。例如，从单机应用、综合应用到网络应用的逐步提升。

（4）企业管理信息化的阶段特征　企业管理信息化应根据自身特点和需求，分层次、分阶段地推进，相应的信息化建设的投资和投入，也应该是有层次的、分阶段的、连续不断的。信息化不能一蹴而就，更不能搞“一揽子”信息化工程。

（5）企业管理信息化的效益隐性特征　对产品进行传统的技术改造、升级换代，提高质量、降低成本、增大销量等，效益往往容易显现。但企业管理信息化是对企业的信息资源进行深度开发和广泛利用，进而从整体上提高企业的生产能力和管理水平，属于“长线投资”，因此，效益可能是隐性的、长周期的，而且往往难以以定量的方式进行准确评估。

（6）企业管理信息化的外部关联特征　企业生产与国家政策、国民经济状况、全球经济环境、市场变化等紧密相连，因此，企业管理信息化有赖于社会整体信息化的程度，尤其是上下游企业的企业管理信息化的现实状况。一个企业，不可能游离于现实之外。

案例 12-1

信息化使企业管理变得轻松

张总是金太阳纸业的总经理，每天需要分析大量的管理报表，如应收、应付、进销及每天纳税的预期值等，这样才能对公司整个的税务及资金有真实的感受。

纸业是一个资金密集型的行业，每天的资金链非常关键，对整个公司的结算、信用管制非常严，因此，资金链动态数值的准确度非常关键。企业采用了多种融资方式，如汇票、仓单质押等。在这种情况下，库存的准确度、资金的准确度、资金的到位时间及采购订单的数据等，都是非常关键的管理数据。没有管理信息化系统的支撑是无法想象的。

张总说，企业的老总有时会产生错觉，觉得自己资产无数，但是实际上一算账一身冷汗。一吨纸赚 200 元，今天卖了 300 吨纸，就有这个利润，每天是这样算，然后到月底的时候就觉得这个月应该赚 100 万元。而实际最终财务一结账，发现连 40 万元都没有赚到，产生了巨大的心理落差。为什么？因为这里有质量问题、折扣问题、销售费用问题等，很多问题没有体现，因为我看不见。现在通过信息化系统对毛利进行分析，数据非常准确。

通过信息化系统对业务员的分析，包括汇款量排行榜、计划完成率排行榜、签单排行榜，管理层可以给业务员提供准确的分析数据，如可以拿出 5 年来的客户数据，因此，业务员对管理层下达的销售任务指标都心服口服，因为管理层是凭数字说话。

自从上了信息系统后，金太阳纸业的订单准时率超过了 96%，库存占用资金降低了 20%～30%，资金周转速度提高了 5%～10%，采购成本降低了 2%～3%，产品不合格率降低了 2%～3%，管理成本降低了 3%～7%。

12.2 企业资源计划

12.2.1 企业资源计划概述

在企业经营和生产中，常常会遇到以下问题：

1）企业拥有卓越的销售人员，但生产线上的工人无法如期交货。

2）车间主任抱怨采购部门没有及时供应原料。

3）采购部门的效率过高，仓库里囤积的某些材料 10 年都用不完。

4）订单周期较短（如只能为 6～11 周）。

5）订货单、采购单、缺料单上的日期都不相同。

6）财务部门不信赖仓库部门的数据，不以它来计算成本。

企业资源计划（Enterprise Resource Planning，ERP）就是一个能够在很大程度上解决上述问题的系统。ERP 是指建立在信息技术基础上，以系统化的管理思想，为企业决策层及员工提供决策运行手段的管理平台。ERP 集信息技术与先进的管理思想于一身，成为现代企业的先进运行模式，是整合企业管理理念、业务流程、人力与物力、计算机硬件和软件于一体的企业资源管理系统。

厂房、生产线、加工设备、检测设备、运输设备等都是企业的硬件资源；人力、管理、信誉、融资能力、组织结构等都是企业的软件资源。ERP 的管理对象便是上述各种资源及生产要素，通过 ERP 的使用，使企业能及时、高质量地完成客户的订单，最大限度地发挥这些资源的作用，并根据客户订单及生产状况做出调整资源的决策。

ERP 能够合理调整和运用企业资源。企业发展的重要标志便是合理调整和运用各类资源，在没有 ERP 这样的现代化管理工具时，企业资源状况不清楚，调整目标也不明确，要做调整安排是相当困难的，调整过程也会相当漫长。加之传统企业的组织结构是金字塔形的，部门之间的协作相对较弱，资源的运行比较难以把握并做出调整。

ERP 是一个系统工程。引入 ERP 系统，不是简单地把以前的手工操作搬到系统中，而是整个企业管理思路上的变革。一个企业的信息化建设，从某种程度上说，不是企业的主观意识决定的，而是市场决定的，是由竞争环境决定的。ERP 最基本的功能就是数据共享，实现同一数据在某一地录入，所有地方共用，有效地解决信息孤岛的问题，在权限范围内，实时共享所有数据。引入 ERP 之后，对每一个数据的变更，必须以全局的观点去考虑。ERP 系统是一个帮助企业管理人员从细节数据中解放出来的工具。

对于一般企业来讲，ERP 系统给企业带来的经济效益很大。例如，库存下降，延期交货减少，当库存减少并稳定的时候，客户服务水平就提高了，使得销售部门的信誉和企业名望大大提高；采购提前期缩短，采购人员可以及时准确地了解生产计划信息，就能集中精力进行货源选择，研究谈判策略，缩短采购时间和成本；停工待料现象减少，由于原料需求透明度提高，计划也做了改进，所以生产线的停工待料现象将会大大减少；制造成本降低，库存费用下降、劳动力节约、采购费用节省等一系列人、财、物的效应，必然会引起生产成本降低；管理水平提高，管理人员减少，生产能力提高。

12.2.2 企业资源计划的实施过程

企业实施 ERP 系统是一项复杂的系统工程，一般以项目形式完成。项目领导小组一般由企业高层领导和服务方组成，通过定期和不定期会议指导项目的运作和排除项目组难以解决的困难。项目组的构成包括服务方的咨询顾问和企业方的关键用户。

1. 前期准备

前期准备工作是 ERP 系统实施的重要环节，关系到系统实施是否成功。主要内容包括：

（1）原理培训　培训对象主要是企业高层管理者及 ERP 项目组人员，目的是让他们掌握 ERP 的基本原理和管理思想。

（2）需求确认　参与对象主要是企业各级管理者及项目组人员，主要是对企业现行管理的业务流程和存在的问题进行归纳、总结和评议，找出企业管理的症结所在，并确定解决方案，明确预期目标。

（3）确定目标　企业在实施 ERP 前，要理智地进行立项分析，包括企业是否具备应用 ERP 系统的基本条件，最迫切需要解决哪些问题，企业为 ERP 系统投入的资金、人力等资源能否保证系统实施，企业实施 ERP 系统的投资回报率有多高，最终确定是否实施 ERP 系统。

（4）选择软件　每个企业都有其特殊性，任何一套系统都不可能完全解决企业的所有问题，系统选型可以采取招标方式，既方便对比了解不同系统的优缺点，又促进投标单位的竞争而使企业最终受益。

2．实施准备

（1）项目组织　项目实施小组成员主要由企业信息技术部门、财务部门等主要部门的领导或业务骨干组成。

（2）方案准备　由关键用户和系统咨询顾问讨论业务流程操作的每个细节，最终确定实现的方案。企业在系统实施前必须完成业务流程重组（Business Processing Reengineering，BPR）。企业进行 BPR 是实施 ERP 的前提、依据和基础。

（3）数据准备　在运行 ERP 之前，要准备和录入一系列基础数据，包括主数据和业务数据，需要做大量分析研究工作。主数据是指会被其他操作过程选用的，在系统财务、业务等不同的模块之间共享的记录数据，包括会计科目、客户、产品、银行、人员等类型的信息。业务数据是指系统切换时点反映企业状况的需要记录结转的业务和财务数据，包括业务台账余额和账务账面所有余额等信息。

（4）系统安装调试　由于 ERP 系统是信息集成系统，在测试时，应当是全系统测试，各部门同时参与，这样才能理解各个数据、功能和流程之间相互的集成关系，找出不足，提出解决企业财务管理问题的方案。

3．模拟运行及用户化

（1）实战性模拟　在基本掌握软件功能的基础上，选择代表产品，录入必要的数据，组织项目小组进行实战性模拟，提出解决方案。实战性模拟可由代表不同环节的关键用户集中进行，根据企业特殊需求配置系统、开发程序等，对系统进行“用户化”工作。

（2）制定工作准则与规程　针对实施中出现的无法由系统自动控制而必须人为干预的问题，由项目实施小组确定相应的解决方案，制定与之对应的工作准则和规程，并在实践中不断总结、完善。

（3）用户培训　由企业的关键用户在实施顾问的指导下，按照既定的系统操作规程，对最终用户进行系统操作培训。

4．系统运用

（1）切换运行　切换运行阶段是新系统上线，新旧系统并行阶段。在这个阶段，所有最终用户必须在工作岗位上的正式系统中操作，处于真正应用状态，新的正式系统上线开始运行，原操作方式与新系统同时运行。

（2）验收　在确认新系统试运行成功后，正式运行之前还需要经项目领导小组、项目实施小组的审批和验收，以确保 ERP 的实施质量。

（3）新系统运行　持续发展阶段，包括软件维护、升级和对新需求的继续开发工作。市场竞争形势的变化、企业管理水平的不断提高、系统自身不断更新换代、信息技术的不断进步等各方面都会对原有系统构成新的挑战，因而要对系统实施结果做出评价，以判断是否达到最初的目标，在此基础上制定下一步的目标，不断改进和提高。这也是 ERP 系统和普通应用软件的重要区别。

12.2.3　ERP 实施中进行的业务流程重组

1．业务流程重组（BPR）的含义

业务流程重组就是对企业的业务流程进行根本性再思考和彻底性再设计，从而获得在成本、质量、服务和速度等方面业绩的戏剧性改善，使得企业能最大限度地适应以用户、变革和竞争为特征的现代企业经营环境。在这个定义中，“根本性”“彻底性”“戏剧性”是应关注的三个核心内容。

（1）根本性再思考　业务流程重组所关注的是企业核心问题，如“我们为什么要做现在的工作”“我们为什么要用现在的方式完成这项工作”“为什么必须由我们而不是由其他人来做这份工作”等。通过对这些企业运营的根本性问题的思考，企业可能会发现自己赖以存在或运营的商业假设是过时的甚至是错误的。

（2）彻底性再设计　业务流程重组应对流程进行追根溯源，对既定存在的流程不是进行肤浅的改变或调整性修补完善，而是抛弃所有的陈规陋习且不要考虑一切已规定好的结构与过程，创造发明全新的完成工作的方法。

（3）戏剧性改善　业务流程重组追求的不是一般意义上的业绩提升或略有改善、稍有好转等，而是要使企业业绩有显著的增长、极大的飞跃和产生戏剧性变化。这也是业务流程重组工作的特点和取得成功的标志。

2．业务流程重组的原则

（1）注重整体流程最优的系统思想　业务流程重组要求理顺和优化业务流程，以整体流程全局最优为目标，设计和优化流程中的各项活动，强调流程中每一个环节上的活动尽可能实现增值最大化，减少无效的或不增值的活动，最大限度地实现技术上的功能集成和管理上的职能集成，建立全新的过程型组织结构。

（2）在真正产生信息的实际工作中处理信息　伴随着计算机的运用和员工素质的提高，信息处理工作完全可以由低层组织的员工承担，这将极大地提高流程效率，使得精简员工的目标成为可能。

（3）将分散的资源视为一体　集权和分权的矛盾是长期困扰企业的问题。集权的优势在于规模效益，不足是缺乏灵活性；而分权能够满足更大范围的服务，但随之带来冗员、官僚主义和丧失规模效益的后果。有了数据库、远程通信网络及标准处理系统，企业完全可以在保持灵活服务的同时，获得规模效益。

（4）将并行工作联系起来　并行的好处在于将研究开发工作分割成一个个任务同时进行，配合各项信息技术，如网络通信、共享数据库和远程会议，协调并行的各独立部门的活动，而不是在最后才进行简单的组合，这样可以缩短产品的开发周期，减少不必要的浪费。

（5）在工作中决策，实现自我控制　在工作中决策，实现自我控制，就是要使决策点位于工作执行的地方，在业务流程中建立控制程序，这就为压缩管理层次和实现扁平组织提供了技术支持。

（6）从信息来源地一次性获取信息　在信息难以传递的时代，在设计和优化企业业务流程时，可以利用 IT 手段实现信息的一次处理与共享使用机制，可以将采集的信息储存于在线数据库中，与所有需要的人实现共享，从而将串行工作流程改造为并行工作流程，协调分散与集中之间的矛盾。

（7）面向客户和供应商整合企业业务流程　当今时代的竞争已不是单一企业与单一企业之间的竞争，而是一个企业的供应链（由供应商、企业制造车间、分销网络、客户等组成）与另一个企业的供应链之间的竞争，这要求企业在实施流程再造时不仅要考虑企业内部的业务处理流程，还要对客户、企业自身与供应商组成的整个供应链业务流程进行重新设计。

以上七项原则可概括为三个核心原则：坚持以流程为导向的原则；坚持以人为本的团队式管理的原则；坚持客户导向的原则。业务流程重组在注重结果的同时，更注重过程的实现，并非以短期利润最大化为追求目标，而是追求企业持续发展的能力。

12.2.4　实施 ERP 系统的三个常见误区

ERP 是以信息为媒体，用计算机把企业活动中多种业务领域及其职能集成起来，追求整体效率的新型管理系统。其实施的成败最终决定着 ERP 效益的充分发挥与否。据不完全统计，我国目前已有近万家企业购买了 ERP 软件。而在所有的 ERP 系统应用中，存在三种情况：按期按预算成功实现系统集成的只有 10%～20%；没有实现系统集成或实现部分集成的只有 30%～40%；失败的占 50%。ERP 系统在实施过程中存在三个常见误区。

误区 1：ERP 是一种管理技术。

ERP 是一套管理思想。这种思想强调要用系统观点对待企业的全部生产经营活动。ERP 有三层结构：底层是计算机网络技术和数据库技术，次之是管理软件——过程管理模块，最上层则体现了现代管理思想和管理方法。企业要想优化和重组现有的业务流程，必须先有一套完整的管理思想和方法，ERP 在企业实施的过程就是运用这种思想二次开发的过程。ERP 是计算机、程序和人的组合体。人是核心，计算机和程序只是工具。

误区 2：ERP 伤筋动骨。

ERP 促进机制演进。ERP 为人们提供了一种手段，把企业数据化、信息化，使得专业功能大众化，复杂的流程简单化，它确立了一个平台、一个系统，这个系统以人为灵魂而又不依赖于某个具体的人。它使得企业真正地围绕市场运转起来，为后续的改革提供了支撑。

误区 3：ERP 只针对企业薄弱环节。

ERP 强调企业整体的协作。现代企业的组织结构必然向富有弹性的方向转变，这一转变的核心是淡化部门的界限，强调整体协作。实施 ERP 从本质上说是一个企业再造工程。需要整个企业统一思想、协调运作；需要深入调研企业各部门的业务流程，重新审视既有的工作方法，评估其对企业整体的贡献，并在此基础上进行优化重组。ERP 的实施涉及企业的方方面面，是企业深层次的变革，只有一把手高度重视，最高决策层全力推动，才能完成这一里程碑式的系统工程。

案例 12–2

嘉禾实业集团成功实施 ERP 改造

嘉禾实业集团由钢管公司、家具公司和四个贸易分公司共同组成，年交易额超 10 亿元。

在使用易达宝系统前，嘉禾实业的钢管公司曾购买了一套系统。但随着业务日益发展，原系统逐渐不能满足公司的管理需要，最为突出的问题是：

1）各个部门在各自的台账中重复输入资料，无法实时了解总体的情况。例如，对于销售订单，开发票后财务要记录，销售也要做相应的记录，仓管部门要做相应的产品出库记录。在销售业务繁忙的日子，各个部门的资料经常对不上，又要花时间去核对，增加了许多额外的工作。月末关账非常耗时。

2）钢材行业的特殊性导致库存差异越来越大。由于钢材行业的特殊性，供应商送货与仓库收货会有磅差，而仓库出库与客户收货也有磅差，甚至前后工序之间也会有磅差。而由于各个部门各自记录的数量都不同，即使每笔交易都准时记录，库存数量也无法一致。久而久之，导致库存数量差异越来越大。

3）缺乏重要及有效的分析报告。原系统提供的分析报告有限，忽略了很多重要的报告，如销售成本分析、畅销产品分析等，无法为公司的决策提供足够的分析资料。

4）原有系统只能在钢管公司的局域网内运行，总公司无法实时查询系统报表，及时掌握钢管公司的情况。

因此，嘉禾实业集团决定放弃原有的进销存软件，选择一套更专业及适合的ERP系统，以帮助实现便利的、科学的资讯化管理。总结之前的经验教训，对新系统提出以下要求：①ERP管理功能强，方便监控各部门运作；②由于员工对计算机的认知度低，新ERP系统必须简单易用，员工操作容易上手；③专业、高效的ERP实施服务，快速达成目标；④ERP便于扩展，以便将来推广至其他各地分公司，实现统一的集团化管理。

在参与竞标的几家ERP软件公司中，嘉禾实业集团最终选择了易达宝软件，主要看中的是易达宝公司专业的服务团队。实施顾问从硬件和网络配置，到企业的内部流程整理，都给出了专业的意见，提供了非常到位的服务，与其他的IT服务商形成鲜明的对比。

系统成功上线后，嘉禾实业集团及其钢管公司的相关工作效率都获得很大提高：①高层管理人员无论身处工厂或总公司甚至出差在外，都能通过易达宝ERP实时监控各部门的运作情况；②订单数据只需输入一次，其他相关部门即可以查看和直接引用进行下一步处理，无须重复输入，也不再需要部门之间核对；③送货及收货的磅差通过易达宝ERP系统的自定义功能进行记录，在保证库存数据准确的同时，也能确保与供应商及客户的准确对账，并且差异的数额都能通过报表反映出来；④成本核算从以前的以手工账计算后入系统凭证，变为现在的只需要从易达宝ERP系统打印凭证进行装订。

分析其成功的原因，一是嘉禾实业集团的管理人员能够及时发现自身内部系统存在的问题，并积极寻求解决方案。二是嘉禾实业集团的管理人员对自身存在的问题分析清楚，能够从自己的需要出发选择适合的软件系统。三是易达宝服务专业。嘉禾实业集团财务主管说："起初我们觉得参与竞标的几个ERP软件，功能都差不多，只是细节上会有一些区别。但易达宝公司人员的专业素质让我们对此项目更有信心，之后的售后跟进与服务质量也确实验证了这一点。要知道，我们没有专职的IT管理人员，在实施过程中会更多地依赖于软件商。而ERP实施中不可避免地会出现各种硬件和操作问题，全赖易达宝的顾问帮我们分析问题所在，并提供解决方案。另外，应用之后才发现，其实细节上的区别也能在一定程度上反映出ERP软件的成熟能力，并对企业的应用产生不小的影响。"四是易达宝的优质服务。易达宝的专业贴身服务，帮助客户尽得ERP系统管理的好处。易达宝的专业ERP实施服务团队，能让客户的普通员工得到足够的系统培训与使用上的技术支持。易达宝本次为嘉禾实业集团实施服务的是旗下的钢管公司，实施服务的二期将会推广至其家具公司和其他公司。

12.3 客户关系管理

12.3.1 客户关系管理的含义

1．客户关系管理的概念

客户关系管理简称 CRM（Customer Relationship Management），是企业为提高核心竞争力，利用相应的信息技术及互联网技术来协调企业与客户间在销售、营销和服务上的交互，向客户提供创新式的个性化的客户交互和服务的过程。其最终目标是吸引新客户、保留老客户及将已有客户转为忠实客户，增加市场份额。

CRM 的主要含义就是通过对客户详细资料的深入分析，来提高客户满意程度，从而提高企业的竞争力的一种手段。客户关系是指围绕客户生命周期发生、发展的信息归集。客户关系管理的核心是客户价值管理，通过“一对一”营销原则，满足不同价值客户的个性化需求，提高客户忠诚度和保有率，实现客户价值持续贡献，从而全面提升企业的盈利能力。

CRM 是选择和管理有价值客户及其关系的一种商业策略，是一个获取、保持和增加可获利客户的方法和过程。它要求以客户为中心的商业哲学和企业文化来支持有效的市场营销、销售与服务流程，既是一种以客户为中心的企业管理理论、商业理念和商业运作模式，也是一种以信息技术为手段、有效提高企业收益、客户满意度、雇员生产力的具体软件和实现方法。

2．客户关系管理的功能构成

客户关系管理的功能可以归纳为三个方面：市场营销中的客户关系管理、销售过程中的客户关系管理、客户服务过程中的客户关系管理，以下简称为市场营销、销售、客户服务。

（1）市场营销中的客户关系管理　客户关系管理系统在市场营销过程中可有效帮助市场人员分析现有的目标客户群体，如主要客户群体集中在哪个行业、哪个职业、哪个年龄层次、哪个地域等，从而帮助市场人员进行精确的市场投放。客户关系管理也可以有效分析每一次市场活动的投入产出比，根据与市场活动相关联的回款记录及举行市场活动的报销单据做计算，就可以统计出所有市场活动的效果报表。

（2）销售过程中的客户关系管理　销售是客户关系管理系统中的主要组成部分，主要包括潜在客户、客户、联系人、业务机会、订单、回款单、报表统计图等模块。业务员通过记录沟通内容、建立日程安排、查询预约提醒、快速浏览客户数据等有效缩短了工作时间，而大额业务提醒、销售漏斗分析、业绩指标统计、业务阶段划分等功能又可以有效帮助管理人员提高整个公司的成单率、缩短销售周期，从而实现最大效益的业务增长。

（3）客户服务过程中的客户关系管理　客户服务主要用于快速及时地获得问题客户的信息及客户历史问题记录等，这样可以有针对性且高效地为客户解决问题，提高客户满意度，提升企业形象。主要功能包括客户反馈、解决方案、满意度调查等。应用客户反馈中的自动升级功能，可让管理者第一时间得到超期未解决的客户请求；解决方案功能使全公司所有员工都可以立刻提交给客户最为满意的答案；而满意度调查功能又可以使最高层的管理者随时获知本公司客户服务的真实水平。

3．客户关系管理的指标

1）客户概况分析（Profiling）包括客户的层次、风险、爱好、习惯等。

2）客户忠诚度分析（Persistency）是指客户对某个产品或商业机构的信用程度、持久性、变动情况等。

3）客户利润分析（Profitability）是指不同客户所消费的产品的边缘利润、总利润额、净利润等。

4）客户性能分析（Performance）是指不同客户所消费的产品按种类、渠道、销售地点等指标划分的销售额。

5）客户未来分析（Prospecting）包括客户数量、类别等情况的未来发展趋势、争取客户的手段等。

6）客户产品分析（Product）包括产品设计、关联性、供应链等。

7）客户促销分析（Promotion）包括广告、宣传等促销活动的管理。

12.3.2 客户关系管理的实施

客户关系管理项目的实施可以分为三个阶段。第一阶段：应用业务集成。将独立的市场管理、销售管理与售后服务进行集成，提供统一的运作平台；将多渠道来源的数据进行整合，实现业务数据的集成与共享。第二阶段：业务数据分析。对客户关系管理系统中的数据进行加工、处理与分析；生成各类报告，分析各数据指标间的关联关系，建立关联性的数据模型用于模拟和预测。这一步所取得的结果不单反映业务的目前状况，同时也对未来业务计划的调整起到指导作用。第三阶段：决策执行。依据数据分析所提供的可预见性的分析报告，将在业务过程中所学到的知识加以总结利用，对业务过程和业务计划等做出调整，增强与客户之间的联系，使业务运作更适应市场要求。

其具体的实施步骤如下：

1．确立业务计划

企业在考虑部署“客户关系管理（CRM）”方案之前，首先确定利用这一新系统实现的具体目标，如提高客户满意度、缩短产品销售周期及增加合同的成交率等。企业应了解这一系统的价值。

2．建立 CRM 员工队伍

为成功地实现 CRM 方案，管理者还应对企业业务进行统筹考虑，并建立一支有效的员工队伍。每一个准备使用这个销售系统方案的部门均需要选出一名代表加入该队伍。

3．评估销售、服务过程

在评估一个 CRM 方案的可行性之前，使用者需要多花费一些时间，详细规划和分析自身具体业务流程。为此，企业需要广泛地征求员工意见，了解他们对销售、服务过程的理解和需求；确保企业高层管理人员的参与，以确立最佳方案。

4．明确实际需求

充分了解企业的业务运作情况后，接下来需要从销售和服务人员的角度出发，确定其所需功能，并令最终使用者寻找出对其有益的及其所希望使用的功能。就产品的销售而言，企业中存在着两大用户群：销售管理人员和销售人员。其中，销售管理人员感兴趣于市场预测、销售渠道管理及销售报告的提交；而销售人员则希望迅速生成精确的销售额和销售建议、产品目录及客户资料等。

5．选择供应商

确保所选择的供应商能提供针对你的行业而特别设计的产品，对你的企业所要解决的问题有充分的理解。了解其方案可以提供的功能及应如何使用其 CRM 方案。确保该供应商所提交的每一个软、硬设施都具有详尽的文字说明。一家能够理解你的行业背景的厂商有助于进一步结构化你的解决方案和流程，将 CRM 应用的价值发挥到最大。

6．开发与部署

CRM 方案的设计需要企业与供应商两个方面的共同努力。为使这一方案得以迅速实现，企业应先部署那些当前最为需要的功能，然后再分阶段不断向其中添加新功能。其中，应优先考虑使用这一系统的员工的需求，并针对某一用户群对这一系统进行测试。另外，企 业还应针对其 CRM 方案确立相应的培训计划。

CRM 日常的管理工作：识别客户、对客户进行差异分析、与客户保持良性接触、调整产品或服务以满足每一个客户的需求。

下面列举出成功实施 CRM 的关键因素：

1）确立合理可行的项目实施目标：

① 建立 CRM 系统的初衷是什么。

② 竞争对手采用了哪些有效的 CRM 管理手段。

③ 考虑引入 CRM 中的网上销售的形式。

④ 考虑 CRM 中的呼叫中心服务。

2）高层管理者的理解与支持，让业务驱动 CRM 项目的实施。

3）CRM 系统的项目实施是以业务和管理为核心的，在实施过程中主动思考现有的销售、市场和服务机制存在的问题与长处，将客户可能与企业发生关系的联结点做以全盘考虑。

4）有效控制变更管理。

5）项目实施不可避免地会使业务流程发生变化，如何将这些变化带来的消极影响降到最低，如何能够使企业内所有相关部门和人员认同并接受这一变化是项目负责人将面临的严重挑战。最大程度上争取大家的理解和支持，使企业实现系统上线的平稳过渡。

12.3.3 客户关系管理系统的运用

1．业务员

（1）数据录入　数据录入包括：

1）客户信息的录入及维护。业务员在日常业务拓展过程中，将名片或从其他途径收集到的客户及相关联系人的信息及时录入系统，如果客户的地址、电话或联系人等信息发送变更，也应及时对系统中的客户资料进行更新。

2）联系记录的录入。业务员平时联系客户，不管以电话、邮件、即时通信、上门拜访等何种联系方式，都应将与客户联系沟通的内容及时录入系统。

3）报价单的录入。业务员平时给客户报价，可将报价信息录入系统，系统可按预设好的打印模版（用户可自行设计定制）打印报价单或转为 Excel 表格，大大节省手工制作的时间，并方便查询历史报价。

（2）日常使用　日常使用包括：

1）客户联系的提醒。今天或明天应联系的客户；逾期未及时联系的客户；逾期未及时下单或长期没有业务往来的客户。

2）客户资料的查询和分析统计。按客户名称关键词模糊查询，防止撞单；每天客户联系拜访情况的查询和分析；业绩查询和统计；应收款的提醒；工资、提成及费用的查询。

2．销售助理

（1）数据录入　数据录入包括：

1）合同订单的录入。客户传真订单过来或与客户签订销售合同后，销售助理应及时将订单信息录入系统，包括订购产品的型号、数量、单价、金额等数据。

2）出货单的录入。录入出货单，包括出货日期、出货仓、出货产品明细等信息；如果之前已录入订单，可直接将相关信息导出，不必重新录入，系统可根据预设好的打印模版（用户可自行设计定制）打印出货单。

（2）日常使用　日常使用包括：订单查询及交货提醒；统计销售部门业绩；打印出货单。

3．财务主管

（1）数据录入　数据录入包括：

1）收款后在系统内做收款处理，冲销应收款。

2）付款后在系统内做付款处理，冲销应付款。

3）录入企业日常运营的各种费用支出，如房租、水电、办公支出、员工工资、提成奖金、各种销售费用等。

（2）日常使用　日常使用包括：

1）应收款提醒。日、周有哪些应收款；逾期未收的应收款，逾期30天以内、30～60天、60～90天、90～180天、180天以上的逾期应收款。

2）应收款统计分析。哪些客户应收款比例较大、哪些客户逾期款累计金额超限及账龄过长。

3）收/付款查询和统计。任一时期的收/付款进账/出账明细，按收/付款方式、按业务员、按年/月等进行分类统计，显示各种统计图表，反映企业资金流入、流出情况。

4）费用查询和统计。查看企业各类费用和明细支出情况，并可按费用大类、费用项目、按年/月、按业务员进行统计，显示统计图表。

4．采购员

（1）采购订单的录入　录入供应商名称、采购产品明细等，可根据预设好的打印模版（用户可自行设计定制）打印/传真采购订单，或者导出Excel表格发送邮件。

（2）采购收货单的录入　供应商发货收妥入库后，录入收货信息，如果之前有录入采购订单，可直接将相关数据导出，不必重新录入。

12.3.4　客户关系管理的经典模型——客户金字塔模型

客户金字塔模型（图12-1）是一种最常用的对客户进行四层级划分的模型。构建客户金字塔的关键是确定影响客户价值的指标。客户价值是每一个客户在其生命周期内能够给企业带来的价值，是指客户对企业经营效益、业务发展和社会形象等方面的综合贡献，它强调客户对企业现实和潜在的价值贡献。

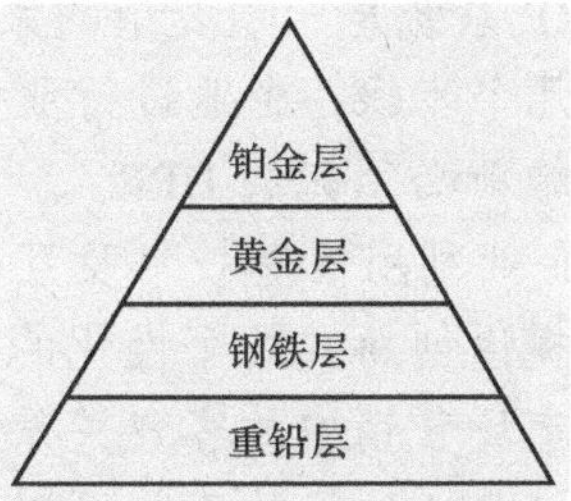

图 12-1　客户金字塔模型

铂金层级客户代表那些盈利能力最强又忠诚的典型的重要客户。他们对价格并不十分敏感，愿意花钱购买，愿意试用新产品，对企业比较忠诚。黄金层级客户代表那些获利与忠诚度次高的客户。这个层级的客户没有铂金层级客户那么忠诚，所以他们的盈利能力没有铂金层级客户那么高。他们往往与多家企业而不是一家企业做生意，以降低他们自身的风险。钢铁层级包含的客户数量很大，能消化企业的产能，但他们的消费支出水平、忠诚度、盈利能力不值得企业去特殊对待。重铅层级客户代表获利差又消耗过多资源的客户。它们对企业的贡献最小，属微利或无利客户。

企业在实施 CRM 时，应考虑相关的投入产出模型。一般来说，企业在进行 CRM 时针对客户的层级一般会思考下面几个问题：

1）对那些最有价值的客户关系企业应该怎样才能保有他们，并且怎样努力去获得更多这种类型的客户。

2）对于适度的有利可图的客户关系，企业应该怎样开发它们的利润率。

3）对无利可图的客户关系，企业要分析是什么原因造成这种状况，这种状况可否改变，是否应该放弃这些客户关系。

通过以上三个问题，可以减少企业行为的盲目性，通过实施更有效的 CRM 措施，提高企业资源利用效率。

例如，针对铂金层级和黄金层级客户，企业应当给予客户更多的利益酬谢，提供超值服务，交叉销售，创建结构性联系利益，建立情感联系渠道，加强客户投诉管理，化解客户的不满；针对钢铁层级客户的管理，应当提升客户价值，扩展价值构成，增加购买量等。

本章小结

企业管理信息化是指企业在生产、管理、经营等各个层次、各个环节和各个领域，采用计算机、通信、网络等现代信息技术，充分开发、广泛利用企业内外部的信息资源，不断提高生产、经营、管理、决策的效率和水平，逐步实现企业运行的全面自动化，进而提高企业经济效益、社会效益和核心竞争力。企业管理信息化主要有两方面的内涵，生产过程信息化和市场经营信息化。

企业管理信息化具有本质特征、形态特征、过程特征、阶段特征、效益隐性特征和外部关联特征等。其主要应用包括：企业资源规划（ERP）系统、供应链管理（SCM）系统、客户关系管理（CRM）系统和产品生命周期管理系统等。本章主要介绍 ERP 和 CRM。

ERP 是指建立在信息技术基础上，以系统化的管理思想，为企业决策层及员工提供决策运行手段的管理平台。企业实施 ERP 系统是一项复杂的系统工程，要经过前期准备、实施准备、模拟运行及用户化和系统运用几个步骤。企业进行业务流程重组（BPR）是实施 ERP 的前提、依据和基础，企业在系统实施前必须完成 BPR。

客户关系管理简称 CRM，是企业利用信息技术及互联网技术来协调企业与客户间在销售、营销和服务上的交互，向客户提供创新式的个性化的客户交互和服务的过程。客户关系管理的功能可以归纳为三个方面：市场营销中的客户关系管理、销售过程中的客户关系管理和客户服务过程中的客户关系管理。CRM 项目的实施可以分为应用业务集成、业务数据分析、决策执行三个阶段。其具体的实施步骤包括确立业务计划、建立 CRM 员工队伍、评估销售和服务过程、明确实际需求、选择供应商及开发与部署等。

复习思考题

一、简答题

1. 简述企业管理信息化的内涵与特征。
2. 什么是企业资源计划？如何实施？
3. 什么是业务流程重组？ERP 实施中如何进行业务流程重组？
4. 客户关系管理的含义是什么？简述其具体的实施步骤。

二、案例分析

联想集团 ERP 项目组与由 SAP 公司的咨询顾问和德勤公司共同组成的咨询组，从“摸着石头过河”到“铺路架桥，让大部队、正规军、重武器通过”，在联想全体员工的参与下，解决了对项目实施规律与关键要素认识不清、公司的现实需要与未来发展的冲突、团队建设、归属感与员工价值认同等一系列尖锐复杂的问题，终于达到成功的彼岸。

1. 联想实施 ERP 的原因分析

第一，集团业务高速增长，原有的管理信息系统已经成为公司发展的瓶颈。

第二，国内外竞争加剧，实施 ERP 是企业提升核心竞争力的需要。

第三，联想的整体战略需要管理信息系统与国际先进水平接轨。

2. 成功实施 ERP 给联想带来的好处

联想集团认为：实施 ERP 项目，大大提升了企业的核心竞争力。

1）通过 ERP 的实施，培养了一批具有典型着想精神的人。

2）从企业经营管理的角度看，对市场的反应速度加快，联想 ERP 系统增强了企业的动态应变能力。

3）企业运作成本降低。ERP 的实施使得联想的业务流程得到优化和集成，减少和避免了因重复环节而造成的损耗。

4）对风险的控制能力加强。

5）为集团战略的制定提供服务。

更为重要的是，ERP 的实施为联想搭建了一个符合联想长远发展的信息化平台。联想通过实施 ERP 系统所形成的企业信息化平台优势正在凸现出来。

3. 联想 ERP 成功的经验教训

（1）必须是真正的“一把手工程” 高层必须从根本上重视项目，这种重视并不是要求最高层事事亲力而为，而是要求他们从内心深处关心项目，通过主持例会，参与并直接决策等形式提升全公司对 ERP 项目的重视和投入。“一把手工程”可概括为三个方面：一是出了问题追究各级一把手的责任；二是项目组每一位负责人都有责任；三是领导主持实施的全过程。

（2）业务部门主导 把 ERP 当作一个技术项目来实施是他们最大的误区。信息系统的建设要结合公司业务发展需求做出前瞻性规划，应是企业发展战略和核心竞争力的重要组成部分，但 IT 人员无法决策流程的规范和优化是否适合业务的需要，他们不是也不可能是项目推进的主导力量。因此，业务部门应成为项目推进的主导者，要有熟悉全局业务、有决策能力、有权威性的业务骨干积极参与。

（3）培训、培训、再培训 在 ERP 系统实施之前，联想对培训的理解是，IT 部门给使用者讲讲系统如何操作，是怎么一回事就可以了。其实不然，对于大型信息系统，首先要理解它的思想和观念，还有术语，然后，联想必须将系统的语言转化过来，讲给业务人员听，让其明白把握什么样的系统配置才是最合理的。

（4）出现问题好好商量解决 联想 ERP 实施是对项目组成员的精神、意志乃至体力的考验，有效的项目管理和激励方法，是 ERP 项目能否成功的基本保障。

（5）“十二分”的数据 对信息系统一般有这样的描述：三分技术、七分管理、十二分数据。数据的规范化和标准化是应用系统成功上线的前提。联想的 ERP 系统包含很多数据，如果这些不事前处理好，即使系统再好，也不可能起到真正的作用。

（6）梳理、优化、变革 业务流程重组是对管理基础的变革，是企业需要长期进行的工作。要做好业务流程优化和重组，不经过几次变革是不可能的。当现有的内部管理基础与目标之间有较大距离时，我们要把现实性放到第一位，通过设定更多的阶段性目标来完成。

联想的信息化建设并不是一蹴而就的，而是一个循序渐进、从基础到高端的发展过程，应包含如下过程：构建企业的网络基础设施；实现网络办公；建设企业核心的业务管理和应用系统，这里最有代表性的就是 ERP。ERP 针对企业经营的三个直接增值环节设计客户关系管理、供应链管理及产品生命周期管理。

思考：

1．通过联想集团实施信息化管理的实践，你认为企业信息化的实质是什么？

2．ERP 实施成功与否，关键的主导因素是什么？

参 考 文 献

[1] 赵一飞．现代物流基础[M]．上海：华东师范大学出版社，2007．
[2] 屈冠银．电子商务物流管理[M]．2 版．北京：机械工业出版社，2007．
[3] 马丁·克里斯托弗．物流与供应链管理：创造增值网络原书第 3 版[M]．何明珂，崔连广，郑媛，等译．北京：电子工业出版社，2006．
[4] 王国庆．企业生产管理[M]．北京：清华大学出版社，2007．
[5] 张亚琦．基层班组长手册[M]．北京：中国商业出版社，2005．
[6] 李景元．现代企业班组长现场管理运作实务[M]．北京：中国经济出版社，2004．
[7] 张明玉，郭文兵．管理学习题与案例集[M]．北京：科学出版社，2007．
[8] 毕结礼．企业班组长培训教程：实训篇[M]．北京：海洋出版社，2005．
[9] 毕结礼．企业班组长培训教程：基础篇[M]．北京：海洋出版社，2005．
[10] 菲利普·科特勒．营销管理（新千年版·第 10 版）[M]．梅汝和，梅清豪，周安柱，译．北京：中国人民大学出版社，2001．
[11] 中国注册会计师协会．财务成本管理[M]．北京：经济科学出版社，2007．
[12] 王士伟．财务管理[M]．北京：中国财政经济出版社，2007．
[13] 李晓妮，祝建军．财务管理[M]．北京：中国财政经济出版社，2007．
[14] 江广营，杨金霞．班组建设七项实务[M]．北京：北京大学出版社，2009．
[15] 张东生．现代企业管理[M]．北京：清华大学出版社，2007．
[16] 辛磊，朱波．企业管理概论[M]．上海：上海财经大学出版社，2017．
[17] 周三多．管理学[M]．4 版．北京：高等教育出版社，2014．
[18] 于卫东．管理经济学[M]．北京：化学工业出版社，2006．
[19] 吴金法．现代企业管理学[M]．北京：电子工业出版社，2003．
[20] 郭国庆，陈凯．市场营销学[M]．5 版．北京：中国人民大学出版社，2015．
[21] 陈阳．市场营销学[M]．北京：北京大学出版社，2016．
[22] 周三多，陈传明，鲁明泓．管理学：原理与方法[M]．4 版．上海：复旦大学出版社，2007．
[23] 方振邦，鲍春雷．管理学原理[M]．北京．中国人民大学出版社，2014．
[24] 卢长利．ERP 实施成功的关键及标准[J]．外资 IT 谈制造业信息化，2004（4）．
[25] 荆新，王化成，刘俊彦．财务管理学[M]．7 版．北京：中国人民大学出版社，2015．
[26] 刘淑莲．财务管理[M]．3 版．大连：东北财经大学出版社，2013．
[27] 孝玮，刘月君．中小企业实施 ERP 系统的对策[N]．财会信报，2007-7．
[28] 王永．我国中小企业实施 ERP 存在的问题及对策研究[J]．皖西学院学报，2008，24（6）59-61．
[29] 蔡楠．ERP 在我国中小企业应用中的问题与对策[J]．北方经贸，2008（6）．
[30] 陈志祥．我国企业 ERP 系统实施问题探讨[J]．中国软科学，2006（25）．
[31] 崔晓阳．ERP123：企业应用 ERP 成功之路[M]．北京：清华大学出版社，2005．
[32] 周玉清．ERP 原理与应用教程[M]．2 版．北京：清华大学出版社，2014．

[33] 余真翰，黄文富．ERP 原理与应用[M]．北京：科学出版社，2014.
[34] 颜安．企业 ERP 应用研究[M]．成都：西南财经大学出版社，2006.
[35] 刘宝剑，吴春旭．中小企业特点及其 ERP 实施的关键问题．现代情报[J]，2006（2）：167-168.
[36] 董德民．中小企业管理信息化研究[M]．北京：经济科学出版社，2013.
[37] 周晓梅，郑伟发．企业管理信息化[M]．武汉：华中科技大学出版社，2012.
[38] 袁清文，张策．企业管理信息化与应用[M]．北京：机械工业出版社，2012.
[39] 曾佑新．企业信息化管理[M]．北京：科学出版社，2007.
[40] 刘希俭．企业信息化管理实务[M]．北京：石油工业出版社，2013.
[41] 焦微玲．信息化条件下的企业内容管理：需求、挑战和实现[M]．武汉：武汉大学出版社，2014.
[42] 毛蕴诗，姜岳新．企业信息化的管理导入：教程与案例[M]．广州：中山大学出版社，2009.
[43] 马士华，林勇．供应链管理[M]．5 版．北京：机械工业出版社，2016.
[44] 但斌．供应链管理[M]．北京：科学出版社，2017.
[45] 王道平．供应链管理[M]．北京：北京大学出版社，2012.
[46] 尤建新，周文泳，等．质量管理学[M]．3 版．北京：科学出版社，2016.
[47] 季峰．向质量管理要竞争力：质量控制的 28 个关键点[M]．北京：电子工业出版社，2016.
[48] 白宝光，孙振，等．质量成本决策理论[M]．北京：社会科学文献出版社，2012.
[49] 梁国明．企业质量成本管理方法[M]．4 版．北京：中国质检出版社，2015.
[50] 成立平．实用班组建设与管理[M]．北京：机械工业出版社，2015.
[51] 邓建山，郑晓斌．班组安全文化建设[M]．北京：企业管理出版社，2015.
[52] 王瑞祥．现代企业班组建设与管理[M]．北京：科学出版社，2010.
[53] 孙守仁．优秀班组安全文化建设[M]．北京：中国劳动社会保障出版社，2013.
[54] 夏红胜，张世贤．设备管理[M]．北京．经济管理出版社，2014.
[55] 巫世晶．设备管理工程[M]．2 版．北京：经济管理出版社，2013.
[56] 赵德武．财务管理[M]．北京：高等教育出版社，2012.
[57] 晋江涛．财务管理[M]．上海：复旦大学出版社，2015.
[58] 王军平．财务管理基础[M]．天津：南开大学出版社，2013.
[59] 加里 • 德斯勒．人力资源管理原书第 12 版[M]．刘昕，译．北京：中国人民大学出版社，2012.
[60] 张鹏彪．人力资源管理实操：从新手到高手[M]．北京：中国铁道出版社，2015.
[61] 高云，游文星．新公司法实务操作指南[M]．2 版．北京：法律出版社，2016.